한국고전문학 속의 가족과 여성

한국고전여성문학회

도서출판 월인

머리말

본서는 한국 전통사회의 가족과 여성이 고전문학 속에서 어떻게 재현되어 있는지를 살펴보기 위한 작업의 일환으로 기획되었다. 문학작품은 당대 현실의 사실주의적 반영이라는 측면과 현실적 욕망의 상상적 재현이라는 측면을 동시에 가지고 있다. 그런 점에서 우리의 문학사적 지형 속에 가족과 여성이 어떻게 그려져 왔는가를 살펴보는 것은 역사적 사실의 문학적 탐구인 동시에 문학적 상상력의 문화적 고찰이라고 할 수 있다. 이 주제에 대한 본격적인 관심을 촉발한 계기는 2005년 2월 한국고전여성문학회 동계 학술발표회이다. 여기서 '고전문학 속의 가족과 여성'이라는 주제로 이루어진 집중적인 논의는 향후 연구에 다양한 전망을 제시하는 계기가 되었을 것으로 믿는다.

인간은 모두 가족 안에서 자라고, 그 안에서 사람 사이의 관계를 경험한다. 하지만 인간이 경험하는 가족의 형태는 역사적으로도 다를 뿐 아니라 개인에 따라서도 다른 모습으로 나타난다. 특히 사회계급, 성별, 연령 등의 조건에 따라서 가족 내의 구성원이 경험하는 가족에 대한 인식 또한 달라지기 마련이다. 그런데 이러한 가족 형태나 가족 제도의 변화에 가장 민감하게 대응하는 주체는 남성보다 여성이기 쉽다. 왜냐하면 전통사회에서 여성의 삶은 이러한 구조에 결정적인 영향을 받아왔기 때문이다.

고전문학 속의 여성 형상은 다양한 존재들로 그려지고 있지만 대체로 혼인하지 않은 여성의 삶과 혼인과 이로 인해 파생된 가족관계 속에서 새로운 국면을 맞은 여성의 삶으로 크게 나뉜다. 우리는 아직 혼인하지 않은 딸의 모습이나 혼인으로부터 자유로운 기녀의 삶에서 비교적 독립적이고 주체적인 자아의 모습을 발견할 수 있다. 물론 이들 역시 경계에 서서 가족의 안과 밖을 응시하며 가족제도에 편입된 삶과 독립적인 삶 사이에서 번뇌하기도 한다. 또한 혼인제도는 여성에게 새로운 질서에의 복무와 자기희생을 종용하게 되는데,

문학작품 속에서의 숱한 사건과 갈등 역시 이를 통해 그려진다. 여기서 대개 여성은 정처, 계모, 첩 등의 지위로서 그려지며, 이들은 남편만들기, 자식만들기, 치산과 계후를 통한 가문의 유지와 회복 등 다양한 역할을 감당한다. 이 과정에서 여성의 존재는 갈등의 불씨가 되기도 하고 고난받고 상처입는 대상이 되기도 한다. 고전문학 텍스트 속에서 여성들이 보여주는 이러한 다양한 목소리는 현재를 살아가는 우리들에게 어떤 울림으로 다가올 수 있을까. 어쩌면 고전문학 속 가족과 여성의 형상을 거울삼아 오늘날 우리의 삶을 반성하고 새로운 전망을 갖는 계기가 될 수도 있지 않을까 생각한다.

가족은 여성에게 어떤 의미인지, 가족 내에서 여성은 어떤 역할들을 감당하며 살아갔는지 등 우리가 이미 알고 있다고 여기고 있는 많은 사실들은 대개 추상화된 현실에 불과하다. 따라서 사설시조, 민요, 한시, 야담, 설화, 소설 등 고전문학의 다양한 갈래들 속에 나타난 가족과 여성의 모습을 살펴보는 일은 생생한 역사속의 생활현실을 확인하는 것뿐만 아니라 곧 과거의 삶을 통해서 가족과 여성의 관계에 대한 현재의 문제의식을 다시금 되짚어보는 계기도 될 수 있을 것이다. 이 책에 수록된 12편의 논문들은 가족제도와 여성의 관계에 대한 문학적 성찰이라는 요구에 응답하는 결과물인 동시에 새로운 문제제기이기도 하다.

본서는 한국고성여성문학회 기획으로 출간된 세 번째 총서이다. 이 책이 나오기까지 많은 분들의 도움과 노력이 있었다. 먼저 소중한 원고를 주신 필자들에게 다시 한번 감사드리며, 논문수합부터 출간에 이르기까지 고생한 본 학회의 출판 담당 이사와 간사들에게도 고마움을 전하고 싶다. 또한 애정을 가지고 이 책의 출간을 적극 지원해 주신 도서출판 월인의 박성복 사장님께도 감사를 드린다.

2007년 1월

한국고전여성문학회 회장

강진옥

차 례

제1부 … 가족제도와 여성적 삶의 관계

이순구 · 조선시대 가족제도의 변화와 여성 | *9*

이숙인 · 유학의 가족사상 | *31*

강진옥 · 고전 서사문학에 나타난 가족과 여성의 존재양상 | *65*

제2부 … 상상된 가족과 여성의 문화적 위치

김용찬 · 사설시조 속의 가족과 그 주변인들 | *107*

김준형 · 가족의 의미망을 통해 본 야담 | *133*

서영숙 · 가족의 변경에 서서 부르는 노래 | *165*

이지영 · 설화에 나타난 가족관계와 갈등양상 | *197*

김석회 · 시집살이 서사를 통해 본 향촌사족층 문학의 여성형상 | *221*

제3부 … 가족 안/밖의 경계에 선 여성

김경미 · 서녀(庶女)-가족 속의 경계인, 역사 속의 주변인 | *251*

황수연 · 조선후기 첩과 아내-은폐된 갈등과 전략적 화해 | *275*

김종군 · 고소설 속 기녀의 정조의식과 가정 내 안주 문제 | *303*

박영민 · 운초(雲楚), 관기와 기생첩의 경계에 선 하위주체 | *341*

제 1 부

가족제도와 여성적 삶의 관계

조선시대 가족제도의 변화와 여성

이순구*

1. 조선 이전의 가족제도-고려

왕건은 부인이 29명이었다. 왜 그토록 많은 부인이 필요했을까? 흔히 이는 호족세력에 대한 회유 또는 연합책이라고 말해진다. 그런데 이를 다른 말로 하면 처가의 역할 혹은 지원이 절대적으로 필요하다는 사실을 뜻한다. 처가는 곧 자식의 외가로 이어진다. 즉 고려에서 혼인은 두 집안이 강한 공조 관계를 이루고 있다는 것을 의미했고, 나아가 부계와 모계가 함께 영향력을 미치는 친족 구조가 유지될 수밖에 없었다.

따라서 고려에서는 친가, 외가, 처가의 가족망이 거미줄처럼 얽혀 있는 것을 발견할 수 있다. 대개 고려의 가족은 부부와 미혼자들로 이루어졌지만, 여기에 미성년의 친척을 포함하는 경우가 많았다. 그런데 이 경우 부계만이 아니라 처계와 모계 등 다양한 계보의 친척들이 함께 살았다. 가령 정도전의 아버지 운경은 일찍이 어머니를 여의고 이모 집에서 자랐으며, 이공수는 매부 집에서 자랐고 허공은 처제의 딸을 양육하였다. 절부(節婦) 조씨는 열세 살에 출가했다가 과부가 되어 언니에게 의탁하였는데, 딸이 혼인하자 딸에게 의지하고, 다시 딸이 아들 하나와 딸 하나를 낳고 일찍 죽자 손녀와 함께 살았다.[1)] 이처럼 고려의 가족 구성은 부계 일변도가 아

---

* 국사편찬위원회 편사연구사

니었으며 처계나 모계친과 매우 가까웠음을 알 수 있다.

또한 처가살이가 혼인의 일반적인 형태였다. 이때에 처가에 머무는 기간은 다양했다. 혼례식을 처가에서 올리고 계속 처가에서 거주하다가 나중에 시집으로 돌아가기도 하고, 처가에 있다가 벼슬 등을 이유로 분가하기도 했으며, 또는 시집이나 제3의 장소에서 살다가 나중에 처가 지역으로 이주하여 장인·장모를 부양하기도 했다. 예컨대 김묘의 처 여흥군부인 민씨는 민사평과 언양군부인 김씨의 무남독녀였다. 그녀는 혼인 뒤에도 친정어머니를 모셨고, 어머니가 돌아가신 뒤에도 산소를 지키느라 죽을 때까지 친정인 여흥에서 살았다. 무신 집권기의 관리 이자미랑은 혼인 초 처가에서 살다가 벼슬 때문에 분가했다. 그는 장인이 죽자 자신이 밥 한끼 물 한 모금까지 모두 장인에게 의지했는데, 그 은혜를 갚지 못했다며 아쉬워했다.

이러한 혼인제도 혹은 친족제도를 가지고 있었기 때문에 고려에서는 남녀균분상속이 이루어졌으며, 제사는 불교식으로 자녀들이 돌아가면서 지냈고, 근친의 개념이 중국과는 달리 외종형제간이나 이성6촌 자매간까지 확대되어 있었다.

그러나 이 시기 혼인의 결합성은 그다지 공고한 편이 못되었다. 그것은 혼인의 목적이 권력을 얻기 위한 경우가 적지 않은 만큼, 그 목적이 상실되었을 때 혼인이 파기되는 경우가 많았기 때문이다. 즉 남자 쪽에서의 기처(棄妻) 행위가 적지 않았다는 것이다. 이러한 상황이고 보니 고려에서는 이혼과 재혼이 조선에 비해서는 상대적으로 빈번히 이루어졌으며 남녀 간의 애정 표현도 비교적 자유로운 편이었다.

결론적으로 고려에서 부계는 점점 강해지기는 해도 여전히 독점적이지 못했다고 할 수 있다. 그러한 상황 하에서 여자들은 혼인 후에도 자신의 성(姓)을 유지하면서, 다른 집안과의 관계 속에서의 위치 즉 처나 며느리

---

1) 권순형, 「고려시대의 혼인과 여성의 지위」, 『우리 여성의 역사』, 청년사, 1999.

로서의 위치보다는 자신이 태어난 집안의 딸로서의 위치가 더 확고했던 것을 볼 수 있다.

2. 조선 가족제도의 변화

시대 여성의 재혼에 대한 태도 변화

아래는 조선 초기와 후기, 재혼과 관련한 재미있는 두 기사를 옮겨 온 것이다. 재혼에 대해 매우 적극적이었던 김씨부인과 재혼한 것이 도리가 어긋난다고 깨닫고 있는 시골 아낙의 모습이 너무나 대조적이다. 조선에서는 왜 이처럼 커다란 변화가 있게 된 것일까?

사헌부에서 영돈녕부사 이지를 탄핵하였으니 그가 죽은 중추원부사 조화의 처 김씨를 아내로 맞아들였기 때문이다. 김씨는 문하시랑찬성사 김진의 딸이었다. 그녀는 아름다웠지만 음탕하였고 나이가 들면서 더하였다. … 이때에 이르러 사헌부에서 다시 탄핵한 것이다. 그러나 왕은 이 문제를 듣고 말하기를 "처 없는 남자와 남편 없는 여자가 서로 혼인하려는 것을 왜 반드시 문책해야 하느냐? 더구나 이지가 계실을 취했다는 사실을 내가 알고 있으니 다시는 논핵하지 말라."라고 하였다. 처음에 김씨는 이지와 몰래 혼인하고자 하여 아들 조명초에게 알리지 않았다. 혼인날 저녁에 이지가 오자 명초는 비로소 이를 알고 이지의 목을 잡고 함께 땅에 엎어져 울면서 막으려고 하였지만 끝내 그만두게 할 수 없었다. 김씨는 첫날밤을 지내고 다음날 나와서 사람들에게 말하기를 "나는 이 사람이 늙었을 줄 알았는데, 이제 정말 늙지 않았다는 것을 알겠다."라고 하였다. 김씨의 당시 나이는 57세였다(『태종실록』 권30, 태종 15년 11월 갑오).

영도에서 온 부부가 서울의 한 선비 집에서 머슴살이를 하였다. 주인집 아들이 <사기>를 배웠는데, '충신은 두 임금을 섬기지 않고 열녀는 두 남편을 섬기지 않는다.'라는 말에 이르러 서당의 선생이 풀이를 해주자 아궁이에 불을 때다가 여자가 그 말을 들었다. 날이 저물자 여자는 서당의 선생을 찾아가 낮에 그 말에 대해 더 설명해줄 것을 부탁했다. 서당의 선생이 재차 설명을 해주자 여자는 눈물을 흘렸다. "사람의 도리를 이제야 처음 들었습니다." 그리고는 나와서 남편에게 이런 말을 했다. "나는 여태까지 여자가 지켜야 할 도리를 들어본 적이 없었는데, 오늘에야 비로소 들었습니다. 그러니 오늘부터 헤어집시다." 여자가 개가하여 지금의 남편을 따라온 것이었고, 둘 사이에는 이미 젖먹이 아이까지 하나 두고 있었다. 남편은 놀라서 까닭을 물었다. 여자의 대답인즉 이러하였다. "전날 당신을 따랐던 것은, 여자란 지아비를 잘 섬기면 그만이라고 알았기 때문인데, 오늘에야 두 남편을 섬길 수 없다는 도리를 알았으니, 이제부터 몸을 깨끗이 지켜 돌아가신 남편에게 보답해야겠습니다. 당신 아들은 어려서 품에서 떼어놓을 수가 없으니 몇 년 기른 뒤 데려 가소서. 그러면 당신에게 충분히 보답이 될 것입니다."(『이향견문록』)

1) 성리학과 부계적인 가족제도

조선에서는 왜 이전 시기와 달리 부계적인 가족질서가 강조되는가? 우리는 그 이유를 성리학에서 찾지 않을 수 없다. 본래 유교에서는 만물의 생성은 하늘의 원리와 땅의 원리 즉 여성적 원리[陰]와 남성적 원리[陽]의 관계 맺음에 의해 이루어진다고 하였다. 이러한 생각은 자연히 남녀의 역할 분담론을 가져오게 되는데, 즉 "여자는 안에 위치하고 남자는 밖에 위치한다. 남녀의 위치가 정해진 것은 자연의 원리"[2]라는 관념이 바로 그것이다. 그런데 이 이론 자체는 남녀의 역할을 명확히 했을 뿐 차별적인 요소를 강조한 한 것은 아니라고 볼 수 있다. 그럼에도 불구하고 유교에서 남녀 차별성 또는 부계성이 강조된 이유는 무엇일까?

중국에서는 유교의 발생 이전부터 종법이라고 하는 가족제도가 있었다. 종법이란 '적장자 위주의 가계계승과 그를 바탕으로 한 제사의례'를 말한다. 이것은 넓은 중국 대륙을 다스리는데 있어서 한사람에게 절대적인 권력이 부여될 필요가 있었기 때문에 나타난 제도라고 보여진다.[3] 물론 이 적장자에 의한 가계계승은 강한 부계성을 띨 수밖에 없다. 본래 유교의 도덕 원리가 가족관계에 바탕을 두고 있는 만큼 고대부터 종법과 유교는 자연스럽게 결합했다. 그리고 그 결과 유교 역시 가부장성을 지니게 된 것이다. 송대에 성립된 성리학은 유교의 도덕성을 다시 강화함과 동시에 가족제도에 있어서도 고대 이후 쇠퇴했던 종법을 다시 부활시키고자 하였다. 주희는 사당을 세우고 4대에 걸쳐 제사를 지내며 가법(家法)을 세우도록 하였다.

조선은 성리학을 수입한 후, 그 이상대로 도덕성을 함양하고 실천하고자 할 때 실행 방법으로 종법을 강조하였다. 따라서 이제 고대 이래 고려까지 계속되어 오던 부계와 모계의 공조에 바탕을 두는 가족제도의 전통

---

2) 『주역』 家人.

3) 서양걸, 윤재석 옮김, 『중국가족제도사』, 아카넷, 1999.

은 대대적인 변화에 직면하게 되었다.

2) 달라지는 조선의 가족제도

(1) 혼인제도의 변화

중국에서는 남자 가족이 며느리나 아내를 맞아들이는 것은 취(取)한다고 한다. 그리고 신부 쪽에서는 누군가에게 '딸을 주었다[여(與)]'거나 혹은 누군가에게 '신부[처(妻)]'로 주었다고 말한다. 그런데 때로는 여자를 주어로 하여 여자가 '(시집)가버렸다[실(室)]'고 말하거나 또는 혼인해서 시집으로 오는 것을 '돌아왔다[귀가(歸家)]'라고 하기도 한다.[4)]

그리고 처(妻)는 아내에 대한 일반적인 법률 용어로서 첩과 확연하게 구분된다. 언어학자들은 처라는 것은 '신원확인(identity)'을 의미한다고 한다. 말하자면 신원확인을 통해 남편과 아내는 하나의 단위가 되며, 하나의 독립적인 존재로서 같은 지위와 명예를 나누어 가지게 된다는 것이다. 즉 여성은 혼인함으로써 단독의 신원을 잃어버리고, 남편의 신원에 흡수되어 한 세트의 일부로서의 의미를 갖게 된다고 할 수 있다.

그리고 아내를 얻는 것을 "실(室)을 얻었다"라고 말하는데, 아내를 실이라고 부르는 것은 젊은 남자가 혼인했을 때 그와 아내를 위한 방을 얻게 된다는 사실과 아내가 이 방과 특별한 관련을 가질 것이라는 생각을 암시한다. 또한 남자들은 평상시 자신의 아내를 부를 때 내자(內子)라는 말을 썼는데, 이것은 '안사람'을 의미하는 것으로서 내외를 구분 짓는 개념에서 나왔다고 할 수 있다. 이처럼 중국의 혼인과 관련한 용어들은 남자 위주로 되어 있어 전체적으로 부계 중심, 부권 중심, 시가 중심이라는 사실을 알 수 있다. 말하자면 혼인이 두 집안의 결합이되 어디까지나 남자 집안을 중심으로 이루어진다는 것이다.

---

4) P.B.에브레이, 배숙희 옮김, 『중국 여성의 결혼과 생활(The Inner Quarters-Marriage and the lives of Chinese Women in the Sung Period)』, 삼지원, 2000.

그렇다면 조선의 경우는 어떠했을까?

> 아침에 오수찰방 정지(丁至)가 들렸는데, 그에게 1월에 광선이 남원 김사과(金司果) 집에 실(室)을 얻을 때, 위요(圍繞)[5]가 되어줄 것을 부탁했다. 그가 말하기를, "좋습니다. 신랑을 맞아서 오수에서 재우고 옷을 갈아입혀 역마를 태워 입장(入丈)하게 하겠습니다."라고 하였다.[6]

1575년 11월 16일 유희춘(1513~1577)이 자신의 『미암일기』에서 손자 광선의 혼인을 앞두고 친구의 아들인 정찰방에게 위요를 부탁하는 장면이다. 우선 여기에 있는 '실을 얻는다'는 표현은 그것이 혼인을 뜻한다는 점에서는 중국의 용어와 차이가 없어 보인다. 그러나 그 방을 얻는 곳의 위치가 남자 집이 아닌 여자 집이라는 사실이 흥미롭다. 남자가 실을 얻는다는 것은 앞에서 설명한 바와 같이 대표적인 남성 주체적 표현인데, 조선에서는 그 방이 남자 집이 아닌 여자 집에 있게 되므로 중국과 같은 남자 위주의 완전한 부계성은 사실상 기대하기 어렵다.

그리고 그 불완전한 부계성은 위 사료의 끝 구절에서 다시 발견된다. 즉 '광선을 역마를 태워 장인 집에 들여보내겠다[入丈]'는 말이 그것이다. 여기에서 입장은 장인 집에 들어간다는 의미가 크지만, 한편으로는 혼인 자체를 의미하는 것이기도 하다. 즉 조선에서 혼인은 남자가 여자 집에 가서 혼례식을 하고 여자 집에서 살림을 시작하는 것을 말한다. 따라서 조선의 현실에서 혼인은 '아내를 취(取)하는' 것이기 보다 '장가드는[入丈]' 행위인 것이다. 물론 실록이나 『경국대전』과 같은 조선의 문자 기록에 '취'라는 용어가 없는 것은 아니다. 그러나 그것은 조선이 중국 언어인 한문을 문자언어로 사용하면서 혼인에 대한 용어 자체를 그대로 옮겨온 것에 지

5) 혼인 때 가족 혹은 친지로서 신랑이나 신부를 데리고 가는 사람. 上客, 後陪, 後行, 位右라고도 했다.
6) 『미암일기』 乙亥(1575) 11월 16일.

나지 않는다고 할 수 있다. 실제 조선 사람들의 머릿속에서 '취'는 곧바로 '장가든다'로 전환되어 읽혀지고 있었다. 그것은 재미있게도 오늘날 고문헌의 국역에서 대부분 '취'자를 '장가든다'로 번역하고 있는 점에서 확인이 된다. 이는 우리 문화에서는 '취'가 '장가든다'로 표현되는 것이 오히려 더 자연스러울 만큼 혼인에서 남자가 움직이는 독특한 특성을 가지고 있다는 사실을 말해준다.

그런 의미에서 조선 초기 '남귀여가(男歸女家)' 논쟁이 조정에서 자주 나타났던 것은 어쩌면 지극히 당연한 일이었다. 즉 중국 혼인에서 '귀(歸)'란 여자가 결혼해서 시집으로 오는 것이라고 정의되어 있는데, 조선에서는 이 '귀'라는 말이 남자에게 적용되는 혼인 형태를 가지고 있으니 조정에서는 이를 논쟁거리로 삼을 수밖에 없었던 것이다.

> "친영(親迎)의 예는 법의 지극히 아름다운 것이다. 그러나, 남자가 여자의 집으로 장가드는 것은 우리나라에서 행한 지가 오래 되어 쉽게 고칠 수 없는 것이다. 태종 때에 친영의 예를 행하고자 하였는데, 신료들이 이것을 듣고 많이들 꺼려하여, 어떤 사람은 어린아이를 맞이하여 사위로 삼는 일이 있었으니, 그 싫어함이 이와 같아서 행하기가 어려웠다. 오직 왕실에서 행하게 되면 아래의 뜻있는 자가 보고 그대로 따르게 됨은 이치의 필연인지라, 금후로는 왕자와 왕녀에게는 친영의 예를 행하는 것이 어떻겠는가. 잘 의논[磨勘]하여 아뢰라." 하였다.[7]

세종은 친영이 좋은 법인 줄은 알지만, 쉽게 시행하기 어렵다는 것을 인정하고 있다. 당시 사람들은 왜 남귀여가혼으로부터 친영으로의 변화를 원하지 않았던 것일까? 일단 그것은 세종이 "우리나라에서 행한 지가 오래되어 쉽게 고칠 수 없다."라고 말한 것 같이 오랜 지속성 혹은 관성에

---

7) 『세종실록』 권64, 세종 16년 4월 기미.

원인이 있다고 볼 수 있다. 아울러 남귀여가혼을 통해 얻을 수 있는 이점을 포기하고 싶지 않았다는 것을 의미한다. 그렇다면 그 이점이란 무엇일까?

남귀여가혼은 친영에 의한 혼인보다 기본적으로 혼인을 하는 두 집안의 긴밀한 관계를 가능하게 한다. 왜냐하면 보다 활동적인 남자가 여자집으로 간다는 것은 두 집안이 접촉할 기회가 계속 이어진다는 것을 의미하기 때문이다. 활동성이 제약된 여자가 남자 집안으로 시집을 가면, 다시 친정에 갈 기회란 많지 않다. 따라서 사돈 간에 만날 일도 거의 없다고 할 수 있다. 그러나 이처럼 남자가 여자 집에 갈 경우에는 완전히 가서 사는 형태가 아니라 오가는 형태라 하더라도 여자집안과의 유대는 매우 돈독할 수 있는 것이다. 돈독한 관계라는 것은 뭔가를 함께 하게 하며 또한 여자 집안에 의한 남자 집안에 대한 지원이 보장될 것임을 암시한다. 당시 사람들이 친영을 받아들이지 않으려고 했던 것은 이러한 상호간의 공조나 지원을 잃고 싶지 않았기 때문이라고 볼 수 있다.

이렇기 때문에 세종이 왕실에서 모범을 보여야 한다는 생각으로 1435년(세종 17) 파원군 윤평과 숙신옹주의 혼인을 친영례로 행하고 이후 적극적으로 친영례를 권하지만, 변화는 쉽게 이루어지지 않았다. 실생활의 사람들은 여전히 두 집안 간의 공조에 바탕을 두는 혼인을 원하고, 국가에서는 한쪽 집안 즉 부계 쪽에서 사회를 주도해 나가기를 바랐기 때문에 그 괴리가 좀처럼 쉽게 좁혀지지 않았던 것이다. 즉 이 변화는 혼속 자체의 사회적인 여건이 달라져서 시작된 것이 아니라 위로부터 이념에 의해 바뀌어지도록 강요된 것이었기 때문에 이루어지기 어려웠다고 할 수 있다.

이이가 어머니 신사임당의 친정인 강릉에서 태어나고 6살까지 강릉에서 자랐다는 것은 잘 알려진 사실이다. 율곡의 아버지 이원수의 근거지가 서울이었음에도 불구하고 율곡이 강릉에서 태어나게 된 일은 흥미롭다.

신사임당은 혼인 후 2년(1524)이 넘어서야 시댁에 인사하러 간 것으로 되어 있다. 이는 사임당의 아버지 신명화가 사임당을 특별히 아껴서 보내지 않으려 했다던가 혹은 아버지의 상(喪)을 마쳐야 하기 때문이라고 알려져 있으나, 사실은 당시의 혼인관행 때문이었다. 아버지 신명화가 서울 사람임에도 불구하고, 혼인 후 서울과 강릉을 오가다가 끝내 강릉에 살게 된 것이라든지 신명화의 막내 사위 권화(權和)가 결국은 장모 이씨부인을 모시고 살았다든지 하는 것은 모두 당시 혼인제도의 영향이다.

신사임당이 시댁에 인사하러 갔다가는 언제 다시 강릉으로 내려갔는지는 정확히 알 수 없다. 그러나 서울에 머문 기간이 그렇게 길어 보이지는 않는다. 남편을 따라 봉평에 머물렀다던가, 율곡이 1536년 강릉에서 태어나 만 5세인 1541년 서울로 돌아왔다는 사실 등을 통해 보면, 혼인 후 20여년간 시댁에 머문 기간보다는 친정 혹은 그 근처에 거처한 기간이 훨씬 더 길다는 것을 알 수 있다.[8)]

말하자면 율곡을 데리고 서울로 오는 1541년이 신사임당이 비로소 시집을 간 시점이라고 할 수 있다. "늙은신 어머님을 고향에 두고 …"로 시작되는 시에서 어머니와의 이별을 그렇게까지 안타까워한 이유는 바로 여기에 있었던 것이다. 즉 이제 잠시 시댁에 다녀온다는 개념이 아니라 시댁으로 살러 가는 것이기 때문에 어머니와의 이별은 그렇게 애절할 수밖에 없었다. 따라서 신사임당은 시댁의 일원인 며느리로서보다는 친정의 딸로서 더 오래 살았고, 결과적으로 며느리보다는 딸로서의 정체성이 더 강했던 것이다.

이러한 현상은 16세기 조선 신사임당에만 한정된 것은 아니다. 비교적 조선 초기 인물인 김종직의 거주지 변화도 흥미롭다. 우선 김종직은 어머니의 고향인 밀양에서 태어났다. 그것은 김종직의 아버지 김숙자가 선산이 고향이지만 박씨와 혼인한 후 밀양에서 계속 생활했기 때문이다. 김종직은 21세에 금산(金山)의 조씨와 혼인한 후, 관직으로 서울생활을 하는 외에는 대체로 처가가 있는 금산에 머문 것으로 보인다. 아들 목아(木兒)가 죽자 금산의 장모 이씨의 묘 곁에 묻었으며, 이런 저런 이유로 벼슬살

---

8) 국역『율곡전서』iv, 권18 先妣行狀, 한국정신문화연구원, 1988.

이를 쉬게 될 때나, 어머니에 대한 여묘살이를 마친 후에도 늘 금산의 농사(農舍)로 돌아가는 것을 볼 수 있다. 즉 김종직의 혼인 후 주 거주지는 금산이었던 것이다. 그러나 모든 관직을 그만 둔 후에는 노년을 금산이 아닌 밀양에서 보내게 되는데, 이는 처 조씨가 먼저 죽어 재혼을 하게 된 데에 원인이 있다고 생각된다.[9]

김종직은 52세에 부인을 잃고 55세에 18세인 문극정(文克貞) 딸과 재혼한다. 이때는 서울 명례동에서 생활하고 있었는데, 혼인 후 바로 부인을 우귀(于歸[10])하게 한다. 김종직의 연보에서 문씨의 우귀를 특별히 기록하고 있는 것은 당시 이처럼 바로 우귀하는 것이 흔한 일이 아니었기 때문으로 보인다. 즉 대개 우귀는 혼인 후 몇 년은 있어야 하며 때로는 평생 하지 않는 경우도 많았기 때문이다. 김종직이 문씨를 바로 우귀하게 한 것은 본인이 나이가 많고, 지역이 고향이 아니었으며, 재혼이라는 특수한 상황이었기 때문으로 생각된다.

그 외에 유희춘이 부인 집이 있는 담양에 근거를 둔 것, 그 손자 광선이 남원으로 장가든 것, 이문건의 부인 김씨가 서울 생활 중에도 빈번히 친정인 괴산에 출입하는 것, 또 손녀사위가 이문건의 유배지인 성주에 거처한 것 등, 모두 조선시대 혼인 후 거주지가 처가 쪽이었던 사례는 부지기수다.

송대의 정이(程頤)는 일반적으로 부모들이 며느리 선택 보다 딸의 남편을 찾아주는 일에 더 신경 쓰는 것을 못마땅하게 생각했다고 한다. 정이는 가문을 잘 유지해야 한다는 생각에서 후손을 키울 며느리 선택이 더 중요하다고 판단했을 것이다. 그러나 정이의 이러한 지적에도 불구하고 송대

---

9) 이 내용들은 『점필재집』 부록 연보에 나타나 있는데, 이를 한국역사정보통합시스템 사업 중 민족문화추진회에서 담당한 고전국역총서 39 『점필재집』에서 찾아볼 수 있다.

10) '于歸'란 혼인 후 여자가 시댁으로 가는 것을 말한다. 남귀여가혼이 유행하던 조선초기 우귀는 전혀 행해지지 않는 경우도 많았고, 또 빨라야 몇 년 후에 하는 경우도 많았다. 그러나 조선 후기가 되면, 친정에 머무는 기간이 점점 빨라져 1~2년 정도면 우귀하는 것이 보편적이 되었다.

의 부모들이 딸의 혼인에 이렇게 신경을 쓸 수밖에 없었던 것은 딸은 집을 떠나 다른 집안으로 가서 적응하며 살아야 한다는 사실에 있었다. 즉 남자들이 가정과 관련하여 갖는 경험이 지속적이었던 반면, 여자들은 아무리 좋은 환경에 있었다고 하더라도 결혼하기 위해 한번은 움직여야 했는데, 그것이 부모들에게는 대단히 우려되는 일이었던 것이다.

그런데 조선에서는 적어도 17세기 이전까지 혼인이 남자들에게 더 큰 변화였다. 즉 결혼에 의해 새로운 주거지가 생기고, 그것이 어쩌면 자신의 일생 사는 곳이 될 수도 있었기 때문이다. 따라서 조선 중기까지 혼인 후 거주지 문제는 여자에게 보다는 남자에게 더 큰 의미를 지니는 것이었다.

그렇다고는 해도 역시 조선 남자들이 혼인으로 겪는 변화가 중국에서 여자가 겪는 변화만큼 그렇게 크지는 않았으리라고 생각한다. 남자들은 활동 범위가 넓었으며, 또 거주지와 상관없이 가계의 대표성은 조선의 경우에도 역시 남자 집안에 있었기 때문이다.

18세기 영남의 대표적인 관직자인 권상일(1679~1759)이 쓴 『청대일기』를 보면 며느리를 들이는 과정이 흥미롭다. 1725년 2월 7일 아들은 처가로 떠나 다음날 여자 집에서 혼인례를 치른다. 그리고 혼례 다음날인 9일, 신행에 따라 갔던 사람들이 돌아오고, 5일 후 12일에는 아들이 돌아오는데, 이때에 며느리는 그대로 친정에 머물러 있다. 따라서 시아버지 권상일은 며느리를 보지 못한 채 다만 신행 갔다 돌아온 사람들이 며느리가 '현명해 보인다'라고 하는 말을 전해 듣고 집안의 경사라며 기뻐할 뿐이다. 그리고 며칠 후 아들이 전해주는 며느리의 첫 편지를 받는다.

이후 아들은 주기적으로 대략 한두 달에 한 번씩 처가에 오간다. 한번 갈 때마다 얼마나 머물다 오는지는 정확히 알 수 없지만 7, 8일간 머문 사례가 보이고 있다. 그리고 권상일 자신은 며느리를 보지 못한 채 아들이나 노비를 통하여 사돈 또는 며느리와 편지를 주고받는다. 이렇게 시간을 보내다가 혼인 후 2년 5개월 만인 1727년 7월 22일 비로소 며느리의 신행을 맞는다. 그 사이에 며느리는 아들을 낳아서 7, 8개월이 되었다.

18세기 권상일 집안의 아들 혼인은 당시 양반가에서 보편적으로 행해졌던 혼인형태였을 것이라고 보여진다. 그런데 그것은 여전히 혼인식을 여자 집에서 하고 또 혼인 후에 여자는 그대로 자신의 집에 머물다가 아이를 낳고 대략 1, 2년이 지내서야 신행 또는 우귀라는 이름으로 시집에 가는 형태였다. 이른바 이는 '해묵이'로 불리는 남귀여가혼의 유제인 것이다.

'해묵이'의 관습은 20세기 중반까지도 지역에 따라 유지되었다. 19세기 말 20세기 초 울산지역에서 살았던 심원권(1850~1933)은 그의 생활일기(『심원권일기』: 1870~1933)에서 '우귀연(于歸宴)'을 자주 기록하고 있는데, 이는 여자가 친정에서의 해묵이를 끝내고 시집으로 올 때 하는 잔치를 말한다.[11] 심원권은 친척 집안 우귀연에 빠짐없이 참석할 뿐 아니라, 자신이 며느리를 들일 때도 우귀연을 했다. 1905년 12월에 혼인하여 1906년 10월 16일에 '우귀' 를 하는 이 집 며느리는 시댁으로 오는데 10개월 이상이 걸렸던 것이다.

그런데 이 일기에서 발견할 수 있는 또 다른 재미있는 사실은 재혼의 경우 해묵이를 하지 않는다는 점이다. 심원권은 두 번째 부인을 얻을 때 해묵이를 하지 않았다. 전근대시기 결혼한 여자들이 일찍 죽는 것은 대개 출산이나 산후조리 중에 잘못돼서 그렇게 되는 경우가 많다. 그렇게 되면 둘째부인은 전 부인이 낳은 자식을 돌보고 또 집안일을 책임져야 하는 사람이 필요하기 때문에 얻게 되는 것이다. 따라서 대개 재혼에서는 해묵이를 하지 않는 것이 아니라 할 수 없었던 것으로 보인다. 그러나 이는 특수한 경우에 속하는 것이고 대개는 조선말, 일제시기까지도 보통은 혼인에서 해묵이를 하는 것이 일반적이었다.

조선에서 국가가 아무리 한쪽 집안 즉 부계 쪽에서 사회를 주도해 나가기를 바란다 하더라도 실생활의 사람들은 여전히 두 집안간의 공조에 바탕을 두는 혼인을 원했던 것으로 보인다. '사돈과 측간은 멀수록 좋다.'는

---

11) 『심원권일기』(한국사료총서 48집), 국사편찬위원회, 2004.12.

말이 있는데, 이는 실제로 사돈과 긴밀한 관계에 있다는 것의 또 다른 표현에 지나지 않는다고 할 수 있다. 따라서 조선후기 부계 위주의 가문의식이 자리를 잡아 가게 된 것과는 별개로 혼인에 있어서 친영례는 끝내 정착하지 못했다고 봐야 할 것이다.

그렇다면 왜 조선은 이러한 혼인 시스템을 갖게 되었을까? 우리나라는 고대 이래 권력이나 신분 유지에 있어서 한 집단이 다른 집단을 흡수하는 형태 보다는 두 집단이 공존하면서 상황을 주도해 가는 관계를 더 편리하게 여겼던 것으로 보인다. 신라 건국 때 박혁거세와 알영이 함께 통치를 한 것, 주몽과 소서노의 관계, 고려 태조가 29명의 부인이 필요했던 것 등은 모두 부 · 모 혹은 부(夫) · 처(妻)로 대표되는 두 집단의 적절한 공존과 협력을 표시한다.

어느 시대 어느 지역에서나 혼인은 양쪽 집안의 공조를 바탕으로 하지만, 그러나 우리나라처럼 그 관계가 비교적 대등하며 긴밀하고 또 상호의존적인 경우는 쉽게 찾아보기 어렵다.[12] 아직까지 왜 이러한 관계가 있을 수밖에 없었는지에 대한 명확한 해답이 나오지 않았지만, 어쨌든 그러한 관계는 꾸준히 지속되어 조선시대까지도 남자 집안과 여자 집안이 서로를 주체로 인정하면서 관계를 맺는 남귀여가혼으로, 또 그 후의 '해묵이'로, 그리고 심지어는 오늘날의 '장가 간다'라는 말로 여전히 생활 속에 남아 있는 것을 볼 수 있다.

(2) 여타 가족제도의 변화

> 문밖 어머님 기제사였는데 조별좌가 오려고 하였으나 비 때문에 못 오시는가 싶다. 천남이를 데리고 띠를 띠우고 관을 씌워 제사를 지내니 슬프고 설운 정이 그지없다. 외손자라도 있었으면 하고 생각하니 가슴이 아프기 그지없다.

12) 이러한 혼인제도에서 비롯된 가족제도, 즉 부계와 모계가 함께 영향력을 미치는 친족제도를 역사학계에서는 양측적 친속제도 혹은 양계적 가족제도라고 부른다.

> 조카들도 하나도 못 오니 그런 섭섭함이 없다.13)

17세기 중엽 양반가 여성이 쓴 일기의 한 대목이다. 친정어머니 제사를 모시는데, 형제·조카들이 오지 못해 섭섭하다는 내용이다. 이 부인은 당시 60대로 이미 남편 집안의 주부(主婦)이지만 친정어머니의 제사를 담당하고 있는 것이다. 이 경우는 여러 제사를 자식들이 나누어 담당하는 일종의 분할 봉사이지만, 그 외에 자식들이 한 제사를 돌려가며 지내는 윤회 봉사도 조선전기까지는 흔히 볼 수 있다. 혼인 후에도 이처럼 여자들이 분할 봉사나 윤회 봉사로 제사에 참여할 수 있는 것은 물론 남귀여가혼의 영향이다.

이러한 현상은 재산상속 문제에도 마찬가지로 나타난다. 조선시대의 많은 분재기들은 17세기 후반까지도 자녀 간에 균분상속이 이루어졌다는 사실을 보여주고 있다. 『경국대전』상의 노비 분배 규정에는 적처소생이냐 첩소생이냐 하는 신분상의 차이는 있으나 아들·딸 간에는 상속분에 있어서 차이가 전혀 없는 것을 볼 수 있다.14)

> 嘉靖 45년 丙寅 5월 20일에 형제자매가 부모의 재산을 나누는 일을 의논함. 이 의논은 부모 양쪽의 토지와 노비를 분급하고 누락된 노비를 찾아오는 사람에게는 먼저 一口를 준 후에 <u>長幼의 차례대로 경국대전에 의해 시행할 일.</u> 이제 제사에 따른 일들은 함께 의논하여 마련해서 다음에 기록할 일(보물 제477호, 栗谷先生男妹分財記)

율곡 집안의 이 분재기에는 『경국대전』의 규정이 그대로 실현되고 있음을 볼 수 있다. 실제로 각각의 분재 몫을 보면, 토지는 20~40복(卜)으로

---

13) 『병자일기』 무인년(1638) 1월 18일.

14) 『經國大典』 권5, 刑典 私賤, "父母奴婢 承重子 加五分之一 衆子女 平分 良妾子女 七分之一 賤妾子女 十分之一"

자녀들 간에 차등이 있으나 노비는 대개 15~16구로 균등하게 분배되어 있다. 토지 상속분에 차이가 있는 것은 땅의 비옥도나 집안 형편 등에 의한 것으로 보일 뿐 특별히 아들, 딸에 대한 차등으로 보이지는 않는다. 즉 같은 딸이라도 2녀에게는 많이 3녀에게는 적게, 또 율곡에게는 많이 막내 瑋에게는 좀 적게 분배되어 있기 때문이다. 이러한 자녀균분상속은 16세기 당시 율곡 집안에서만 행해졌던 것이 아니다. 16세기 대부분의 분재기는 이처럼 정확한 균분상속을 보여주고 있고 그것은 17세기까지도 유지되며, 18세기에도 적지 않게 나타난다. 이는 제사상속과 함께 그에 필요한 재산을 적장자에게 상속하게 하는 종법 이념에서는 고려될 수 없는 방법이었다.

제사나 재산상속 뿐아니라 다른 여러 가지 가족제도나 예제에서도 마찬가지였다. 가령 외조부모에 대한 상복이 『경국대전』전까지 친조부모에 대한 상복과 같이 1년복이었다든가, 족보를 작성할 때에 친손만이 아니라 외손을 반드시 함께 넣고 아들 · 딸 구별없이 출생순으로 기록했다든가 하는 것은[15] 조선 초기 사회가 여전히 부계만으로 운영될 수 없었다는 사실을 보여준다.

그러나 17세기 이후 성리학적 예론이 심화되고 부계적인 가족제도가 점차 자리 잡아 가게 되면서 혼인 후 거주 형태에 있어서 여자 집 거주 보다는 남자 쪽 거주기간이 점차 늘고, 제사나 재산 상속은 적장자 중심으로 되었으며 족보 기록은 외손을 제외한 채, 아들을 먼저 기록하는 선남후녀(先男後女) 방식을 취하게 되었다.

하지만 여전히 조선이 중국과 같이 부계 일변도의 국가가 되었다고 말할 수는 없다. 오랜 양계적 가족제도의 전통을 가지고 있으면서 그 편의성에 익숙해져 있었기 때문이다. 따라서 조선에는 끝내 부계적인 가족제도로 변화되지 않은 부분도 있고(해묵이), 과부재가금지법처럼 중국보다도

---

15) 『안동권씨성화보(1475)』, 『문화유씨가정보(1566)』.

오히려 더 지나치게 부계성을 추구한 경우도 있는 복합성을 보인다. 그러나 전체적으로 본다면 변화되지 않은 부분보다는 중국보다 심화된 경우가 더 많았다고 할 수 있다.

3. 조선의 여성들은 어떻게 반응했는가?

17세기 후반 이후 여성들의 생활은 많이 달라졌다. 우선 여성들은 이제 부계적 가족제도의 일원으로 살지 않을 수 없게 되었다. 이른바 시집살이가 시작된 것이다. 조선후기 시집살이의 고초가 부각되는 것은 그 이전에 비해 시집살이가 심해져서가 아니라 그 이전에 시집살이가 없었기 때문이다. 즉 여자들은 본격적으로 딸이 아닌 며느리로서 살도록 요구받고 그것을 수용해야 하는 처지에 놓이게 되었는데, 그것이 곧 시집살이의 고초였던 것이다.

그런데 그 변화는 쉽지 않은 것이어서 17세기 초의 인목대비는 '아들 영창을 내주면 친정을 보호해주겠냐'[16]며 광해군과 최후의 협상을 할 정도로 여전히 딸로서의 자기 정체성을 강하게 드러내 보이고 있다. 이는 자신의 집안을 지키기 위해 남편인 사도세자를 죽음을 바라만 봤다는 지목을 받는 혜경궁 홍씨, 경주 김씨의 세도정치를 가능하게 했던 정순왕후 등에서도 확인된다. 또한 안동 장씨부인이 시댁의 주인이면서도 늘 친정을 돌본 것 등은 부계적 가족제도에 적응해 가면서도 친정의 일원으로서의 정체성을 유지하고 있는 여성들의 모습을 보여 주는 것이다.

그러나 여성들은 이미 조선에서 절대적인 영향력을 가지게 된 부계적 가족제도를 더 이상 거부할 수는 없었다. 여성들은 처음에는 어쩔 수 없이

16) 『계축일기』 영창대군을 데려가는 장면. 『계축일기』의 내용을 그대로 역사적인 사실로 받아들일 수 있느냐는 논란이 있지만, 인목대비의 심리상태에 대한 위와 같은 묘사는 적어도 그럴법한 개연성에 근거하고 있다고 보아 인용하였다.

받아들였지만 곧 매우 적극적으로 적응해가기 시작했다. 그것은 여성들이 현실을 살아내는 방법이었다. 어차피 제도권으로부터 일탈하면 삶 자체가 영위될 수 없으므로 주어진 여건에 맞추어 인정받는 것이 오히려 더 유익하다는 생각을 여성들 스스로 하게 된 것이다.

또한 점차 부계적인 가족제도 내에서 본인들에게 이로운 점은 무엇인가도 파악하게 되었다. 새로운 가족제도에 편입함으로써 이전의 가족제도에서 가질 수 있었던 권리는 많이 상실했지만 또한 새롭게 얻게 되는 권리도 없지는 않다는 것을 알았다. 각 가문의 총부(冢婦) 또는 종부(宗婦)로서의 위치 확보, 정처(正妻)로서의 안정성 등이 바로 그것이었다. 부계성이 강화되어감에 따라 여성들은 친정을 배경으로 하여 누릴 수 있는 딸로서의 권리는 잃어갔지만 남편 집안 내에서 보장되는 며느리로서의 권리, 어머니로서의 위치는 확보해나갈 수 있었다. 가령 총부는 장자인 남편이 아들 없이 죽어 양자를 들이게[立後] 될 때 중요한 결정권을 가지고 있었다. 대부분의 총부들은 자신의 입지를 위해 바로 아래 시동생의 아들보다는 10촌 이상의 먼 친척 자손에서 양자 들이는 것을 선호했다고 한다.[17] 물론 후기로 갈수록 커지는 문중의 영향력 때문에 이러한 총부들의 의지가 그대로 입후에 반영되기는 어려웠다. 그러나 여기에서 주목해야 할 것은 여성들이 부계적 가족제도로 변화해 가는 여건 내에서 어떤 방법으로든 자신의 입지를 찾아 지키려고 노력했다는 사실 자체이다.

열녀가 되는 것도 여성들로서는 현실에 대처하는 또 하나의 전략이었다. 다음은 영조의 딸 화순옹주가 남편을 따라 죽은 것을 기록한 실록기사이다.

> 화순 옹주가 졸하였다. 옹주는 바로 임금(영조)의 첫째 딸인데 효장세자의 동복 누이동생[同母妹]이다. 월성위 김한신에게 시집가서 비로소 궐문을 나갔

17) 이순구, 「조선중기 총부권과 입후의 강화」, 『고문서연구』 9 · 10, 한국고문서학회, 1996.

> 는데, 심히 부도를 가졌고 정숙하고 유순함을 겸비하였다. 평소에 검약을 숭상하여 복식에 화려하고 사치함을 쓰지 않았으며, 도위와 더불어 서로 경계하고 힘써서 항상 깨끗하고 삼감으로써 몸을 가지니, 사람들이 이르기를, '어진 도위와 착한 옹주가 아름다움을 짝할 만하다.'고 하였는데, 도위가 졸하자, 옹주가 따라서 죽기를 결심하고, 한 모금의 물도 입에 넣지 아니하였다. 임금이 이를 듣고, 그 집에 친히 거둥하여 미음을 들라고 권하자, 옹주가 명령을 받들어 한 번 마셨다가 곧 토하니, 임금이 그 뜻을 돌이킬 수 없음을 알고는 슬퍼하고 탄식하면서 돌아왔는데, 이에 이르러 음식을 끊은 지 14일이 되어 마침내 자진하였다. 정열하다. 그 절조여! 이는 천고의 王姬 중에 있지 아니한 바이다. 조정에 받들어 위로하고 정후하였다.[18)]

화순 옹주는 왜 자결을 한 것일까? 흔히 열녀가 되고 정표를 받으면 잡역을 면제받는 혜택이 있었다. 그러나 그녀는 왕실의 몇 안 되는 옹주이고 보면 이런 경제적인 이유와는 거리가 멀어 보인다. 또 성품이 외고집이지도 않았다고 했다. 쉽게 말해서 그다지 부러울 것이 없는 왕의 딸이 왜 이런 자진의 방법을 택했냐는 것이다.

열녀는 당시로서는 여성이 거의 유일하게 사회적으로 인정받는 방법이었다. 열녀가 된다는 것은 남자들이 충신이나 효자가 되는 것과 마찬가지로 당시 사회에서 최고의 도덕적인 실천으로 평가되었기 때문이다. 여성들은 그러한 평가를 받기 원했고, 거기에서 스스로 만족감을 얻었다. 따라서 조선후기 열녀는 지금의 시각으로 볼 때 여성에 대한 억압의 산물임이 분명하지만, 당시로서는 여성들의 중요한 자기표현 수단이기도 했던 것이다.

여성들은 또한 열녀 되기에 그치지 않고 그러한 도덕성을 자신들에게 부여한 성리학에 대해도 학문적으로 연구하고, 그를 통해 여성들도 도덕적 완성체인 성인이 될 수 있다고 인식하게 되었다.

---

18) 『영조실록』 권91 영조34년 1월 갑진, 화순 옹주의 卒記.

"윤지당이 이르기를 '내가 비록 여자의 몸이나 하늘로부터 받은 성품이야 애초 남녀의 구별이 있는 것이 아니다.'라고 했고, 또 '여자로서 태임과 태사 같은 사람이 되기를 기약하지 않는 사람은 모두 스스로 포기한 사람이다.'라고 했습니다. 그렇다면 비록 여자라도 노력한다면 역시 성인의 경지에 이를 수 있는 것이 아닐까 하는데, 당신께서는 어떻게 생각하는지요?"[19]

"저는 일개 여자로 규방에 갇혀 있어 들은 것도 아는 것도 없지만 오히려 바느질과 빨래, 청소를 하는 사이사이에 옛 경전을 읽으며 그 이치를 탐구하고 실천하여 옛 사람이 닦았던 경지에 다가서려 하고 있습니다. 하물며 당신께서는 대장부로서 도에 뜻을 두고 스승을 모시고 친구를 사귀면서 부지런히 나아가고 있으니 어떤 배움인들 불가능하며 어떤 강의인들 밝지 못하며 어떤 실천인들 이루지 못할 바가 있겠습니까? 인의로 말미암고 중정을 세운다면 성인, 현인이 되는 것을 누가 막을 수 있겠습니까? 성현은 장부인데 나 역시 장부이니, 무엇이 두려워 성현이 될 수 없겠습니까? 제발 당신께서는 날마다 덕을 새롭게 하여 반드시 성현이 될 수 있도록 하소서!"[20]

이는 성리학의 원리 자체와 그 실천에는 남녀의 구분이 없다는 18세기 여성학자 임윤지당의 말을 인용하면서 스스로 성인이 되고자 하거나 또는 남편에게 권면하는 강정일당의 모습을 보여 주는 글이다. 이는 조선후기 여전히 최고의 이념이었던 성리학을 여성들 스스로가 이해하고 연구하여 여성들도 성리학에서 추구하는 도덕적 완결성을 이룰 수 있다고 인식하게 된 사실을 잘 보여준다. 이러한 인식은 당시 여성들의 의식세계를 그만큼 확대한 것이라는 데에서 그 의미가 크다.

조선시대는 여성들에게 커다란 변화의 시기였다. 고대 이래 유지되어 오던 양계적 가족제도가 부계적인 가족제도로 변화했기 때문이다. 이 변

19) 『정일당유고』 尺讀 41번째.
20) 『정일당유고』 尺讀 45번째.

화 속에서 조선의 여성들은 딸에서 며느리로 자신의 주된 정체성이 바뀌는 것을 경험한다. 이때에 물론 여성들은 '시집살이'와 같은 갈등을 겪었지만 점차 상황에 적응하는 방법들을 찾아냈다. 제도에 자신을 적응시키면서 갈등을 해소하는 방법들을 찾았고, 또 다른 영역에서 자신들의 권리를 확보하고자 노력하였다. 그리고 대상자로서 주어진 도덕을 수용하는 정도에서 점차 그것을 체득하고 주체적으로 실천하는 쪽으로 변화해 갔다. 그 뿐만 아니라 궁극적으로는 성리학 자체를 연구하여 자신의 의식세계를 넓혔다. 즉 여성들은 성리학 중심의 기존 질서에 적극적으로 적응할 뿐만 아니라 그 질서의 원리에 대해서도 깊은 인식을 가지게 되었던 것이다. 여성들이 이렇게 적극성을 가질 수 있었던 것은 오랫동안 양계적 가족제도의 전통 속에 살아오면서 비교적 여성으로서는 강한 자기 주체성을 가지고 있었기 때문이라고 생각된다.

참고문헌

『經國大典』 권5
『계축일기』
『국역 율곡전서』 권18
『문화유씨가정보』
『미암일기』
『병자일기』
『세종실록』 권64
『심원권일기』
『안동권씨성화보』
『영조실록』 권91
『이향견문록』
『점필재집』

『정일당유고』

권순형, 「고려시대의 혼인과 여성의 지위」, 『우리 여성의 역사』, 청년사, 1999.
서양걸, 윤재석 옮김, 『중국가족제도사』, 아카넷, 1999.
이순구, 「조선중기 총부권과 입후의 강화」, 『고문서연구』 9 · 10, 한국고문서학회, 1996.
P.B.에브레이, 배숙희 옮김, 『중국 여성의 결혼과 생활(The Inner Quarters- Marriage and the lives of Chinese Women in the Sung Period)』, 삼지원, 2000.

유학의 가족사상

이숙인*

1. 가(家)의 개념과 가부장제 가족

가족 또는 가족주의는 일반적으로 다른 문화와 구별될 수 있는 유교문화의 특징으로 인식되고 있다. 가족주의란 가족을 세상에 존재하는 다른 어떤 사회 유형과도 구별되는 독특한 사회 공동체의 기초로 여기며, 모든 사고나 행위에 대한 평가를 가족의 이익에 얼마만큼 공헌하는가에 두는 사고방식이라 할 수 있다. 특히 가족은 양성 평등을 추구하는 여성주의적 이론과 실천에서 가장 먼저 검토 대상이 되었다는 점에서도 주목된다. 다시 말해 동아시아 유교 문화권에 공통된 여성 문제의 특수성을 인식하고 해소하기 위해서는 유교적 가족에 대한 다방면의 이해가 요구되는 것이다. 그렇다면 유교 문화권에 속한 우리에게 가족은 무엇이며, 가족주의라는 특수한 사회현상의 문화적 기원은 어디에서 찾을 것인가? 이러한 물음에 답하기 위해 유교 문화권 특유의 가족 개념을 먼저 이해할 필요가 있는데, 그러기 위해서는 동아시아 문화의 뿌리가 되는 중국 고대의 가족으로 거슬러 올라가 그 개념 형성의 역사를 되짚을 필요가 있다.

---

* 한국학중앙연구원 연구교수

1) '가家' 개념의 신축성

'가(家)'의 글자는 '宀'와 '豕'의 조합으로 이루어져 있다. 즉 '가(家)'라는 글자는 일정한 '우리 속에 갇혀 있는 돼지'의 형상이다. 여기서 자의(字意)를 통해 사상과 문화적 의미를 풀어낸 한 대(漢代)의 허신(許愼)(58~147)은 『설문해자(說文解字)』에서 다산과 번성의 상징인 돼지로 '가(家)'를 만들어낸 것에 주목하였다. 그는 '가(家)'라는 글자는 '가(家)'가 대(代)를 이을 구성원들을 끊임없이 생산해 내는 데서 착안된 것으로 보았다.[1] 여기서 글자가 만들어진 초기 사회에서 가(家)라는 집단이 추구한 이상과 자손의 번창을 가장 중시한 한자 문화권의 맥락을 이해할 수 있다.

그러나 '가(家)'의 자의(字意) 분석만으로는 그것이 갖고 있는 총체적인 의미를 읽어내기에 충분하지 않다. 우리 문화에서 '가(家)'는 다양한 글자와 조합을 이루며 다양한 의미로 쓰이고 있는 것이다. 예컨대 가옥, 가정, 가문, 가족, 가사, 가통, 가훈 등의 용어들로는 '가(家)'의 의미를 분명하게 정의하기가 어렵다. '가'와 유사한 의미로 쓰이는 '집안'이라는 용어는 가옥이라고 하는 작은 공간에서부터 동성(同姓)의 친척들에게까지 적용되기도 하고, 또는 직장이나 단체 등 공동체 내부를 지칭할 때 사용되기도 한다.

'가(家)' 개념의 신축성은 동아시아 유교 문화권 가족의 기원이 되는 중국 고대 사회에서도 마찬가지였다. 우리가 일반적으로 쓰고 있는 '가족'이라는 용어는 고대 문헌 어디에도 보이지 않는다. 다시 말해 중국 고대 사회에서는 '가(家)' 한 글자로 '가족'과 관련된 모든 의미가 활용될 수 있었다는 것이다. 고대문헌에서 '가(家)'의 용어가 쓰이는 맥락을 보면 대략 여섯 종류로 나눌 수 있다.

첫째, 가(家)가 단독으로 쓰인 경우이다. 『서경』의 "집이 망한다.[유가지색(惟家之索)]"[2]에서 '가(家)'는 가문 또는 집안의 뜻을 가진다. 둘째, 가

1) 許愼, 『說文解字』 家部
2) "古人有言曰, 牝鷄無晨, 牝鷄之晨, 惟家之索." (『書經』 「牧誓」)

(家)가 국(國)이나 방(邦)과 대비적으로 사용된 경우이다. 『춘추좌씨전』과 『논어』, 『맹자』 등에 그 예가 나온다.[3] 셋째, 국(國)이나 방(邦)과 연용되어 '국가(國家)' 또는 '방가(邦家)'로 쓰인 경우이다.[4] 국가와 방가는 같은 뜻인데, 나라를 가리키기도 하고 나라와 가정의 뜻으로 쓰인 경우도 있다. 넷째, 가(家)는 개인[身]이 모인 최소의 사회적 단위를 가리킨다. 『대학』의 수신(修身), 제가(齊家), 치국(治國), 평천하(平天下)의 구조에서 가(家)의 위치는 나(개인)와 국(國) 사이에 있는 사회적 단위이다. 다섯째, 실가(室家)의 용례가 있다. "여자는 가(家)를 얻고 남자는 실(室)을 얻는다."[5]는 말이 있는데, 여기서 가(家)는 남편을 가리키고 실(室)은 아내를 가리킨다. 여섯째, 학문조직을 유가(儒家), 도가(道家), 법가(法家)라고 한 것과 왕가(王家), 대가(大家) 등의 용례를 볼 때 가(家)는 일종의 속성을 가리킨다.

'가족'에서 '족(族)'이라는 글자는 '주(湊)(물이 모이다)' '취(聚)(모여들다)'의 의미로서 동일한 남성 조상을 가진 자손이 출생하면 서로 친애하고 사망하면 서로 애통해 하며 평상시에는 함께 모이는 것을 뜻한다.[6] 또한 '족'은 '화살이 가득 담긴 자루'를 가리키는 것으로서 수많은 화살이 함께 담겨져 있는 모양을 가리킨다.[7] 따라서 '족(族)'이 '가(家)'와 결합하여 '가족'이 되었을 때, 동일한 남성 조상의 자손이 대대로 한 곳에 모여 살면서 일정한 규범에 따라 혈연관계로 결합된 일종의 특수한 사회조직의 형태를

3) "天子建國, 諸侯立家, 卿置側室, ……" (『春秋左氏傳』 桓公 2년), "丘也聞, 有國有家者, 不患寡而患不均, 不患貧而患不安. 蓋均無貧和無寡安無傾."(『論語』「季氏」), "王曰, 何以利吾國, 大夫曰, 何以利吾家, 士庶人曰, 何以利吾身, 上下交征利而國危矣." 『孟子』「梁惠王」上)

4) "禮, 經國家, 定社稷, 序民人, 利後嗣者也." (『春秋左氏傳』「隱公」 11년) "國家之敗, 由官邪也." (『春秋左氏傳』「桓公」), "夫子之得邦家者……" (『論語』「子張」), "樂只君子, 邦家之基." (『詩經』「小雅 · 南山有臺」)

5) "申繻曰, '女有家, 男有室, 無相瀆也. 謂之有禮. 逆此,必敗." (『春秋左氏傳』 桓公 18년)

6) 班固, 『白虎通』「德論」

7) 許愼, 『說文解字』, "族, 矢鏠也, 束之族族也." 이에 대한 段玉裁注는 "族族, 聚貌. 毛傳云, 五十矢爲束, 引伸爲凡族類之稱"이라고 했다.

취하는 것이다. 이들을 한 가족이라고 하지만 이들은 이미 공간을 따로 사용하며[분거(分居)], 가산을 이미 나누었으며[분재(分財)], 각각의 개별가정을 이루고 있는 것이다.

가(家)와 족(族)이 결합하여 가족이 될 때, 그것의 고대적 맥락은 오늘날 우리가 말하는 가족보다 그 외연이 훨씬 넓다는 것을 알 수 있다. 영어의 가족family은 라틴어 famila에 어원을 두고 있는데, 그것의 원래 의미는 '하나의 건축물 안에 거주하는 사람들의 공동체'를 가리킨다. 이 용어가 중국에서는 가정에 해당한다. 가정이란 특정한 혼인 형태를 매개로 결합된 사회조직의 형태이고, 성격에 따라 분류하면 군혼 가정과 개별 가정 두 종류로 나눌 수 있다. 군혼 가정은 원시사회에서 군혼을 매개로 결합된 가정형태라면 개별가정은 일부일처의 개별혼으로 맺어진 가정형태이다.[8)]

개별 가정은 기본적으로 특정한 혼인 제도와 도덕적 규범에 의해 혼인생활이 영위되며, 이를 중심으로 남녀의 부부 생활과 자녀의 출산 및 양육이 이루어진다. 따라서 일정한 혼인 형태가 없다면 가정의 구성이 불가능하다고 할 수 있다. 이러한 가정은 하나의 경제생활 단위로서 인간은 이 속에서 생산 활동과 소비 활동을 하게 된다. 경제단위로서의 가정의 주된 역할은 동거(同居)와 공재(共財) 그리고 합찬(合爨)이다.[9)] 이로 볼 때 중국 고대에서 가정과 가족은 개체와 집단의 관계라고 할 수 있다. '족(族)'의 의미를 보건대, 가족은 수많은 개별가정이 하나로 묶여 있는 것이다. 따라서 가족은 그 범주가 상당히 포괄적인데, 그것은 가족의 크기에서도 드러난다. 『순자(荀子)』는 "사해 안이 하나의 가족과 같다."[10)]라고 하고, 『맹자』는 "몇 명이 사는 집[수구지가(數口之家)]" 또는 "여덟 식구가 사는 집[팔구지가(八口之家)]"[11)]이라고도 하였다.

---

8) 서양걸, 『중국가족제도사』, 윤재석 옮김, 아카넷, 2000, 14~15면.
9) 서양걸, 앞의 책, 16면.
10) "四海之內, 若一家" (『荀子』「議兵」)
11) 『孟子』「梁惠王」上

서양걸은 중국 고대에서 가족이 성립할 수 있는 조건을 세 가지로 요약하였다. 첫째, 반드시 동일한 남성 조상의 자손으로서 남자가 가계 계승의 주체가 되는 혈연관계가 분명해야 한다. 둘째, 반드시 일정한 규범을 세워 가족 성원 사이의 관계를 처리하는 준칙이 마련되어야 한다. 셋째, 족장의 존재와 같이 그 내부에는 반드시 체계적 조직이 일정하게 구축되어 가족원을 이끌고 가족활동을 처리하고 가족 내의 공공사무를 관리할 수 있어야 한다.[12)]

중국의 경우 '가(家)'라는 용어는 그 가리키는 범위가 신축적이고 자유자재여서 부부만을 가리키는 경우도 있지만 친족 전체를 가리키는 경우도 있고 친족 이외까지 포함해서 친구들을 널리 가리키는 경우도 있다. 중국의 가장 기본적인 사회단위라고 할 수 있는 '가'의 범위는 이렇게 애매하다.[13)] 그러나 비록 '가(家)'의 정의와 규모를 분명하게 정의하는 것은 어려울지라도 중국 고대에 기원을 두는 유교 문화권의 가족은 보다 큰 사회에 대한 대리인 역할을 담당하며 정치나 종교 등 외적인 힘이 이루어낼 수 없는 영역까지도 해내는 역할을 한다. 다시 말해 유교 문화권에서 '가(家)'는 모든 사회조직의 근본이 되었으며, 가(家)를 운용하는 원리가 다른 사회 조직에도 그대로 활용되었다. 이러한 동아시아 고대의 가(家) 개념은 남성들의 연대를 특별히 강화시켜주는 것이 특징이다.

2) 가부장제 가족의 탄생

앞에서 살펴본 바 가(家)와 국(國) 또는 가(家)와 방(邦)이 연용된 국가(國家) 또는 방가(邦家)라는 용어가 경전에서 빈번하게 등장하는 것은 고대인들의 의식 속에 이미 가와 국의 강한 연결성이 잠재되어 있었음을 뜻

---

12) 서양걸, 앞의 책, 18면.
13) 기시모토 미오 · 미야지마 히로시 지음, 『조선과 중국, 근세 오백년을 가다』, 김현영 · 문순실 옮김, 역사비평사, 2003, 366면.

한다. 중국 고대에서 가(家)는 국(國)과 한 몸으로 인식되는, 이른바 '가국동체(家國同體)'의 구조를 보인다. 그것이 유지되는 원리 또한 하나라고 생각하였다. 순자는 말한다.

> "군주는 나라의 지존(至尊)이고 아버지는 가정의 지존이다. 지존자가 하나일 때 나라와 가정의 질서가 유지되지만 지존자가 둘일 때는 혼란이 생긴다. 예로부터 두 지존자가 서로 다툼에도 불구하고 나라와 가정이 오래도록 유지된 적은 없었다."[14)]

위 예문을 통해 아버지 권력과 국가 권력은 공생(共生)하는 구조 속에 있음을 알 수 있다. 국(國)의 질서와 가(家)의 질서가 동질적인 것으로 파악되어, 나라에 최고 권위자가 있듯이 가정에도 집안을 다스리는 최고 권위자가 있어야 했다. 가정의 어른은 나라의 군주에 비유되고,[15)] 나라의 우두머리는 '민지부모(民之父母)'라는 표현에서처럼 가정의 어른에 비유되었다.

가족과 국가가 공생 관계에 있으므로 부모에 대한 효(孝)와 공(恭)은 군주에 대한 충(忠)과 순(順)으로 연장될 수 있다. 국(國)의 질서가 강조되면 될수록 가(家)의 질서 또한 강조되었으며, 국(國)의 성격이 어떠한가에 따라 가(家)의 질서 또한 그에 상응하는 것으로 구성되었다. 나라가 바로 서기 위해서는 집안이 먼저 서야 하고 전제군주의 권위를 강조하기 위해 가부장의 권위를 강조하는 것이다. 이는 가족의 개념으로 세계를 해석한 것인데, 그 결과 '사해일가(四海一家)'라든가 '천하일가(天下一家)'라는 말이 가능하게 되었다.

가족이 사회 질서를 유지하기 위한 도구로 인식될 때 가족의 원리는 단

---

14) "君者, 國之隆也, 父者, 家之隆也. 隆一而治, 二而亂. 自古及今, 未有二隆爭重而能長久者." (『荀子』「致士」)

15) "家人有嚴君焉, 父母之謂也. 父父, 子子, 兄兄, 弟弟, 夫夫, 婦婦, 而家道正, 正家而天下定矣." (『周易』「彖傳·家人卦」)

순히 혈연 감정에 의해 구성될 수 있는 것이 아니다. 공자가 노나라의 군주 애공(哀公)에게 말했다. "옛날 삼대(三代)의 훌륭한 왕의 정치는 반드시 그 처자를 공경하였습니다. 처라는 사람은 어버이를 섬기는 사람이니 감히 공경하지 않을 수 있습니까? 자식이란 어버이의 뒤를 이으니 감히 공경하지 않을 수 있습니까? 자신은 어버이의 가지이니 감히 공경하지 않을 수 있습니까?"[16] 그렇다면 가족 구성원에 대한 배려는 아무런 의도 없이 자연스럽게 실행되는 것이기보다 더 큰 사회적 목적을 가진 것이다. 어버이를 섬기는 사람으로서의 처, 혈통을 이어 주는 자로서의 자식, 어버이의 존재를 확인시켜 주는 자로서의 나, 그들이 공경을 받는 이유는 가족을 유지시키는 역할 수행자이기 때문이다. 가족 내부의 질서를 확립하는 것이 곧 국가 경영의 근본적인 사업이었다는 점에서 가족질서와 국가질서는 하나의 연결선상에 있다. 이에 의하면 가족 관계에서 발원하는 도덕심이 사회와 국가의 이념으로 그대로 연결될 수 있다. 가족에 대한 이러한 생각은 서주초(西周初) 가족에 대한 유가적 모델이 만들어지던 시기에 혈연 관계와 정치 관계가 일치되었던 특정한 역사적 조건 위에서 나온 것이다.

2. 고대 가족의 구성 원리

중국 고대에서 가족은 그 구성원이 생산과 소비를 함께 하는 '경제단위'인 동시에 가족의 생전과 사후의 행복을 위해 필요한 의식을 행할 의무를 지닌 '종교단위'이기도 했다. 중국의 가족을 일종의 사회보장 조직이라고도 하는데, 그것은 서양의 부모들이 독립적이고 자기 성취적인 어른이 되도록 자식을 길렀다면, 중국의 부모는 아들(딸은 제외)이 장차 자신을 봉양하며 자손의 계보를 끊지 않고 혈통을 이어가도록 하기 위해 양육

---

16) 『禮記』「哀公問」

했다는 점을 들 수 있다. 따라서 동아시아 가족사상의 뿌리가 되는 중국 고대의 가족은 크게 두 가지의 목적을 가지고 구성된 것으로 볼 수 있다. 하나는 살아 가는 데 있어서 반드시 필요한 요소들, 즉 생물학적 욕구에 기초한 세속의 가치들이고, 다른 하나는 세속을 넘어 무한성의 가치에 도전하는 초월에의 의지이다. 인간의 현실이자 인간의 이상인 이 두 가지 가치를 고대인들은 가족을 통해 구현하고자 했다.

1) 세속적 요구

유교 문화권에서 가족의 중요성은 무엇보다 일용평상의 도가 실현되는 장소라는 점에서 강조되어 왔다. 그런 점에서 가족은 인간의 생물학적인 기본 욕구를 충실히 담아낼 수 있어야 했다. 무엇이 인간의 가장 기본적인 욕구인가? 우선 식(食)과 색(色)을 들 수 있다. 공자가 탄식한 바 대부분의 사람들이 '호덕(好德)'보다 '호색(好色)'에 치중한다고 한 것[17]은 성욕이 그 어떤 사회적 가치보다 앞서 있는 것이라는 말로 해석될 수 있다. 맹자는 남녀가 각각 자신의 짝을 구하는 것은 인간의 큰 원칙[18]이라고 하였고, 고자(告子)는 식(食)·색(色)이 곧 사람의 본성[19]이라고 하였다. 『예기』는 "음식과 남녀는 인간의 큰 욕망"[20]이라고 하였다. 이들의 주장을 보면 성에 대한 관심은 인간의 본능으로 일차적인 것이라면 도덕은 그 본능을 제어할 수 있는 능력으로 이차적인 것이라 할 수 있다. 식(食)과 색(色)을 본성으로 규정한 것은 생활자료의 생산과 성적 욕구의 실현이 인간의 가장 기본적인 문제라는 인식에서 나온 것이다.

이것이 고대인들이 본 인간의 피할 수 없는 기본적인 요구라면, 그것은

---

17) "子曰, 吾未見好德, 如好色者也." (『論語』「子罕」) "子曰已矣乎. 吾未見好德, 如好色者也." 『論語』「衛靈公」)

18) "男女居室, 人之大倫也." 『孟子』「萬章」上

19) "告子曰, 食色性也." (『孟子』「告子」上)

20) "飮食男女, 人之大欲存焉." (『禮記』「禮運」)

가족이라는 공동체 속에서 어떤 식으로든 해결되어야 했다. 이때 개인의 욕구들은 타인과 갈등하기도 하고 협상하기도 하는 과정을 겪게 된다. 아마도 개체적 인간의 생물학적 욕구가 있는 그대로 표현되거나 완벽하게 실현되는 그런 가족은 존재한 적도 없고 존재할 수도 없을 것이다. 가족이란 이미 나 아닌 다른 존재를 인정할 때 성립될 수 있기 때문이다. 가족이 유지되기 위해서는 일정한 문화 이데올로기적인 통제를 받게 된다. 따라서 가족을 생물학적 욕구가 충실히 실현되는 기능적 단위로만 보는 것은 가족을 구성하는 도덕적 이데올로기적 특성들을 놓치게 된다. 그리고 인간의 욕구라는 것은 불변의 형태로 존재하는 것이기보다 역사 문화와 함께 길러지고 만들어지는 것이기도 하다.

그럼에도 불구하고 가족 윤리라는, 공동체적 삶을 영위하는 데 요구되는 일종의 규칙 속에는 인간의 현실적 문제가 반영될 수밖에 없다. 따라서 동아시아 가족 개념의 원류가 되는 중국 고대의 가족을 이해하기 위해 이른바 세속적인 욕망들이 어떤 방식으로 이해되고 재구성되는지를 보는 것도 하나의 방법이 될 것이다. 먼저 생활자료의 생산이라는 문제가 가족 속의 남녀에게 어떻게 분배되는가를 살펴보자. 『여씨춘추(呂氏春秋)』는 말한다.

> 남편은 길쌈을 하지 않아도 옷을 입을 수 있고 부인은 밭을 갈지 않아도 먹을 수 있는 것이 남녀가 각각 나누어 일을 하고 서로 나누어 가지는 원리이다. 늙지 않으면 놀지 않고 아프지 않으면 쉬지 않는다는 원칙은 죽기 전까지도 포기할 수 없는 것이다.[21]

남자와 여자가 혼인을 하여 가족이 되는 가장 기본적인 원리는 분업을 통해 서로의 필요를 충족시키는 데 있다고 본 것이다. 고대인들도 생활을 영위하기 위한 가장 경제적인 방법을 모색할 필요가 있었는데, 그 최초 형

21) "是故丈夫不織而衣, 婦人不耕而食, 男女貿功, 以長生, 此聖人之制也. 故敬時愛日, 非老不休, 非疾不息, 非死不舍." (『呂氏春秋』, 「上農」)

태가 노동의 성별분업인 남경여직(男耕女織)이었다. 그러나 이 성별분업이 자연스러운 현상이 된 것은 긴 역사적 시간이 흐른 후임을 알 수 있다. 역사시기의 처음에는 농사일이 여성의 일이었다. 요임금 시대에 농사장관이었던 주족(周族)의 시조 후직(后稷)은 그 어머니 강원(姜嫄)으로부터 농사기술을 배웠다.[22] 다시 말해 먹고 입어야 하는 삶의 현실로부터 출발하여 남녀의 역할을 집밖의 일과 집안의 일로 나눈 것은 농경사회를 모델로 한 것이다. 이러한 성별 분업은 역사적 전개를 거쳐 천지 사이에 통용되는 절대적인 진리로 정착되었다. 성별 분업을 합법화하는 논리가 '내외지분(內外之分)'이다. 즉『주역』은 "집안의 사람들은 여자가 안에서 자리잡고, 남자가 밖에서 자리잡아 각각의 자리를 바로 하는 것이 곧 자연의 큰 이치"[23]라고 한 것이다.

다음으로 '색(色)'이라고 하는 성적 욕구들은 가족 속에서 어떻게 실현되고, 그 욕구는 어떠한 도덕개념으로 표현되는가를 보자. 고대인들이 펼치고 있는 가족의 필요성은 많은 경우 혼인에 부여하는 의미 속에서 드러난다. 혼인의 목적은 자손을 생산하여 대를 잇는 것에 두어진다. 그러나 혼인의 의미와 자손의 번영이란 사실은 인간의 기본적인 욕망인 성의 문제를 문화적으로 처리한 방식 중의 하나이다. 고대인들에게 가족이란 당연히 남녀가 부부의 관계를 맺음으로써 이루어지는 것으로 생각되었다.

그렇다면 왜 남녀는 부부가 되어야 하는가? 그들에게 있어서 '남녀'의 다음 단계는 부부가 되는 것이며 그것은 곧 자연의 이치일 뿐[24] 더 이상의 설명은 없다. 상세하게 논증하고 있지는 않지만 성(性, sexuality)의 문제가 인간의 가장 기본적인 욕구임을 인정하는 부분이 맹자에게도 보인다. 부모의 승낙을 받아야 혼인이 인정되는 당시의 맥락에서 맹자는 부모의

---

22)『列女傳』「棄母姜嫄」

23) "彖曰, 家人, 女正位乎內, 男正位乎外, 男女正, 天地之大義也." (『周易』「彖傳 · 家人卦」)

24) "有男女然後有夫婦, 有夫婦然後有父子" (『周易』序卦傳)

승인을 받지 않은 혼인도 가능하다는 견해를 보였다. 물론 가장 바람직한 것은 부모에게 알려 승낙을 얻어내야 하지만, 부모가 반대하여 혼인을 못하게 될 경우 승낙 없이 혼인을 할 수 있다는 것이다.[25] 맹자는 남녀의 성적 욕구가 어느 누구도 부정할 수 없는 것이라고 본 것이다. 이러한 맥락에서 부부가 구성하는 가족은 성적 욕구의 실현이 하나의 기본 전제이다.

생활자료의 생산과 성적 욕구의 실현이라는 두 가지 외에 가족의 존재 이유를 묻는다면 후세대의 양육과 노후 보장의 문제라고 할 수 있다. 어린 아이를 어떻게 기르고 가르칠 것인가. 성장한 아이를 어떻게 할 것인가. 늙은 부모를 누가 모실 것인가. 어른과 아이의 관계를 어떻게 맺을 것인가. 이러한 것들의 가장 이상적인 방법은 무엇인가. 가족 내부에서 발생하는 이러한 요구들이 혼인이나 효 또는 조상에 대한 생각을 하게 되었고, 특정한 의미 체계를 만들어 제도와 의례 행위로 표현하게 되었을 것이다. 예컨대 장자(長子) 상속제가 나오게 된 맥락에는 '부모를 누가 모실 것인가'라는 현실적인 문제가 들어 있다. 이때의 장자(長子)란 권리의 상징이기보다는 의무의 상징이다. 그렇다면 후세대의 양육과 노후 보장, 두 문제를 유교적 가족 개념에서는 어떻게 구성해내고 있는가를 보자.

중국 고대의 가족 문화에서 아이를 양육하는 방식은 성(gender)에 따라 달랐다. 『시경』은 말한다. "남아를 낳으면 침상 위에 뉘이고 화려한 옷을 입히고 구슬을 쥐어주고…. 여아를 낳으면 침상 아래 뉘이고 수수한 옷을 입히고 실패를 쥐어준다……."[26] 이 『시경』의 구절은 유교 문화권의 남녀 차별이 출생과 함께 시작되었다는 주장의 근거로 사용되어 왔다. 한편 전통시대의 경전 주석가들은 이 부분을 확대 해석하여 "남아는 귀하고 높은 존재가 되기를 기원하고, 여아는 천하고 낮은 존재가 되기를 기원한 것"

---

25) "孟子曰, '告則不得娶. 男女居室, 人之大倫也. 如告則廢人之大倫, 以懟父母, 是以不告也.'"(『孟子』「萬章」上)

26) "乃生男子, 載寢之牀, 載衣之裳, 載弄之璋 …… 乃生女子, 載寢之地, 載衣之裼, 載弄之瓦 ……"(『詩經』「小雅 · 斯干」)

에 『시경』의 뜻이 있다고 보았다.[27] 그런데 중국 고대의 가족 문화는 자녀 양육의 문제보다 오히려 노후 보장의 문제가 더 중시되었다.

중국 고대에서 자녀를 양육하고 교육하는 궁극적인 목적은 부모에게 효를 행하고 연장자를 공경하는 태도를 몸과 마음으로 내재화하는 데 있었다. 다시 말해 부모에 대한 효(孝)와 연장자에 대한 공경(恭敬)이란, 사실은 일종의 노후 보장책이다. 노후를 안정되게 보내고 싶은 것이 일종의 욕망이라면, 어떤 방식으로 실현할 것인가 하는 것은 이데올로기이다. 가족이라는 사회적 단위를 통해 노동력이 없게 된 늙은 부모를 보살피도록 하는 것, 가족 구성원들에게 그 일을 일정한 원칙으로 분배하는 것 등은 '자연적인 것'이 아니라 '문화적인 것'이다. 예컨대 "시부모를 내 부모로 여기는 것"[28]은 부거제(夫居制)가 일반화된 사회에서만 통용될 수 있는 도덕 원칙이다.

> 자식이 그의 처를 매우 좋게 여기지만 부모가 좋아하지 않으면 내보내고, 자식은 그의 처를 좋게 여기지 않지만 부모가 '나를 잘 봉양한다'라고 하면 자식은 부부(夫婦)의 예(禮)를 행하여야 하며 종신토록 어길 수 없다.[29]

『예기』는 말한다. "부모가 생존해 계신 동안은 벗을 위해 죽는 것과 사적인 재산을 가지는 것은 허락되지 않는다."[30] "자식과 며느리는 개인 재산을 가질 수 없다. 가축이나 생산도구를 소유할 수도 없다. 혼자 여가를 즐기거나 집안의 재산을 맘대로 누구에게 주어도 안 된다."[31] 그리고 자식은 새벽닭과 함께 일어나 늦은 저녁 잠자리에 들 때까지 부모를 보살피

---

27) 이숙인, 「『여사서』 읽기의 방법과 사상」, 『여/성이론』 6, 여성문화이론연구소, 2002.
28) '婦事舅姑, 如事父母.' 『禮記』 「內則」
29) "子甚宜其妻, 父母不悅出. 子不宜其妻, 父母曰是善事我, 子行夫婦之禮焉. 沒身不衰." (『禮記』 「內則」)
30) "父母存, 不許友以死, 不有私財." (『禮記』 「曲禮」)
31) "子婦無私貨. 無私畜, 無私器. 不敢私假, 不敢私與." (『禮記』 「內則」)

는 일로 온 하루를 보내기를 매일같이 해야 한다.[32)]

이렇게 노후에 대한 두려움이 가족 윤리에 표현되고 늙은 부모에 대한 공경이 지나치게 강조된 것은 일정한 역사의 맥락 속에서 이해될 수 있다. 앞에서 소개한 『예기』는 전국(戰國)에서 한초(漢初)에 이르는 역사상황을 반영하고 있는데, 이 시기는 소형 가족이 가족의 일반적인 형태로 자리잡기 시작하였다. 전국기(戰國期)의 제후국들은 가호(家戶)를 늘림으로써 국가의 세수(稅收)를 확보하는 가족 정책을 내놓는데, 이것은 부국강병을 꿈꾸는 나라들의 공통된 방향이었다. 정치 · 경제적 여러 요인들이 맞물려 가족의 형태는 변화되어 갔고, 진(秦) · 한초(漢初)에 이르면 다섯 내지는 아홉으로 구성된 소농가족이 가족의 일반적인 형태가 되었다.[33)] 종족 중심의 대가족에서 부부 중심의 소가족으로의 이행은 부모와 자식의 새로운 관계를 예고하는 것인데, 그것이 파생하는 갈등이 없을 수 없었다. 그 우려를 가부장의 입장에서 볼 때 다음과 같다.

분가(分家)가 부모의 의지와 관계없는 자식의 의무이자 권리가 되며, 부모와의 동거 기간이 짧아 부모에 대한 경의나 애정이 엷어진다. 또 부모는 어떤 자식과 최후까지 동거할 것인가를 예정해 둘 수 없고, 최후에 부모와 동거하는 자식은 부모의 노동력 감퇴로 인해 부모에게 은혜를 입혀 주는 기분을 갖게 된다. 분가에 따른 재산 균분을 관철하는 것이 쉽지 않을 뿐 아니라, 어린 동생이나 태어날 동생의 지분을 계산하는 데 있어서 분쟁의 소지가 있다. 부모와 자식이 각자의 재산을 가지기 때문에 공재(共財)가 주는 연대감 등을 기대할 수 없는 것 등이다.[34)] 가부장에 절대적인 권한을 부여하는 이러한 방식은 정치 권력의 성격과 밀접하게 연관된 것이지만, 노후에 더 큰 의미를 두는 유교적 가족문화로 설명될 수도 있다.

---

32) "子女未冠笄者, 鷄初鳴, 咸盥漱櫛縰, 總角衣紳, 皆佩容臭, 昧爽而朝. 問何食飮矣, 若已食則退, 未食則佐長者視具." (『禮記』「內則」)
33) 仁井田 陞, 『中國法制史』, 岩波書店, 1959, 205면.
34) 守屋美都雄, 『中國古代の家族と國家』, 京都大 東洋史硏究會, 301~302면.

그런데 그 요구는 모든 구성원들이 동일한 내용을 가지는 것도, 동일한 방식으로 추구될 수 있는 것도 아니었다. 즉 생물학적 욕구는 보다 더 큰 사회구조가 지향하는 방향으로 재구성되는데, 여기에서 생물학적 욕구를 해석하는 문화적 방법을 만날 수 있다. 성(gender)은 '자연스러운' 역할 분담이 아니라 집안의 안과 밖으로 나뉘고, 거기에 상응하는 노동을 해야하는 것으로 정식화되었다. 각자가 능한 것을 자신의 일로 삼는 것은 자연스러운 분담이 될지 모르지만 성별로 이미 정해진 역할 분담은 이데올로기적인 것이다. 성(gender)를 변수로 하여 한쪽을 배제시키고 그 배제의 동력을 이용하여 다른 한쪽을 강화시키는 논리의 역할 분담은 생물학적 차이가 아니라 사회적 차별인 것이다. 늙은 부모가 장성한 자식의 부양을 받아야 하는 것은 자연스러운 것이지만 그것이 절대적인 명제가 되어 나머지 다른 가치와 관계를 종속시키는 것은 인위적이고 이데올로기적이다.

다시 말해 중국 고대 가족에 대한 문제제기는 생물학에 토대를 둔다는 그 자체에 있기보다 그것을 사용하는 문화적 메카니즘에 있다. 즉 어떤 도덕이고 어떤 이데올로기인가, 그것은 가족 구성원들의 관계를 어떤 방식으로 구성하게 되는가를 묻는 것이다. 가족의 도덕적 이데올로기적 원칙들에는 분명 인간을 인간답게 하는 인륜적 의미들이 있다. 가족의 모든 것을 부정하거나 가족의 모든 것을 긍정하는 방식으로는 보다 나은 가족을 구상할 수가 없다. 역사적인 그 어떤 가족도 배려와 착취, 사랑과 증오, 관대함과 옹졸함 등의 대립적인 가치가 공존하지 않을 수 없었다. 그런 점에서 중국 고대의 가족은 기본적인 요구를 담아내는 그 시대적 방법이었다는 점 외에 도덕적 함의를 지니는 이데올로기적인 구성체라는 점에 주목해야 한다.

2) 초월에의 의지

가족을 통할 때, 대부분의 사람들은 자연적인 욕구와 영혼의 욕구가 충실하게 충족되기를 기대한다. 중국 고대인들 역시 이 두 가지 기대 속에서 가족을 보고 있다. 그들에게 가족은 나와 사회를 이어 주는 절대적인 존재였고, 그것을 배제한 그 어떤 사회적 단위를 생각할 수 없었던 듯 하다. 앞에서 살핀 바 가족의 출발은 인간의 생물학적 욕구를 해결하는 데서 찾아질 수 있다. 물론 욕망을 어떻게 해석하고 어떤 방식으로 구성하는가 하는 것은 이데올로기적인 제약을 받게 된다. 그러나 인간이란 단순히 생물학적 욕구 충족에 그치지 않고 더 높은 정신적 자유를 끊임없이 갈구한다는 것이다. 자신의 생물학적 한계를 넘어서 보다 자유로운 시간과 공간을 확보하려는 것은 인간이 갖고 있는 또 하나의 욕망이다.

궁극적 존재나 사후 세계에 대한 개념이 약한 중국 고대인들은 이 꿈을 가족을 통해 구현하고자 했다. 앞에서도 말한 바 중국 고대의 가족은 우리에게 익숙한 공동의 공간과 공동의 재산을 기반으로 한 '가정'이라는 개념으로 설명되지 않으며, 그 외연이 훨씬 넓었다. 가족의 개념에 표현된 바 고대인들은 가족을 통해 생물학적 요구 이상의 것을 기대하고 있음을 알 수 있다. 즉 중국 고대에서 가족은 가족의 생전과 사후의 행복을 위해 필요한 의식을 행할 의무를 지닌 '종교단위'이기도 했다. 그러면 가족을 통한 초월에의 의지가 고대인들에게서 어떤 방식으로 추구되는가를 보자.

먼저 개체적 존재가 직면한 생명의 유한성을 극복하고 무한한 삶을 살고자 하는 욕망을 읽을 수 있다. 그것은 '생(生)'이라는 개념이 갖는 무게와 의미 속에서 드러난다. 고대의 세계에서 생(生)은 존재를 존재하도록 하는 계기일 뿐 아니라 개체와 개체를 이어 주는 운동성을 가진 개념으로 사용된다. 『주역』은 "천지의 위대한 덕을 생(生)"[35])이라 규정하였고, "낳고 낳는 것을 역의 원리"[36]라고 하였다. 맹자가 "모든 사람에게는 차마 하지 못하는 보편적인 심성이 있다"고 한 것에 대해 주희는 그것을 "천지가 만물을 낳는 마음이며 인간이 얻어서 자신의 마음으로 삼는 것"[37]이라고

35) "天地之大德曰生" (『周易』「繫辭」 下)
36) "生生之謂易." (『周易』「繫辭」 上)

하였다. 이 '생生(낳음)'에 대한 갈망은 개체적 생명이 갖고 있는 한계로부터 만들어진 것이라 할 수 있다. 생생(生生)을 갈망하는 인간의 욕망은 끊임없이 생생(生生)하는 자연의 원리를 닮고자 하였다.

'영혼불멸'에 대한 관념 장치가 마련되어 있지 않은 이들은 '영원히 살고 싶은' 욕망을 '현실적'이면서 '이상적'인 공동체, 가족을 통해 풀어가고자 하였다. 나의 생물학적인 한계는 내 자식을 통해 극복될 수 있고, 조상을 숭배하는 제사의식을 통해 후손들에게 관념적으로 계속 존재할 수 있는 것이다. 유교의 가족 개념에는 '낡은' 나를 '새로운' 나로 대체하는 방법의 모색이 응축되어 있다. 그것은 혼인의 의미와 부모자식의 관계에 요구되는 자효(慈孝)의 의미에서도 드러난다.

> "혼례에 악(樂)을 사용하지 않는 것은 그윽하고 숨겨진 뜻이 있기 때문이다. 혼례가 축하할 일이 못되는 것은 사람의 세대를 교체하는 (엄숙한) 뜻이 있기 때문이다."[38]

혼례에 담긴 당시의 의미는 혼인 당사자를 위한 의식이라기보다는 세대교체를 위한 것으로 혼례를 주관하는 부모 측에서는 결코 기쁜 일만은 아니었다. 훗날을 준비하는 것 중의 하나로 관(棺)을 준비하는 것과 다를 바 없다는 것이다.[39] 이러한 이해 속에서 부모와 조상의 생명성을 단절시키는 것은 가장 큰 불효가 된다.[40] 생명의 연속성에서 볼 때 나는 독립적 개체가 아니라 가까운 부모에서 먼 조상으로, 나의 자식에서 먼 후손에까지 이어지는 중간자에 불과하다. 조상 숭배의 전통도 생명의 연속성을 추구하는 맥락에서 나온 것임을 알 수 있다.

---

37) "孟子曰, 人皆有不忍人之心." (『孟子』「公孫丑」上) "天地以生物爲心, 而所生之物因各得. 夫天地生物之心, 以爲心所以人皆有不忍人之心也." (朱子註)
38) "婚禮不用樂, 幽陰之意也. 婚禮不賀, 人之序也." (『禮記』「郊特牲」)
39) 馮友蘭, 『中國哲學史新編』, 人民出版社. 1984. 93면
40) "不孝者有三, 無後爲大." (『孟子』「離婁」 上)

사람이 나서 살다가 죽은 것, 단지 이것뿐인가? 내가 전 생애를 통해 고심하고 노력해온 인간적 가치들은 나의 죽음과 동시에 끝이 날 뿐인가? 죽음과 동시에 모든 과거가 사라진다면 사는 동안 무슨 짓을 하더라도 호의호식하는 것이 바람직하지 아닐까? 고대인들이라고 이런 질문으로부터 자유롭지는 않았을 것이다. 그렇다면 내세에 대한 설계나 영혼불멸의 관념 장치가 마련되어 있지 않는 세계에서 이 물음들은 어떻게 설명될 수 있을까?

고대인들이 본 현실 속 대다수의 사람은 평범한 삶으로 생을 마감하였다. 다른 누구에게 기억될 수 없다. 오직 그의 가족과 자손만이 그를 기억할 뿐이다. 따라서 조상 숭배는 자손들의 기억 속에서, 생명에의 욕망에 충실한 인간에게 자신의 존재의미를 새롭게 획득해 가는 의식이 된다.[41] 모든 사람들은 조상을 가지고 있고, 모든 사람들은 혈족을 갖고 있기 때문에 조상숭배를 어떤 의미에서 만인 평등적 종교라고 보기도 한다.[42] 여기에서 가족은 공동생활의 장(場)으로 그치는 것이 아니라 하나의 우주, 살아 가는 의미, 죽는 이유, 과거와 현재, 미래가 공존하는[43] 상상의 공동체가 된다.

'낳고 또 낳는' 것을 역(易)의 원리라는 한 것은 개인적 생명의 내원을 근거로 우주를 설명하는 방식이다. 즉 "천지음양의 기운이 뒤섞여 만물이 생겨나고 길러지며, 남녀의 정기가 서로 만나 만물이 생겨난다."[44]는 것이다. 남녀의 교합으로 사람이 태어나는 원리로 자연현상을 유추한 것인데, 그래서 우주와 그 현상은 가족적인 개념으로 설명된다.

"건(乾)은 하늘이므로 부(父)라 칭하고, 곤(坤)은 땅이므로 모(母)라 칭하고,

---

41) 馮友蘭, 『중국철학사』 上, 박성규 역, 까치, 1999.
42) 벤자민 슈왈츠, 『중국 고대사상의 세계』, 나성 옮김, 살림, 1996.
43) 加地伸行, 『家族の思想-儒教的死生觀の果實』, PHP研究所, 1998.
44) "天地絪緼, 萬物化醇, 男女構精, 萬物化生." (『周易』「繫辭」下)

> 진(震)은 첫 번째 구하여 남자를 얻었으므로 장남(長男)이라 이르고, 손(巽)은 첫번째 구하여 여자를 얻었으므로 장녀(長女)라 이르고, 감(坎)은 두 번째 구하여 남자를 얻었으므로 중남(中男)이라 이르고 리(離)는 두 번째 구하여 여자를 얻었으므로 중녀(中女)라 이르고 간(艮)은 세 번째 구하여 남자를 얻었으므로 소남(少男)이라 이르고 태(兌)는 세 번째로 구하여 여자를 얻었으므로 소녀(少女)라 이른다."[45]

가족 속에 아버지 어머니가 있듯이 우주에는 하늘과 땅이 있다. 천둥과 바람, 물과 불, 산과 못은 각각 장남과 장녀, 차남과 차녀, 소남과 소녀로 상징된다. 모든 것을 가족적 상징으로 환원시키는 이러한 구조는 가족이라는 창으로 세계를 보는 것이며 가족이 세계의 중심에 있음을 말해 주는 것이다. 우주의 현상을 가족적 개념으로 설명했듯이, 다른 사회적 관계들도 가족적 개념으로 설명되었다. 자연의 원리를 가족적 정서로 설명했듯이, 다른 사람과의 관계도 필요에 따라 가족적 정서로 설명되었다.

나는 어디로부터 왔으며 어디로 가고 있는가? 중국 고대인들은 이 질문을 가족의 개념으로 설명해 내고자 했다. 조상이 과거의 나라고 한다면 후손은 미래의 나이다. 궁극적 절대자가 있어 나에게 벌을 주고 복을 주는 것이 아니라 조상의 과오로 내가 벌을 받고 조상의 선행으로 내가 복을 받는 것이다. 현세에서 내가 저지른 악행(惡行)은 내세에서 그 죄 값을 치르는 것이 아니라 내 자식 내 후손이 대신 받게 된다고 생각하였다. 내가 쌓은 선행(善行)은 내가 죽은 후의 세상에서 고스란히 돌려받는 것이 아니라 내 자손들이 대신 받게 된다고 여겼다. 즉 나에게 다가온 복(福)은 조상의 음덕(陰德)으로 인한 것이며, 나의 선행은 자손들에게 복을 가져다 줄 것이고 나의 악행은 자손들에게 화를 가져다 줄 것으로 믿었다. 나의 모든 의식과 행위는 조상과 후손을 연결하는 지점에 위치한다. 이러한 세계관

---

45) 『周易』「說卦傳」

은 선행을 유도하고 악행을 제거하는 여타 종교와 유사한 기능을 한다.

이러한 사유구조에서 생명의 연속성을 담보해 주는 것은 혈통의 개념이다. 혈통을 구성하고 파악하는 방법은 다양할 수 있다. 단계(單系) 또는 비단계(非單系)의 방법이 있는데, 단계는 다시 모계와 부계로 나뉜다. 동아시아 가족사상의 뿌리가 되는 중국 고대의 가족에서 혈통의 개념은 부계(父系)로만 구성되었다. 즉 만물이 천지로부터 나오듯이 인간은 부모로부터 나온다고 하면서 그 계보는 아버지의 것만 확인할 수 있는 가족 시스템인 것이다. 따라서 이 가족 구조에서는 조상을 통해 내 생명의 내원(來源)을 확인하고, 후손을 통해 내 생명의 영속성을 보장받는 것은 남성의 계보에 한정된다. 인간 존재의 유한성을 극복하고자 하는 것이 인간 일반의 보편적 욕망이라고 한다면, 여성의 경우 그 욕망은 중국 고대의 가족 속에서는 실현될 수 없었다.

같은 혈통이라는 개념은 성(姓)으로써 확인되는데, 이 성(姓)은 부계 혈통으로 구성된 계보를 의미한다. 즉 성(姓)이란 부계 쪽의 혈통을 구분하는 개념이지 모계가 어떠한지는 아무런 상관이 없다. 그런데 혈통과 성(姓)을 동일시하는 구조를 따져본다면 생물학적 영원성에 근거를 두지만 실제로는 불완전하며, 관념적인 성격이 더 강하고 짙다. 모계가 배제되었다는 점에서 불완전하고, 다섯 세대가 지나면 혈연적 요소라든가 정서적 유대감은 희박해질 수밖에 없다는 점에서 관념적이라는 뜻이다. 여자 쪽 씨족을 구분해 주던 성의 초기 개념이 같은 씨족간의 혼인을 배제하는 데 사용되었다면, 중국 고대 가족 개념의 기원을 이루는 종법에서, 성(姓)은 남성의 혈통을 분명히 하려는 의지의 복합체이자 적과 동지를 구분하는 개념으로 추상화되었다. 종법의 성(姓)개념이 가족의 유교적 구성에 수용됨으로써 긴 역사적 시간을 통해 축적되었고, 공동의 문화에 속한 사람들에게 '자연스러운' 것이 되게 하였다.

이제 가족은 더 이상 인간의 근본 욕구를 해소하는 현실적 목적을 가진 것만을 의미하지 않는다. 가족은 일종의 부호 체계처럼 추상성을 갖게 되고 추상성이 강화될수록 인간적인 요소들은 배제될 수밖에 없다. 내 생명의 영속성을 내가 낳은 모든 자식이 보장해 주는 것은 아니다. 권리와 재산의 분배문제가 발생함으로써 자식을 구별해야 할 필요가 생긴 것이다. 적자와 서자의 구분, 장자와 나머지 자식의 구분이 그것이다. 아버지와 어머니 사이에서 난 자식이지만 어머니가 어떤 사회적 위치를 갖는가에 따라, 그리고 태어난 순서에 따라 자식들의 서열이 매겨진다.[46] 이와 함께 여성도 처첩과 같이 그 용도에 따라 구분할 필요가 있게 되었다. '어머니'의 존재 또한 '아버지'의 이름에 포함된다. 부인과 이혼한 자사(子思)는 "나의 처는 내 아들의 어머니이다. 내 처가 아니면 내 아들의 어머니도 아니다."[47]라고 한다. 그에 의하면 자식이란 부모의 자식이기보다는 아버지의 자식이고, 어머니는 '아버지의 처'라는 관계로 파악된다. 어머니는 더 이상 나와 혈연적으로 가장 가까운 생물학적 어머니가 아니라 제도적이고 인위적인 어머니이다. '아버지'의 승인을 받아야하는 어머니이다. 이러한 맥락에서 볼 때 개체적 생명의 한계를 가족을 통해 극복하고자 한 고대적 구상은 남성 욕망을 중심으로 한 것임을 알 수 있다.

3. 가족 윤리와 그 변화

동아시아 가족의 원형은 서주(西周)의 종법 원리를 모태로 진(秦)·한초(漢初)에 완성되었다. 중국 고대의 가족은 무엇보다 동일한 남성 조상의 자손으로서, 일정한 규범에 따라 혈연관계로 결합된 일종의 특수한 사회

---

46) "立子以貴不以長, 立嫡爲長不以賢, 乃傳子法之精髓." (王國維, 「殷周制度論」『觀堂集林』 卷十)

47) '爲伋也妻也, 是爲白也母. 不爲伋也妻者, 是不爲白也母. 故孔氏之不喪出母, 自子思始也."(『禮記』「檀弓」 下)

조직의 형태를 취해 왔다. 그러나 서주초에서 한초(漢初)에 이르는 10여 세기에 걸쳐 형성된 가족의 역사를 볼 때, 거기에는 연속성의 측면도 있지만 꾸준히 변화되어 온 측면이 있다. 부계 혈통이 가족 개념의 중심을 이룬다는 것과 가족이 보다 더 큰 국가 권력과의 관계에서 파악된다는 점이 연속성의 측면이라면, 가족 관계의 윤리와 가족 규모는 사회변동에 따라 변화되어 온 측면이다.

그러나 가족 개념에서 중요한 요소가 되는 남성 조상의 자손에서 그 범위를 어디까지로 할 것인가는 고정되어 있기보다 신축적이고 유연했다. 즉 필요에 따라 그 범위가 무한히 확대될 수도 있고, 부부 중심의 작은 가정으로 극히 축소될 수도 있었다. 이것은 가족이라는 것이 자연적인 생활의 기초라기보다 사람들의 필요에 따라 만들어진 것이었음을 말해 준다. 경쟁이 치열할 때 가족은 단결해야 할 필요성이 강화되지만 그렇지 않은 경우도 있게 된다. 또 어떤 시대에서는 강하게 단결할 수 있는 조건이 되지만 그럴 필요가 없게 된 시대도 있다. 요컨대, 중국 고대 가족은 변하는 가운데 변하지 않은 본질적인 부분을 지키려고 한다는 점에서 접근될 수 있다. 특히 가족 윤리의 변화는 가족 중의 어떤 관계가 더 중심이 되는가를 보여 주는 지표인데, 이것은 경제적인 문제와 연관된 사회변동의 영향으로 설명될 수 있다.

1) '친친(親親)'의 형제애

혈연 조직인 종족에서 구성원들을 결합하고 단결시킬 수 있는, 가장 중심에 놓인 개념은 '혈친에게 호의를 베푸는 것이 도덕'이라는 '친친(親親)'이다. 종족적 질서를 유지시키는 데 요청된 '친친(親親)'은 사회 변동에 따른 가족 형태의 변화에도 불구하고 동아시아 가족 윤리의 중심을 차지해 왔다. 서주(西周)의 문물제도에 강한 공감을 표시한 공자는 '친친(親親)'을 인간의 보편 감정으로 보았다. 그들은 '나와 혈연적으로 가까운 사람을 가깝게 대한다.'는 원칙인 '친친(親親)'을 확충해 나감으로써 보편 윤리 인仁에 도달할 수 있다고 본 것이다. 공자를 비롯한 유가에게 '친친(親親)'은 '자연적인' 정감을 기초로 한 사랑의 원리이지만, 서주의 정치 환경에서는 국가 질서와 관련된 권력 개념으로 사용되었다. 그러면 '친친(親親)'을 도덕적이면서 이데올로기적인 의미로 사용될 수 있었던 역사적 배경은 무엇인가?

주(周)를 창설한 기원전 11세기의 무왕(武王)은 자신이 상(商)을 멸망시킬 수밖에 없는 이유를 이렇게 말한다. "지금 상왕 수(受)는, ……부왕의 형제들과 자신의 형제들을 내치고서 돌보지 않는다."[48] 상의 마지막 왕 주(紂)가 내친 형제들이란 자신의 동모형(同母兄)인 미자(微子), 숙부인 기자(箕子)와 비간(比干)을 말한다.[49] '친족에게 특혜와 호의를 베풀지 않았던' 상왕의 죄는 상(商)나라와 주(周)나라의 문화적 차이를 이해할 수 있는 열쇠이다. 친족의 의미가 주나라에서 특히 강조될 것임을 예측할 수 있는데, 주초 70여 개국의 봉국(封國) 중에는 무왕의 형제가 15개국이었고 무왕과 동성(同姓)인 나라가 40개국이었다. 그들이 분봉(分封)된 것은 천자와 친족관계에 있기 때문이었다.[50] 즉 서주 국가 구성에서 8할이 천자와 친족인 동성(同姓) 제후국이었고, 2할이 천자와 이성(異姓)인 제후국이었다. 거의 친족으로 구성된 국가에서 그 정치적 운용은 '가족'의 언어와 '가족적' 정서에 의지한다고 해서 그다지 어긋날 것이 없다. 이것이 '친친(親親)'이 가족윤리이면서 국가윤리가 된 역사적 맥락이다.

'친친(親親)'은 서주의 사회적 환경에서 나온 강한 정치성을 띠는 개념이었지만 그 사회의 모든 사람들이 지키고 키워야 할 보편적 도덕 개념으로 자리잡게 되었다. 『춘추좌씨전』에서는 '친친(親親)'의 원칙을 지키지

48) "今商王受, …… 昏棄厥遺王父母弟不迪" (『書經』「牧誓」)
49) 『史記』「殷本紀」
50) "昔武王克商, 光有天下, 其兄弟之國者十有五人, 姬姓之國者四十人, 皆擧親也." (『春秋左氏傳』, 「昭公28년」) 『荀子』, 「儒效」에 의하면 71개국의 봉국 중에서 희성이 53개국이라고 하였다.

않은 사람이나 제후국을 도덕적으로 비난하는 내용이 실려 있다. 희성(姬姓)인 정(鄭)나라에 역시 희성(姬姓)인 식(息)나라가 전쟁을 걸었는데, 결과는 대패였다. 이에 대해 논평가들은 "식나라가 망할 것을 미리 알았다. 식은 덕을 헤아리지 않았고, 힘을 계산하지 않았고, 친척을 특별하게 우대하지도 않았고, 말의 시비도 따지지 않았고, 자신의 죄를 잘 살피지도 않았기"[51] 때문이라고 하였다. 즉 식나라가 망한 이유 중의 하나로 친척에게 특별한 호의를 베풀지 않았음을 들고 있다. 춘추시대에는 또 같은 혈친인 형제와 불화하는 것이 비도덕적인 행위로 여겨졌다.

> "우리 형제끼리 돕지 않으면서 어떻게 제후들이 화목하게 지내지 않는 것을 원망할 수 있겠는가."[52] "지금은 형제만한 사람이 없다. 형제가 내부에서 다투더라도 밖에서 업신여기는 것만은 막아야 한다. 따라서 형제에게 비록 작은 원망이 있더라도 혈친간의 아름다운 관계를 폐지할 수 없다."[53]

종족국가를 유지하는 데 필요한 도덕적이면서 정치적인 개념 '친친(親親)'은 이후 역사에서 가족을 유지하는 도덕 덕목으로 활용되었다. 즉 유교 문화권의 가족 윤리는 '혈연적으로 가까운 사람에게 호의를 베푸는 것'을 원칙으로 삼은 것이다. 여기서 '친친(親親)'의 개념이 변천되어 온 역사를 살펴볼 필요가 있다. 혈통과 관련해서 서주적(西周的)인 것이란 앞선 왕조의 그것과는 분명 다른 것이지만, 그 차이는 전통의 완전한 부정이기보다 이미 존재하던 개념들을 자신의 정치 목적에 맞게 변형시킨 것이다. 즉 '친친(親親)'이란 이전에 없던 것이 주(周)에서 비로소 등장한 그런 개념은 아니다. '친친(親親)'의 역사는 오래되었는데, 혈연의 친소에 따라 그

---

51) "君子是以知息之將亡也. '不度德, 不量力, 不親親, 不徵辭, 不察有罪.'"(『春秋左氏傳』 隱公 11년)

52) "吾兄弟之不協, 焉能怨諸侯之不睦?"(『춘추좌씨전』 僖公 22년)

53) "凡今之人, 莫如兄弟. 兄弟鬩于牆, 外禦其侮. 如是, 則兄弟雖有小忿, 不廢懿親. …… "(『春秋左氏傳』 僖公 24년. 楊伯峻, 『春秋左氏傳注』, 423~425면 참조)

대우를 달리한다는 이 원칙은 씨족사회의 관계 원리이다. '친친(親親)'의 원래 의미는 생물학적인 자연 감정에 기초한 사랑과 친밀성을 중시한다. 그런 점에서 '친친(親親)'은 주대(周代)보다 오히려 은대(殷代)에 통용된 인간 관계의 원리였다.[54] 그러나 '친친(親親)'의 원래 의미로는 인간 관계를 권위와 질서의 개념으로 조직화할 필요가 있었던 서주 국가를 만족시킬 수 없었다.

그래서 '친친(親親)'은 혈통의 친소와 원근을 등급화하는 정치이데올로기로 변형되는데, 계급적으로 도덕적으로 높은 사람을 공경해야 하는 '존존(尊尊)'을 보완하는 개념으로 사용된 것이다.[55] 대개 애친(愛親)은 경장(敬長)과 함께 쓰이는데, 그것의 정치성은 다음에서 확인된다.

> "사랑은 생물학적 관계로부터 나오는데, 사랑을 강조하는 것은 민民에게 화목함을 가르치기 위함이다. 존경이란 높은(연장자) 곳으로부터 나오는데, 민(民)에게 순종함을 가르치기 위함이다."[56]

이러한 맥락에서 볼 때 부자의 친함(父子有親)이란 법칙과 당위의 의미가 강하다. 다시 말해 '부자유친'이란 자연적 아버지가 아니라 법적으로 인정된 부자 관계에서, 특별히 강조되는 정치적이고 사회적인 개념이라 할 수 있다. 아버지의 규칙(父義), 어머니의 사랑(母慈)으로 구분되듯이[57] 어머니와 자식의 관계는 자유와 애정, 친밀성의 의미가 강하다. 부와 모에 관한 자식의 감정이 동일할 수 없다는 것인데, 이것은 자연적인 것이기보다 제도화된 혈통과 생물학적인 상태로 남겨진 혈통 사이에서 발생하는

---

54) "太后謂帝曰, 吾聞殷道親親, 周道尊尊, 其義一也." (『史記』「梁孝王世家」)

55) "親親仁也, 敬長義也, 無他達之天下也." (『孟子』「盡心」上)

56) "立愛惟親, 立敬惟長. 始于家邦, 終于四海."(『書經』「伊訓」) 이에 대해 蔡沈은 『書經集傳』에서 "孔子曰, 立愛, 自親始, 教民睦也. 立敬, 自長始, 教民順也."이라고 하였다.

57) "……父義, 母慈, 兄友, 弟恭, 子孝, 內平外成." (『春秋左氏傳』 文公 18년)

태도의 차이라고 할 수 있다.

이상을 통해 '친친(親親)'이라는 유교 가족윤리는 단순히 혈연관계의 친밀감을 위한 것이기보다 정치적 의미를 가지는 것이다. '친친(親親)'의 원리는 조상이 같다는 사실, 다시 말해 성(姓)이 같다는 사실에 기초한다. 이 시대의 혈연이란 그 어떤 것보다 강한 결속력을 보장하는 것이고 나와 정치적 입장을 같이 하는 동지가 될 수 있다는 것이다. 따라서 '친친(親親)'은 동성(同姓) 제후국의 단결과 협조를 필요로 하는 서주 국가의 구체적 현실이 만들어낸 하나의 도덕 원칙이다.

2) 호혜성에서 의무 개념으로

'친친(親親)'은 혈연이라는 비교적 넓은 의미의 가족에서는 그 유대를 강화시켜 주는 보편 개념으로서의 의미가 있을 것이다. 좁은 의미의 가족으로 들어오게 되면 추상성이 강한 '친친(親親)'보다는 좀더 구체적인 관계 개념이 필요하다. 즉 아버지는 어떠해야 하고, 어머니는 어떠해야 하며, 형과 아우는 각각 어떠해야 하는가 하는 것이다. 중국 고대의 가족윤리는 추상적인 것에서 구체적인 것으로, 호혜적 관계에서 권리와 의무의 개념으로 변화되어 왔음을 알 수 있다.

고대 사회 초기에는 부모와 자식, 형와 아우의 관계가 원만하기 위해서는 각자 그 역할에 상응하는 태도가 갖추어져야 한다고 보았다. 『서경』과 『춘추좌씨전』에는 이것을 '오전(五典)'[58]과 '오교(五敎)'[59]라고 하였다. 『서경』의 '오전(五典)'을 정현(鄭玄)과 공안국(孔安國)은 '다섯 가지 가르침'으로 해석하여 부(父) · 모(母) · 형(兄) · 제(弟) · 자(子) 각각에게 요구된 덕목을 말한 것이라고 하였다.[60] 『춘추좌씨전』에서는 "순(舜)이 요(堯)의 명

---

58) "帝堯曰, 欽哉, 愼徽五典, 五典克從." (『書經』「堯典」)

59) "…擧八元, 使布五敎于四方, 父義, 母慈, 兄友, 弟恭, 子孝, 內平外成." (『春秋左氏傳』 文公18)

령대로 오교(五敎)를 사방의 인민들에게 포교하였더니 부의(父義)·모자(母慈)·형우(兄友)·제공(弟恭)·자효(子孝)가 갖추어져 집안이 편안해지고 밖에서는 이루는 것이 있게 되었다."고 하였다. 다섯 가지 모범이란 '아버지의 규칙(父義)', '어머니의 사랑(母慈)', '형의 우애(兄友)', '아우의 공손(弟恭)', '자식의 효도(子孝)'를 말한다. 아버지가 아버지로서의 합당한 자리를 지키는 것과 자식의 효도가 상호적인 것이며, 어머니가 자식을 자애롭게 대하는 것과 자식의 효도가 상호적이라는 말이다. 또 형이 동생을 사랑할 때 동생은 형에게 공손할 수 있다는 것이다. 바꾸어 말하면 자식의 태도는 아버지와 어머니가 자식을 어떻게 대했는가와 무관하지 않다는 논리가 된다. 이런 점에서 가족 구성원 모두에게 가족 관계를 만들어갈 책임이 주어지며 따라서 각각 자신의 자리를 긴장하지 않을 수 없게 된다.

춘추 말 공자(552~479)의 시대에는 자식된 자의 효(孝)와 아우된 자의 제(悌)가 강조되었다. 군자의 근본은 효제(孝悌)에 있고, 그것이 곧 인(仁)의 핵심이 된다.[61] 그리고 가족 속의 효제(孝悌)는 곧 사회 속의 상위자에 대한 태도로 확충될 수 있다고 보았다. 즉 "그 사람됨이 효제하고서 윗사람을 범하는 사람은 드물다. 윗사람을 범하는 것을 싫어하면서 난을 일으키는 자는 아직 없었다."[62]는 것이 그것이다. 공자의 제자 자하(子夏)는 배우는 자가 가장 힘써야 할 것으로 "부모를 섬기는 데 자신의 힘을 다 쏟고, 임금을 섬기는 데 자신의 몸을 다 바치며, 벗과 사귀는 데에 신의를 다하는 것"[63]을 들었다. 즉 도덕적 행위자의 위치에서 볼 때 가족으로 부모와 형이 있다면 사회에는 친구가 있고, 국가에는 임금이 있다.

『서경』과 『춘추좌씨전』에서는 어머니의 역할을 가족 윤리의 한 항목으

60) 譚戒甫, 「論思孟五行說的演邊」 『哲學硏究』 第四輯, 三聯書店, 107면

61) "君子務本, 本立而道生, 孝弟也者, 其爲仁之本與." (『論語』 「學而」)

62) "有子曰, 其爲人也, 孝弟而好犯上者, 鮮矣. 不好犯上而好作亂者, 未之有也." (『論語』 「學而」)

63) "子夏曰, 賢賢易色. 事父母能竭其力, 事君能致其身, 與朋友交言而有信, 雖曰, 未學吾必謂之學矣." (『論語』 「學而」)

로 제시하였다면 『논어』에서는 어머니가 '부모'에 포함되는데, 그들 중 아버지가 대표성을 갖는다. 공자의 손자 자사(子思)는 말한다. "나의 처는 내 아들의 어머니가 된다. 나의 처가 아니면 내 아들의 어머니도 아니다."[64] 자사에 의하면 이혼한 처는 아들의 어머니가 될 수 없다는 것이다. 자사에서 시작된 '출모(出母)' 복상의 논의를 보면 어머니의 존재는 생물학적이기보다 인위적이고 '법적'인 차원으로 옮겨진다. 다시 말해 어머니에 대한 윤리의 문제는 나를 낳았다는 사실보다는 아버지의 '승인'이 더 중요한 요소가 된 것이다.

전국중기(戰國中期)의 맹자는 '오륜(五倫)'를 사회윤리의 모범으로 보았다. 이것은 공자의 '사륜(四倫)'에 부부 윤리가 첨가된 것이다. 오륜의 주체는 부자(父子) · 군신(君臣) · 부부(夫婦) · 장유(長幼) · 붕우(朋友)이다. 맹자의 오륜은 "부자(父子)는 친애함이 있어야 하고 군신(君臣)은 의로움이 있어야 하고 부부는 분별이 있어야 하고 어른과 아이 사이는 순서가 있어야 하고 친구 사이는 믿음이 있어야 한다"[65]는 것이다. 맹자 역시 모든 관계는 집을 기준으로 안과 밖으로 나뉘고 각각의 대표성은 군신과 부자에 있다고 보았다. 맹자에 의하면 부자는 사랑이 핵심이고 군신은 공경이 핵심이다.[66] 따라서 부자의 사랑을 손상시킬 수 있는 모든 요소를 미리 없게 해야 하는데, 아버지의 '자식에 대한 충고[책선責善]'도 조심해야 한다고 보았다.[67] 맹자는 자연 감정인 사랑으로 맺어진 부자 관계이지만 그 감정은 아무런 노력 없이도 영속될 수 있는 그런 것은 아니라고 본 것이다.

---

64) "爲伋也妻也, 是爲白也母. 不爲伋也妻者, 是不爲白也母. 故孔氏之不喪出母, 自子思始也."(『禮記』「檀弓」下)

65) "使契爲司徒, 敎以人倫, 父子有親, 君臣有義, 夫婦有別, 長幼有序, 朋友有信." (『孟子』「滕文公」上)

66) "內則父子, 外則君臣, 人之大倫也. 父子主恩, 君臣主敬." (『孟子』「公孫丑」下)

67) "父子之間, 不責善. 責善則離, 離則不祥, 莫大焉."(『孟子』「離婁」上) "責善, 朋友之道也. 父子責善, 賊恩之大者." (『孟子』「離婁」下)

또한 맹자의 시대가 되면 '처(妻)'의 존재가 부각되는 것이 특징인데, 그 처는 남편의 보호를 받아야 하는 존재가 된다. 즉 『맹자』는 도덕적이면서 경제적인 주체자를 처자를 거느리고 사는 한 사람의 장부丈夫로 인식한 것이다. 『맹자』에는 '처자를 보호하다[보처자(保妻子)]'[68], '처자를 맡기다[탁처자(託妻子)]'[69], '처자를 부양하다[휵처자(畜妻子)]'[70] 등의 표현이 자주 나온다. 이것은 남편된 자는 마땅히 경제적 능력과 권위를 가져야 하고 처는 아무런 능력과 권위가 없는 그저 보호받아야 하는 존재임을 역설적으로 보여 주는 것이다. "스스로 도를 행하지 않으면 처자에게 행해질 수 없다."[71]고 함으로써 가족 속의 남편을 도덕적인 주체자로 확실하게 자리매김하였다. 『맹자』의 남편과 아버지는 가족 구성원을 이끌면서 구성원을 책임져야 하는 도덕적 경제적인 의무를 가진 자라고 할 수 있다.

전국 중기 『맹자』에서 비로소 강조된 부부윤리는 이후의 문헌 『순자』와 『예기』 등에서도 계속 중요하게 취급된다. 전국후기의 순자荀子는 말한다.

> "금수(禽獸)에게도 부자(父子)가 있지만 그들에게는 서로 친애하는 도가 없다. 금수에게도 암수가 있지만 그들에게는 남녀를 구별하는 문화가 없다. 그러므로 인도(人道)는 분별을 하는 것에 두지 않을 수 없다.[72]

여기서 말한 남녀의 구별은 곧 부부윤리를 말한다. 즉 순자 역시 맹자

---

68) "……言擧斯心加諸彼而已. 故推恩足以保四海, 不推恩無以保妻子.……" (『孟子』「梁惠王」上)
69) "孟子謂齊宣王曰, 王之臣, 有託其妻子於其友, 而之楚遊者, 比其反也, 則凍餒其妻子, 則如之何. 王曰, 棄之." (『孟子』「梁惠王」下)
70) "是故, 明君制民之產, 必使仰足以事父母, 俯足以畜妻子, 樂歲終身飽, 凶年免於死亡, 然後驅而之善, 故民之從之也輕." 『孟子』「梁惠王」上)
71) "孟子曰, 身不行道, 不行於妻子." (『孟子』「盡心」下)
72) "夫禽獸有父子而無父子之親, 有牝牡而無男女之別. 故人道莫不有辨." (『荀子』「非相」)

와 마찬가지로 부자와 부부를 인간의 가장 기초적인 관계로 보았다. 순자는 부자의 사랑과 부부의 분별은 하루도 게을리 해서는 안되는 가장 중요한 과제라고 보았다.[73] 순자는 또 "군신 · 부자 · 형제 · 부부는 시작이면서 끝이고, 끝이면서 시작이다. 천지와 더불어 같이 운행되며 만세토록 함께 가는 것이니 이것을 '큰 근본[대본(大本)]'이라 한다."[74] 순자는 또 『주역』 함괘(咸卦)에 대해 "함(咸)은 부부 관계를 보이기 위한 것이다. 부부의 도는 바르게 정립되지 않을 수 없는데, 부부가 군신 · 부자의 근본이 되기 때문"[75]이라고 해석하였다. 순자의 시대는 "부부가 모든 관계의 근본"으로 인식된 것인데, 이것은 부부 윤리를 가족의 다른 관계들과 병렬로 인식한 것과는 또 다르다. 부부가 핵심이 되는 가족 윤리는 부부중심의 소농가족에 적용될 수 있을 텐데, 한초(漢初)에 완성된 『중용』은 부부가 모든 덕목의 첫 출발이 된다는 것을 이론화하였다.

> "군자의 도는 부부에서 출발한다. 지극한 경지에 이르게 되면 천지의 원리를 통찰할 수 있다.[76] 군자의 도는 광대하면서 은미하다. 특별한 지혜가 없는 부부라도 (부부라면) 그것을 알 수 있고, 지극한 경지에 이르면 성인이라 하더라도 알 수 없는 것이 군자의 도이다. 못난 부부라도 그것을 행할 수 있는데, 그 행위가 지극한 경지에 이르면 비록 성인이라 하더라도 행할 수 없는 바가 있는 것이다."[77]

군자는 유교 사회가 지향하는 이상적 인물이다. 이 이상형을 향한 실천

---

73) "若夫君臣之義, 父子之親, 夫婦之別, 則日切搓而不舍也." (『荀子』「天論」)
74) "君臣, 父子, 兄弟, 夫婦, 始則終, 終則始, 與天地同理, 與萬世同久, 夫是之謂大本." (『荀子』「王制」)
75) "『易』之「咸」, 見夫婦. 夫婦之道, 不可不正也, 君臣父子之本也." (『荀子』「王制」)
76) "君子之道, 造端乎夫婦, 及其至也, 察乎天地." (『禮記』「中庸」)
77) "君子之道費而隱. 夫婦之愚, 可以與知焉, 及其至也, 雖聖人亦有所不知焉. 夫婦之不肖,可以能行焉, 及其至也, 雖聖人亦有所不能焉." (『禮記』「中庸」)

이란 가장 가까운 관계인 부부에서 시작된다는 '부부조단설(夫婦造端說)'은 부부가 곧 사회의 최소단위임을 말해 주는 것이다. 즉 한 개인이 현명과 지혜를 갖추고 비록 열심히 정진하더라도 '군자'가 되기에는 미흡한 점이 있다는 것이다. 반면에 비록 우매하고 모자라는 부부라 할지라도 부부라는 그 자체가 바로 군자로 갈 수 있는 조건이 마련된 셈이다. 다시 말해 군자의 길이란 관념적이거나 형이상학적인 공부가 아니라 일용평상의 생활 속에서 가장 구체적인 문제들을 해결해 가는 공부의 과정이다. 『중용』은 부부를 그 자체 하나의 도덕적 행위자로 보았고, 사회적 실천의 최소 단위로 보았다. 이러한 구도에서 온전한 인격을 이루기 위해서는 반드시 이인일조(二人一條)의 부부를 구성해야만 하는 것이다.

전한(前漢)의 사상가 동중서(董仲舒)(B.C.179~104)는 이전과는 전혀 새로운 차원의 가족 윤리를 제출하였다. 이른바 삼강육기(三綱六紀)가 그것이다. 여기서 가족과 사회윤리는 위계적인 질서 개념으로 구성된다. 동중서는 모든 사회 관계는 세 종류의 근본과 여섯 종류의 기틀로 구성된다. 관계의 세가지 중추는 "임금은 신하의 근본이고 아버지는 자식의 근본이며 남편은 아내의 근본이다." 여섯 종류의 기틀이란 "아버지의 형제, 나의 형제, 친족, 외족과 처족의 남자, 스승, 친구"를 가리킨다.[78] 동중서의 '삼강육기'에서 '기강(紀綱)'이라는 개념은 인간 관계를 상호성 논리가 아니라 중심과 주변 또는 상하의 개념으로 편성한 것이다. 한초의 시대적 요청과 맞물려 있는 동중서의 사상적 경향은 군주의 전제적 권력을 합리화하는 이론이라는 점에서 찾아진다.

가족 관계의 덕목이 배제되고 첨가되는 등의 변화는 사회적 변동에 따른 것으로 보인다. 종족이라고 하는 사회생활의 새로운 조직체, 종법이라고 하는 규범의 성립은 서주사회를 전개하는 하나의 추진력이었다. 종족의 구성요소는 개개의 가족이었다. 각 가족이 부분을 이루어 종족이라는

---

78) "三綱者, 何謂也. 謂君臣, 父子, 夫婦也. …君爲臣綱, 父爲子綱, 夫爲婦綱." "六紀者, 謂諸父, 兄弟, 族人, 諸舅, 師長, 朋友也." (『春秋繁露』)

전체를 구성하였다. 그러나 각 가족간에는 불가피하게 빈부의 차이가 발생하게 된다. 대종(大宗)의 가(家)나 지위가 높은 종인(宗人)은 가난하지만 종인(宗人) 중에서도 종족 질서상의 지위가 낮은 사람이 부유해지는 현상이 생길 것이다.[79] 이러한 사정은 가족의 개별적인 발달을 촉진하여 춘추말(春秋末)에서 전국(戰國)시대에 오면 종법이 붕괴되기에 이른다.[80]

종족의 대가족이 해체되면서 그 자리에 오인(五人)에서 구인(九人)으로 구성된 소규모의 가족이 들어서게 되었다. 맹자(B.C. 373~289)의 정전설(井田說)에서 토지 분배의 대상인 가족은 그 수가 구(九), 칠(七), 오구(五口)의 가(家) 즉 소형가족이다. 백무(百畝)의 땅을 농사지어 한 가족이 먹고 살 수 있다는 것인데, 평균적으로 "여덟 식구(八口之家)"정도였던 것 같다.[81] 맹자의 시대에 부부윤리가 주목되어, 남편의 보호를 받아야 하는 처의 존재가 부각된 것은 부부를 중심으로 한 작은 가족이 확대되고 있음을 의미한다. 전국 말의 순자(荀子)도 소농가족을 전제로 형제간의 가산(家産)분할을 예로 들고 있는데,[82] 여기서 순자 성악론의 경제적 기초를 포착할 수 있다.

우리의 관습적 사고이기도 한 가족 구성원을 통솔하고 부양해야 할 권리와 의무의 주체로서의 가부장이란 사실상 전국 중기에서 시작되어 한초에 완성된 소농가족의 윤리이다. 이 가족이 제대로 유지되기 위해서는 처와 자식들의 협조가 요구되는데, 그것은 주로 피부양자의 의무 개념인 가부장에 대한 복종의 형태를 취한다. 대표적으로 아내된 자의 정절(貞節)과 자식된 자의 효(孝)를 들 수 있다.

부부중심의 소농가족으로의 이행(移行)은 생산력의 발전에 따른 산업구조의 변화와 그 변화에 대처하려는 제도적인 노력 그리고 전통적인 인간

---

79) "不敢以富貴, 入宗子之家. 雖衆車徒, 舍於外, 以寡約人." (『禮記』「內則」), "不敢以貴富, 加父兄宗族" (『禮記』「內則」)

80) 佐野學, 「父權的 家族の成立」, 앞의 책, 169면.

81) 『孟子』「梁惠王」上

82) 仁井田 陞, 앞의 책, 1959, 205면.

관계와의 갈등으로 점철된다. 『사기(史記)』「상군열전(商君列傳)」에 의하면 상앙(商鞅)(B.C.361~338)은 대가족을 소가족으로 세분화하는 변법을 실행하는데 "한 집에 장년 남자 둘이 있으면 그 집의 세금은 두 배로 한다."[83]는 것이다. 대가족을 소가족으로 세분화한 이 법은 일종의 호부(戶賦) 증가책[84]으로 생산력의 발전에 대한 제도적인 대응이라 할 수 있다. 그는 성년(成年)이 된 남자는 반드시 독립된 가(家)로 분가할 것을 법제화함으로써 일반 농가의 개인생산력 향상을 통해 국가 전체 생산량을 높일 수 있었다.[85] 이 법의 시행으로 소농가족은 빠른 속도로 확산될 수 있었을 것이다. 조세제도 등 외부 환경의 변화는 종족가족의 정치·경제적 공동체였던 '오복구족(五服九族)'[86]의 사회적 의미를 변화시켰고 종자(宗子)[족장(族長)]의 지위는 가장(家長)으로 대체되었다. 가장을 상위에 두면서 부부를 중심으로 한 소농가족의 이데올로기가 바로 맹자 이후의 가족윤리에 표현된 것이다.

한초의 조착(晁錯)은 "지금 농부는 오(五)인 가족을 구성하고 있는데, 가족 안에서 일을 할 수 있는 사람은 두 사람을 넘지 않고 경작지는 백 무를 넘지 않는다."[87]고 하였다. 후한(後漢)의 정현(鄭玄)도 "부부(夫婦)가 있고 난 후에 가(家)가 형성된다. (그래서 가족의 수는 최소) 두 사람에서 (최대) 열 사람에 이르기까지 아홉 가지 경우가 있을 수 있다."[88]는 것이다. 한초에 이미 소농가족의 형태가 일반적인 가족 형태가 되었음을 말하는

83) "民有二男以上, 不分異者, 倍其賦." (『史記』「商君列傳」)

84) 仁井田 陞, 앞의 책, 1959, 206~208면 참조. 尹乃鉉, 『商周史』, 民音社, 1988, 238~240면 참조.

85) 李春植, 『中國古代史의 展開』, 藝文出版社, 1986, p.131

86) 구족九族내의 사람이 죽으면 전족全族의 사람이 모두 죽은 자를 위해 복상의 의무를 지는데 자기의 친속 감정의 정도를 표시하기 위한 것으로 혈연 친속 관계를 연결시키는 정신적인 공동체이다.(余敦康, 『中國古代佚名哲學名著評述』(第二卷) 齊魯書社, 1983)

87) "今農夫五口之家, 其服役者, 不上二人, 其能耕者, 不過百畝." (『漢書』「食貨誌)

88) 鄭玄의 『周禮』「地官小司徒」의 注에서 "有夫有婦, 然後爲家, 自二人以至於十, 爲九等."

것이다. 소농가정을 출현시킨 경제적 기초는 가정을 중심으로 한 개별적 생산에 있다. 생산력이 낮은 상황에서는 씨족공동체의 집단농경 생활을 통할 수밖에 없지만, 도구의 발명 등 생산력이 높아지면서 부부 중심의 소가족이 독립적인 생산 단위로 성장하였다.

여기에 소농가족에 적합한 새로운 가족 윤리가 모색되었다. 앞에서도 말한 바 그 성격은 가부장의 절대적인 권리와 의무를 승인하면서, 다른 구성원은 가부장에 대한 복종을 당위로 하는 이데올로기이다. 이것은 혈연적 친밀감을 질서 확립의 차원에서 이념화하고 제도화한 것이다. 부부를 가족 구성의 핵심으로 하면서 그 관계를 계서화하는데, 이는 고대문화 형성의 초기부터 꾸준히 전개되어 온 남녀 차별의 관습을 개념적으로 정립한 것이다. 중국 고대 사회에서 여성의 차별은 관습적인 차원에서 이론화와 개념화의 방향으로 전개되었다.

한초에 완성된 동아시아적 가족은 부부라는 횡적인 관계와 부자라는 종적인 관계를 질서 정연하게 통합함으로써 하나의 도덕 주체가 되었다는 점에 그 특성이 있다. 즉 가족이라는 이름의 행위자를 위해 그 가족 구성원들의 요구는 유보되어야 하는 것이다. 여기에서 가족을 부분으로 하는 더 큰 사회적 구조를 이해해야 할 것이다. 통일체로서의 가족은 통일국가의 이데올로기, '대일통(大一統)'과 '천인합일(天人合一)' 사상의 연장선상에 있다. 다시 말해 전제 군주의 등장과 그것의 합리화는 세계를 '일(一)'에 의한 '다(多)'의 지배를 용인하는 것이다. 가족이 국가의 경제적 정치적 기초단위가 된 한초(漢初)의 사회에서 군주의 권력은 개별 가정의 가부장의 권력을 용인하는 대가로 얻어질 수 있다고 보았다. 즉 우주를 지배하는 것은 태양이고, 나라를 지배하는 것은 군주이며, 가정을 지배하는 것은 가부장이었던 것이다.

참고문헌

許愼, 『說文解字』
『書經』
『春秋左氏傳』
『論語』
『孟子』
『詩經』
班固, 『白虎通』
『荀子』
『周易』
『禮記』
『呂氏春秋』
劉向, 『列女傳』
王國維, 「殷周制度論」, 『觀堂集林』
司馬遷, 『史記』
『春秋繁露』
『漢書』

加地伸行, 『家族の思想-儒教的死生觀の果實』, PHP硏究所, 1998.
기시모토 미오 · 미야지마 히로시, 『조선과 중국, 근세 오백년을 가다』, 김현영 · 문순실 옮김, 역사비평사, 2003.
벤자민 슈왈츠, 『중국 고대사상의 세계』, 나성 옮김, 살림, 1996.
서양걸, 『중국가족제도사』, 윤재석 옮김, 아카넷, 2000.
余敦康, 『中國古代佚名哲學名著評述』(第二卷), 齊魯書社, 1983.
이숙인, 「『여사서』 읽기의 방법과 사상」, 『여/성이론』 6, 여성문화이론연구소, 2002.
李春植, 『中國古代史의 展開』, 藝文出版社, 1986.
仁井田 陞, 『中國法制史』, 岩波書店, 1959.
馮友蘭, 『中國哲學史新編』, 人民出版社, 1984.
馮友蘭, 『중국철학사』上, 박성규 역, 까치, 1999.

고전 서사문학에 나타난 가족과 여성의 존재양상

강진옥*

1. 가족을 통해 문학과 여성을 보는 일

오늘날 가족에 대한 개념이 새롭게 정의되어야 할 만큼 다양한 형태의 가족들이 존재하고 있지만, 가족이 '혼인이나 혈연 또는 입양의 유대로 맺어지며 단일가구를 형성하는 집단'[1]이라는 전통적인 정의는 아직 유효한 것 같다. 사회적 존재인 인간은 사회적 역할의 기본을 가족관계 속에서 익히는데, 그것의 토대가 되는 가정은 사회의 최소단위이다. 문학이 삶을 화두로 삼고 있기에 작품 속의 인물에 대한 포괄적인 이해를 위해서는 인간관계의 근간을 이루는 가족에 대한 탐구가 선행되어야 한다. 가부장제 성립 이후 여성의 생활은 집이라는 생활공간에서 가족관계를 중심으로 이루어지고 있다. 그렇기 때문에 여성의 존재양태를 삶의 맥락에서 이해하기 위해서는 가족이라는 틀로 조명해보아야 할 필요성이 더욱 요청된다.

우리 고전문학의 작품세계에서도 여성생활은 집이라는 생활공간을 중심으로 혈연 또는 혼인을 통한 가족관계를 근간삼아 이루어지고 있는 것으로 파악된다. 이들 작품 속에서 여성인물들의 형상화방식은 대체로 여

---

* 이화여자대학교 교수

1) 최재석, 「가족」, 『한국민족문화대백과사전』 1, 정문연, 1991, 165면.

성적 규범이라 합의된 일정한 가치관을 기준삼아 이루어지고 있는 것으로 보인다. 이같은 양상은 음양론이나 내외법, 종법제 등에 기반한 여성적 윤리규범이 정책적으로 유포되었던 조선초기를 거쳐 일상적 생활규범으로 자리잡게 된 조선후기에 이르면 더욱 뚜렷해진다. 집안의 존재로 규정되면서 여성들의 생활영역은 가족과 일상생활로 한정되어 가고, 그들의 역할도 다분히 가부장제 가족주의를 계승하는 데 기여하는 생산도구-아들 출산과 일상생활을 위한 노동력 제공 등으로 국한되어가는 경향을 보여주고 있다. 이같은 여성의 사회적 가족내적 위상은 현실생활에서는 물론 당대에 산출된 문학작품 속에도 일정 부분 반영되고 있다.

그런데, 우리문학의 전통에서 볼 때 여성적 삶의 중요 국면들이 가족관계를 근간으로 제기되는 현상의 연원은 신화에까지 소급될 수 있다. 주지하는 바처럼, 인간으로 변신한 웅녀는 신단수 아래서 자식 얻기를 기도했고 아들을 낳았다. 문학사의 처음을 여는 단군신화에서 서술되는 바 여성인물의 주요행위가 기자정성과 출산이었다는 사실은 여성의 존재방식과 가족관계의 긴밀한 상관성을 시사해주고 있다. 이러한 양상은 유화나 허황옥, 알영 등 여타 건국신화의 여성인물의 경우에도 무관하지 않은데, 각기 결혼이나 출산 등으로 가족관계와 아울러 국가를 형성해가는 토대로서 역할하고 있기 때문이다.2)

가족관계의 다양한 국면들은 보다 본격적인 서사문학에서 잘 보여주고 있다. 삶과 세계에 관한 근원적 인식과 해석을 보여주는 무속신화의 여성 신격들은 집을 쫓겨나와 집밖에서의 경험들을 통해 존재전환을 경험한다. 여성들의 삶과 꿈을 다양한 방식으로 보여주는 소설작품들은 여러 유형으로 존재하는데, 특히 남복 입은 여성들의 사회적 활약을 보여주는 여성영

---

2) 신성혼으로 대표되는 여성신격의 집짓기는 그들의 아들 또는 남편에 의한 나라 만들기로 확대된다. 무속신화에서도 유사한 양상을 보이는데 그들의 행적은 보편적인 인간의 존재방식이나 관습의 유래 내지는 세계의 근원에 대한 내력으로 소급되는 것이다.

웅소설이나 집 안의 공간에서 벌어지는 가족관계의 다양한 국면들을 다룬 가정소설류는 여성의 존재방식과 가족관계를 중요한 문제거리로서 형상화하고 있다. 또한 서민여성들의 생활감정을 구체적인 생활현실 속에서 재현하는 서사민요는 대표적인 여성장르라 할 것인데, 주변인으로 존재하는 여성들의 가정내적 위상을 다양한 가족관계를 통해 보여주고 있다. 이밖에도 특정 여성을 입전한 전(傳)이나 여성생활을 다룬 규방가사 등은 가족의 일원임을 뚜렷하게 자각한, 여성규범의 적극적 수행자들인 사족여성들의 삶의 단면이 부각되는 경우들이다.

이처럼 문학작품을 통해 제시되는 여성들의 삶의 방식에는 가족내부의 시선은 물론이고 사회적이고 문화적인 차원에서의 기대와 요구를 반영하고 있다는 점에서 여성적 존재방식의 일단을 파악하는 데 긴요한 자료가 된다. 여성의 삶과 가족관계는 '집'이라는 물리적이고 정서적이며 이념적인 공간을 토대로 형성되고 있다. 집은 건축물이자 가족간의 유대가 실현되는 삶의 터전이고, 가족이데올로기가 지배하는 이념적 장소이기도 하다. 그런데 여성인물에게는 혈연중심의 1차가족 못지 않게 혼인을 통해 형성된 2차가족과의 관계가 더욱 중요한 것으로 부각된다는 특수성이 있다. 각각의 관계양상은 각기 다른 생활공간에서 경험하게 되는 것이므로 공간이동과 관련된 내용이 중요한 것으로 부각된다.

여성인물이 경험하는 공간이동의 동기나 양상은 각각의 장르에 따라 유형화된 관습적 표현방식이 나타나는데, 이때 공통적인 현상은 인물에게는 상당한 시련이 수반된다는 것이다. 나아가 여성인물들이 거주하는 공간적 성격과 인물들의 역할 사이에는 긴밀한 관련성이 있다는 사실도 주목할 만하다. 여성인물에게 제공되는 집의 안과 밖이라는 공간적 변별성은 해당 여성이 처한 사회적, 가족적 위상을 가늠하게 하는 징표로서 작용하기 때문이다. 따라서 여성인물이 처한 공간적 징표와 가족관계 및 해당 인물의 존재방식의 상관성을 검토하는 것은 문학장르에 따른 여성적 존재방식의 형상화방식과 그 사회문화적 의의를 포괄적으로 이해하는 시각을 얻을 수 있는 중요한 계기를 마련할 것으로 보인다. 이러한 사실은 한국고전문학을 통해 여성의 삶과 그 존재방식을 이해하기 위해서는, 결국 집이라는 공간과 그 안에서 빚어지는 가족관계의 다양한 국면들을 아울러 살펴보아야 한다는 사실을 확인시켜주고 있다. 이같은 관점에서 본고는 여성탐색담적 성격을 지닌 무속신화와 여성영웅소설을 주된 대상[3]으로 삼아 논의를 전개해보기로 한다.

2. 신화적 서사에서의 여성과 가족

1) 집 밖의 여성들 : 집짓기와 가족 만들기

이 유형 신화에서 여성인물은 두 가지 형태의 가족을 갖는다. 일차적인 가족은 부부와 그 자녀들로 구성되어 있다. 제주도 무속신화에는 서두에 조(祖)-부(父)를 언급하여 3대기 형식을 전제하는 경우가 제법 보이는데,[4] 그것은 인물의 근본을 보여주는 서술이지만 서사내용과는 긴박되지 않는다. 우리 무속신화에서 일반적으로 제시되는 가족형태는 부부중심 가족이기 때문이다.[5] 그런데 문제는 가족들이 여성인물들에게 우호적이지 않다는 것이다. 바리공주는 태어나자마자 부모에 의해 버려졌으며, 자청비는 부모의 나무람을 받고 종을 되살렸으나 끝내 쫓겨났고, 부모에게 쫓겨난

3) 본고에서 검토할 주된 대상자료는 무속신화 <바리공주>, <세경본풀이>, <삼공본풀이>, <성주풀이(황우양씨부인)>, <칠성풀이>, <문전본풀이>, 고소설 <이형경전(이학사전)>, <홍계월전>, <장화홍련전>, <사씨남정기> 등이다.

4) 3대기 서술은 알타이 신화의 한 특성으로 주목된 적이 있으나, 서사적 기능과는 밀착되고 있지 않아 관용적 어법으로 보이기도 한다.

5) <세경본풀이>에서 자청비는 부모의 기자정성으로 태어난 외딸이고 <삼공본풀이>의 가믄장아기는 부부와 3명의 딸로 구성된 가족의 일원이며 <제석본풀이>는 부부와 9남1녀(당금아기)의 가족구성을 보여주고 <바리공주>도 국왕부부의 7번째 딸로 태어났다.

가믄장아기에게는 시새움하는 언니들이 있었으며, 당금애기는 오빠들에게 죽임을 당할 위기에 처하게 된다. 이처럼 여성인물들은 부모 · 형제 · 자매와의 갈등으로 집을 쫓겨나 스스로 삶을 개척해가야 하는 상황에 놓이게 되는 것이다.

여성인물들의 집밖에서의 활약상은 그들이 쫓겨나게 된 원인과 긴밀한 관련을 갖는다. 쫓겨나게 된 근본동기가 가족관계에서 야기된 결핍에 있었으므로 외부에서의 시련은 그러한 문제의 해결과정이 되는 셈이다. 애초의 결핍이 충족되면서 주인공은 신격으로 좌정하게 되는 것이다. 바리데기는 태어나자마자 딸이라는 이유로 버림받았지만, 구약여행을 통해 내재된 여성성을 극대화함으로써 생명수와 함께 생명을 되살리는 꽃의 획득이라는 과제를 해결한다. 그 결과 자신을 거부했던 사회체제 속에 자랑스럽게 귀환한다. 딸이라는 결핍상황은 여성성 발현을 통한 생명원리 구현으로 해소되는 것이다. 자청비의 경우 문제상황은 문도령에 대한 사랑에서 발단되었다. 문도령과 분리된 이후 문도령을 핑계하며 자신을 유인하여 겁박하는 정수남을 살해하게 된 그녀는 서천행을 단행하여 생명꽃을 구해 그를 되살리지만 끝내 부모의 눈 밖에 나 쫓겨나게 된다. 주모할미의 수양딸이 되었다가 쫓겨나 중이 된 후 문도령의 시녀를 도와준 덕으로 승천한 자청비는 며느리 뽑는 시험에 통과하고 문도령과 결혼한다. 이어 살해당한 문도령을 되살리고 변란을 평정한 후 오곡종자를 받아 세경신이 되어 지상으로 당당하게 복귀하는 것이다. 가믄장아기도 '내 복으로 산다'는 주장 때문에 집을 쫓겨났지만, 집밖에서의 새로운 삶을 통해 자기 복으로 산다는 사실을 부모에게 끝내 인정받고 관계를 회복한다.

여성신화의 도입부는 대체로 여성인물이 가족과의 갈등으로 집을 나오는 것으로 설정되어 있고, 여성신화의 본격적인 국면은 외부공간에서 경험하게 되는 다양한 사건들과 그것을 해결해가는 대응방식으로 드러나고 있다. 그러므로 여성인물이 중심이 된 신화적 서사는 주인공이 혈연중심의 1차가족으로 구성된 집을 벗어나 독자적인 활약을 통해 잠재된 비범성을 발휘하고 신성을 입증함으로써 신격에 좌정하는 내용으로 구성된다. 이 과정에서 주인공은 결혼을 하고 자식을 낳는 등 새로운 가족을 구성하여 자신의 존립기반을 확장하게 된다. 스스로 가족의 중심이 되는 새로운 집을 짓는 것이다. 결연의 방식은 배우자를 스스로 선택하는 경우-자청비, 가믄장아기 등-와 강제적으로 요구된 혼인과 출산-바리데기, 당금애기 등-의 형태가 있는데, 어느 경우에나 여성들은 주어진 과제를 성취하여 근본문제를 해결하게 된다.

가족이라는 관점에서 보면, 신화 여주인공의 행적은 부모의 집-혈연중심의 1차가족으로 이루어진-을 나와 혼인을 통해 새로운 집과 가족을 이루어가는 가는 것이다. 이 경우 여성인물이 부모의 집을 떠나는 계기를 '쫓겨남'으로 설정하는 것은 가부장제의 영향으로 보인다. 신화적 구조로 볼 때 이 대목은 입사식의 분리단계에 해당하는 것인데, 이미 여성의 공간을 집안으로 관념하는 것이 일반적인 현상이었기 때문에 쫓겨나는 것으로 표현했을 것이다. 분리 이후의 시련을 겪는 동안 인물들은 타고난 비범성으로 고난의 상황을 풍요롭게 변화시킴에 따라 최초의 결핍은 해소되고, 그 결과가 집단적인 문제해결의 가능성으로 연결됨으로써 그들은 신격에 좌정하게 된다.

이같은 서사구조는 보편적으로 존재하는 여성들의 삶과 밀접한 관련을 갖는 것으로 보인다. 부모의 집을 떠나 새로운 가정을 일구는 일은 여성일반이 경험하는 바로서, 여성입사식의 전형적인 형태인 결혼의례와 부합된다. 그러므로 신화적 인물의 행적을 그려내는 여성신화의 서사구조는 1차적 집을 떠나 경계인의 단계를 거쳐 새로운 현실상황을 받아들이고 적응하면서 삶을 일구어가는 여자들의 이야기인 것이다. 신화는 그것을 전승하는 집단민들의 세계인식에 기초하고 있다. 따라서 무속신화에서 형상화되는 여성신격의 행적들은 무속을 신봉하는 집단의 여성관을 반영하는 셈이다.

2) 집 안의 여성 : 집 다시 세우기

이 유형의 서사는 <성주풀이>, <칠성풀이>처럼 부부가족 형태를 기반으로 한 가정 및 가족이야기로서 여성인물이 아내 또는 어머니로서 역할하는 경우이다. 여성인물들은 해체 위기에 놓인 가정이나 가족관계를 회복하고 재건하는 데 중요한 기여를 하는 존재로서 그려진다. 여성인물의 시련은 남편과의 분리 이후 시작된다. <성주풀이>는 황우양씨가 누각 보수차 천하궁에 불려감에 따라 부부 분리가 이루어지는 반면, <칠성풀이>는 매화부인이 한꺼번에 아들 일곱을 낳은 것을 혐오하여 칠성님이 집을 나감으로써 부부분리가 일어난다.

가장의 부재로 인해 아내들이 겪는 시련은 참혹한데, 그것의 발단은 가장측의 문제에 의해 유발되는 것이다. <성주풀이>에서 부인의 수난은 말대답을 하지 말라는 아내의 당부내용을 어긴 남편의 실수에서 비롯된다. 소진랑의 계책에 말려들어 황우양씨는 옷을 바꿔입게 되고, 소진랑은 그 옷을 증거삼아 문을 열어줄 것을 요구하나 황우양씨 부인은 조리정연하게 반박하면서 그에게 저항한다. 그러나 소진랑이 힘으로 밀고 들어오자 몰래 한삼조각을 떼어 자신의 행방을 혈서로 써 남겨놓고 소진뜰로 온 이후에도 그녀는 기지를 발휘하여 시간을 벌면서 소진랑의 접근을 멀리한다. 개똥밭에 땅굴을 파고 구메밥을 먹으면서 삼년을 보내는 것이다. <칠성풀이>에서는 남편이 집을 떠나자 혼자 남은 아내는 정성껏 일곱아이를 양육하지만 사세부득하여 모자 이별이 시도된다. 예컨대, 아이들이 아버지를 찾아 떠나거나 어머니가 자신을 희생삼아 자식들의 살길이 열리기를 기원하면서 연못에 빠져 죽기도 한다.

이처럼 가족의 위기는 남편의 무책임이나 현실인식능력의 부족으로 야기되는데, <문전본풀이>는 이러한 남편의 상황을 눈이 멀어 볼 수 없게 된 것으로 형상하고 있다. 눈이 먼 그는 처를 죽이고 처 행세를 하면서 아들들을 없애려는 첩의 악행을 전혀 간파하지 못하다가, 죽은 줄 알았던 아들들이 돌아오자 놀라 죽는다. <칠성풀이>는 아버지를 중심으로 한 가족 형태를 지향하는 것처럼 보이지만 그것을 가능하게 하는 토대로서 아들에 대한 어머니의 헌신적인 모성을 강조하고 있다. 일곱이나 되는 자식과 방금 해산한 아내를 버리고 떠난 뒤 후처를 얻어 행복하게 사는 남편이나, 후처의 병을 구하려고 일곱 아들의 목숨을 희생시키려는 아버지의 모습 등은 자기중심적인 가장들의 부정적 면모를 부각하는 효과가 있다.[6]

문제해결의 방안은 가족 간의 유대에 있다. 가정수호신 신화인 <성주풀이>에서는 역경을 극복하는 과정을 통해 부부의 사랑과 신뢰가 절대적으로 필요함을 보여주고 있다.[7] 특히 남편을 내조하거나 문제를 해결하는 과정에서 발휘되는 부인의 지혜로움과, 아내의 당부를 지키려고 노력하는 남편의 태도를 통해서 부부의 합심이야말로 가정의 행복을 지키는 중요한 덕목임을 강조하는 것이다.[8] 반면, 계모형서사인 <칠성풀이>는 아버지의 부재로 인한 문제해결 방안으로서 모자 사이의 유대를 강조하면서, 특히 생모의 희생적 면모를 부각한다. 남편이 전실자식들과 화락하게 지내는 것을 시기한 계모는 병을 핑계하고 아이들의 간을 약으로 요구하는데 이때 생모가 금사슴으로 환생하여 자신의 간을 대신 내어줌으로써 아들들의 목숨을 구한다. 결국 일곱아들은 계모의 정체를 드러내어 징치하고 어머니를 되살려서 가정을 회복하는 것이다. 그러나 가족 간의 유대회복은 여성의 절대적인 희생과 헌신에 근거하고 있음을 간과할 수는 없다. 남편의 천하궁 출장업무를 위해 밤을 새워 연장을 제작하고 새 옷을 짓는 황우양씨 부인의 능력이나 길 떠나기 직전의 당부내용들은 그녀의 신이한 예지력을 부각하며, 특히 소진랑의 핍박으로부터 자신을 지켜가는 총명함과 인내력은 그녀의 탁월한 현실대응력을 보여주고 있다. <칠성풀이>에서는

6) 홍나래, 「무속신화 <칠성풀이>의 연구」, 이화여대 석사학위논문, 1997에서는 이러한 내용을 구체적으로 검토하고 있다.

7) 서대석, 「무가」, 『한국민속대관』 6, 고려대학교 민족문화연구소, 1983, 513면.

8) 신동흔, 「경기지역 성주풀이 무가의 신화적 성격」, 『우산이인섭교수화갑기념논문집』, 간행위원회, 1995.2.

남편으로부터 소박당하고도 일곱이나 되는 자식을 돌보다가 목숨까지 기꺼이 희생하는 매화부인의 희생적인 모성이 문제해결의 토대가 되는데, 아이들은 그러한 사랑을 기반으로 가족회복과 가족신화를 이루어내는 것이다.

3) 무속신화 여성신격들의 행적과 여성적 삶

무속신화 여성신격들의 행적이 전통사회의 여성적 삶을 재현하고 있다는 사실은, 두 가지 측면에서 검토될 필요가 있다. 무속신화는 무속을 신앙하는 사람들에게는 숭앙의 대상이 되는 신들의 내력을 풀이한 신성한 이야기이다. 특히 여성신화에서 형상화되는 여신들의 행적은 여성신도들의 삶의 행로에서 하나의 전범적 위상을 점하게 될 것으로 보인다. 무속신화의 구연이 의례를 통해 이루어지는 것을 감안할 때, 일상생활에서 반복적인 학습을 통해 내재화된 여신들의 행적은 여성적 삶의 전범으로 재교육됨으로써 가부장제 이데올로기의 재창조 내지는 재구축을 가능하게 할 수 있었을 역기능도 지적할 수 있다.

그럼에도 불구하고 우리 문화 안에서 무속신화와 여성적 삶의 관계성이 구현하는 또다른 국면을 도외시할 수 없다. 무속신화는 무속의례에서 구연되는 것이다. 신을 제장에 청배하는 기능을 갖고 있는 무속신화는 종교현상의 소산이므로 근본적으로 종교적이다. 따라서 종교적 경험이나 종교적 지향성은 필연적이다. 그러므로 비록 무속신화의 여성신격이 보여주는 행적이 가부장제 이데올로기하의 여성상을 재창출하는 기능을 했다 하더라도, 구체적인 삶의 맥락에서 여성신도들에게 실천적으로 작용했을 종교적 차원에서의 존재감 형성이라는 국면에 대한 기여마저 간과할 수는 없을 것이다.

여성신격들이 도달한 그 근원적 생명력의 발현은 일상적 차원의 가치평가를 넘어서는 지점에 놓인 것이기 때문이다. 억압과 강요 등 불합리한 가부장제 규제들을 살아가면서도 그녀들에게 내재하고 있었던 근원적인 생명력은 현상적 질곡들을 뛰어넘는 열린 시선과 넓은 이해로서 생명의 근원적인 원리에 대한 체험적 인식에로 나아가게 했던 것으로 보인다. 열악한 삶의 여건들은 그녀들에게 현상적 자아를 버리고 자기부정으로 나아가게 함으로써 현실에서의 갈등과 대립이라는 대극적 요소들을 화해시키는 종교적 차원의 성숙을 이루게 했던 것이다.[9] 전통적 여성들의 삶의 행로가 그러했다면, 여성신들이 보여준 자기부정을 통한 존재론적 초월은 여성신도에게도 고난의 현실을 넘어서게 하는 하나의 방편으로서 작용했을 것이다. 그것은 일상적 질서가 아닌 종교적 차원의 세계인식이 열리는 또다른 길이라는 점에서 무속적 전통에서 여성신화와 그 여성생활적 의의는 새롭게 이해될 필요가 있을 것으로 본다.

3. 고소설에서의 여성과 가족

1) 집 밖의 여성 : 여성영웅소설의 인물과 가족

(1) 영웅의 행적 : 집짓기의 두 방향

남녀를 막론하고 영웅소설의 주인공들은 장성하기 이전에 가족 이산이나 가정의 해체를 경험하게 된다. 일반적으로 부친의 실각이 원인으로 제시되는 경우가 많다. 부친이 조정을 농단하는 간신들을 견제하기 위해 직간하다가 정적들의 참소로 유배되자 가족의 해체가 급격히 이루어지는 것이다. 부친이 적소에서 죽고 모친마저 병사하자 주인공의 생활기반은 와해되어 유리걸식하는 처지가 되기도 한다. 외부에서 발단된 사건의 여파로 가족이 해체되면서 집을 떠나는 시련을 겪게 된다는 이러한 도입부에

9) 강진옥, 「무속신화와 일상의례를 통해서 본 여성의 종교성」, 『여성신학논집』 1, 이화여자대학교 여성신학연구소, 1995.

는 개인의 삶은 사회적 여건과 긴밀하게 관련되고 있다는 인식이 자리하는데, 영웅소설에는 사회적 존재로서의 개인에 대한 자각이 중요한 요소로 작용하고 있음을 보여주고 있다.

영웅소설 인물들의 사회적인 활약은 이같은 인식과 무관하지 않으며, 여성인물의 사회적 활약 또한 그 연장선에 있다고 보인다. 영웅소설의 배경을 이루는 가족의 형태는 부부와 자녀로 구성된 부부가족이고, 여성영웅소설의 주인공은 대부분 무남독녀이거나 가계를 계승할 아들이 장성하지 않은 집안의 장녀이다. 이같은 조건은 가족주의 이념을 공유하고 있는 사회적 분위기에서 여성인물의 남복개착 동기를 정당화할 수 있는 명분으로 작용하고 있다. 아버지의 억울함을 밝히고 사태를 바로잡아서 가문을 바로 세우겠다는 의지는 백행의 근본으로 인식되어 온 효 논리와 가부장제 이데올로기에 입각한 가족주의적 당위로서 보편적 설득력을 가질 수 있었기 때문이다. 이같은 역할은 유가적 전통에서는 아들에게만 허용되어 있는 것이지만, 이러한 배경적 정황들이 개입함으로써 사세 부득하여 남복을 입고서라도 나설 수밖에 없었던 딸의 입장이 이해될 만한 여건이 형성되는 것이다.

영웅소설의 서두에 제시되는 선대(先代)에 대한 서술은 주인공의 혈통적 기반을 부각하는 기능을 하면서 동시에 위기에 빠진 부친을 구하고 가문을 바로 세워 영광스러운 역사에 동참해야 한다는 의무와 자각을 구체화하는 동기로 작용할 수 있다. 여성영웅의 경우에도 그러한데, 전형적인 여성영웅소설을 관류하는 여성의식에는 실각한 부친의 사회적 위상회복과 가족 및 가문회복이 강렬한 동기로 작용하고 있는 것을 확인할 수 있다.

한편, 영웅소설의 서두에는 주인공 부친의 사람됨과 누대 명문가 후손이라는 사실을 소개하는 경우가 많지만, 정작 주인공에게 어려운 일이 생겼을 때 도와줄 만한 가까운 혈족이나 친지가 뚜렷하게 존재하는 것은 아니다. 가까운 혈족의 존재에 대한 언급자체가 없다는 사실은 영웅소설 장르가 지향하는 방향성이 입사식에 주안점을 둔 탐색담 형태로 전개되고 있음을 명확하게 해준다. 영웅소설은 입사식담으로서 자수성가하는 인물을 그리고 있는데, 이는 인간은 스스로 성장하고 스스로 삶을 꾸려 일가를 이루어간다는 사실을 보여준다고 하겠다. 이러한 점에서 영웅소설 유형구조의 한 단락을 이루는 만득자 모티프는 단출한 가족관계의 원인을 설명하는 근거로서 대대로 자손이 귀한 집안이었다는 사실과, 주인공의 존재가 갖는 가치의식을 드높이려는 의미기능을 동시에 갖는다 하겠다. 이렇게 볼 때, 등장인물이 고난의 과정을 극복하고 사회적 공업을 성취한 후 정혼자와 만나 가정을 이룬 뒤 후일담 부분을 반드시 마련하고 있는 것은 주목할 만한 의의가 있다. 후일담의 내용은 주인공의 만년과 후손들에 관한 서술인데, 다수의 자손들이 이룬 사회적·가정적 성취를 통해 주인공이 일으킨 집안의 번성함을 부각하는데 주안점이 있는 것이다. 영웅소설의 남성주인공은 기울어진 가문을 다시 일으켜 세우는 중흥시조로서의 면모를 보여주고 있다.

영웅소설의 기본구조가 입사식담에 근거하므로 주인공이 처한 가족과 가문의 해체라는 위기상황은 당면현실로서 입사자가 해결해야 할 과제가 된다. 만득자 모티프에서 드러났던 바, 자식이 없어 고민하던 부모 세대의 문제는 가문의 계승이라는 당위에서 비롯된 것이다. 부모가 계승했던 집을 기반으로 출생했던 것처럼 그 또한 자기 앞에 놓인 집의 해체라는 위기 앞에서 새로운 집을 만들어가야 한다. 이제 그는 기울어진 집안을 일으켜 세우고 누대로 이어온 가문의 영광을 재구축해나가야 할 의무를 절대적인 소명으로 각인하게 되는 것이다.

영웅소설에서 영웅의 출현은 정치적이고 사회적인 문제상황에서 발단된다. 간신들이 농단하는 왕권, 외적의 침입이나 도적의 발호 등으로 위험에 빠진 왕권과 민생 등 사회적 위기상황은 영웅의 출현과 활약이 기대되는 상황이다. 그들의 활동의 목표는 혼란스러운 현실을 바로잡고 질서화하는 일이다. 권력체계를 바로잡아 사회적 안정을 회복하고 민생을 구호하는 것은 천자를 중심에 세우는 사회적 질서화 작업이다. 혁혁한 공로는 그의 사회적 위상을 굳건하게 해주고 실각한 부친의 복권을 가능하게 한다. 아들의 공업으로 아버지도 권력의 중심부로 돌아오는 것이다. 그들의 가문은 이전과는 비교할 수 없을 만큼 굳건하게 재건되며, 주인공의 위상에 걸맞는 규수들과의 혼인을 통해 가족내부의 질서구축과 후손의 번성을 이루어 더욱 번창하게 된다. 영웅소설 주인공의 일생을 간략하게 정리하면, '1.가족의 이산과 가문의 해체-2.고난, 공업성취-3.가족 만남-4.결혼-5.후일담'이란 기본단락을 갖는데, 가족이라는 측면에서 이를 다시 간추린다면 '가족이산과 가문의 해체'로부터 '가족회복과 가문의 재건'이라는 기본구도를 잡을 수 있다. 그것을 해결하는 방법이 공업성취였고 그 결과 가족회복이 이루어졌으며, 결혼을 통해 주인공을 중심으로 한 새로운 집을 구축하게 되는 것이다.

남성영웅소설에서는 군담 부분이 우세하게 나타나는 것으로 알려져 있다. <유충렬전>과 같은 전형적인 남성영웅소설에서 주인공은 왕권을 어지럽히고 부친을 참소한 적대자들과 투쟁하여 문제를 해결하는데, 이러한 영웅적 투쟁을 뚜렷하게 부각하기 위하여 정쟁 관련 부분과 함께 그가 활약한 군담 부분이 강화되는 것이다. 이는 사회적 갈등을 적극적으로 부각하는 효과가 있다. 따라서 주인공은 사회를 어지럽히고 기강을 무너뜨리는 기존세력들과 투쟁하여 새로운 질서를 구축하는 것이다. 작품에서 제시되는 사회적 문제는 국정을 농단하는 간신배들로 이루어진 기득권 세력 또는 권력구축을 기도하는 주변세력의 발흥에 의한 것이다. 이들은 천자권을 넘보는 질서 위반자들이고, 백성을 질곡 속에 빠뜨리는 사회적 악으로 설정된다. 이러한 무질서를 평정하고 천자를 중심에 놓는 질서화를 이루려면 새로운 힘이 투입되어야 한다. 질서를 회복하고 그것을 재구축할 수 있는 건강한 힘이 요구된다. 그것의 당위가 마련되려면 기존세력의 부패상이나 불안정성이 강조되어야 하는데, 남성영웅소설에서는 사회적 불안이나 혼란을 야기하는 세력에 대한 설명이나 서술을 자세하고도 빈번히 등장시켜 신진세력의 부상과 그들에 의한 질서구축의 당위성을 강조한다.

이같은 성격은 여성영웅소설에서도 나타나는데, 인물의 의지를 천명하기 위해서는 그의 존재를 널리 알려야만 하고 그것을 위해서 사회적 차원의 공업 성취가 필요해지기 때문이다. 따라서 여성영웅소설에서도 군담 부분은 사회적 자아실현을 위한 중요한 계기가 되는 것이다. 이같은 부분은 그 자체로서의 흥미를 자아내게 되어, 여성인물의 비범성과 남성인물과의 관계우위를 보여준다는 점에서도 또 다른 흥미소가 될 수 있었다.

⑵ 여성영웅의 또다른 과제 : 기존질서 안에서 새로운 집짓기

여성영웅소설에서 특별히 문제되는 내용은, 주인공이 사회적 공업을 이룬 뒤에도 결혼을 통해 새로운 삶에의 적응이라는 관문을 또 한번 통과해야 한다는 것이다. 그러므로 여성인물이 극복해야 할 과제는 두 개의 국면을 갖는 것이다. 그가 사회적 차원에서의 영웅성을 발휘하지 않으면 유배된 부친의 문제가 해결될 수 없고 그렇다면 가족회복이나 가문재건이라는 대과업이 실현될 수 없었을 것이다. 그런데 여자임이 판명된 이후에도 남복을 입고 남성적 역할을 수행하는 것은 생물학적 성과 사회적 성역할 간의 고정성을 당위로 삼는 유가적 가치관념으로 볼 때 심각한 성정체성의 혼란을 야기할 수 있다. 그러므로 여성으로 되돌아오는 과정은 모두에게 중요한 관심사가 되는 것이다. 결혼은 그같은 과정을 현실적으로 부각하는 사건이다.

<이형경전>에서 형경의 결혼은 비상한 관심을 불러일으킨다. 결혼을 거부하는 여성인물은 결혼을 당연시하는 사회적 압력 앞에서 심각한 갈등을 경험한다. 그러나 영웅소설의 논리에서는 개인과 사회적 가치가 부딪힐 경우 개인의 의지는 궁극적으로 사회적 가치 속에 종속될 수밖에 없으므로 결혼의 당위성은 부동의 규율로 확인된다. 생물학적 여성임이 드러난 여성인물은 이제 사회적 통념 속에서 자신의 성정체성을 확인해야 한다는 과제에 노출된다.[10] 그녀가 당면한 문제는 생리적 성(섹스)과 사회적 성(젠더) 간의 일체성을 어떻게 회복하는가이다. 남복으로 활약할 동안 그

녀는 양자간의 불일치를 의식하지 않는 것으로 보인다. 비록 불안은 존재했을지라도 표면화되지는 않았기 때문이다. 그러나, 이제 생리적 성과 사회적 성역할 사이의 불일치는 세상의 이목을 집중시킬 만한 큰 사건이 되었다. 세상은 그녀에게 생리적 성에 따라 살아야 한다는 사실을 은연중에 강요하는 것이다.

이 경우, 여성영웅소설들은 해결의 방안을 두 가지 방향에서 제시한다. 여성의식을 가지고 여성적 삶에 충실했던 인물들은 자연스럽게 자신의 역할로 되돌아간다. 그녀들은 당면한 문제해결을 위해 능력을 잠시 드러내었던 것이므로, 세상의 찬사 속에 부덕도 함께 빛날 뿐이다. 문제는 삶의 지향을 군자라는 이상적 인간상에 두고, 남복을 입고 남성으로서의 삶의 방식을 익혀갔던 여성인물들에게서 발견된다. 남복을 자청했던 이형경이나 정수정, 남자로서 키워졌던 홍계월 등은 지향했던 삶의 방식을 성취하는 동안 장애를 겪지 않았다. 그런데 여자로서 여도를 직분으로 삼아야 하자 지향역할과 현실적 기대역할 사이의 괴리를 자각하게 된 그녀들은 성역할과 사회적 정체성에서 심각한 혼란을 느끼게 된다. 이러한 지향을 가진 여성인물들은 처음 남복입기를 자청했을 때 이미 생물학적 성역할을 거부하고 사회적 남성을 선택한 것이다. 생리적 성에 상치되는 역할을 선택했기 때문에 이들의 남복개착에는 사회적 관습이나 통념에의 역행이라는 의미가 보다 중요한 것으로 부각되는 것이다. 사회적 남성을 선택한 이들은 가족주의의 계승자로서 자신의 역할을 훌륭하게 수행했으나, 남성영웅들처럼 가문회복이라는 명제가 절대적이거나 유일한 문제가 아니었기 때문이다.

남성인물에게도 혼인을 둘러싼 갈등이 나타나지 않는 것은 아니지만, 가족차원의 집짓기는 그렇게 어렵지만은 않았다. 그의 혼사장애는 사회적 갈등의 여파로 일어난 것이다. 권력자에 의한 늑혼 등은 원만한 방향으로

---

10) <이형경전>에 관한 논의대목은 강진옥, 「이형경전(이학사전)연구」, 『고소설연구』 2, 한국고소설학회, 1996에서 검토된 내용을 토대로 이루어졌음을 밝힌다.

해결되고 그렇게 세워진 가문은 더욱 번성하게 된다. 남성들은 그들이 세운 질서에 아내를 영입하는 것이므로 결혼생활로 인한 존재론적 문제가 야기되지 않는다. 그러나, 새로운 가족질서 구축의 문제는 여성영웅을 비롯한 여성인물에게 뚜렷하게 나타난다. 그들은 결혼함으로써 남성중심으로 구축된 가족질서에 편입하는 것이므로 기존질서와의 갈등은 불가피한데, 편입하는 여성인물이 자신의 입장을 고집하기 때문에 첨예한 갈등이 필연적으로 발생하는 것이다. 여성영웅소설의 인물들은 사회적 활약을 통해 자기실현을 경험하고 성취해본 존재들이다. 자의식이 강한 그들은 원하지 않는 존재방식을 강요받고 있기에 더욱 자신을 고집한다. 그것은 자신의 의지대로 삶을 살고 싶은 욕망의 소산이다. 남복을 선택했을 때부터 그녀들의 자의식은 뚜렷했다. 남성중심의 기존질서에의 편입을 거부했던 것이다. 사회적 활동을 실현해왔으며, 통념적 여성역할과 삶의 방식을 거부했던 것처럼 결혼도 거부했던 것이다. 사세부득이 결혼을 받아들이게 된 그녀들은 시집이라는 기존의 질서에의 편입을 거부한다.

문제는 그것을 해결해가는 과정들인데, 팽팽하게 맞선 양측의 갈등은 해결의 기미를 보이지 않는다. 시집식구-시어머니, 남편의 첩 등-및 남편과의 갈등으로 결혼생활이 심각한 지경에 이르게 되자 가족이나 천자 등 주변인물이 개입하여 문제해결에 이르는 방도를 찾게 된다. 황제는 유가적 이념으로 구축된 거대가족의 수장이다. 천자의 개입은 질서유지를 꾀한 권위의 개입을 뜻한다. 여도에 순응할 뜻이 없었던 그녀도 천자가 개입함에 따라 새로운 판짜기를 위해 자신의 지향점과 현실적 여건 사이에서 협상의 여지를 발견하게 된다.

갈등과 중재를 통해 변화의 단서가 포착된다. 천자가 개입하자 주변사람들의 인식과 태도에서도 변화가 감지된다. 그것은 여성인물의 경직된 사고에도 변화를 가져온다. 자기만을 고집하던 그녀는 주변사람들을 새롭게 발견하고 자기내면에서의 변화를 인식하게 된다. 화해는 모든 인물들의 인식의 변화로 가능해진다. 이형경은 장연의 참회 앞에서 마음을 열게 된다. 그는 남자로서의 자만을 떨어내고 그녀에 대한 사랑을 보여주었으며 그것이 그녀를 변화시킨 것이다.(이 작품만큼 여성인물의 현실과의 조정국면을 구체적이면서도 설득력 있게 보여주고 있는 작품은 보기 어려울 정도이다.)

그녀의 변화는 세계와의 화해를 의미하는 것이다. 사회적 남성으로서의 삶만을 가치 있는 것으로 고집하던 그녀의 생각은 여성적 삶이 갖는 부정적 국면에 대한 자각에서 비롯되었을 것이다. 생물학적 성과 사회적 성역할의 고정성, 그것은 어린 이형경이 자각한 여성적 현실의 문제였고, 그같은 현실상황이 각인시켜준 여성적 삶에 대한 부정이자 비하이기도 했다. 이형경의 거부는 그러한 삶을 살고 싶지 않다는 것이었고 그러기에 그녀는 결혼생활 자체에 하등의 가치를 부여하지 않는다. 냉소적으로 바라보고, 작은 기미만 있으면 핑계삼아 친정으로 돌아갈 기회를 엿보았다고 해도 과언이 아니다.

형경의 결혼생활에 대한 혐오감이나 여성적 현실에 대한 거부감은 이 같은 그녀의 선입견에서 비롯된 것이다. 그런데 장연의 태도에서 나타나는 변화들은 그녀의 내면에 자리하는 고정관념들을 깨뜨리기에 이른다. 물론, 그 과정에는 그녀 앞에 놓인 현실을 직시하고 현실적 해결방법을 모색해야 한다는 당위론적 과제를 외면할 수 없었던 어쩔 수 없는 현실인식이 작용했을 것이다. 거기에는 죽은 부모의 애소가, 존경해마지 않는 천자의 권유가, 사랑하는 남동생의 간곡한 기대가 자리하고 있다. 그녀가 거부 못할 엄연한 현실적 여건이 그녀를 둘러싸고 있는 것이다. 결국 그녀는 가족의 일원이고 사회적 존재이기 때문이다. 이 과정들은 현실여건과 개인적 지향점 간의 협상의 전개과정을 보여주는 것이며 그로 인해 화해로 귀결되는 것이다. 그녀의 화해는 관계성의 묘리를 이해하고 그것을 활용하게 되는 지혜로움의 성장을 보여주고 있다.

2) 집 안의 여성 : 가정소설의 여성인물과 가족

가정소설은 결핍과 그 해결의 방식에 따라 두 개의 유형으로 크게 나눌 수 있을 것 같다. 자식이 없어 생남에의 기대로 첩을 얻는 경우(처첩)와 권력의 개입으로 다처를 둔 경우(처처)의 주도권 다툼이 하나이고, 아내가 죽자 후사를 위해 후처를 얻는 경우(계모형)가 그것이다. 전자는 처첩형, 후자는 계모형으로 부를 수 있겠다. 처첩형이나 계모형의 경우, 애초의 결핍상태를 해소하기 위해 시도한 대안이 심각한 갈등을 유발하여 가정의 위기를 불러오나 끝내 악의 세력이 징치되고 조화로운 결말로 귀결된다는 일반적인 구조를 갖는다. 원형으로서의 가정은 조화로운 이상세계로 관념되고 악인에 의해 위기에 빠진 가정은 타개되어야 할 악의 현실로서 표상되어, 악을 물리치고 원래의 상태를 회복하는 것으로 귀결되는 것이다. <사씨남정기>에서, 유연수일가의 문제는 교채란의 영입으로 발생되며, 그녀로 말미암은 악의 세력을 소탕하고 사정옥으로 표상되는 원래의 질서를 회복하여 재정비함으로써 이상세계가 재현된다. 처첩갈등 내지는 처처갈등으로 유발된 혼란과 해결은 이같은 양상으로 구성되는 것으로 보인다.

유사한 방식은 계모형소설에서도 발견된다. <장화홍련전>의 경우, 기존의 가족질서에 편입된 계모가 기존의 혈연중심적 가족관계를 자기중심으로 재편하기를 시도하다가 판짜기에 실패한 경우이다. 남편과 전실소생자매로 구성된 기존의 가족관계는 혈연을 토대로 긴밀한 유대를 갖고 있다. 계모는 남편의 아내로서 자신을 중심부에 놓는 새로운 가족형태를 꿈꾸지만 그들의 완강한 혈연적 배타성은 그녀를 주변인으로 존재하게 한다. 소외된 계모는 그들의 주변을 맴돌며 끝없이 탐색하는데, 그녀를 무시하는 남편의 결정적인 말은 그녀를 격발하여 반격을 시도하게 하는 것이다. 그 결과 그녀는 명실상부한 악녀의 길로 나아가게 된다. 주변적 존재로서 중심부를 쟁취하고자 하는 그녀의 충동은 부녀관계의 긴밀성을 파괴할 수 있는 방도를 모색하고 적극적으로 시행에 옮기게 되는 것이다.

계모의 계획수립과 그 실행은 가장의 어리석음 때문에 가능했다. 배좌수는 현실을 판단할 만한 사리분별력을 갖추지 못한 인물이다. 그는 자기연민에 빠져 상처(喪妻)의 슬픔을 딸들과 과도하게 나누고 후처의 존재자체를 부정하는 모욕적 언사를 내뱉음으로써 계모의 악행을 발동시켰으며, 한편으로는 계모의 말만 듣고 격노하여 확인할 겨를도 없이 그렇게 사랑하던 딸을 죽음으로 내모는 데 앞장서는 것이다. 그렇게 죽음으로 나아갔던 딸들은 스스로 문제해결의 방안을 모색하고, 원혼이 된 그들은 기이한 현상들을 통해 억울함을 드러내고자 한다. 원혼의 출현으로 사태를 파악하게 된 부사는 부모를 불러 진상을 밝혀내고, 계모는 죽음으로써 징벌된다. 자매는 모든 죄를 계모에게 돌리고 부친의 무죄를 강력하게 주장했던 것이다. 그들은 부친의 새로운 부인을 통해 쌍동 자매로 환생하여 행복한 삶을 누린다.

가정소설에서 일어나는 문제들은 일차적으로 그러한 문제를 기획하고 실행하는 악인형 인물에게 그 원인이 있지만, 그들의 행위를 용인하고 조장하는 가장의 무능력에도 적지않은 책임이 있다. 악인들의 발호는 사태를 객관적으로 파악하지 못하는 가장들의 어리석음에 힘입어 더욱 적극적으로 발전하기 때문이다. 가정소설의 작자들도 이러한 사실을 인식하고 있었던 것으로 보이지만, 악인들의 악함을 보다 부각하여 가장들의 문제는 일시적인 실수로 돌리는 관용을 베풀었다. <사씨남정기>를 예로 들자면, 절대적으로 착하고 공평무사하며 지혜로운 조강지처와 그 대척지점에 절대적으로 나쁘고 음란하며 삿된 첩을 놓고, 그 중간에 군자로서의 덕성을 가지고서도 일시적으로 욕망에 빠져 어리석을 수도 있는 인간적인 가장을 설정해두었다. 그러한 인물설정과 결말처리방식에는 가부장제 이데올로기와 정절 이데올로기도 적지 않게 작용하고 있다. 가정소설류에서 관습적으로 사용하는 여성주인공 위해(危害) 방법은 정절모해이다. 정절모해는 그 진위여부와 상관없이 일단 혐의의 대상이 되었다는 사실만으로 여성인물의 명예에 치명적인 손상을 입히는 것으로 관념되었기 때문에 비열할 뿐 아니라, 여성억압의 극단적인 사례로서 간주할 만하다. 여기에는 여성인물은 완전무결한 존재여야 한다는 당위가 전제된 것이다. 그것은 악행을 방조하여 심각한 가족위기를 일으킨 가장의 행위를 한낱 실수로 관용하는 시선과는 상당한 괴리가 있는 것이다.

가정소설의 문제들은 제도와 관습에서 야기되는 바 크다. 처첩 또는 처처갈등은 근원적으로 가부장제 이데올로기의 소산이다. 욕망은 인간을 태어나게 하고 살아가게 하는 추동력인데, 일부다처제는 근본적으로 욕망억압기제를 배태하여 갈등의 소지가 잠복된 장치이다. 결국 처첩갈등의 근본원인은 성차별을 당연시하는 불합리한 가족제도와 그것을 뒷받침하는 가부장제 이데올로기에 있다. 그러나 이들 작품들은 그같은 문제인식에 도달하지 못한 채 본질은 간과하고 현상만을 문제삼는 것이다. 그러한 가족구조에서 발생할 수밖에 없는 갈등양상만을 주목함으로써 근본 해결방안 대신 여성들의 품성이나 도덕성만을 문제삼고 부덕을 내면화할 것을 강요하는 셈이다.

가정소설류에서 관습적인 악역을 하는 존재들은 첩이나 계모 등인데, 이는 근본적으로 그들의 사회적 가정내적 위상의 불안정성에서 기인되는 것으로 보인다. 조강지처가 그 뚜렷한 위상을 확보하고 있는 것에 비해 첩은 제도적인 신분보장을 받지 못하므로 남편의 사랑에만 의지할 수밖에 없고, 후처는 이미 짜여진 혈연중심의 관계망 속에서 새로운 판짜기를 해야한다는 부담감과 함께 적장자 상속을 원칙으로 하는 가계계승권으로 상대적인 불안을 가질 수도 있다. 전실자식이 있을 경우 그의 아들이 계승권을 갖지 못하기 때문이다. <어룡전>을 비롯한 다수의 작품들이 계후문제로 전실자식을 박해하는 계모의 악행을 문제삼고 있으며, 계모형소설에서 계모들의 악행 시점이 기출자식을 낳은 이후인 것도 이와 무관하지 않을 것이다.

이들 인물형들이 보여주는 문제적 태도들은 그들이 처한 제도적, 정서적 불안정성에서 기인한 긴장들이 일상생활에서의 불안정성과 연계되면서 생겨날 수 있었을 것으로 보인다. 그러나, 이들 작품들은 이같은 문제에 대한 인식 없이 인물들의 인간적 품성의 문제로만 재단하는 경향을 보여주고 있다. <장화홍련전>에서 허씨 퇴출 이후 영입된 부인과 화목한 가정을 이룬 데에는 그녀가 쌍동자매의 생모라는 사실도 포함될 수 있을 것이다. 가정소설의 갈등분석을 통해 고소설 작자를 포함한 향유층이 지닌 배타적인 혈연의식과 혈연중심주의를 확인할 수 있다.

한편, 첩이나 후처 등 악인의 행위는 기존질서에 대한 도전으로 간주되며, 그로 인해 가족관계는 물론 가문에도 심각한 위기상황이 발생된다. 특히 남성인물들의 인식불능상태로 문제는 더욱 심화되는데, 악인들은 교언영색으로 남편을 사로잡아 그들의 판단력을 어지럽히고 총애를 얻으려고 한다. 문제는 그렇게 뜻을 이룬 그들은 점차 욕망의 화신이 되어 가족과 가문을 파탄 직전까지 몰고 가지만 끝내는 제어되지 않는 그 욕망으로 인해 파멸하게 된다. 결국 악인들의 완전한 징치를 통해 가족관계가 회복되고 가문의 질서 또한 정비되는 것이다. 물론 인물들은 이 과정들을 경험하면서 일정한 변모를 이루는 것이 사실이겠지만, 그럼에도 불구하고 이들 소설유형들은 악인으로 설정된 인물의 제거만으로 모든 것이 원상회복될 수 있음을 보여주는데, 이는 조강지처의 현숙함에 대비되는 첩이나 계모 등 나중에 영입되는 인물들이 부정적인 역할을 한다는 사실과 아울러 '첫 번째', '원래적인 것', 내지는 '원본'을 중시하는 민속신앙적 관념과 관련되는 것은 아닌가 생각되기도 한다.[11] 이러한 관념은 정절 이데올로기의 한국적 실현양상을 이해하는 데 시사하는 바가 적지 않다고 생각된다.[12] 결국 가정소설류에서는 가족관계에서 파생되는 모든

11) 민속종교 또는 속신에서는 '처음'을 신성시하는 관념이 투사된 의식 내지는 놀이들을 흔히 볼 수 있다. 예컨대 정월대보름날 행하는 '용알뜨기'는 공동 우물의 물을 가장 먼저 긷는 사람만이 차지할 수 있다고 한다.

12) 주지하는 바와 같이, 정절이데올로기의 실천적 국면은 성리학의 종주국인 중국에 비해 우리나라에서 더욱 적극적인 양상을 보여준다고 하는데, 조선후기에 이르면 사족이나 양민은 물론이고 천민여성에 이르기까지 전계층에 받아들여졌다. 우리

문제상황은 악인형 여성들의 품성 및 도덕적 결함에 의한 것으로 귀책하고 그들을 제거함으로써 가족질서를 회복하고 가문을 재정비하는 것으로 귀결되는 것이다.

4. 집 밖의 여성들 : 도전과 가능성을 꿈꾸는 존재

1) 무속신화와 여성영웅소설의 비교

집 밖의 여성들의 활약을 다루는 무속신화와 영웅소설은 여성탐색담이라는 공통성을 갖지만, 가족이라는 관점에서 보면 그 장르적 성격이나 형성과 관련한 역사적 배경에 따른 차이점이 적지 않게 발견된다. 그 공통점을 바탕으로 양자간의 차이를 살펴보기로 한다.

첫째, 양자 모두 부부중심의 가족형태를 취하며, 여성인물들은 집을 떠나 집 밖의 공간에서 시련을 경험한다. 출분동기로는 여성신들이 1차가족과의 관계에서 갈등을 경험하고 그로 인해 집을 나가는 데 비해, 여성영웅들은 외부적 요인에 의한 가족해체의 결과로 집을 나가는 경우가 대부분이다. 이는 비록 사회적 통념이 암묵적으로 전제된 것이긴 하지만, 신화의 갈등들이 근원적인 존재의 문제해결이라는 방향으로 향해져 있는 것에 비해, 소설의 주된 갈등은 사회적 관계성에 근거한 문제들에 의해 야기되고 있어 보다 지속적이고 심각한 갈등양상을 보여주고 있다.

둘째, 이들은 모두 결혼을 통해 2차가족을 형성한다. 구체적인 가족관계 양상을 보면, 일차가족과 갈등적 관계를 보여준 여성신격은 집 밖에서

나라에서 정절관념이 전계층의 여성들에게 그토록 열렬하게 실천될 수 있었던 배경에는, 정절이데올로기의 순결주의와 우리의 문화적 토양으로 자리하는 '처음'을 중시하는 민속관념의 만남이라는 현상도 요인으로 작용하지 않았을까 추측되기도 한다.

만난 2차가족과의 관계를 통해 자신의 위상을 확보하는 데 비해, 여성영웅은 1차가족에 대한 뚜렷한 경사를 보여주고 있다. 그의 가족의식은 1차가족에 대한 뚜렷한 애착-남복개착의 동기에서부터 드러나는-과 그것에 대비되는 2차가족에 대한 거리감으로 나타난다. 이같은 양상은 결말부분에서도 확인할 수 있는데, 무남독녀인 정수정이나 홍계월은 차자를 친정가문의 계승자로 삼아 가계계승 문제를 해결한다. 가족관계의 변화에 대처하는 여성인물의 태도는 신화와 소설에서 상당한 차이를 보여주고 있다. 신화의 인물은, 혈연가족을 중시하는 바리공주를 제외하고는, 1차가족에 연연하지 않고 자연스럽게 2차가족 형성이란 과제를 향해 나아가는 것에 비해, 여성영웅은 1차가족의 일원으로서 혈연중심적 가족주의를 지향하지만 여성임이 드러남에 따라 부득이 결혼하고 시집의 일원이라는 사실을 갈등과 함께 받아들이는 것이다.

셋째, 여성인물은 집을 떠나 집 밖에서의 경험을 통해 자기확장을 이룬다는 공통점을 갖는다. 그러나 그들의 활동방법과 도달점에는 일정한 차이가 있다. 여성신격들은 시련을 극복하고 새로운 가족을 형성하며 그 과정에서 확인된 신성의 발현으로 신격에 좌정한다. 그들의 문제해결 방법은 여성적 생산력의 발현에 있다. 반면, 여성영웅들은 남복을 개착하고 남성적 역할을 통해-군담 등-능력을 발현하여 사회적 영역에서는 혁혁한 공업을 성취하지만, 여성적 현실로 돌아온 이후에는 기존의 가족질서와 심각한 갈등을 유발했으며 그것의 조정과정을 통해 가족관계의 양상을 재정립하고 있다.

넷째, 여성인물들의 활동내용은 궁극적으로 보편적인 삶의 번영에 기여한다는 점이다. 여성신격들이 인간의 삶을 이롭게 하고 그 결과 근원적인 인간적 삶의 근간을 이루는 보편적 현상들을 관장하는 직능신으로서 좌정하는데 비해, 여성영웅들은 사회적이고 제도적 차원에서 활약하여 국가와 사회의 번영을 이룸으로써 사회적 가정적 차원에서의 여성적 가능성을 보여주고 있다. 주목을 요하는 부분은 인물들이 보여주는 여성적 삶이나 여성적 역할에 대한 태도이다. 수많은 시련을 겪었음에도 불구하고 여신들은 여성으로서의 능력발현을 통해 여성성을 완성하고 그 결과로 신격에 좌정하는 것에 비해, 여성영웅들은 여성성을 은폐하고 남복개착을 통해 남성적 역할을 성공적으로 수행하며 여성임이 밝혀진 후에도 여성적 삶으로 되돌아오는 것을 거부하고 심각하게 갈등하는 과정이 반드시 나타나고 있다는 점이다. 이는 영웅소설이 형성 및 유포되던 시기, 여성적 현실의 제약성 및 여성의 사회적 위상의 열등성을 반영하는 것으로, 신화나 고소설에서 남자되기를 원하는 여자들이 많은데 비해 사회적 여자를 선택하는 남자가 거의 보이지 않는 것도 이와 관련되는 현상이라 하겠다.

신화의 서사를 구성하는 요소들에는 여성억압적 요소가 많이 개입하고 있지만 그럼에도 불구하고 여성신들의 행적을 통해 드러나는 바 여성성의 완성태가 근원적 생명력의 발현이라는 양태는 주목할 만한 가치를 갖는다. 이러한 현상은 여성적 관점에서의 무속신화 이해의 방향에 대해 시사하는 바가 크다. 신화적 서사골격이 여성억압적인 가치체계들로 완강하게 짜여져 있다 하더라도, 그 신화적 근원상징에 대한 본질적 이해에 근거한다면 서사를 지배하고 있는 후대적 관념들을 털어내고 여성신들의 근원적 모습에 대한 이해의 가능성이 열릴 것이다. 구비전승 과정에서 덧칠되었던 당대적 관념 흔적을 털어낸다면 근원적인 여성상징의 원래 모습을 복원할 가능성이 있기 때문이다.

2) 여성영웅소설의 인물

가정소설의 주인공인 여성인물들은 대체로 기존질서의 수호자들이라 말할 수 있겠다. 그들을 통해 얻어지는 가정의 의미는 안녕과 번창이라는 명제와 연결되어 있는 경우가 많고, 그것은 기존의 윤리관을 바탕으로 안정되고 견고하게 유지되어야 한다는 당위로 귀결된다. 가정소설의 주인공은 도덕적이며, 가문의 영광에 헌신할 수 있는 가부장제에 토대한 가족주의 이념을 수호하고 실천하는 존재들이다. 개아적 욕망이나 이기심을 떠나 있는, 이성적이고 공명정대한 인물들이다. 그와 반대로, 이들과 적대관계에 있던 인물들은 이기적인데 욕망에는 충실하지만 스스로를 통제하는 능력이 부족하여 파멸을 초래하는 비이성적 존재들로 그려지고 있다.

이와 달리, 여성영웅소설의 인물들은 새로운 질서 만들기에 참여하고자 욕망하는 존재들로 보인다. 그들의 활약은 사회적 차원에서는 충의 논리, 가정 및 가문차원에서는 효의 논리를 창출한다. 그런데, 충과 효의 문제만 해결하면 끝나는 남성영웅들의 역할과는 달리 여성영웅들에게는 결혼 이후 새롭게 시작되는 여성으로서의 삶에 적응해야 하는 문제가 부각된다. 작품의 후반부는 여성인물들이 새로운 삶의 조건 아래서 자신들의 역할을 어떻게 마련해나갈 것인가가 또 다른 관심거리를 제공한다. 수많은 군사들을 거느리고 전장터를 누비면서 엄청난 공을 세워 출장입상이라는 유가적 공명을 성취한 여성인물들이 자신에게 주어진 새로운 현실을 어떻게 받아들이면서 자신의 입지를 세워나갈 것인가는 여성영웅소설을 읽는 독자들에게 적지 않은 흥미거리였을 것이다.

남성으로 활동하던 여성영웅소설의 주인공들이 여성으로 복귀하는 과정에는 적지 않은 갈등이 부각된다. 사회적으로 여성에게 요구되는 기대역할은 남성적 역할에 익숙해진 그들에게는 매우 낯설고 부자유스러운 것이었기 때문이다. 여성인물들이 현실적으로 실천해야 할 여성적 역할은 이제 그녀들의 새로운 과제가 되는 셈이다. 관습적으로 부과되어온 여성적 규범들은 새로운 방식을 요구할 수밖에 없는 여성인물에게는 타개해야 할 낡은 관습이고 부정적인 질서가 된다. 이형경의 경우, 자신의 방식이 시집의 식구들과 첨예하게 충돌하는 사례들을 경험하면서 복잡한 내적 갈등을 경험한다. 그녀는 모욕감으로 분노하고 시집과 관련된 일체를 거부하며, 특히 그 원흉이 남편이라 생각하여 그에 대한 반감을 키워간다.

이같은 이형경의 태도는 장연의 분노를 야기하는데, 그것은 그가 익히 알고 있는 관습적인 부부지도와 크게 어긋나기 때문이다. 그것은 그에게 모욕감을 주고 그녀에 대한 증오를 증폭시킨다. 그가 지닌 형경에 대한 지극한 사랑과 그녀로부터 받은 거부로 인한 모욕감은 격렬한 애증의 감정으로 장연을 격발시킨다. 지기로서 함께 많은 세월을 보냈기에 오히려 상대에 대한 기대와 그것에 미치지 못하는 실망으로 그들의 갈등은 더욱 격렬해졌던 것이다. 그들의 화해과정에서 시아버지, 친정동생, 천자의 개입등이 중요한 계기로 작용했던 것은 사실이지만, 갈등의 종식은 그들이 서로를 깊이 사랑했기 때문에 가능했던 것이다. 그것을 일깨운 것은 장연의 지극한 태도였다. 사회적 여자로 돌아온 이형경의 과제-조화로운 결혼생활에 이르는 과정들은, 비록 허구였을 지라도, 단순한 흥미를 넘어 여성적 현실과 그 역할에서의 대안을 기대했던 여성독자들에게는 그 구체적인 방안에의 모색이라는 형태로 의미화되었을 것으로 보인다.

여성영웅소설의 주인공들이 기존질서에의 도전과 가능성을 꿈꾸는 자로 볼 수 있는 이유는, 통념적으로 규정해 놓은 여성적 영역에 머무르지 않고 사회가 금기시해 놓은 사회적 역할에 도전하고 있다는 점에서 그러하다. 여성인물들의 행동방식은 여자도 국가의 위기를 극복할 수 있는 능력을 지니고 있고 충의 이념을 실현할 수 있는 능력이 있음을 보여주고 있다. 그들의 방법은 남성영웅들의 그것처럼, 질서를 혼란시키는 기득권층이나 힘을 바탕으로 새로운 권력을 형성하려는 일련의 세력들을 축출하는 것이다. 이러한 세력들의 목적은 천자를 중심으로 이루어진 권력구조를 뒤집고자 하는 것인데, 영웅소설의 주인공들은 이들을 몰아내고 천자권을 수호하는 존재가 됨으로써 권력의 중심부로 부상하는 것이다. 그 결과, 이들 신진세력은 천자권을 농단하려는 기존의 부패세력을 몰아내고, 천자를 중심으로 한 권력구조의 질서화를 실현하는 것이다. 영웅소설에서 반드시 전제되는 바, 부패했거나 질서를 교란하는 세력들은 이들 젊고 건강한 신진세력의 출현의 근거를 마련해주고 있는 것이다. 그들이 영웅일 수 있는 이유도 이같은 사회적 분위기와 관련되어 있다. 여성영웅들은 이같은 남성적 영역에 도전하여 능력을 발휘했으며, 그것을 통해 내외법으로 규정된 여성의 역할이나 영역의 제한성을 비판 또는 부정하고 있다. 그 같은 여성규범에 의한다면, 여성인물에게 제한된 공적 영역에의 출현은 그 자체만으로 기존의 윤리관에 대한 도전이 된다. 그런 점에서 여성인물은 기존의 질서를 비판하고 새로운 문제의식을 제기하고 있는 존재인 것이다.

이같은 현상은 충이라는 문제에만 국한되는 것은 아니다. 영웅소설에서 지향하는 바, 충은 효와 긴밀하게 연결되어 있다. 유가적 관점에서는 '立身揚名 以顯父母' 를 이상적인 효의 형태로 가치있게 인식하고 있다. 입신양명이란 사회적으로 활약하여 이름을 드날린다는 것인데, 그것은 결국 공적 영역에서의 탁월한 업적을 내어야만 가능할 수 있다. 그러므로, 내외법으로 한계 지어져 있는 조선시대의 여성들에게는 이같은 효의 실현을 바랄 수 없다. 그런데, 영웅소설의 여성인물은 남복을 통해 공적영역에서 자신들의 능력을 마음껏 발휘하여 이름을 드날림으로써 부모와 선조의 이름까지 영광스럽게 했다. 실각한 부모는 자식으로 인해 재평가되어 복권되며 높은 관작과 관록을 받고 영귀해진다. 아들보다 나은 잘난 딸의 덕분으로 새로운 권력구조 속에 편입된 부모는 아들 없음을 아쉽게 여기던 결핍을 일시에 해소한다. 여성영웅은 이러한 행적을 보여줌으로써 여아에 대한 고정관념을 일시에 불식시킨다는 점에서 그녀의 행위는 기존의 효관념에 대해서 충분히 문제제기적이다.

공직이나 전쟁터 등지에서 종횡무진 활약했던 인물에게, 생물학적 성이 여성이라는 이유만으로 여성의 역할만을 강요하는 것은 불합리한 일일 수밖에 없다. 사람에게는 남녀라는 생물학적 성의 일반적 특성과는 상관없는 개인적인 고유한 성향이 있는 법이다. 그런데, 유가적 가치관은 생물학적 성에 입각하여 사회적 성역할을 일방적으로 규정하고 그것을 절대적인 가치로서 가르치고 실천할 것으로 요구했다. 여성영웅소설의 인물들은 그같은 관습적이고 통념적인 성역할에 대한 규범적 지침을 거부하고 비판한 것으로 볼 수 있다. 비록 사세부득이하여 규범을 일탈했다고 하더라도 그것이 허용된 사회적 가치에 따라 그들이 행할 수 있는 유일한 방안으로 생각될 수 있었기 때문에 광범위한 사회적인 공감과 이해를 얻을 수 있었던 것이다.

그들은 자신들에게 요구되고 있던, 여자지도의 준수라는 규범과, 가족주의적 관점에서 본 효의 논리와 가문의 유지라는 가치 사이에서 갈등하는 존재이다. 하나는 집 안의 영역에서 행해야 하는 것이고 다른 하나는 집 밖의 영역에서만 행할 수 있는 일이다. 그리고 생물학적 성역할이 엄연히 전제되어 있었기 때문에 집의 안과 밖이라는 장벽을 넘어서야만 했다. 남복개착은 생물학적 성을 사회적 성으로 전환시킨 것이다.

흥미로운 사실은, 작품 속에서 여성인물들에게 설정해 놓은 제약, 사회적 금제를 넘어선 여성인물들에게는 집 밖에서 당면해야 하는 과업들이 그다지 문제되지 않았다는 점이다. 그들은 수학과정에서부터 마치 그러한 역할을 위해 태어난 것처럼 잠재된 능력을 맘껏 발휘하여 그들 앞에 놓여 있는 모든 문제들을 해결한다. 그같은 과정들은 마치 기다리고 있었던 것처럼 초자연적 능력을 지닌 신이한 존재들의 도움과 그들이 속해 있는 신비한 세계질서의 조응 아래 이루어지고 있었다. 인간의 한계를 넘어서는 초월적인 세계의 원조라는 현상은 무엇을 의미하는가? 남성과 여성, 안과 밖이라는 인간적 질서 너머 작동하는 초월적 세계질서의 개입은, 결국 집의 안과 밖, 여성역할과 남성역할이라는 이분법적인 질서관이 인간들의 편의에 의해 제정한 것에 지나지 않음을 말해주는 것이다.

여성영웅소설에서 생물학적 성과 사회적 성을 고정불변의 실체로 고착시켜 놓은 유가적 성역할 인식과 여성윤리관의 경직성은 '천기', '천명' 등으로 지칭되는 또 다른 질서에 의해 절대적인 불변의 진리가 아님을 보여주고 있다. 변복을 통해 금제된 성역할을 넘어섬에도 불구하고 왜 천기를 아는 비범한 존재들은 그들에게 새로운 지식과 능력을 전수하고 위기상황에서 극복할 수 있도록 도와주는가? 그러한 지식과 능력을 통해 사회적 역할을 성취하여 세상을 바로잡음과 동시에 그들의 이름을 드높아지게 하고 그 결과 부모와 가문의 영광이 새로워지게 되는가. 이런 관점에서, 여성인물들이 다시금 집안의 존재로 속하게 되면서 겪게 되는 갈등들은 무엇을 말하는 것일까? 그들은 집 안의 공간에 머물면서 유가적 여성규범을 절대적인 것으로 여기며 살아가는 일반 여성들과는 다른 존재들이다. 그럼에도 불구하고 기존의 관념들은 이제 아내이자 며느리가 되었으니 당연히 통념적 여성역할을 답습해야 한다고 기대한다. <홍계월전>에서 우리가 새삼 놀라게 되는 것은 그녀와 동문수학하고 전장에서도 함께 싸웠던 친구이자 동료이던 여보국마저 그러한 인식을 가지고 통념적 성역할을 기대하고 요청한다는 사실이다.

그녀는 통념적 여성관을 거부한다. 기존의 여성관으로 볼 때 당연하게 인식되는 여성적 삶이나 역할이 문제적 상황으로 제기되는 것에는 통념을 넘어선 시선으로 여성적 현실을 보았기 때문에 문제적 현실을 통찰할 수 있었던 것이다. 그런 점에서, 여성영웅들의 결혼 이후의 갈등은 기존 질서 관념에 대항하는 새로운 여성적 삶의 방식에 대한 대안적 모색을 보여준다고 하겠다. 즉, 처음에는 무조건 거부하는 단계였지만, 갈등이 심화됨에 따라 중재하는 존재의 개입이 이루어지면서, 양자 간에 변화가 나타나기 시작하는 단계로 나아가며, 결국에는 남녀 역할에 대한 새로운 이해 또는 인식의 변화가 일어났다고 볼 수 있는 것이다.

5. 여성의 존재방식 : 집의 안과 밖

가족을 통해 여성을 이해하려는 시도는 삶의 맥락 속에서 여성의 존재양상을 살펴보자는 것이다. 가족과 여성의 친연성은 서사문학을 관류하는 보편적인 것임이 확인되었지만, 지금까지 다룬 내용들을 가지고 그 전반적인 특성을 정리해보기로 하자.

무속신화는 신의 근본 내력을 설명하는 본풀이로서 기원에 관한 이야기이므로, 전승집단의 사회 · 관습적 규범이나 가치관을 담고 있다. 일정한 시기 이후 중심부에서부터 차츰 주변화되어갔던 무속의 사회적 위상을 볼 때, 무속신화는 특유의 포용력을 발휘하여 구비전승되는 동안 전승 당대의 가치관념들을 적극적으로 받아들이고 부단한 자기변모를 모색하면서 생존을 꾀해왔을 것으로 보인다. 무속신화의 다층성-신화적인 근원상징에서부터 특정한 역사적 배경을 반영하는 사회문화적 가치관의 대폭적인 수용에 이르기까지 다양한 가치관념이 공존하는 중층적 의미구조를 갖게 되었던 것이다. 따라서 무속신화의 형성과정은 그 구술의 역사와 함께한다고 해도 과언이 아닐 정도로 역사적 중층성을 보유하고 있다.

탐색담의 여성인물이 집을 떠나는 계기는 가족갈등에서 비롯되는데, 대부분 아버지를 중심으로 한 부모 및 부녀갈등이 기본이 되고 있다. 바리데기, 자청비, 가믄장애기 등이 그러하고, 당금애기의 경우 아버지보다 오빠들이 더욱 앞장서서 누이동생을 핍박하고 있어 형제자매 간의 갈등도 노정된다. 그들이 집밖의 공간에서 이루어가는 과제는 대부분이 혼인을 통해 새로운 가족을 만드는 일이 궁극적 목적으로 설정되며, 특별한 과제를 부여받고 떠났을 경우에는 마지막 관문으로 결혼과 출산이 설정되기도 한다.(바리공주) 탐색의 노정은 파란만장한데 이승과 저승을 넘나들거나(바리공주, 자청비), 낯설고 먼 길을 한없이 걸어야 한다.(당금애기, 가믄장애기) 건국신화에서도 혼인의례를 위해 먼 바닷길을 항해한 허황옥이나 벌을 받고 귀양 갔던 유화의 행적 등에서 유사한 맥락을 파악할 수 있다.

여성인물들은 한결같이 지혜로우면서도 참을성이 강하고, 희생적인데, 그러한 힘으로 시련을 극복하고 과제를 성취한다. 이들은 주저하거나 두려움이 없는 인물들로서, 특히 자청비나 가믄장아기는 뚜렷한 자아상을 추구해가는 진취적인 인물형상을 보여주고 있다. 진취적인 성격은 여성영웅소설의 인물들에게서도 확인되는 바 양자 간의 유사성을 가장 잘 보여주는 부분이다. 그들에게서 참을성이나 희생적 면모는 스스로 가치를 부여한 1차가족에 대한 의무와 공적 영역에서의 활동에 집중되어 있을 뿐이다. 결혼을 통해 새로운 가족을 이루어가는 과정에서 여성인물들이 겪게 되는 시련은 고소설에서도 나타나는데, 혼사장애라고 이름하는 일련의 서사적 장치들이 그것이다. 영웅소설의 경우 그 계기는 대체로 정쟁, 난리 등 외부적 요인으로 가계계승 또는 자기보존 등을 위한 남복개착에 있지만, 사회적 남성을 선택한 여성인물의 선택인 경우도 있다. 계모갈등소설에는 계모에 의한 정절모해 등으로 전실딸의 시련이 마련되는 것이 일반적이다.

여성인물의 자기확인 과정을 보면, 여성영웅소설에서 여성적 현실을 부정하고 여성됨을 거부하는 인물들이 등장하는 것에 비해, 무속신화에도 여성적 제약이 적지 않게 존재하지만[13] 여성인물들은 자신들의 여성됨을 거부하지는 않는다. 오히려 주어진 과제를 수행하는 동안 내재된 여성성을 적극적으로 실현한다. 때로 남복개착을 하기도 하지만, 그것은 방편일 뿐이다.[14] 무속신화에서는 문제해결의 핵심이 여성성 발현에 있으므로 근본적으로 '여성'은 긍정되는 요소인 것이다. 그것은 제의적 기능과 관련할 때 풍요와 다산이라는 결과로 이어지는 생명력이기 때문이다.

가정생활과 가족관계의 양상이 보다 구체적으로 나타나는 신화유형에는 기혼여성의 생활을 보여주는데, 가족의 문제는 가장의 실수이거나 무책임 내지는 무능력에서 야기되고 있다. 그런데 가정수호신신화인 <성주풀이>는 가정해체의 원인이 된 외인개입이 남편의 실수로 비롯되었지만 부부가 합심하여 외부적 악에 대처하여 가정을 회복한다. 아내의 당부를 본의 아니게 어긴 결과 엄청난 시련이 일어났지만, 문제의 근원은 아내를 넘보는 악인이므로, 가족갈등이 크게 부각되지는 않는다.

또 다른 가족신화라 할 수 있는 칠성풀이계통 무가에서는 부부갈등, 부

---

13) 예컨대, 부모의 정성이 모자라 딸을 낳게 되었다는 자청비의 출생담, 봉인된 것처럼 폐쇄된 공간속에 놓였던 당금애기가 임신을 당하자 집안의 명예를 명분삼아 죽이려한 오빠들, 종을 죽였다 살렸다 한다고 내쫓기는 자청비, 제 복으로 산다고 주장하다 쫓겨나는 가믄장아기, 딸로 태어났다는 이유로 버림받은 바리데기 등은 여성에 대해 상대적 열등성을 부여하는 관습적 시선을 일정부분 반영하고 있다.

14) 예컨대, 자청비의 남복수학은 문도령과의 관계지속을 위한 방편이지 여성됨을 부정한 것이 아니며, 바리데기의 남복도 구약노정 수행의 한 방편일 뿐이다.

자갈등, 처첩갈등, 계모갈등 등이 나타난다. 처첩갈등은 <문전본풀이>에서만 나타나는데, 첩이 남편을 찾아온 본처를 살해하고 본처 행세를 하며 남편과 함께 본집으로 돌아가므로 부부갈등은 처첩갈등과 연관되어 있다. 이와 달리 <칠성풀이>에는 일곱아들 출산을 혐오한 남편이 집을 나가 부인을 새로 얻어 가정을 꾸렸으므로 부부갈등만 부각되고, 이후 아버지를 찾아간 일곱아들은 약을 핑계하여 아이들의 간을 요구하는 계모와 갈등하고 계모를 위해 아들들을 죽이려 하는 아버지와도 갈등한다. 계모갈등이 부자갈등으로 이어지는 것은 <문전본풀이>에서도 동일하다. 아들들의 지혜로 계모는 징치되고 아들들은 죽은 어머니를 회생시켜 가족을 회복한다.

이 유형신화에는 위기 앞에서 가정과 가족을 지키기 위해 노력하는 여성인물들의 고난과 희생이 부각된다. 안정된 가정과 가족관계가 여성인물의 희생에 토대하고 있음을 보여주고 있다. 유사한 형태가 고소설에서는 여성인물의 수난을 기본구조로 하는, 가정 및 가문소설에서의 처첩갈등 형태로 설정되어 있다.[15] 무속신화에서 처첩갈등은 <문전본풀이>에서만 보이는데 첩이 본처를 속여 살해한다. 여기에서 처첩관계의 첨예한 갈등 양상과 첩이 처를 가해한다는 점은 고소설과 유사하지만 정절모해가 없다는 점이 주목된다. 오히려 무속신화에서는 처첩갈등보다는 계모갈등이 부각되는데, 계모는 아들들에게 빼앗긴 남편의 마음을 돌리기 위해서 그들을 없애고자 한다. 여기에는 자기혈육이 아니라는 이유도 작용하는데, 자신이 없애려했던 아이들이 자기 소생으로 다시 태어나기를 기원하는 것은 그들이 아들이었기 때문일 것이다.

이처럼 계모갈등이 혈연에 대한 집착과 관련되는 것은 비슷하지만, 양자 간의 차이로서 지적할 것은 고소설의 경우 전실아들과의 갈등이 주로 계후문제에서 기인한다는 점과 고소설에서는 전실딸과의 갈등이 없는 신

15) 이와 관련한 자세한 내용은, 이승복, 「처첩갈등을 통해서 본 가정소설과 가문소설의 관련양상」, 서울대 박사학위논문, 1995을 참고할 수 있다.

화와는 달리 전실딸과의 갈등이 특히 부각된다는 점을 들 수 있다. 따라서 정절모해를 빈번하게 차용하는 고소설과는 달리 무속신화에는 정절모해가 보이지 않는다는 점도 특기할 만한 현상이라 하겠다.

이들 여성인물들의 사회적 존재방식을 정리하면 다음과 같다.

A. 집 밖의 여성들 : 사회적 금제에 도전하는 여성들

신화에는 일반적인 형태의 대여성의식이나 역할인식이 보이기는 하지만, 뚜렷한 금제는 존재하지 않는다. 오히려 통념으로 존재하는 관념형태인 금제들이 여성인물들을 밖으로 몰아내는 역할을 한다. 여성을 안의 존재로 규정하면서도 밖으로 내몰고 그것이 신성의 발현이라는 결과로 귀결되는 것은 흥미로운 일이다. 여성인물들은 집 밖으로 나가야 할 당위가 있는데, 입문의례를 통한 존재전환에는 분리의례가 필수적이기 때문이다. 막연한 금제는 그들의 입사식을 위한 전제로서 차용되고 있는데, 일상적 금제는 외부공간으로의 분리를 조장하고 그것을 유발하는 동기로 작용한다. 여성신화의 인물들은 집밖의 공간에서 주체적으로 자기 삶을 일구고 가정을 만들어가는 존재들이다. 따라서 여러 가지 외피에도 불구하고 여성신화에는 여성성이 근원적 생명력으로 숭앙되고 있던 신화적 관념을 보존하고 있다고 보인다.

여성영웅소설의 배경에는 종법제, 음양론과 내외법으로 합리화된, 사회적・제도적인 금제들이 존재한다. 생리적 성에 어긋나는 남복을 입고 사회적 남성으로 살았던 그녀들은 금제에 도전한 존재들이다. 금제위반자들인 그들이 허용될 수 있었던 것에는 그들이 표방했던 가치가 부친의 복권, 가문계승과 같은 효의 논리에 기반한 가부장제 이데올로기였기 때문이다. 그것은 첩이나 부실, 계모 등 금제에 도전하다 부정당한 인물들-이들은 여성적 규범으로 제시된 부덕을 어기고 개아적 욕망을 추구하다 자기파멸의 길로 나아갔다-과의 비교를 통해 확인된다. 또한 여성영웅은 여성임이 알려지자 집안의 존재로 돌아가는 과정에서 적지 않은 갈등을 겪지만, 결

국 여성의 자리가 집안임을 재확인하면서도 사회적 역할에의 가능성을 인정받고 가족내부에서도 규범적 여성역할에 대한 고정관념을 조정하는 것이다. 이형경의 경우, 생리적 성과 사회적 성역할을 고정시켰던 경직된 사회적 이념과 관습의 장벽을 깨고 스스로 사회적 남성을 실현했고, 다시 사회적 여성을 넘어서는 주체적인 여성역할을 실천적으로 이루어갔던 것이다. 일과 가정을 병행하면서 시집식구와 남편의 의식변화를 일구어내고 스스로 고정관념으로부터 해방되면서 대등한 부부관계를 이루어간 이형경의 모색은 여성적 존재방식의 새로운 가능성을 제시해주고 있다는 점에서 새롭게 평가되어야 할 것이다.

B. 집 안의 여성들 : 사회적 규범을 준수하는 여성들

가정신화에는 여성적 역할에 대한 규범적 지시들이 표명되지 않는다. 그러나 가정과 가족을 보존하기 위한 그들의 역할은 절대적이다. 황우양씨부인은 삼년간 땅굴에서 구메밥을 먹으면서 남편을 기다렸고, 일곱 아들의 어머니는 자식들을 대신해서 죽음을 선택했다. 그런데, 어머니의 죽음은 모성신화의 한 국면을 재현한다. 모태에 기반한 자식의 성장은 필연적으로 어머니의 소멸을 예비한다. 죽음으로써 살리는 어머니는 모성원리를 보여주는 것처럼 보인다. 죽은 어머니가 아들들에 의해 다시 살아난다는 죽음과 재생의 구조는 죽음으로부터 새로운 창조라는 생명원리를 보여주는 것으로 해석된다. 그러나, 일상논리에서 이러한 내용은 자식을 위한 희생을 당연시하는 모성이데올로기를 재생산하는 기제로 작용했을 가능성을 간과할 수 없다.

처첩갈등소설에서 수난 받는 정실들의 처지도 죽음에 방불한 상황에 놓이지만, 이들은 근본적으로 가부장제 이데올로기에 의한 가족구조의 문제에서 발생한 것이다. 이들의 견딤이 가치 있는 것도 결국 부덕을 갖춘 선한 인물의 진실이 밝혀져 복권되고 부부관계에서는 물론 가정내적 위상도 군건하게 확립하며 해체된 가족질서와 가문을 회복하게 된다는 보상이

주어지기 때문이다. 계모갈등소설에서 딸들에게 죽음과 재생이 주어진다는 것도 마찬가지이다.(<장화홍련전>외) 악의 원흉인 계모가 제거된 원래 상태에서 혈연적 어머니와의 삶을 꿈꿀 수 있는 것도 계모의 반모성성을 응징하는 가부장적 모성이데올로기의 개입이 있었기 때문이다.

여성수난이 서사문학의 대표적인 주제를 이룰 만큼 일반화되고 있는 것은 신화적 여성상징이 가부장제 이데올로기와 만나면서 사회적 의미화가 이루어졌기 때문으로 보인다. 이는 여성의 신체적 특성이 열등한 사회적 위상과 결합되면서 더욱 일반화되어 갔을 것이다. 소설사가 전개되면서 처첩갈등을 통해 여성적 문제의식으로 가족제도의 모순을 자각하고 여성들 간의 동류의식으로 인한 유대감, 나아가 가부장제에 대한 비판적 인식으로까지 나아갔다는 사실[16]은 문학작품에서 가족관계를 통해 여성적 존재방식 확인작업이 일정한 의의를 가질 수 있음을 확인시켜 주고 있다.

6. 가족관계를 통해본 여성의 삶과 현실

신화와 소설에서의 인간관계는 갈등을 기반으로 하고 있다. 그중에서도 가족관계는 각기 어긋나는 욕망들의 부딪힘에서 야기되는 갈등의 현실을 뚜렷하게 보여주는 대표적인 현상으로 보인다. 여성의 삶을 중심에 놓고 이러한 현상을 살펴보면, 여성적 현실여건은 불합리성에 기초하고 있음이 분명해진다. 그것은 특히 새로운 관계가 구축될 필요가 있을 때 뚜렷하게 드러나고 있다.

탐색담적 구조를 갖는 신화에서 여성은 일차가족과의 갈등으로 집에서부터 분리된다. 이들의 결정적인 집 떠남은 15세를 전후하여 이루어지며, 가족갈등의 결과인 '쫓겨남'은 여성인물의 분리의례를 마련하는 계기이

16) 이승복, 앞의 논문.

다. 결국 집밖에서의 시련과 모험들은 새로운 가족을 만들고 가정을 이루는 집짓기를 위한 것이다. 가족신화적 성격을 갖는 유형에서 여성인물은 가족의 이산으로 해체된 가정을 회복하기 위해 시련을 겪으면서 집 다시 세우기를 이루어낸다. 되찾은 가정은 아내의 지혜와 헌신에 힘입은 부부의 사랑과 신뢰로 구축되거나, 희생을 무릅쓴 아내와 자식들의 연대 아래 가족과 가정의 회복을 이루기도 한다.

소설에서는 그 양상이 보다 다양하다. 영웅소설의 경우 음양론과 내외법에 의거한 여성억압적 현실상이 남복개착과 여복환원으로 드러나는데, 정작 남복-사회활동은 승승장구 성공했지만 여복-가정생활에서는 성정체성 문제로 심각한 갈등을 경험하고 있다. 가정소설류에서는 문제를 일으킨 계모나 첩만을 문제 삼고 있지만, 문제의 근원은 가족구조와 가족관계에 있다. 인간관계에서 발생하는 갈등은 근본적으로 상호적이다. 구성원들에게 잠복하고 있던 문제들이 특정한 계기를 통해 드러난 것뿐이다. 인물의 비범성을 강조하는 영웅소설과는 달리 가정소설은 인간의 불완전성을 부각하는 경향이 있다. 악인이나 선인이나 모두 한계를 지닌 존재들이다. 악인들은 욕망을 중시하고 추종하지만 그것을 제어할 수 있는 통제능력을 갖지 못하여 극대화된 욕망에 함몰되어 파멸한다. 자신을 과신하여 교만에 차 있고 욕심에 가리워 사태를 있는 그대로 보지 못하는 어리석음 때문이다. 선인은 바르고 정대하지만 현실인식이 부족하여 악에 적극적으로 대처하지 못하고 수난을 당하며, 악행의 결과로 악인들이 궤멸된 후에 복권된다.

여성적 현실과 관련하여 이들 악인형 인물들을 살펴보자. 기존의 질서에 입문한 신참자는 일정부분 혼란과 갈등을 겪게 마련이다. 각기 개성이 다른 사람들 간의 마찰은 자연스러운 현상이다. 문제는 기존세력의 관행은 당연시되는 반면 신참자의 처지는 그다지 헤아리려 하지 않는 점에 있다. 죽은 생모를 과도하게 그리워하는 딸들과 함께 슬퍼하면서 역성만을 드는 남편은 선인으로 인정되는 반면, 남편의 사랑을 기대하고 주부로서의 자격을 인정받고 싶은 후처의 욕망은 간과되고 있는 것이다. 이같은 서술자의 시선은 한결같이 유지되고 있다. 어질지 못한 계모의 성품과 편파적인 가족현실의 만남은 필연적으로 갈등을 유발하는 것이다.

처첩갈등에서 첩의 문제는 그들의 성품에서 비롯되는 것이 사실이지만, 동시에 그들의 불안정한 가족사회적 위상과도 관련된다. 그들은 가부장제 가족 이데올로기와 관련한 현실적 필요 때문에 영입되는 도구적 존재들이다. 제도적으로 신분보장을 받지 못하는 그들이 믿을 것은 남편의 애정뿐이므로 그것을 확보하기 위하여 노력하는 것은 자연스럽다. 문제의 계기는 사태를 파악하지 못하는 남편-가장의 어리석음인 것이다. 악인들의 악행이 자행된 배경에는 그것을 방임 내지 조장한 가장의 어리석음이나 무책임함이 기여한 바 크다. 여성인물들에 대한 평가에는 가부장제 이데올로기로 무장된 여성윤리나 여성적 규범에 토대하여 구축된 고정관념으로 이루어진 측면도 없지 않다.

<장화홍련전>에서 드러난 계모의 반인륜적 행위는 용서받을 수 없는 악행이지만, 그러나 영입초기에 그녀가 뼈저리게 겪었던 소외감과 그로 인한 일련의 행위들까지도 매도되는 것은 모성 이데올로기의 소산이다. 무릇 어미된 자는 오로지 모성신화의 화신이어야 함을 설파하는 것이다. 나아가 자식교육과 가족문제는 전적으로 아내에게만 일임하고 결과만을 문제삼는 것도 문제인 것이다. 이처럼 여성을 둘러싼 관계들이 갈등으로 시작된다는 것은 여성적 현실의 폐쇄성과 제약성을 의미하는 것이 아닌가? 그것을 뒷받침해주는 서술자의 시선은 곳곳에서 확인할 수 있다. 실제로, 가정소설류에서 보이는 인간관계의 미숙함은 인물들의 정서적 · 인식적 미성숙과 관련된다. 그런데, 이들 작품에서는 가족관계의 어긋남의 원인을 주변부의 탓으로 돌리려는 의도가 뚜렷하게 드러난다. 기존의 가족구성원과 서술자는 가정내부에서 발생하는 문제가 외부에서 영입된 존재들의 결함에서 기인하는 것으로 파악하고 있다.

엄밀히 말하면, 가정소설류의 문제는 관계의 양상을 객관적 관점으로

보지 못하는 데 있다. 특정한 관점에 입각하여 안타고니스트를 해석하고 판단하는 것이다. 소설에 등장하는 인물들이 처한 여건은 한결같지 않다. 그들의 입지는 사회적 관습이나 통념에 따라 설정되고, 그러한 모순은 이념이나 제도 또는 관습으로 당연시된다. 그것은 불합리한 현실의 모순을 반영하고 있다. 소설적 관습에 따른 인물의 이해방식이나 사건에 대한 관점에서 유형성이 발생될 수밖에 없다. 그들에게 설정된 당위는 뚜렷하다. 조화롭고 번성하는 가문을 이루는 것이다. 선인과 악인의 치열한 대결 이후 사필귀정의 행복한 결말을 갖는 가정소설의 서사구조와 인물구성방식은 이같은 현실에 대한 인식의 결여를 보여주고 있다. 그렇지 않다면, 가부장제 이데올로기와 유가적 이념으로 현실을 은폐 내지는 미화하고 있는 것이다.

영웅소설이든 가정소설류이든 간에 가족을 다루는 방식에는 하나의 전형이 마련되는데, 그것은 가부장제 이데올로기에 의한 가족주의가 실현되어야 하는 당위로서 전제되는 것이기도 하다. 부부가족은 가문이라는 직계가족에 포함되고 그러한 가족구조는 국가로 수렴된다. 그 정점에 위치한 천자는 가부장제 가족구조가 극대화된 확대가족의 수장인 셈이다. 신하가 천자에게 충성을 다해야 하는 것처럼, 가정의 구성원들은 가족주의 이념에 따라 각자의 역할을 다해야 하는데, 효와 열의 논리는 그렇게 마련된 것이다. 설정된 각자의 역할에 충실하지 못할 때 인물들은 악인으로 규정된다. 모성이데올로기에 부합되지 않는 계모나 부도에 충실하지 못하는 후처 또는 첩은 당연히 악인으로 매도되는 것이다. 여기에는 중심에 대한 숭상이나 '처음'을 신성시하는 민속신앙적 관념이 반영되어 있다고 보인다.

가족주의와 관련할 때, 모든 문제는 외부로부터 오는 것이라는 관념은 혈연중심으로 구축된 가족관계의 강한 유대와 배타성을 동시에 보여주고 있다. 자기 집단의 우월성과 완전성에 대한 환상은 객관적 인식을 방해하는 장애물이다. 이러한 발상은 여성에 대한 비하의식과 연결되면서 두드러졌다. 이러한 양상은 불합리성과 다분히 폭력성까지 갖는 형태로 관념화되기도 했다. 예를 들면 며느리 맞은 후 집안의 재난이 있을 경우, 사람이 잘못 들어와 그렇다는 식으로 책임을 전가하여 희생양을 만드는 경우가 있다. 희생양은 집단의 죄를 대속하는 존재이다. 계모의 영입 이후 발생된 갈등으로 가족해체가 이루어지나 계모가 제거되면서 가정의 평화가 회복되는 경우-해결은 피해자였던 전실자식들에 의해서 이루어지고 있다-나, 첩으로 인해 발생된 갈등은 첩이 제거되면서 해결되는 경우 등이 그 예가 될 것이다.

소설은 독자들에게 흥미로운 읽을거리이자, 다른 사람들의 삶을 통해 다양한 삶의 방식을 인식하게 되는 학습의 대상이었을 것이다. 다양한 형태의 가족들의 모습은 우리 삶의 이면을 새롭게 바라보게 하는 계기일 수 있다. 갈등하는 그들의 모습-부모와 자식, 부부, 형제 및 자매 간의 갈등, 고부 및 처첩갈등 등등 다양한 관계갈등은 우리 앞에 펼쳐지는 삶이 단순하지 않음을 일깨워주고 있다. 서로에 대한 기대와 집착 그로 인한 실망과 분노, 갈등 등의 애증이 교차되면서 가족이기에 미처 여과되지 않은 욕망의 원형질을 제시하고 있다. 이러한 갈등과 함께 그 해결의 방안을 함께 알려주기도 한다. 가족관계에서의 갈등들과 함께, 선인과 악인을 다루는 방식은 우리들에게 삶을 사는 방식에 대해 시사하고 있다고 보인다. 그러한 내용들이 오늘날의 우리들에게는 다분히 이념적이고 관념적이기는 하지만, 이러한 작품이 유통되던 당대의 독자들에게는 흥미와 함께 적지않은 공감을 주었을 것이다. 그런데, 모든 이들이 어울려 사는 현실세계에는 갈등이 있을 수밖에 없음을, 그러한 현실에서 함께 살기 위해서 욕망을 다스리고 도덕적 인간이 되어야 하는 것임을 일러주는 것이다.

그런데, 남성들에게는 인간적 면모를 한껏 허용해주면서도 왜 여성들에게만 그렇게 완전무결한 도덕성을 요구했을까? 소설사 내부에서도 변화의 흔적들이 확인되고는 있다지만, 오늘날 가치관념의 변화가 전향적으로 이루어졌다고들 하지만, 그럼에도 불구하고 남성들에 비해 여성들에게 요구하는 도덕적 요구와 기준은 아직도 너무 높지는 않는가?

참고문헌

강진옥, 「무속신화와 일상의례를 통해서 본 여성의 종교성」, 『여성신학논집』1, 이화여대 여성신학연구소, 1995.
강진옥, 「이형경전(이학사전)연구」, 『고소설연구』 2, 한국고소설학회, 1996.
김연숙, 『고소설의 여성주의적 연구』, 국학자료원, 2002.
김재용, 『계모형 고소설의 시학』, 집문당, 1996.
서대석, 「무가」, 『한국민속대관』 6, 고려대 민족문화연구소. 1983.
서대석 · 박경신, 『서사무가 1』, 고려대 민족문화연구소, 1996.
서대석, 「칠성풀이의 연구」, 『진단학보』 제65호, 진단학회, 1988.
신동흔, 『살아있는 우리 신화』, 한겨레신문사, 2004.
신동흔, 「경기지역 성주풀이 무가의 신화적 성격」, 『우산이인섭교수화갑기념논문집』, 간행위원회, 1995.
유준경, 「영웅소설의 장르관습과 여성영웅소설」, 『고소설연구』 12, 한국고소설학회, 2001.
이경하, 「바리공주에 나타난 여성의식의 특징에 관한 비교적 고찰」, 서울대 석사학위논문, 1997.
이수자, 『제주도 무속을 통해서 본 큰굿 열두거리의 구조적 원형과 신화』, 집문당, 2004.
이승복, 「처첩갈등을 통해서 본 가정소설과 가문소설의 관련양상」, 서울대 박사학위논문, 1995.
이효재, 『조선조 사회와 가족 : 신분상승과 가부장제문화』, 한울, 2003.
장시광, 「여성영웅소설에 나타난 여화위남의 의미」, 『한국고전여성문학연구』2, 한국고전여성문학회, 2001.
장효현, 『한국고전소설사연구』, 고려대출판부, 2002.
정병헌, 『한국의 여성영웅소설』, 태학사, 2000.
정출헌, 「가부장제 가족제도의 질곡과 사씨남정기」, 『고전문학과 여성주의적 시각』, 소명출판, 2003.
조현설, 「남성지배와 장화홍련전의 여성형상」, 『고전문학과 여성주의적 시각』, 소명출판, 2003.
조현설, 「여신의 서사와 주체의 생산」, 『고전문학과 여성주의적 시각』, 소명출판, 2003.
진성기, 『제주도무가본풀이사전』, 민속원, 1991.
한국정신문화연구원, 『한국민족문화대백과사전』, CD-ROM.
현용준, 『제주도무속자료사전』, 신구문화사, 1980.
홍나래, 「무속신화 <칠성풀이>의 연구」, 이화여대 석사학위논문, 1997.

제 2 부

상상된 가족과 여성의 문화적 위치

사설시조 속의 가족과 그 주변인들

-고부(姑婦)・처첩(妻妾) 관계를 중심으로-

김용찬*

1. 머리말

우리 문학사에서 사설시조는 대단히 문제적인 갈래이며, 그렇기 때문에 시가 연구자들에게 지속적인 관심의 대상이 되어 왔다. 주지하듯이 사설시조는 현전하는 최초의 가집(歌集)인 <청구영언>에 '만횡청류(蔓橫淸類)'라는 항목으로 116수가 수록되어, 문학사에 비로소 그 존재가 부각되기 시작했다. <청구영언>의 '만횡청류' 소재 작품들은 그 이전에 향유되었던 사대부들의 시조 작품들과는 매우 다른 면모를 보여주고 있다. 사설시조의 내용과 형식은 자못 파격적이라 할 수 있는데, 김천택조차도 '만횡청류는 사어(辭語)가 음왜(淫哇)하고 의지(意旨)가 비루하여 본받을 만하지 못하다'[1]고 평가했을 정도였다. 김천택이 편찬한 <청구영언>을 살펴본 마악노초(磨嶽老樵) 이정섭(李廷燮)은 '청구영언후발(靑丘永言後跋)'에서 사설시조의 성격을 '여항과 시정의 음란한 이야기와 상스럽고 외설스러운 내용'[2]이라고 적시하기도 했다.

* 한중대학교 교수

1) "蔓橫淸類, 辭語淫哇, 意旨寒陋, 不足爲法.", '만횡청류서', <청구영언>(조선진서간행회, 1948, 98면)

2) "是編也, 固多國朝先輩名公鉅人之作, 而以其廣收也. 委巷市井, 淫哇之談, 俚褻之設詞, 亦往往而在.", '청구영언후발', 앞의 책, 123면.

이러한 김천택과 이정섭의 사설시조에 대한 평가는, 그것이 기존의 시조와는 전혀 다른 향유 배경을 지니고 있다는 것을 명시적으로 언급한 것이라 보아 틀림없다.[3] 그럼에도 불구하고 김천택이 가집에 다량의 사설시조를 수록할 수밖에 없었던 이유는, 이미 당대에 '만횡청류'가 수많은 작품과 폭넓은 향유 기반을 지닌 하나의 '양식'으로서 분명한 실체를 지니고 있었기 때문이었다.[4] '만횡청류'가 끼친 당대의 영향은 뒤이어 편찬된 수많은 가집들에 기존의 시조들과 함께 사설시조 작품들이 수록되거나, 새로운 작품의 창작과 연행 등으로 실증되었다고 평가할 수 있다. 어쨌든 그 존재로 인해 사설시조는 이후의 문학사에서 매우 중요한 갈래로 평가되었고, 지금까지 주요한 학문적 관심의 대상이 되고 있기도 하다.

사설시조를 본격적인 학문적 연구의 대상으로 삼은 이는 고정옥이다.[5] 사설시조를 조선 후기 '서민 계급의 문학'으로 규정한 고정옥의 연구는 이후의 연구자들에게 다대한 영향을 끼쳤다. 그러나 최근 담당층에 대한 서로 다른 논의들이 제출되면서, 사설시조의 성격과 문학사적 의미에 대해서도 대립되는 의견이 양립하고 있다.[6] 기존 연구들을 검토해 보았을

---

3) 현재 학계에서는 사설시조의 형성과 관련해서 '평시조 파생설'과 '독자 갈래설' 등이 맞서고 있으나, 분명한 것은 <청구영언>에 수록된 '만횡청류'와 이에 관련된 기록을 통해서 초창기 사설시조의 존재 양상에 대해서는 어느 정도 유추할 수 있다는 것을 부인할 수 없다. 따라서 사설시조의 갈래 형성에 대해서는 그것의 형성기와 가곡사에 편입된 18세기 중엽 이후의 문제를 분리해서 다룰 필요가 있다고 파악된다.

4) 김천택은 '만횡청류서'에서 사설시조는 '그 유래가 이미 오래되었기 때문에 일시에 폐기할 수 없다.(然其流來也已久.)'고 하였으며, 마악노초 이정섭은 '청구영언 후발'에서 그것이 '자연의 진기에서 나온 것(各出於自然之眞機)'이기 때문에 가집에 수록할 만한 가치가 있다고 언급하기도 했다.

5) 고정옥은 사설시조를 '장시조'라 명명하고, '장시조군의 대표가 될 만한' 작품 50수를 가려 뽑아 주석과 감상을 함께 시도한 『고장시조선주』(정음사, 1949)를 출간했다. 고정옥의 연구에 대한 평가와 의의는 김용찬의 「고정옥의 '장시조론'과 작품 해석의 한 방향」(『시조학논총』 제22집, 한국시조학회, 2005)을 참조할 것.

6) 사설시조의 연구사적 쟁점에 대해서는 길진숙, 「사설시조 담당층과 미의식의 변증」(『고전문학연구의 쟁점적 과제와 전망 하』, 인권환 외, 도서출판 월인, 2003)을 참조할 것.

때, 연구자가 어떤 시각을 취하느냐에 따라서 사설시조에 대한 논의 결과까지도 다르게 나타난다는 것을 알 수 있다. 때문에 이제는 새로운 방법론을 통해서 사설시조의 연구사적 과제를 해명할 필요가 있다. 아울러 각각의 작품들을 보다 정치하게 읽어내려는 노력이 요구된다고 하겠는데, 최근의 연구들에서는 다양한 시각에서 작품들을 새롭게 읽어내려는 노력들이 엿보이고 있다. 본고에서 취한 여성주의적 방법론 역시 사설시조 연구에 새로운 관점을 제공해 줄 수 있을 것이라고 판단하고 있다.

근래 사설시조를 여성주의적 관점에서 다룬 연구들이 지속적으로 제출되고 있고, 그러한 시각은 작품을 읽어내는 새로운 독법을 제공해 주고 있다. 사설시조라는 갈래가 우리 문학사에서 대단히 '문제적'이라는 것에 동의할 때, 여성주의적 시각으로 접근하는 것은 여전히 해명되지 않고 남아있는 많은 난점을 헤쳐나갈 수 있는 방법론의 하나임은 분명하다. 기존의 사대부 시조와는 다른 사설시조의 내용적 · 형식적 특질은 고정옥을 비롯한 초창기 학자들로부터 지속적으로 관심의 대상이 되어왔으며, 조선 후기 문학사의 흐름을 대변할 수 있는 특징으로까지 논해지기도 한다.

본고는 문제적인 갈래로서의 사설시조를 여성주의적 시각으로 바라보고자 하는 입장에서 마련된 것이다. 그동안 사설시조를 여성 화자와 섹슈얼리티의 관점에서 다룬 연구,[7] 그리고 여성주의적 독법으로 읽어내려는 시도[8]와 인식론의 측면에서 사설시조가 지닌 욕망의 언어에 주목한 논의[9] 등이 제출되기도 했다. 이들 연구는 모두 여성주의적 입장에서 출발하고 있다고 전제하고 있으나, 작품 해석에서부터 논의의 결과에 이르기까지 적지 않은 입장 차이를 드러내고 있다. 그러한 현상은 아마도 여성주의적 방법론이 지닌 연구자들 상호간의 시각의 '차이'를 보여주는 것에서

---

7) 박애경, 「사설시조의 여성 화자와 여성 섹슈얼리티」, 『고전문학과 여성 화자, 그 글쓰기 전략』, 월인, 2003.
8) 이형대, 「사설시조와 여성주의적 독법」, 『고전문학과 여성주의적 시각』, 소명출판, 2003.
9) 조세형, 「사설시조의 중층성과 욕망의 언어」, 『한국고전여성문학연구』 제7집, 한국고전여성문학회, 2003.

기인하는 것이라고 여겨진다.

그러나 선행 연구들에서 보여지는 연구 성과들은 적어도 여성주의적 시각을 견지함으로써 사설시조를 파악하는 유용한 시각을 아울러 제공하고 있다고 이해된다. 본고 역시 여성주의적 관점에서, 특히 '가족'이라는 주제를 통해서 사설시조를 읽어내고자 한다. 주지하듯이 조선 전기 사대부들의 시조에서, 가족의 문제는 백성들을 교화하기 위한 수단으로서 창작되었던 '훈민시조(訓民時調)'의 형식으로 주로 다루어졌다.[10] 그리하여 훈민시조의 특성상 대체로 유교적 관념을 관철시키기 위한 사대부의 이상적 가족관을 설파하는 것에 초점이 두어져 있다. 가족은 당대 사회를 지켜나가는 가장 기본적인 당위로서, 가족간의 화합이나 가족 구성원들 사이의 위계라는 문제는 이념의 차원을 넘어선 당위로서의 무조건적인 관념이기도 했다. 따라서 가족의 가치를 옹호하기 마련인 사대부들의 훈민시조에서는 가족 성원들 사이의 갈등보다는 조화를 추구하는 내용이 주종을 이루게 됨은 당연한 일이다.

그러나 가족을 다룬 사설시조들에서는 사대부들의 시조와는 전혀 다른 면모로 형상화되어 있으며, 오히려 기층 민중의 향유 양식이었던 민요의 그것과 유사한 성격을 보이고 있다고 할 것이다. 당대 사회의 생활 현장의 여러 요구와 체험을 그대로 진술하는 경향이 강한 민요의 성격으로 보아, 가족 성원들 사이의 조화로운 관계보다는 갈등이 부각되어 나타나게 된다. 또한 사설시조 역시 작품들에 다뤄진 가족의 문제가 성원들 사이의 조화로운 모습보다는, 갈등의 형상이 도드라지게 나타나고 있다. 다시 말하자면 가족이라는 주제를 다루고 있는 사설시조 작품들을 소재와 형상화의 측면에서만 본다면 민요와의 연관성이 두드러지게 나타나고 있다고 할 수 있다. 바로 이런 측면이 사설시조에 나타난 가족의 문제에 주목한 이유이

10) '훈민시조'의 성격과 존재 양상에 대해서는 조태흠, 「훈민시조 연구」(부산대학교 박사학위논문, 1989)와 김용철, 「훈민시조 연구」(고려대학교 석사학위논문, 1990) 등을 참조할 것.

며, 그것이 사설시조 형성 과정의 일단을 해명하는 데 하나의 시사점이 될 수 있을 것이라 여겨진다.

가족이란 사람들의 1차적인 생활이 이루어지는 공간이며, 그를 둘러싸고 있는 가족 성원들과의 관계를 통해서 개인의 정체성을 확립시켜 주는 곳이기도 하다. 무엇보다 전통 시대에 '가족은 대부분의 여성 경험이 이루어지는 중요한 장소'[11]로서, 여성과 생활상을 이해하기 위한 매우 중요한 장(場)이라 할 수 있다. 그렇기에 '여성주의 시각에서 가족을 재해석하는 것은 여성과 가족 양자 모두의 이해에 중요한 작업'[12]이 될 것이며, 특히 문학 작품인 사설시조를 통해서 가족의 형상을 살피고 그 특징을 살피는 것 역시 나름의 의미가 있다고 여겨진다.

이 글에서는 사설시조 속에 나타난 가족과 그것을 둘러싼 주변인들의 형상을 살펴보고, 작품 분석의 의미를 따져보기로 한다. 그러나 사설시조 작품들을 일별했을 때, 가족의 문제는 여타 장르에 비해서 그리 진지하게 다뤄지지 않고 있다고 할 수 있다.[13] 그것은 아마도 해당 갈래가 지닌 양식상의 특질에서 비롯되는 측면도 무시할 수 없을 것이라고 보여진다. 대부분의 사설시조 작품들에서 가족의 문제가 전면적으로 나타나기보다는, 그 중에서도 특정 성원들 간의 관계에 관심을 집중하고 있는 것을 쉽게 볼 수 있다. 분명 사설시조를 통해서 바라보는 가족의 모습은 일면적일 수 있다고 생각된다. 그러나 특정 국면이 강조되는 문학적 형상을 살펴봄으로써, 가족이라는 주제를 드러내는 방식을 통해 사설시조가 지닌 미적인 특질과 그 의미를 해명하는 것도 필요하다고 여겨진다.

본고는 가족 구성원들 중에서 특히 시어머니와 며느리의 관계, 그리고

11) 이박혜경, 「여성주의 시각에서 본 결혼과 가족」, 『새 여성학 강의』, 동녘, 1999, 184면.
12) 이박혜경, 앞의 글, 184면.
13) 예컨대 민요에서는 가족 관계를 비롯한 인간 관계의 제 양상이 서사적 틀 속에서 주제를 보다 온전하게 전달하고 있다면, 이와 달리 사설시조에서는 대체로 가족 관계의 특징적인 한 국면을 부각시켜 다루고 있다는 점이 이들 두 양식의 가장 큰 차이라 할 것이다.

본처와 첩 사이의 문제를 다룬 작품들을 중심으로 다루어 보겠다. 흥미로운 것은 작품의 화자는 대체로 이들 관계에서 며느리와 본처의 입장에서 개진되고 있다는 것이다. 고부간의 관계나 처첩간의 갈등은 민요에서도 주요한 제재로 다뤄지고 있는데, 사설시조 갈래에서 추출된 특질이 민요의 그것과 어떻게 다르게 나타나는가를 살펴보는 것도 의미가 있을 것이라 여겨진다.[14)]

대체로 며느리는 기존의 가족 구성원들 사이에 새롭게 편입된 존재로서 그 가족에 완전히 동화될 때까지의 일정 기간 '주변인'으로의 특징을 지니게 되지만, 남편을 사이에 둔 첩과의 사이에서는 오히려 핵심적인 가족 구성원이라는 성격을 동시에 지니고 있다. 고부(姑婦) 사이의 관계가 결혼이라는 제도에서 파생된 문제라고 한다면, 처첩(妻妾)의 갈등은 '처첩제(妻妾制)'를 용인했던 당대 사회의 관습에서 발생하고 있다고 하겠다. 대체로 중세 시대의 대부분의 여성들은 고부와 처첩 관계에서, 이렇듯 며느리와 본처라는 상반된 성격을 동시에 지니고 있었다. 따라서 이러한 주제를 담고 있는 작품들을 검토함으로써, 가족 관계 속에서의 여성의 위치와 역할의 일단을 자세하게 따져볼 수 있을 것이다.

2. 사설시조 속의 가족과 그 주변인들의 형상

가족이란 어떤 의미를 지니고 있는가? 이러한 질문에 대한 답변은 아마

14) 이들 주제를 지닌 작품들이 '여성 서사민요'의 주요 대상이 되고 있으며, 특히 고부간의 관계를 다룬 작품들은 민요에서 '시집살이 노래'라는 유형을 형성할 정도로 그 향유 기반이 광범하게 분포하고 있다. 이들 민요의 화자 역시 대부분 며느리로 나타나고 있다. 이밖에도 처첩간의 애정 갈등을 다룬 작품 역시 민요에서 중요하게 다뤄지고 있기도 하다. '여성 서사민요'의 성격과 양상 등에 관련해서는 강진옥, 「여성 민요 창자군의 문학세계」(『한국고전 여성작가 연구』, 태학사, 1999)를 참조할 것.

도 사람들마다 각각 다르게 나타날 수 있을 것이다. 가족은 '현실 속에서 언제나 개인의 유일한 안식처이며, 최초이자 최후의 근거지'[15]라는 의미를 갖는다. 그래서 기존의 통념은 가족은 사적 영역이며, 그것은 공적 영역과 분리되어 있어 가족의 문제를 집밖으로 끄집어내는 것이 적절하지 않다고 여겨졌다. 하지만 가족은 엄연히 사회를 구성하는 '공적 영역'일 수밖에 없으며, 가족 성원들 간의 문제 역시 이러한 관점에서 바라봐야만 한다. 어쨌든 기존의 통념처럼 가족을 '낭만화'시키는 것은, 다른 측면에서는 사회적 문제일 수밖에 없는 다양한 형태의 가족 갈등을 은폐시키는 역할을 하게 될 수 있기 때문이다.[16] 물론 가족은 역사적으로나 사회 문화적으로 다양한 양상으로 표현되고, '한 사회 안에서의 가족 경험도 계급 · 성 · 연령에 따라 서로 다르'[17]게 나타난다. 그리하여 가족 구성원들 사이에서도 엄연히 권력의 위계가 자리잡고 있으며, 어떤 입장에 서느냐에 따라서 가족을 바라보는 태도는 차이가 날 수밖에 없다.

이 중에서 성별에 따른 차이, 즉 남성과 여성의 가족 내의 역할과 위치는 매우 다르게 나타났던 것이 현실이다. 하지만 우리의 관념 속에는 가족의 낭만성이 부각되어 이미지화되어 있으며, 특히 '가족 공동체'라는 이름으로 그 속에 존재하는 각종의 위계와 차별은 사회적인 것이 아닌 개인적인 차원으로 환원되곤 했다. 조선시대의 상황을 살펴보건대, 가족 성원들 사이의 관계는 다양하게 얽혀져 있기도 하다. 오랫동안 유지해 왔던 관습 속에서 대체로 남성들은 가족이라는 제도 속에서 우월한 지위를 차지하고 있었으며, 이에 반해 여성들은 늘 그러한 남성들을 뒷바라지하는 역할에 머물러 왔었다. 이는 남성들이 사회적인 역할을 수행하는 것이 당연시되었던 당시의 풍조가 만든 하나의 이데올로기이기도 했다. 그런 의미에서 본다면, 가족이란 틀은 당대의 여성들에게 질곡(桎梏)으로

15) 권명아, 『가족이야기는 어떻게 만들어지는가』, 책세상, 2000, 13면.
16) 이박혜경, 앞의 글, 189면.
17) 이박혜경, 앞의 글, 186면.

작용하고 있었으며, 또한 여성 차별적인 이념의 직접적인 실현 장소이기도 한 것이다.

물론 가족의 형태는 1인 가족으로부터 대가족에 이르기까지 매우 다양한 형태가 존재하고 있으며, 어떤 의미에서 본다면 모든 개인은 각기 가족의 성원으로서의 위치를 지니고 있기도 하다. 하지만 본고에서는 작품 속에서 가족의 형상이나 가족 구성원들 사이의 관계가 직·간접적으로 드러난 작품들만을 대상으로 논의를 진행하기로 하겠다. 사설시조라는 갈래가 지니는 특성에서 기인하는 바가 큰 탓이겠지만, 대상 작품들에는 가족의 면모를 그대로 드러내기보다는 특정 가족 성원들 간의 관계에 관심을 집중하고 있는 것이 대부분이다. 그렇게 본다면 사설시조라는 갈래에서 가족의 문제는 매우 파편화된 형태로 형상화되어 있다고 할 수 있을 것이다. 예컨대 민요나 규방가사 등 다른 갈래에서 보여지는 것과는 달리, 대부분의 사설시조 작품들에서는 가족 구성원들 간의 단편적인 관계에만 초점을 맞추고 있다.

이제 구체적인 작품을 통해서 사설시조 속에 나타난 가족의 의미에 대해서 하나씩 따져보기로 하겠다.

> 서방(書房)님 병(病)들여 두고 쓸 것 업서 종루(鐘樓) 져ᄌᆡᆨ 달릐 파라
> ᄇᆡ 사고 감 ᄉᆞ고 유자(榴子) ᄉᆞ고 석류(石榴) 삿다 아ᄎᆞ아ᄎᆞ 이저고 오화당(五花糖)을 니저발여고ᄌᆞ
> 수박(水朴)에 술 ᄭᅩᄌᆞ 노코 한숨 계워 ᄒᆞ노라.<해주 *540, 김수장 / #1538>

> 곡구롱(谷口哢) 우ᄂᆞᆫ 소릐의 낫잠 ᄭᆡ여 니러보니
> 져근 아들 글 니루고 며느아기 뵈ᄶᆞᄂᆞᆫᄃᆡ 어린 손자(孫子)ᄂᆞᆫ ᄭᅩᆺ노리 ᄒᆞᆫ다
> ᄆᆞᆺ쵸아 지어미 술 거르며 맛보라고 ᄒᆞ더라.<청육* 681, 오경화 / #193>

첫 번째 작품은 조선 후기에 활동했던 가창자인 김수장(金壽長)이 지은

것으로, '어느 시정 아낙의 남편에 대한 애틋한 애정이 섬세하게 그려져 있'[18]다. 여성인 화자는 변변치 않은 형편 속에서도 자신의 '달리'[19]를 저자에 팔아, 병든 남편을 위해 각종 과일을 마련한다. 그러면서도 자신이 산 물품 속에 '오화당(五花糖)'[20]이 빠졌음을 알고 안타까워하며, 끝내는 미쳐 사지 못한 물건에 대한 미련을 떨치지 못하고 한숨을 내쉬는 화자의 모습이 인상적이다. 그러나 한편으로는 작품 속에서 병든 남편을 위해 온갖 과일을 사들이는 화자의 모습이 얼마나 현실적으로 비춰질 수 있는가는 자못 의문이다. 혹여 남성인 작자가 여성 화자를 등장시켜, 자신이 바라는 바의 형상을 작품 속에 투영한 것이라면 지나친 비약일까? 그럼에도 불구하고 이 작품을 통해서 우리는 부부간의 조화로운 애정의 모습을 읽어낼 수 있다. 또한 이 작품에는 부부의 형상 이외에 다른 가족 구성원들의 존재는 문면에 직접적으로 제시되어 있지 않다. 이처럼 양적으로 많지는 않지만, 작품 속에서 부부의 문제가 형상화될 때 비교적 조화로운 양상을 보여주고 있는 경우를 발견할 수 있다.[21]

두 번째 작품 역시 조선 후기의 가창자(歌唱者)인 오경화(吳擎華)[22]의 것으로, 어느 한 가족의 '평범한 일상 생활의 일순간을 포착하여'[23] 형상화하고 있다. 시아버지의 시선에서 그려진 한 가족의 모습은 매우 평화롭

---

18) 이형대, 앞의 글, 292면.

19) '달릐'는 '다리' 또는 '다래'의 옛 표현으로, 여자의 머리숱이 많아 보이게 하기 위해 덧넣어 땋은 머리를 가리킨다.

20) '오화당(五花糖)'은 오색으로 물들여 만든 동글납작한 사탕을 일컫는다.

21) 예컨대 아래의 작품도 시적 대상이 부부인가 연인인가 하는 문제는 남아있지만, 남녀간의 조화로운 양상을 보여주고 있다고 하겠다. "금화(金化)ㅣ 금성(金城) 슈숫대 반(半) 단만 어더 쥬고만 말마치 움을 뭇고 / 조쥭 니쥭 백양저(白楊箸)로 지거 자내 자소 나는 매 서로 권(勸)홀만정 / 일생(一生)에 이별(離別) 뉘 모로미 긔원(願)인가 ᄒᆞ노라."<청진 *466 / #391>.

22) 오경화는 생몰년 미상의 조선 후기에 활동했던 가창자로, <청구영언 육당본>에 '동국명가(東國名歌)'로 소개되어 있다. 당대의 가창자 명단을 기록한 <해동가요>의 '고금창가제씨(古今唱歌諸氏)'에도 이름이 올라 있다.

23) 고정옥, 『고장시조선주』, 정음사, 1949, 35면.

게 나타나고 있으며, 독자들은 작품을 읽으면서 작중의 상황이 절로 머리 속에 그려지는 듯할 것이다. 하지만 남성 화자의 시점에서 그려진 이 작품 속에서, 다른 가족 구성원들은 화자의 시선 속에 배치된 하나의 정물처럼 느껴지기도 한다. 따라서 작품 속에 보이는 한 가족의 평화로운 정경 역시 오로지 화자의 시선 속에 포착된 모습일 뿐이다. 즉 화자를 위해 술을 거르는 아내, 글 읽는 작은아들과 베 짜는 며느리, 그리고 꽃놀이하는 어린 손자 등 작중 인물들은 낮잠을 자다 깨어난 화자에 의해 조망된 대상일 뿐이다. 물론 독자 역시 그러한 화자의 시선을 좇아 작품 속의 상황을 매우 조화롭게 느끼게 된다.[24)]

어쨌든 그 수는 많지 않지만, 사설시조에는 위의 작품들처럼 가족 구성원들의 조화로운 모습을 형상화한 작품도 볼 수 있다. 두 작품의 화자가 모두 남성인 점도 특기할 만하다.[25)] 그러나 가족을 소재로 하는 작품들은 대체로 가족 성원들의 갈등을 그리고 있는 경우가 많다고 할 수 있다. 가족을 구성하는 가장 중요한 절차는 바로 남녀간의 결혼일 것이다. 대체로 사람들의 인식 속에서 결혼은 남녀간의 사랑에 기반을 둔 결합이라고 이해되고 있으며, 가족의 화합을 위해 부부간의 조화로운 애정은 불가결한 요소인 것이다. 결혼은 서로 다른 공간에서 살아왔던 존재인 부부의 결합을 가능케 해주는 제도이며, 부부가 서로를 이해하며 조화를 이루는 것이 가족 화합의 전제가 되는 것이다. 하지만 이러한 인식에는 가부장제 하에서의 결혼이라는 것이 남녀 불평등을 은폐하고 있으며, 그것이 외형적으로는 낭만화된 형태로 나타나고 있다는 것을 지적할 수 있을 것이다.

물론 모든 작품 속에서 부부간의 화합만이 형상화되어 있는 것은 아니

24) 이는 며느리인 여성 화자가 등장하여, 시댁의 가족 구성원들에 대해서 비판적으로 평가하는 작품(청진 *573/#1771)과 비교해 보면 뚜렷한 차이를 느낄 수 있을 것이다. 해당 작품의 의미에 대해서는 뒤에서 자세히 논할 것이다.

25) 이는 가족을 바라보는 남성과 여성의 태도에서 기인하는 바가 있을 것으로도 여겨지나, 이에 대해서는 사설시조의 화자를 다루는 자리에서 별도로 천착해 볼 필요가 있다 하겠다.

다. 사설시조에는 때로는 부부 중 한 사람이 상대방을 비난하며 불만을 터뜨리는 경우도 나타나고 있다. 이러한 경우에도 그것이 제도로서의 결혼의 문제를 지적하기보다는, 개인의 욕구(욕망)가 상대방에 의해 채워지지 못하는 이른바 '욕망의 과잉 혹은 결핍'이 문제되고 있다고 할 수 있다.[26] 특히 성적인 문제를 다루고 있는 작품들에서 이러한 양상이 두드러진다는 점에서 이러한 주제는 가족이라는 관념에서보다 성 혹은 욕망의 문제를 다루는 논의에서 적극적으로 언급되어져야 할 것이다.

가족이 하나의 공동체로서 가족 성원들 사이의 관계에 의해 이끌어지는 사회 단위이며, 성리학을 통치 이념으로 삼았던 조선시대에 가족은 통치를 위한 기본 단위이기도 했다. 가족 성원들 속에서 여성들은 가족의 경제를 담당하는 주요한 역할이 주어지곤 했다. 이는 다른 측면에서 이해한다면, 단지 여성이라는 이유만으로 주로 가사 노동이나 가족 관계를 관리하는 일을 어릴 때부터 교육받아 왔다는 의미이다. 특히 여성들은 결혼이라는 제도를 통하여 자신의 가족을 떠나 새로운 가족에 편입되게 되는데, 시집 식구들과의 관계는 당대 여성들의 삶에 지대한 영향을 끼치는 요인이었다. 때문에 결혼을 한 여성들은 남편뿐만이 아니라, 새로운 환경에 적응하는 과정에서 늘 시집 식구들과의 관계에서 언제든지 갈등이 일어날 수밖에 없었던 것이다. 그런 의미에서 새롭게 맞아들인 며느리는 시댁 가

26) 예컨대 박애경에 의해 '남성에 의해 일방적으로 훼손 당하는 여성의 성'(앞의 글, 227면)을 그리고 있다고 지적되고 있는 다음의 작품이 '욕망의 과잉'에 해당한다. "얽고 검고 킈 큰 구레나롯 그것조차 길고 넙다 / 잠지 아닌 놈 밤마다 ᄇᆡ에 올라 죠고만 구멍에 큰 연장 너허 두고 흘근 할적 흘 제ᄂᆞᆫ 애정(愛情)은 ᄏᆞ니와 태산(泰山)이 덥누로ᄂᆞᆫ 듯 ᄌᆞᆫ 방기(放氣) 소릐에 졋 먹던 힘이 다 ᄡᅳ이노ᄆᆡ라 / 아므나 이 놈을 ᄃᆞ려다가 백년 동주(百年同住)ᄒᆞ고 영영(永永) 아니 온들 어ᄂᆡ 개ᄯᆞᆯ년이 싀앗 새옴 ᄒᆞ리오."<청진 *569 / #1993> 이에 반해 여성 화자의 '기본적인 성적 욕망조차 충족시켜 주지 못하는 무용한 존재'(이형대, 앞의 글, 304면)로서의 남편을 그리고 있는 다음의 작품은 '욕망의 결핍'을 형상화하고 있다고 하겠다. "술이라 ᄒᆞ면 ᄆᆞᆯ 물 혀 듯 ᄒᆞ고 음식(飮食)이라 ᄒᆞ면 헌 ᄆᆞᆯ등에 셔리황 다앗 듯 / 양 수종(兩水腫) 다리 잡조지 팔에 할ᄀᆡ눈 안ᄑᆞᆺ 쇱장이 고쟈 남진을 만셕듕이라 안쳐 두고 보랴 / 창(窓) 밧긔 통메 ᄌᆞᆼ사 네나 ᄌᆞ고 니거라."<병가 *1062 / #1743>

족의 구성원이지만, 시집 식구들과의 갈등이 해소되지 않는 한 가족의 주변인이자 경계인으로서의 처지에 놓여있을 수밖에 없었다.[27)]

때문에 부부 사이의 문제만이 제기될 때는 대체로 조화로운 면모가 나타나기도 하지만, 한편으로 다른 시댁 식구들과는 늘 긴장과 갈등을 내포하고 있었던 것이다. 결혼이란 여성들에게 한편으로는 동경의 대상이면서, 다른 한편으로는 새로운 긴장의 원인이 되기도 한 것이다. 대체로 조선시대에는 부자간의 관계는 효(孝)라는 이념에 의해서 이미 거스를 수 없는 당위로 자리잡고 있었다. 그렇다면 부자의 문제를 제외한다면, 가족 성원들 사이에는 부부(夫婦)·고부(姑婦)·처첩(妻妾)의 관계가 매우 중요한 문제로 떠오를 수 있을 것이다. 이러한 관계들이 서로 갈등을 야기할 때, 아내 혹은 며느리라는 존재는 항상 그 갈등의 한 축을 담당하게 된다. 이들 중 부부 사이의 갈등은 '욕망의 과잉 혹은 결핍'이라는 문제를 제외한다면, 그리 크게 부각되고 있지 않는 셈이다.

아마도 가족 구성원들 사이의 갈등 중에서 가장 심각한 것은 시어머니와 며느리와의 고부(姑婦) 갈등일 것이다. 고부간의 갈등은 외형적으로는 아들/남편을 사이에 둔 여성들 상호간의 문제인 것으로 비춰지지만, 대체로 시어머니의 입장은 시집을 대표하는 존재로서 어떤 측면에서는 '남성화된 여성'이라는 의미를 지니고 있다. 그리하여 시어머니가 내세우는 것은 가족의 입장이라고 주장하지만, 실제로는 가부장제 하에서의 가족 내의 '권력자'로서 남성적인 이익을 절대적으로 대변하고 있다고 할 수 있다. 혈연으로 이루어진 기존의 가족 구성원들 사이에서 며느리는 혈연으

---

27) 여성 서사민요라 할 수 있는 시집살이노래에서도 고부간의 갈등은 주요 제재로 등장하는데, '시집살이의 조건은 강고한 시집 식구들의 배타적 연대와 그것으로부터 소외된 주변인으로서의 며느리의 처지가 대립적 형태로 드러나므로 그 같은 정황을 견뎌내는 여성 인물은 처음부터 열세'의 처지에 놓여있게 된다고 할 수 있다.(강진옥, 「여성 민요 창자군의 작품세계」, 앞의 책, 473면) 시집 식구들과의 관계에서 주변인으로 지내야 하는 며느리의 처지를 형상화하고 있는 것은 사설시조에서도 유사하게 나타나고 있다.

로 연결되어 있지 않은 유일한 존재이기 때문에, 제도적으로는 가족 구성원이면서 현실적으로는 완전한 가족으로서의 자격이 일정 기간 보류되어 있는 '주변인'으로서의 존재인 것이다.

> 싀어마님 며느라기 낫바 벽바흘 구루지 마오
>
> 빗에 바든 며ᄂᆞ린가 갑세 쳐 온 며ᄂᆞ린가 밤나모 서근 들걸에 휘초리나니 ᄀᆞᆺ치 알살픠신 싀아바님 볏 뵌 쇳동 ᄀᆞᆺ치 되죵고신 싀어마님 삼년(三年) 겨론 망태에 새 송곳 부리 ᄀᆞᆺ치 샢족ᄒᆞ신 싀누으님 당피 가론 밧틔 돌피나니 ᄀᆞᆺ치 ᄉᆡ노란 욋곳 ᄀᆞᆺ튼 피ᄯᅩᆼ 누ᄂᆞᆫ 아ᄃᆞᆯ ᄒᆞ나 두고
>
> 건 밧틔 멋곳 ᄀᆞᆺ튼 며ᄂᆞ리를 어ᄃᆡ를 낫바 ᄒᆞ시ᄂᆞᆫ고. <청진 *573 / #1771>

> ᄉᆡ약시 싀집 간 날 밤의 질방그리 ᄃᆡ엿슬 ᄯᆞ려 ᄇᆞ리오니
>
> 싀어미 이르기를 물나 달나 ᄒᆞᄂᆞᆫ괴야 ᄉᆡ약시 대답(對答)ᄒᆞ되 싀어미 아ᄃᆞᆯ놈이 우리집 전라도(全羅道) 경상도(慶尙道)로셔 회령(會寧) 종성(鍾城) 다히를 못 쓰게 ᄯᅮ러 어긔로쳐시니
>
> 글노 비겨 보와 냥의쟝할가 ᄒᆞ노라. <병가 *987 / #1521>

> 어이려뇨 어이려뇨 싀어마님 어이려뇨
>
> 쇼대남진의 밥을 담다가 놋쥬걱 잘늘 부르쳐시니 이를 어이ᄒᆞ려뇨 싀어마님아 져 아기 하 걱정 마스라
>
> 우리도 져머신 제 만히 것거 보왓노라 <청진 *478 / #1960>

앞의 두 작품은 모두 시어머니와 며느리와의 갈등을 그려내고 있다. 첫 번째 작품에서는 시어머니의 구박에 대해 며느리를 화자로 등장시켜 그 부당성에 대해 적극적으로 항변하고 있다. 고정옥은 이 작품을 민요인 '시집살이노래와 완전히 통한다'[28]고 하였으며, 작품 속의 표현은 매우 곡진(曲盡)하여 '민중적 보편성에 귀착되고 있'[29]다고 해석하고 있다.[30] 민요

에서는 '며느리를 가족의 일원이 아니라 노동력으로만 간주하'[31]는 것에 대한 항변을 담고 있는 작품들을 적지 않게 발견할 수 있는데, 이 작품은 그러한 민요의 한 구절을 옮겨다 놓은 것처럼 보여지기도 한다. 자신을 나쁘다고 꾸짖는 '시어머니에게 하소연하는 형식을 취한 이 노래에서 화자는 자신에게 고통을 주는 시댁 식솔들을 저마다의 특성을 지닌 얄궂은 사물에 비유'[32]하고 있으며, 반면에 자신은 '건 밧틔 멋곳'[33]으로 대조시켜 표현하고 있다.

이 작품에서 며느리의 발언 속에서 다른 시집 식구들의 존재가 언급되고 있기는 하지만, 직접적인 당사자는 바로 시어머니와 며느리이다. 시어머니의 꾸지람은 바로 시집 식구들을 대변하는 것이며, 며느리는 병약한 남편('식노란 외곳굿튼 피똥 누는 아들')의 보호조차 기대할 수 없이 시집 식구들과 온전히 맞서게 된다. 남편이 아직 가족 속에서 확고한 위치를 차지하고 있지 못하기 때문에, 며느리인 작중 화자 역시 시집에서는 가족의 일원이 아니라 여전히 주변인으로서의 위치에 머물러 있는 것이다. 만일 남편이 온전한 존재로 있다고 해도, 아들의 입장에서 부모의 말을 거스르

28) 고정옥, 『조선민요연구』, 수선사, 1949, 72면.

29) 고정옥, 『고장시조선주』, 정음사, 1949, 85~86면.

30) 시집 식구들의 특징적인 면모를 묘사한 것만으로 이 작품이 시집살이에 대한 비판적인 인식이라 평가할 수 있으나, 이는 특정 국면만을 부각시켜 다루는 사설시조의 양식적 특질에서 기인되는 것이라 할 수 있다. 그러나 같은 주제를 다룬 민요에서는 시집 식구들의 구박을 견디지 못하고, 자살을 하거나 중이 되기 위하여 출가를 하는 등의 결말로 이어지곤 한다.(강진옥, 앞의 논문, 465~477면 참조) 따라서 만약 이 작품을 민요와의 연관 속에서 설명하고자 한다면, 민요 갈래에서 보편화된 내용 중 일부를 취해 며느리의 입장에서 제시한 것이라 해석될 수 있을 것이다. 이러한 형상화의 방식은 사설시조에서 주로 사용되는 표현기법이라 할 수 있는데, 이를 통해 시적 소재를 구체적인 대상과 결합시킴으로써 역동적인 이미지를 불어넣는 데 그 특징이 있다고 할 수 있다.

31) 강진옥, 「서사민요에 나타나는 여성 인물의 현실대응 양상과 그 의미」, 『구비문학과 여성』, 박이정, 2000, 94면.

32) 이형대, 앞의 글, 302면.

33) '건 밭틔 멋곳'은 '비옥한 밭에 야생하는 나팔꽃'이란 의미로 건강하고 싱싱한 꽃을 가리킨다.

면서까지 아내의 입장을 옹호하였을 것인가 하는 것도 의문이다. 자식의 입장에서 부모의 말을 거스르고 아내를 두둔한다는 것은 당시로서는 불효로 인식되었기 때문이다. 때문에 대개의 경우 고부 갈등은 중재자가 없는 상태에서 며느리의 일방적인 희생만이 강요될 수밖에 없었던 것이다.[34)]

두 번째 작품은 시어머니와 며느리와의 대화를 그 내용으로 하고 있다. 갓 시집 온 색시가 '질방그리'[35)]를 깨뜨리자 이를 변상하라는 시어머니에게, 시집을 와서 시어머니의 아들인 남편에게 이미 '처녀성을 상실했으므로 물어 줄 수 없다고 응수하는 며느리'[36)]의 항변을 담고 있다. 작품 속에 나타난 며느리의 항변이 실제로 가능했겠는가 하는 문제는 예외로 하더라도, 민요에서도 이런 양상이 나타난다는 점은 매우 흥미롭다. 강진옥 교수에 의하면, '집안 일 하다가 깨뜨린 세간을 친정의 세간 전답을 팔아서라도 물어내라는 시집 식구들의 요구에 대해 며느리는 자기 몸을 원래대로 물려주면 물어주겠다고 반박하'[37)]는 유형의 작품들이 민요에도 존재한다고 한다.[38)]

34) 며느리의 시각에서 그려진 본문의 작품이 시댁 식구들의 특징을 구체적으로 들어 비판하고 있다면, 시어머니의 입장에서 형상화된 아래의 작품은 뚜렷한 이유 없이 며느리에게 '저주에 가까운 말'을 쏟아내고 있다는 차이를 발견할 수 있다. "가마귀 깍깍 아모리 운들 님이 가며 닌들 가랴 / 밧 가난 아들 가며 뵈틀에 안즌 아지(阿只)쏠이 가랴 / 즤 너머 믈 길나 간 며늘아지(阿只) 네나 갈가 ᄒᆞ노라."<청육 *779 / #13> 이 작품은 '까마귀가 울면 사람이 죽는다'는 속설에 기댄 것으로, 화자의 집 주위에서 까마귀가 울었으니 다른 어떤 식구도 아닌 며느리가 죽을 것이다는 인식을 담고 있다. 이처럼 동일한 소재를 다루고 있다고 하더라도, 화자가 시어머니인가 혹은 며느리인가에 따라서 작품의 형상화가 크게 달라지고 있음을 볼 수 있다.

35) '질방그리'는 질그릇으로 된 방구리를 가리키는데, 방구리는 물을 긷는 데 사용하는 그릇이다.

36) 박애경, 앞의 글, 235면.

37) 강진옥, 앞의 글, 96면.

38) 강진옥은 이러한 내용의 민요들을 '양동가마 깬 며느리' 유형으로 분류하였다. 며느리의 항변으로 마무리짓는 사설시조와는 달리, 민요에서는 '논리정연한 요구에 설복된 시부모는 며느리에게 자신의 잘못을 자인하고 사과하'기도 하고, '시아버지가 며느리의 국량을 시험해 보기 위해서 그렇게 짐짓 그렇게 해 본 것이라며

그렇게 본다면 대체로 고부 갈등을 그리고 있는 작품들은 민요적 성격을 지니고 있거나, 민요의 특정 부분을 그대로 옮겨와 작품화한 것으로 이해될 수 있겠다. 특히 고부 갈등을 형상화한 작품들에서는 대개 사회적 약자인 며느리의 입장을 두둔하거나, 대변한 것은 특징적이라고 할 수 있다. 부계 중심의 가족 구조 속에서 여성들은 시집이라는 낯선 환경에서 낯선 사람들과 생활하게 되면서, 시집 식구들과의 인간적인 갈등에서부터 노동이나 가난 등 다양한 문제에 이르기까지 적지 않은 어려움을 참아내야만 했다.[39] 때문에 여성들은 결혼을 통해서 새로운 가족에 편입되는 시점부터, 적지 않은 정신적 스트레스를 참고 견뎌야만 했을 것이다. 위의 작품들에 형상화된 내용이 '상상적 재현'[40]이라고 설명할 수 있다면, 그러한 상상을 통해서 현실 속에서의 괴로움의 일단을 해소하고자 하는 의도도 자리하고 있었을 것이라 이해할 수 있을 것이다.

세 번째 작품은 그 내용이나 형상화의 측면에서도 매우 특이한 작품이라고 할 수 있다. 고부 갈등이라기보다는 고부간의 조화를 드러내고 있으며, 그것도 며느리의 성적 일탈에 대해서 관대한 태도를 보이는 시어머니의 모습을 그려내고 있기 때문이다. 밥을 담다가 놋주걱을 부러뜨렸다는 사실에서 갑자기 튀어나오는 며느리의 '충격적인 고백'도 의아하거니와, 자신의 젊었을 적 경험을 들면서 그것을 관대히 보아 넘기는 시어머니의 답변도 이례적이기 때문이다. 부엌 살림을 잘 간수하는 것이 며느리의 미덕으로까지 여겨지던 때에, 놋주걱을 부러뜨렸다는 것은 시어머니에게 비

그녀의 당찬 반응에 만족하는 각편에 이르기까지' 그 결말에서 다양한 양상을 보여주고 있다고 한다.(강진옥, 「여성 민요 창자군의 문학세계」, 469면.) 이 작품 역시 민요와의 연관을 따진다면, 민요의 내용 중에서 특정 국면만을 부각시켜 작품화한 것으로 파악될 수 있을 것이다. 앞의 작품과 마찬가지로 며느리의 주장을 그대로 작품화하면서, 그것이 시집 식구들에 대한 비판적 인식을 가능케 하는 역할을 하고 있다고 하겠다.

39) 이혜진, 「시누이 눈은 보름달보다 밝다」, 『우리나라 여성들은 어떻게 살았을까 1』, 청년사, 1999, 191면.

40) 박애경, 앞의 글, 235면.

난의 대상이 될 수도 있었다. 하지만 며느리의 성적 일탈이라는 문제는 시집 식구의 입장에서는 더 심각한 문제인 것이다. 그러나 며느리는 자신의 작은 잘못을 가리기 위해 더 큰 문제를 고백하고, 이에 대해 시어머니는 며느리의 행동에 공감하며 이해한다는 것이다.

앞의 두 작품이 시집살이에서 오는 시어머니와의 갈등을 비교적 현실적으로 그려내고 있다고 한다면, 마지막 작품은 며느리와 시어머니와의 관계가 성적인 문제와 결합되어 나타난다는 점에서 큰 차이를 보이고 있다. 특히 이 작품에서는 앞의 두 작품과는 달리, 종장이 성적 일탈을 저지른 며느리를 적극 변호하는 시어머니의 진술로 마무리되고 있다는 점이다. 따라서 여기에서는 비록 시적 대상이 고부간으로 설정되어 있지만, 성적인 측면에서 당대의 여성들에게 억압적으로 작용했던 당대의 관념에 대한 비판이라는 측면에서 읽을 수 있다. 즉 앞의 두 작품이 제도로서의 가족의 관계를 문제삼고 있다고 한다면, 뒤의 작품은 성적인 문제와 연결시켜 철저히 개인의 문제로 환원하고 있다고 파악할 수 있겠다.

이 작품의 형상화를 통해서 우리는 제도로서의 결혼과 부부 관계를 그려낼 때는 부부의 조화로운 애정을 지향하고 있었던 것이, 부부 중 어느 한 사람의 성적인 욕망을 그려낼 때에는 욕망의 결핍으로 인한 부조화가 전면에 드러났었던 것을 떠올릴 수 있을 것이다. 고부 사이의 문제 역시 그것이 제도로서의 관계 속에서 그려지고 있느냐, 아니면 성적 일탈이라는 주제가 전면화되면서 개인의 문제로 귀결되느냐 하는 점이 작품의 형상화에 일정한 영향을 끼치지 않았는가 하는 점을 지적할 수 있을 듯하다. 그렇다면 사설시조의 표현 방식이 민요와 다른 점은 이처럼 성(性), 특히 여성의 성에 대해서 매우 적극적으로 발언하고 있다는 점일 것이다. 특히 성에 대한 인식의 문제는 사설시조 형성기의 성격을 규명하는데 적지 않은 의미를 지니고 있다고 할 것이다.[41]

41) 이와 더불어 성, 특히 여성의 성 문제를 노골적으로 다룬 사설시조 작품들이 적지 않다는 것은 아마도 향유층이 대부분 남성들이었다는 사실과 연관지어 생각해 볼

중세 시대 가족의 문제를 다룰 때, 처첩(妻妾) 사이의 관계 역시 빼놓을 수 없는 중요한 주제이다. 역사적으로 일부일처제는 가장 중요한 혼인 형태로써 법적으로 인정되어 왔으나, 처첩제는 매우 오랫동안 지속되어온 관행이기도 했다. 부인이 아닌 남편의 여자를 첩이라 일컬었다. 정당한 혼인 절차를 거친 아내인 본처는 사회적으로 그 지위가 보장되어 있었으며, 이에 비해 첩은 사회적으로 천시되는 것은 물론 가족 성원으로서도 인정을 받지 못하던 존재였다. 그리하여 한 남편을 사이에 두고 처첩 사이의 갈등은 필연적으로 야기될 수밖에 없었다. 그런데 더 중요한 것은 처첩 갈등의 주요 원인은 남편에게 있었지만, 대개의 경우 그것이 여성들의 문제로서만 드러난다는 사실이다.

조선시대에 그 체계가 갖추어진 '일부일처제는 남성중심적인 것이어서, 사실상의 부계 강화를 위한 여성의 성에 대한 통제 수단이었다. 남성에게는 첩실을 두게 하여 성적인 자유를 허용한 반면, 여성에게는 재가 금지를 통하여 성적 통제를 강력하게 시작'[42]하였다고 이해될 수 있다. 따라서 처첩제란 당시 사회가 암묵적으로 용인하던 남성 중심적인 제도의 하나이며, 그로 인해서 여성들은 늘 갈등의 당사자로서 고통을 받아야만 했던 것이다. 하지만 처첩 갈등이 나타날 때, 남성의 역할은 철저하게 은폐되어 있다. 이 경우 처는 가족의 구성원으로서 정당한 위치를 확보하고 있지만, 첩은 가족 구성원으로서 인정받지 못하고 오로지 남편과의 관계에 의해서만 그 존재를 인정받게 되는 주변인의 성격을 지니고 있다고 할 것이다.

어찌 보면 처첩 사이의 갈등은 부모들에 의해 일방적으로 결혼이 강제되던 당시의 결혼 제도에서 이미 그 비극의 씨앗이 잉태되어 있었다고 할 수 있다. 남자에게는 성적으로 보다 너그러운 관습 속에서, 첩을 두는 것이 하나의 사회적 능력으로까지 치부되던 관념은 엄연히 존재하고 있었다. 그렇게 본다면 아내(처)는 집안끼리의 중매를 통해 부모의 선택에 의

수 있을 것이다.

42) 이박혜경, 앞의 글, 200면.

해 결정되었지만, 첩은 남편 자신이 직접 선택한 존재였다. 그렇게 본다면 남편의 애정이라는 측면에서 대개의 경우 아내는 첩에게 뒤질 수밖에 없게 되며, 처는 단지 사회적으로 인정받는 '정실(正室)'이라는 이념적 지위를 지니고 있을 뿐이다. 그렇게 본다면 처와 첩은 사회적인 인정과 남편의 애정이라는 측면을 온전히 지니고 있지 못하고, 어느 한 부분이 결핍되어 있다고 파악할 수 있겠다. 처첩간의 갈등은 바로 이러한 부분에서 출발하고 있는 것이다.

져 건너 월앙(月仰) 바회 우희 밤즁마치 부헝이 울면
녯 사롬 니론 말이 남의 싀앗 되야 줏믭고 양믜와 백반 교사(百般巧邪)ᄒᆞ는 져믄 첩(妾)년이 급살(急殺)마자 죽는다 ᄒᆞ데
첩(妾)이 대답(對答)ᄒᆞ되 안해님겨오셔 망녕된 말 마오 나는 듯ᄌᆞ오니 가옹(家翁)을 박대(薄待)ᄒᆞ고 첩(妾) 새옴 甚히 ᄒᆞ시는 늘근 안히님 몬져 죽는다 데.<청진 *564 / #2547>

짂 넘어 싀앗슬 두고 손뼉 치며 애써 간이
말만ᄒᆞᆫ 삿갓집의 헌 덕셕 펼쳐 덥고 년놈이 ᄒᆞᆫᄃᆡ 누어 얼거지고 틀어졋다 이제는 얼이북이 판노군(叛奴軍)에 들거곤아
두어라 모밀떡에 두 장고(杖鼓)를 말려 무슴 ᄒᆞ리요. <청요 *15, 김태석 / #2533>

앞의 작품은 대화체 형식으로, 처와 첩 사이의 갈등을 실감나는 표현으로 그려내고 있다. 초장과 중장에서의 처의 발언은 '아내가 있는 남자의 첩이 되면 급살(急煞)을 맞아 죽는다'는 풍문에 기댄 것이라면, 종장에서 첩의 반격은 '남편을 박대하고 첩에게 시샘하는 것은 아내의 도리가 아니'라는 관념에 기대고 있다. 어찌 보면 첩의 대꾸는 당돌하기 짝이 없는 것이며, 적반하장에 다름이 아니라고도 할 수 있겠다. 작품에 드러난 상황만

으로는 결국 본처가 첩에게 판정패한 것으로 보인다. 엄연히 현실 속에서 존재하고 있는 첩의 존재에 대해서 대응하는 본처의 논리는 당위적인 차원에서밖에 이해되지 않는 것이다. 이에 비해 첩의 발언은 오히려 가부장제의 이념적인 차원에서 본처를 꾸짖는 역설적인 상황이 벌어진 것이다. 일견 첩의 입장을 옹호하고 있는 듯한 이 작품은, 처첩제는 부정할 수 없는 현실이라는 점을 강조하기 위한 의도로까지 읽혀지고 있다.

뒤의 작품은 첩과 함께 지내는 남편의 모습을 확인하기 위해 힘겹게 재를 넘어 불륜의 현장을 목도한 처의 시선에서 그려진 작품이다. 종장의 '모밀떡에 두 장고'라는 표현은 남녀의 성행위를 은유적으로 표현한 것으로, 비록 누추한 집이지만 남편과 첩이 조화롭게 살고 있는 모습을 보고 본처가 체념한다는 내용으로 이루어져 있다. 이 역시 일견 화자인 본처의 입장에서 작품을 형상화하고 있는 듯이 보이지만, 작품에서 드러내고자 하는 바는 남편의 마음이 이미 첩에게 기울어져 있음을 인정할 수밖에 없는 본처의 처지를 그리고 있다고 여겨진다.43)

앞에서 이미 언급했지만, 결혼 당사자로서는 합리적이지 못하다고 느낄 수밖에 없었던 당시의 결혼 제도하에서 애정의 문제만을 염두에 둘 때 대체로 첩이 우위에 설 수밖에 없었다. 따라서 처첩간의 갈등을 그리고 있는 작품들이 그 둘 사이에서 사회적 약자인 첩의 입장을 배려하고 있다고 생각할 수도 있겠으나, 다른 한편으로는 처첩제의 존재를 인정하고자 하는 의도가 내포되어 있었다고 해석할 수도 있을 것이다. 이는 처와 첩의 잘못을 동시에 지적하면서 가부장적 권위의식을 드러내고 있는 작품44)이나,

43) 여성 서사민요에서 애정갈등 노래에 해당하는 '첩집방문' 유형의 노래와 그 내용이 아주 흡사하다.물론 민요에서는 첩이 죽었다는 부고를 받고 시원해 하는 경우도 있으나, 대부분의 사설은 본처의 체념으로 종결된다고 한다.(강진옥, 「여성 민요 창자군의 문학세계」, 『한국고전여성작가연구』, 태학사, 1999, 478~480면 참조) 특히 '내 눈에 이만하니 서방님 눈에는 오죽할까'라는 민요의 결말 부분도 사설시조 작품의 종장의 체념과 유사한 효과를 지니고 있다고 할 수 있다.

44) 이형대, 앞의 글, 299면. 해당 작품은 다음과 같다. "술 붓다가 잔(盞) 골케 붓는 첩(妾)과 첩(妾)ᄒᆞᆫ다고 ᄉᆡ오ᄂᆞᆫ 안히 / 헌 ᄇᆡ에 모도 시러다가 씌오리라 가업슨 바다 /

첩의 잘못된 점을 늘어놓고 정실(正室)의 중요성을 강조하는 작품[45] 역시 처첩제의 근본을 부정하고 있지 않다고 판단된다. 그렇게 본다면 비록 표현이나 제재의 측면에서 민요와 어느 정도 맥이 닿아있지만, 사설시조는 철저히 남성중심적 사고에 기울어 있음을 알 수 있다.

다시 말하자면 이들 작품에서는 처첩 갈등의 직접적인 피해자인 여성들의 입장은 그리 크게 배려되어 있지 못하다고 여겨진다. 오히려 처첩제를 인정하면서 그 갈등 관계를 문제로 환치시키고 있으며, 그러한 원인을 야기시킨 남성들의 존재는 작품 속에서는 별다른 의미를 지니고 있지 못하고 있기 때문이다. 물론 처첩간의 문제를 드러내지 않았던 사대부들의 평시조에 비하면, 사설시조 속에 이들의 갈등이 그대로 노출되어 있다는 것도 그 의미가 적지 않다고 할 것이다. 하지만 문제의 제공자인 남성에 대해서는 아무런 문제도 제기하지 않고, 처첩 갈등의 문제를 온전히 여성들에게만 떠넘긴다는 것은 분명한 한계로 지적될 수 있을 것이다. 처첩 문제를 다룬 사설시조 작품들에서 첩에 대한 우호적 시각은 향유층들의 남성주의적 사고를 반영하는 것으로 해석할 수도 있을 것이다.

이밖에도 제 때에 결혼을 하지 못해 가족 구성원으로서의 주변인으로 취급을 받아야만 했던 노총각[46] · 노처녀[47]의 처지를 다룬 작품들이나, 배

풍랑(風浪)에 놀나 ᄭᆡ닷거든 즉시(卽時) 다려 오리라." <병가 *1109 / #1728>.

45) "첩(妾)을 좇타 ᄒᆞ되 첩(妾)의 설폐(設弊) 들어보소 / 눈에 본 죵 계집은 기강(紀綱)이 문란(紊亂)ᄒᆞ고 노리개 여기첩(女妓妾)은 범백(凡百)이 여의(如意)ᄒᆞ되 중문(中門)안 외방(外方) 관기(官妓) 긔 아니 어려우며 양가녀(良家女) 복첩(卜妾)ᄒᆞ면 그 중(中)에 낫건마ᄂᆞᆫ 안마루 발막ᄧᅡᆨ과 방안에 쟝옷귀가 사부가(士夫家) 모양(貌樣)이 저절노 글너가네 / 아무리 늙고 병(病)드러도 규모(規模) 딕히기ᄂᆞᆫ 정실(正室)인가 ᄒᆞ노라."<봉래, 신헌조 / #2828>. 오히려 이 작품에서는 여기첩을 비롯한 다양한 첩의 실태가 제시되어 있으며, 첩을 부정하는 논리에는 중세적 이념을 지키려는 작자의 의도가 내포되어 있다고 할 수 있겠다.

46) 대표적인 것으로 다음의 작품을 들 수 있다. "반(半) 여든에 첫 계집을 ᄒᆞ니 어렷두렷 우벅주벅 주글 번 살 번 ᄒᆞ다가 / 와당탕 드리ᄃᆞ라 이리져리 ᄒᆞ니 노도령(老都令)의 ᄆᆞ음 흥글항글 / 진실(眞實)로 이 자미(滋味) 아돗던들 긜 적보터 홀랏다.", <청진 *508 / #1150>.

47) 다음의 작품을 예로 들 수 있겠다. "새악시 서방(書房) 못 마자 애쓰다가 주근 영

우자가 존재하지 않는 과부[48]나 홀아비[49]의 문제 역시 가족의 경계에 서 있는 존재들로서 주목할 수 있을 것이다. 이밖에도 성적 일탈의 현장을 목격한 이웃과 이를 변명하는 여인의 대화로 진행되고 있는 작품[50]이나, 온갖 병을 지니고 있는 딸을 시집 보낸 친정 어머니와 시어머니 사이의 관계를 그리고 있는 작품[51]도 가족 구성원들 사이의 관계 속에서 주변인으로 존재하고 있다고 할 수 있다. 이를 통해서 사설시조 속에 나타난 가족과 주변인들의 형상이 지니는 의미를 보다 풍부하게 해석할 수 있을 것이라 여겨진다.

그러나 본고에서는 가족 구성원 내의 문제에 중점을 두다보니, 가족 구성원 이외의 '주변인들'에 대해서는 본격적인 논의가 충분히 이뤄지지 못했다. 이에 대해서는 사설시조 전반의 미학적 특질을 다루는 별도의 연구를 통해서 해명해야 할 필요성을 절감했다. 또한 사설시조에 나타난 가족

혼(靈魂) / 건 삼밧 쑥삼 되야 용문산(龍門山) 개골사(開骨寺)에 니 색진 늘근 즁놈 들뵈나 되얏다가 / 잇다감 쏨 나 그려온 제 슬쪄겨나 볼가 ᄒᆞ노라.", <청진 *494 / #1520>.

48) "즁놈도 사ᄅᆞᆷ이 냥ᄒᆞ야 자고 가니 그립ᄃᆞ고 / 즁의 송낙 나 볘읍고 내 족도리 즁놈 볘고 즁의 장삼(長衫)은 나 덥습고 내 치마란 즁놈 덥고 자다가 ᄭᆡᄃᆞ르니 둘희 ᄉᆞ랑이 송낙으로 ᄒᆞ나 족도리로 ᄒᆞ나 / 이튼날 ᄒᆞ던 일 ᄉᆡᆼ각ᄒᆞ니 흥글항글 ᄒᆞ여라.", <청진 *552 / #2658>.

49) "내 쇼시랑 일허ᄇᆞ린지 오ᄂᆞᆯ조ᄎᆞ 춘 삼년(三年)이오러니 / 전젼티티 문젼ᄒᆞ니 각씨(閣氏)네 방안의 셔 잇드라 ᄒᆞᄃᆡ / 가지(柯枝)란 다 ᄧᅵ여 쓸지라도 ᄌᆞ로 드릴 구멍이나 보내소.", <병가 *849 / #583>.

50) "니르랴 보쟈 니르랴 보쟈 내 아니 니르랴 네 남진ᄃᆞ려 / 거즛 거스로 물 깃는 체 ᄒᆞ고 통으란 나리와 우물젼에 노코 ᄯᅩ아리 버셔 통조지에 걸고 건넌 집 쟈근 김서방(金書房)을 눈 기야 불러 ᄂᆡ여 두 손목 마조 덥셕 쥐고 슈근슈근 말ᄒᆞ다가 삼밧트로 드러가셔 므스 일 ᄒᆞ던 지 준 삼은 쓰러지고 굴근 삼대 ᄭᅳᆺ만 나마 우즑우즑 ᄒᆞ더라 ᄒᆞ고 ᄂᆡ 아니 니르랴 네 남진ᄃᆞ려 / 져 아희 입이 보도라와 거즛말 마라스라 우리는 ᄆᆞ을 지서미라 실삼 죠곰 키더니라.", <청진 *576 / #2297>.

51) "재 너머 막덕(莫德)의 어마네 막덕(莫德)이 쟈랑 마라 / 내 품에 드러셔 돌겻즘 쟈다가 니 ᄀᆞᆯ고 코 고오고 오좀 ᄊᆞ고 방기(放氣) ᄲᅱ니 츰 맹서(盟誓)개지 모진 내 맛기 하 즈즐ᄒᆞ다 어셔 다려 니거라 막덕(莫德)의 어마 / 막덕(莫德)의 어미년 내ᄃᆞ라 발명(發明)ᄒᆞ야 니르되 우리의 아기ᄯᆞᆯ이 고림증(症) ᄇᆡ아리와 잇다감 제증(症) 밧긔 녀나믄 잡병(雜病)은 어려셔브터 업ᄂᆞ니.", <청진 *567 / #2531>.

관계의 특정 국면을 부각시켜 설명했지만, 그것이 사설시조라는 갈래 속에서 어떤 의미를 지니는지에 대해서도 상대적으로 논의가 충분치 못하다고 여겨진다. 이에 대해서는 앞으로도 지속적인 논의를 통해 보완해 나가기로 하겠다.

3. 맺음말

이상으로 사설시조에 나타난 가족의 형상과 그 의미를, 고부(姑婦) 관계와 처첩(妻妾)의 문제에 초점을 맞추어 간략하게 살펴보았다. 갈래의 속성에서 기인하는 탓이기도 하겠지만, 사설시조 속의 가족의 형상은 대체로 조선시대를 지배했던 이념적 측면은 그리 두드러지게 나타나지 않는다. 가족의 전반적인 양상보다는 가족 구성원들의 특정 부면만을 다루고 있다. 그렇기 때문에 가족 구성원들의 관계가 형상화될 때, 다른 구성원들의 개입은 거의 드러나지 않는 것도 특징적인 양상이라고 할 수 있겠다.

대체로 가족은 '가족 공동체'라는 이름으로 이상화되어 그 속에 존재하는 각종의 갈등들은 개인적인 차원으로 인식되곤 했다. 조선시대의 상황을 고려할 때 가족 구성원들 사이의 관계는 다양하게 얽혀져 있었고, 법적 · 제도적 규율 속에서 가족 구성원들의 지위와 역할은 매우 엄격하게 구분되어 있었다. 여성들에게 가족의 문제는 자신이 살아왔던 기존의 공간을 떠나 새롭게 생성되는 공간으로의 진입이라는 문제를 안고 있었다. 다시 말하면 결혼은 가족을 구성할 수 있는 제도이면서, 여성에게는 낯선 사람들과 새로운 관계를 맺어야 하는 의미를 지니고 있었다. 때문에 가족들 사이의 갈등이 일어날 때, 새로운 가족 성원이었던 아내/며느리는 늘 갈등의 중심적인 위치에 놓여져 있었던 것이다. 그러한 갈등 양상에서 때로는 주변인으로서, 때로는 핵심 구성원으로서 그 갈등 상황과 맞서야 했던 것이다.

오랫동안의 사회적 관습은 대체로 남성들이 가족에서 우월한 지위에 있었고, 여성들은 남편을 비롯한 시댁의 남성들을 위해 집안 살림에 최선을 다해야 한다는 인식이 지배적이었다. 더욱이 여성들의 사회적 역할은 철저히 제한되어 있었고, 남성들만이 공적인 활동을 해야한다는 의식이 자연스럽게 자리잡게 되었던 것이다. 이러한 관념은 갖가지 수단을 통해서 지속적으로 재생산되었고, 마침내는 하나의 이데올로기로 당연시되는 결과를 가져왔다. 따라서 당시 사회에서 가족간의 문제는 이념의 차원을 넘어선 당위로서의 무조건적인 관념을 바탕에 두고 있었던 것이다.

그러나 사설시조에 나타난 며느리와 첩의 형상은 이러한 기존의 인식과 상이한 면모를 보여주고 있었다. 대체로 사설시조에서는 시어머니와의 관계에서는 며느리의 입장을 옹호하고, 본처와의 문제에 있어서는 첩의 존재를 부각시키고 있기도 하다. 대체로 며느리는 시댁 어른의 말에 순종하고, 남편의 사회적 활동에 내조를 잘 하는 것이 미덕이라는 관념과는 상이한 형상인 것이다. 따라서 사설시조 속에 나타난 여성의 형상은 다소 과장된 측면이 있기는 하지만, 조선 후기의 변화해 가는 사회상을 어느 정도 반영하는 것으로도 해석할 수 있지 않을까 여겨진다. 물론 이것이 사설시조의 담당층의 의식과 어떻게 연관되어 있는지에 대해서는 좀더 세밀한 탐색을 필요로 한다.

또한 특히 가족 문제를 다룰 때, 그 주제나 형상화의 측면이 민요에서 다뤄지고 있는 방식과 유사하다는 점도 주목할 만하다. 이에 대해서는 주제 혹은 형상화의 측면에서 여타 갈래와의 비교를 통한 탐색을 해 본다면, 사설시조의 다양한 쟁점을 해결할 수 있는 하나의 단초를 제공해 줄 수 있으리라 여겨진다. 특히 아직 확정적으로 논단하기는 이르지만, 시적 대상이 되는 가족의 면모도 사대부가의 그것이라기보다는, 시정(市井)에서 생활하고 있었던 평민 계층의 양상이 보다 두드러지게 나타나고 있다고 파악된다. 이러한 측면에 대해서 앞으로 보다 진전된 결과를 내놓을 수 있기를 기대해 본다.

참고문헌

강진옥, 「여성 민요 창자군의 문학세계」, 『한국고전 여성작가 연구』, 태학사, 1999.

강진옥, 「서사민요에 나타나는 여성 인물의 현실 대응 양상과 그 의미」, 『구비문학과 여성』, 박이정, 2000.

고미숙, 「사설시조의 역사적 성격과 그 계급적 기반 분석」, 『한국시가사의 구도: 18세기에서 20세기 초』, 소명, 1998.

고정옥, 『조선민요연구』, 수선사, 1949.

고정옥, 『고장시조선주』, 정음사, 1949.

권명아, 『가족이야기는 어떻게 만들어지는가』, 책세상, 2000.

길진숙, 「사설시조 담당층과 미의식의 변증」, 『고전문학 연구의 쟁점적 과제와 전망 하』, 월인, 2003.

김용찬, 『18세기의 시조문학과 예술사적 위상』, 월인, 1999.

김용찬, 「고정옥의 '장시조론'과 작품 해석의 한 방향」, 『시조학논총』 제22집, 한국시조학회, 2005.

김용찬, 「고정옥과 『고장시조선주』에 대하여」, 『교주 고장시조선주』, 보고사, 2005.

김흥규, 「사설시조의 애욕과 성적 모티프에 대한 재조명」, 『한국시가연구』 제13집, 한국시가학회, 2003.

박노준, 「사설시조와 에로티시즘」, 『조선 후기 시가의 현실 인식』, 고려대학교 민족문화연구원, 1998.

박애경, 「사설시조의 여성 화자와 여성 섹슈얼리티」, 『고전문학과 여성 화자, 그 글쓰기 전략』, 월인, 2003.

신경숙, 「18 · 19세기 가집, 그 중앙의 산물」, 『한국시가연구』 제11집, 한국시가학회, 2002.

이박혜경, 「여성주의 시각에서 본 결혼과 가족」, 『새 여성학 강의』, 동녘, 1999.

이형대, 「사설시조와 여성주의적 독법」, 『고전문학과 여성주의적 시각』, 소명, 2003.

이혜진, 「시누이 눈은 보름달보다 밝다」, 『우리나라 여성들은 어떻게 살았을까 1』, 청년사, 1999.

조세형, 「사설시조의 중층성과 욕망의 언어」, 『한국고전여성문학연구』 제7집, 한국고전여성문학회, 2003.

가족의 의미망을 통해 본 야담

金埈亨*

1. 들어가는 말

가족이란 무엇인가? 이 물음에 대해 한 쪽에서는 우리 인생에서 가장 소중한 인간적 유대를 형상화한 전통적인 가치를 가진 것이라고 이야기한다. 다른 한 쪽에서는 가부장제의 불미스러운 면을 보여주는 것으로 이해한다. 가족은 정의할 수 있는 실재가 아니라 사람들과의 관계에서 제 각각으로 해석될 수 있는 상상적인 존재로 보기도 한다. 가족은 누가 어떤 시각으로 바라보는가에 따라 전혀 다른 모습으로 존재하고 있는 셈이다.

가족 문제에 접근하는 방법도 다양하다. 외부인의 시각에서 어느 한 가족을 대상으로 삼아 조사할 수도 있고, 그와 달리 내부인의 입장에서 가족 구성원의 특성을 이야기할 수도 있다. 물론 외부인의 시각에서 접근하든 내부인의 시각에서 접근하든 간에 그 결과는 동일하게 나타날 수 있다. 객관적인 형태로 나타날 수도 있다. 그러나 기대와 달리 실제 나타나는 결과는 연구자의 목적에 따라 만들어진 가족이 되는 경우가 더 많은 것이 사실이다. 사회학 · 심리학 · 법학 · 생물학 · 여성학 등의 학문 분야에서 제시된 수많은 의견은[1] 오히려 가족을 얼마큼 다양한 층위로 해석할 수 있

* 순천향대학교 연구교수

1) 이와 관련된 책 중에 일부만을 제시하면, 『현대사회와 가족』(아산사회복지재단, 1986), 『가족연구의 관점과 쟁점』(이효재 편, 까치, 1988), 『가족과 법제의 사회사』

는가를 반증한 예라 할 만하다. 또한 가족의 범위를 어떻게 정할 것인가에 따라 논의의 대상도 가구, 가정, 가계, 친족, 가문 등으로까지 확장될 수 있다.

이처럼 가족은 어느 시각으로 어떻게 접근할 것인가에 따라 다양한 형태의 얼굴을 드러낼 수밖에 없다. 그렇다면 가족은 해석하는 사람에 따라 다분히 자의적이며 주관적으로 정의되는 개념이며, 그에 따라 가족은 존재하면서도 존재하지 않는 그 무엇일 수밖에 없는 것이 아닌가? 가족이 지닌 이러한 특수성 때문에 이익집단에서는 자신들의 이익에 맞춰 가족은 어떠한 모습이어야 한다는 당위적인 가치를 제기하고, 그 가치에 대해 다양한 반론과 대립이 지금까지도 끊임없이 이어지고 있는 것이 아닌가?

이러한 물음이 정당하다면 고전문학, 그 중에서도 특히 일상에 대한 관심을 문학적으로 형상화한 조선 후기 야담에서 가족의 의미를 찾겠다는 문제제기는 의의를 갖지 못한다. 야담집에는 이야기 수만큼이나 다양한 삶의 단면을 그려내고 있기 때문이다. 삶의 다양한 면이 그려져 있다는 것은 전체성·통일성이 강요되는 어떤 하나의 의미로 해석될 수 없음을 뜻한다. 그렇다면 야담집에서 가족의 의미를 읽어낼 수 있는 최선의 방법은 야담집에 그려진 다양한 삶을 나열하고, 그에 따라 독자 스스로 그 삶의 방식 중 자신의 지표에 맞는 것을 선택하도록 유도하는 것이라 하겠다. 그러나 이 역시 이론으로만 가능할 뿐, 실제 그 의의는 찾을 수 없다. 그렇기 때문에 '야담집에 나타난 가족'에 대한 의미를 찾기 위해서는 야담집에 수록된 수 천 편의 이야기 중에서 의식적이든 무의식적이든 가장 보편적으로 가족의 의미를 담아낸 작품을 선별하는 것이 일차적으로 요구된다. 그리고 그 작품을 통해 가족이 지향하는 것과 지양하는 것이 무엇인가를 확인하게 된다면 야담집에 그려진 가족의 의미가 부분적으로나마 드러나지 않을까 한다. 야담집에 담겨진 가족 이야기 중에서 중심을 찾아내는

(한국사회사학회 편, 문학과지성사, 1995), 『가족연구의 학문별 접근방법』(한국가족학회 편, 하우, 1996) 등을 들 수 있겠다.

것, 그리고 그 중심을 통해 야담집에 그려진 가족의 방향을 읽어내는 것, 이것이 이 글의 목적이며 출발점이다.

2. 야담집에 그려진 가족의 형태 : 家人 – 집[家口]와 家系[家門]

근대 이후로 가족은 '결혼과 출생에 의해 이루어진 혈연 공동체'라는 의미로 이해되는 듯하다.[2] 이 개념은 가족의 중심을 부부와 자식에 둔 것이라 하겠다. 가족의 의미를 부부와 자식에 두었다는 것은 가족의 기반이 가족 구성원간의 '애정'에 있음을 강조한다. 현대 가족이 지향하는 목표가 모성애에 근거한 자녀의 복지를 최우선으로 하고 있다는 점도 이를 방증한다. 우리 사회에서 자신의 이데올로기보다 자식의 복지를 우선했던 신사임당(申師妊堂)이 부각되는 것도 이러한 이유에서 해석할 수 있음직하다. 그만큼 현대 사회에서 요구하는 가족의 가장 중요한 요인은 '애정'에 놓여 있다.

그런데 야담집에 실린 다양한 이야기들 중에는 앞서 제시한 현대의 가족 개념을 적용할 만한 작품이 거의 보이지 않는다. 그나마 유사성을 갖는 이야기는 효자나 열녀에 관한 것이거나[3] 전란으로 인해 이산되었던 가족이 다시 결합되는 양상을 보여준 몇 작품에 한정된다.[4] 그렇지만 야담집

2) 『한국민족문화대백과사전』에는 가족을 '혼인이나 혈연 또는 입양의 유대로 맺어지며 단일 가구를 형성하는 집단'으로 정의한다. 이 정의는 현재까지 가장 유효하게 쓰이는 듯하다. 그렇지만 과연 이 정의가 가족의 실체에 얼마큼 근접한 것인지는 좀더 따져볼 필요도 있겠다. 가족은 '家'와 '族'으로 이루어진 것이라 하겠다. 家는 수평적인 공간으로서의 한 집안에 사는 사람들을 뜻하며, 族은 수직적인 질서로서의 혈연 관계로 맺어진 사람들을 포함한다. 그렇다면 '家族'이라는 단어 안에 이미 家口와 家系를 포함하고 있다고 볼 수 있기 때문이다.

3) 효자 · 열녀 이야기는 효자 오차기나 열녀 이씨 등 널리 알려진 이야기 외에도 야담집에는 이러한 유형의 이야기가 적지 않게 실려 있다. 열녀 이야기는 다음 절에서 다시 언급된다.

4) 예컨대 『東野彙輯』 수재 <歷三國一家團聚>나 국도본 『錦溪筆談』 96화가 그러

에 그려진 효자·열녀 이야기나 전란 이야기의 본질은 가족의 소중함을 말하기 위한 데에 있지 않다.

효자·열녀 이야기는 가족의 소중함을 말하기보다 당시 지배 이데올로기를 강조하기 위한 측면이 강하다. 실제 효자·열녀 이야기에서 효와 열의 객체인 부모는 이야기에 거의 등장하지 않는다. 비현실적인 요소, 예컨대 호랑이가 찾아와 초막을 같이 지켜주었다든가, 효자나 열녀가 시묘(侍墓)하느라고 여막에서 멀리 떨어진 곳까지 가서 물을 길어다 먹었는데 어느 날 여막 옆에 갑자기 샘이 생겼다는 등의 내용이 중심을 이룬다. 그리고 이야기 마지막에는 임금이 등장하여 그들을 정려(旌閭)한다는 식으로 종결되는 것이 대부분이다. 이러한 내용의 효자·열녀 이야기는 가족의 의미를 담아내기 위한 목적으로 존재한 것이 아님을 입증하는 한 예다. 효자·열녀 이야기를 통해 비현실적인 요소가 지닌 흥미소를 보여주려거나, 이데올로기로서 효와 열을 강조하기 위한 목적이 강하기 때문이다.

전란 이야기의 본질도 가족의 의미를 드러내는 데에 있지 않다. 단지 헤어진 가족 구성원 간의 기이한 만남에 초점을 둔다. 야담집에 그려진 가족은 근대 문학에 보이는 가족, 즉 전란이라는 위기 상황이 생겼을 때 그 어떤 사회적 위협으로부터 보호받는 가족, 곧 유토피아의 의미로[5] 존재하지 않는다. 야담집에서 보이는 전란 이야기의 중심은 가족 구성원들 간의 기이한 만남 그 자체의 흥미로움에 있을 뿐이지, 그것을 통해 가족의 중요함·소중함을 담아려고 했던 것은 아니다.

이런 점에서 보면 야담집에는 현대인의 생각하는 가족의 의미가 거의 존재하지 않았다고 볼 수 있다. 그렇다면 야담집에서는 가족이 어떠한 형태로 존재하는가? 이 물음에 답변을 하기 위해서는 우선 야담집에서 가족이 어떻게 쓰이고 있는가에 주목할 필요가 있다. 그런데 필자가 확인한 바, 야담집에서 '가족(家族)'이란 용어가 직접 쓰인 경우는 아직까지 보이

하다.

5) 권명아, 『가족이야기는 어떻게 만들어지는가』, 책세상, 2000, 31~38면.

지 않는다. 대신 그와 가장 유사하게 쓰이는 용어를 찾을 수 있었는데, 그것은 바로 '가인(家人)'이라 할 만하다. 그렇다면 야담집에서 가인이 어떻게 쓰이고 있는가를 찾는 것이 야담집에 그려진 가족의 의미를 풀어내는 첫걸음이라 하겠다.

① 한주(韓澍)가 말하기를, "네 어미가 늙어 망령이 들었다더냐? 내 어찌 공자님의 안사람[家人]을 취하겠느냐? 다시 그런 말을 말라!"[6)]

탄식하며 말하기를, "내 십만전이나 되는 재물을 모두 써버리고 빈털터리로 돌아가게 되었으니 무슨 면목으로 다시 **집사람[家人]**을 보리오?"[7)]

② 권진사는 화가 나면 반드시 대청에 자리를 깔게 하고 거기에 앉아서 간혹 비복들을 때려죽이기도 하였고, 거기까지 이르지 않는다 해도 반드시 피를 보고서야 끝을 내야만 그쳤다. 이 때문에 대청에 자리를 깐다고 하면 **집안 사람들[家人]**은 조바심을 내며 반드시 죽을 사람이 있다고 알았다.[8)]

공이 곤히 잠들었다가 새벽에 이르러 살펴보니 노인은 보이지 않았다. 이에 그 **집 사람[家人]**에게 물으니, 대답하기를, "이 집은 내가 사는 곳으로 (下略)"[9)]

다음날 초헌이 골목을 가득 메우며 오자, 심재상 **집 사람들[家人]**은 그 초헌이 자신들의 집으로 들어오리라고 생각하였다. 그러나 초헌은 그 집을 지나쳐 고청(孤靑)[서기(徐起)]의 집으로 들어갔다.[10)]

---

6) 연세대본 『紀聞叢話』 4권 27화. 澍曰: "汝母老而妄耶? 我安敢取公子家人? 勿復言!"

7) 버클리대본 『靑邱野談』 3권 4화 <獲重寶慧婢擇夫>. 乃嘆曰: "吾費人十萬錢財, 實往虛還, 何面目復見家人乎?"

8) 일사문고 『溪西雜錄』 17화. 權如有怒氣, 則必舖席於大廳而坐, 或打殺婢僕. 若不至傷命, 則必見血而止, 以此如舖席於大廳, 則家人喘喘, 知其有必死之人也.

9) 국도본 『금계필담』 63화. 公仍困睡, 至曉視之, 老人不在. 問其家人, 對曰: "此家吾所居."

10) 연민본 『계서잡록』 亨권 4화. 翌日, 軒軺塡巷而來. 沈相家人, 意謂將入其門矣. 過門而入孤靑家.

하루는 서애(西崖)의 **집안 사람[家人]**이 우연히 그가 거주하는 곳을 지나는데, 그 아저씨가 비로소 말하기를 "네 영감께 가서 장기판을 가지고서 오라고 하라."[11]

③ 중연(重淵)이 죽음에 임박하여 **집안 사람[家人]**들을 돌아보고 말하기를, "저는 나이도 어리고 또한 자식도 없으니 반드시 그 뜻을 지키도록 하지 말라." 김아(金娥)가 그를 듣고 먼저 죽음으로써 다른 곳에 시집이 갈 뜻이 없음을 밝히고자 하였다.[12]

인하여 소식이 끊기자 여자 쪽 **집안 사람들[家人]**은 그녀의 뜻을 앗아 재가를 시키고자 하였다.[13]

청성부원군 김석주(金錫胄)가 죽은 뒤에 그의 혼령이 평안도 무인 아무개에게 붙었다. 그 스스로가 상국의 혼령이라고 하면서 공중에서 소리를 내는데, 평생의 사적과 그가 지은 저작물이 조금도 차착이 없었다. 청성부원군 **집안 사람들[家人]**이 그를 듣고 놀라 무인을 서울로 데려와서 집 밖 노비의 집에 두었다.[14]

서계(西溪) 남주(南趎)는 19세에 과거에 급제하여 벼슬이 전적(典籍)에 이르고 대제학의 물망에도 올랐다. (중략) 아침에 책을 끼고 나가나 스승의 집으로 가지 않은 때가 많았다. 그러자 **집안 사람들[家人]**이 염탐을 해보니 (중략) 날이 저물어서야 돌아온 것이었다. 이에 **집안 사람들[家人]**이 그 일을 캐물었지만, 남추는 말을 하지 않았다.[15]

---

11) 영남대본 『綺里叢話』 <西崖癡叔>. 一日, 西崖家人, 偶過其居, 叔始語曰: "傳語爾令公, 携棋盤而至."

12) 대판부립도서관본 『동야휘집』 3권 10화 <義娥赴難扶禍家>. 重淵竟死, 將死顧家人曰: "彼年少, 且無子, 必毋令守其志." 娥聞之, 欲先決死, 以明其靡他.

13) 대판부립도서관본 『동야휘집』 3권 13화. <賭碎銀圖占仕路>. 仍阻聲息, 女之家人, 欲奪其志而嫁之.

14) 연세대본 『紀聞叢話』 4권 57화. 金淸城, 死後有神, 憑于平安道武人某甲. 自稱相國之靈, 空中有聲, 能言平生事蹟, 及其所著篇章, 了了不錯. 淸城家人, 聞而駭, 致武人于京師館, 置門外奴僕家.

15) 연세대본 『기문총화』 4권 112화. 南西溪趎, 年十九登第, 宦至典籍, 入文衡之望. (중략) 要早朝挾冊而至, 多不至師家. 家人詗之, (중략) 至日昃而歸, 家人詰之, 不

야담집에서 가인(家人)은 다양하게 사용되고 있는 듯하지만, 정밀하게 따져보면 위에서 볼 수 있는 것처럼 크게 세 가지 경우로 한정된다. 그렇지만 ①처럼 부인을 가리키는 말로 쓰인 경우는 위에 인용된 것이 전부라 해도 좋을 만큼 그 사용 빈도가 많지 않다. 기실 야담집에서 쓰인 가인은 ②와 ③이 대부분을 차지하는 셈이다.

②의 가인은 한 집에 거주하는 모든 인물이 포함된다. 즉 혈연관계를 넘어서서 한 가구에 거주하면서 생계를 같이하는 비복(婢僕) · 유모(乳母) · 겸인(傔人) 등과 같은 인물이 모두 포함된 개념이라 하겠다. 반면 ③의 가인은 ②와 달리 해석된다. ③은 비복들과 같은 존재를 배제하면서 혈연적인 의미를 내포한 친족의 의미가 강하다. 즉 ③에서의 가인은 가계(家系)를 중심으로 한 친족[가문]의 개념으로 이해된다. 이러한 점을 고려할 때 야담집에 그려진 가족의 의미는 크게 두 가지 형태로 존재했음을 미루어 짐작할 수 있다. 그 하나는 집 개념이 강한 '가구(家口)'고, 다른 하나는 가계 개념이 강한 '친족[家門]'이라 하겠다. 이 두 의미망은 야담집에 그려진 가족을 이해하는 척도가 된다. 야담집에서 완정(完整)한 가족은 이 두 가지, 즉 가구와 가문에 결핍이 없는 상황을 뜻하기 때문이다.

물론 야담집에 그려진 가족의 두 의미망이 항상 이원적으로 존재하지만은 않는다. 가구를 중심으로 한 이야기라 할지라도 그 가구를 완정하게 만들고자 하는 궁극적인 이유는 가문의 외적 창달을 드러내기 위한 데에 놓인 경우가 많기 때문이다. 『기문총화』에 실린 <강릉 선비 이야기>를 보자. 이 이야기의 시작은 다음과 같다.

> "강릉에 김씨 성을 가진 선비가 살았다. 집이 가난하여 늙은 부모를 모시고 살았지만 변변한 음식조차 마련하지 못할 때가 많았다."[16]

得言.

16) 연세대본 『기문총화』 2권 68화. 江陵金氏一士人, 家貧親老, 乏菽水之供.

먼저 강릉 선비의 집 형상을 그렸다. 그런데 독자는 이 기술만으로도 강릉 선비의 생활상을 읽어낼 수 있다. 특별한 지식을 받지 않았는데도 독자는 강릉 선비의 생활상을 읽어내고 있는 것이다. 이러한 현상이 가능할 수 있는 것은 집을 그려낸 그 자체만으로도 그 가족의 삶을 표현하는 잣대가 되기 때문이다. 따라서 이런 이야기의 전개 방식은 가난으로 설정된 결핍 요소를 해결해 나가고, 결국 결핍된 부분을 충족시킴으로써 완정한 가구를 만들었다는 결론에 귀착하는 경우가 많다. 실제 강릉 선비 역시 적선을 통해 얻게 된 우연한 행운으로 부자가 됨으로써 완정한 가구를 이룬다. 이 점에서 <강릉 선비 이야기>는 완정하지 못한 가구를 완정한 형태로 만들어간 이야기인 셈이다. 그런데 이 이야기의 말미에는 다음과 같은 구절이 붙어 있다.

> "그 뒤 어머니를 잃은 김선비의 자식들은 번창하고 높은 벼슬까지 했다고 한다."17)

이러한 구절의 첨가를 통해 <강릉 선비 이야기>의 궁극적인 목표가 완정한 가구를 이루는 데에 그치지 않고, 그보다 더 나아가 가문의 번성까지 말하고자 했음을 알 수 있다. <강릉 선비 이야기>는 가구의 완정함을 이루는 데에 초점을 둔 이야기지만, 가구의 완정함은 결국 가문의 창성을 위한 발판으로 존재했던 것이다. 가구와 가문은 별도로 존재하면서도, 복합적으로 나타나는 셈이다. '집', 즉 가구가 완정해야만 조상의 유업을 계승할 수 있고, 또한 후손들에게 자신의 존재를 확인시켜 줄 수 있기 때문이다. 완정한 가구는 과거와 미래를 연결하는 고리였다. 불완정한 가구를 완정한 가구로 일궈내는 일은 단순히 가구를 완정하게 하였다는 의미를 넘어서서 그 가문의 번창까지 담고 있는 중요한 문제였던 셈이다. 따라서

17) 연세대본『기문총화』2권 68화. 其後金哀之子孫昌盛, 冠冕於世也.

야담집에서 가구와 가문은 별도로 존재하기도 하지만, 이는 궁극적으로 가문의 외적 창달이라는 측면을 드러내기 위한 동일한 의미를 내포하고 있는 것이다.

실제 가구의 불완정함은 가족 구성원의 분리로 이어지고, 분리된 가족은 특별한 경우가 아니면 결국 아무 흔적도 없이 사라진다. 때문에 가구를 완정하게 하는 일은 실로 중요한 의미를 갖는다. 『기문총화』에 수록된 유무(柳懋)의 하소연을 통해서도 이 양상을 읽어낼 수 있다.

> (저는) 남자로 태어나 제 몸 하나 돌보지 못하고, 시골에서 천하게 짓밟히며 사는 데서 벗어나지 못하고 있습니다. 추위와 배고픔은 뼈 속에까지 사무칩니다. 또한 생사의 갈림길에서 조상님께서 주신 전장(田庄)까지 모두 팔아먹어 이제 남은 땅도 없습니다. 지금은 선비의 모양새와 같은 구석은 없고 거의 상놈들과 닮아 버렸습니다. (중략) 즐거움이 다하면 슬픔이 다한다고 했던가요. 집안 식구들의 죽음이 잇따라 이어져서 사방을 둘러보아도 의지할 데가 없어지더니, 노복들은 뿔뿔이 흩어지고 달아나 다시는 일으킬 수 없을 만큼 망하고 말았습니다. (중략) 나 역시 떠돌아다니는 지경에 이르게 되자 마침내 예전에 살던 집을 버리고 타향으로 흘러들어 더부살이를 하게 되었습니다.[18]

한 가구가 몰락하여 그 가족까지 뿔뿔이 흩어진 양상이 잘 그려져 있다. 이런 모습은 패설집에서도 볼 수 있다. 『교수잡사(攪睡襍史)』에 수록된 <홍생아사(洪生餓死)>가 그러하다. <홍생아사>에서 한 가구를 지킬 수 없었던 몰락 양반 홍생(洪生)은 결국 두 딸과 함께 자살의 방법을 택한다.[19] 가구의 불완정함은 곧 한 가족의 존재 자체를 부정하는 위협적인

---

18) 연세대본 『기문총화』 1권 169화. 男兒不能謀身, 未免鄉里之賤踏, 飢寒甚至到骨, 亦經死生關頭. 盡賣祖上田庄, 更無餘地. 不似士子貌樣, 頗似常人. (중략) 樂極哀生. 闔門之喪禍稠疊, 四顧無親. 奴僕之散亡連, 仍一敗塗地. (중략) 遂至流離之境, 遂乃毁撤舊居, 僑寓他鄉.

19) 『교수잡사』, <洪生餓死>. 昭義門外, 有洪生員者, 鰥居有二女, 而貧不能生, 故嘗

요인임이 명백해진다. 때문에 야담집에서는 가구의 불완정함을 완정함으로 바꾸는 이야기 양식이 일차적으로 요구되었던 것이다.

그렇다면 이제 불완정한 가구를 완정하게 만드는 주체가 누구인가에 따라 이야기는 어떻게 변모되어 나타나는가에 대해 살펴보자. 이 양상은 크게 두 가지 형태로 나타난다. 그 하나는 남성 가장이 존재할 때이며, 다른 하나는 남성 가장이 부재할 경우다.

우선 야담집에서 남성 가장이 이야기의 주체로 등장할 때에는 가구를 완정하게 만드는 데에 큰 장애 요인이 나타나지 않는 것이 보통이다. 결핍 요소가 있지만 남성 가장은 그 결핍 요소를 충족시킴으로써 완정한 형태의 가구로 바꾸어 놓는다는 뼈대가 준용된다. 다만 그 과정이 달리 쓰일 뿐이다. 이는 가장이 살아 존재하는 한 언제든지 그 가족은 결핍된 요소를 충족하고 완정한 가족을 이룰 수 있다는 당시의 사유 체계에서 비롯된 것이라 하겠다.

예컨대 수급비(水汲婢)와 결혼해야 할 정도로 가난한 우하형(禹夏亨)은 수급비가 마련해준 돈에 기반하여 현달하였고,[20] 가난한 노진(盧禛)은 우연히 만난 기생의 도움을 입어 현달한다.[21] 이는 아무런 경제적 기반이 없어도 가장이 존재하는 한 어떠한 계기가 주어진다면 한 가구를 완정하게 할 수 있다는 믿음에 다름 아니다.[22] 물론 그 기회를 얻는 것이 쉽지

乞食於燻造幕諸役人處, 則役夫等, 各收一匙飯而給之. 洪生以芥葉, 裹飼其二女矣. 一日, 生又來乞飯, 則役夫漢, 醉而辱之曰: "生員乃是燻造幕府君堂耶? 吾輩之上典子耶? 緣何日日討食乎?" 生員含淚退去後, 遂入其門, 過了五六日, 門扉常閉. 一役夫推扉入去, 見之, 則生員與二女兒, 昏臥流淚而已. 役夫憐而急出, 煮粥而進之, 則洪生謂其十三歲長女曰: "汝等欲喫此粥耶? 吾三人, 艱辛忍飢此, 有六日工夫, 死將迫矣. 可謂前工, 可惜. 今食一器, 而彼人繼給, 則好矣. 奈此後日辱, 何哉?" 如是酬酌之際, 末女五歲兒, 旣嗅粥臭, 强起擧首, 十三歲兒, 以手押而臥之曰: "可宿, 可宿." 翌日, 役夫等, 更往見之, 則皆死也.

20) 연세대본『동패락송』55화.

21) 연세대본『동패락송』33화.

22) 물론 우하형이나 노진이 결연의 주체로만 존재한다고 볼 가능성도 상정할 수 있다. 하지만 중요한 것은 결연 이후에 그들은 다시 헤어짐을 갖고, 그 동안 우하형

않기 때문에 다분히 낭만적인 요인이 이야기 전편을 지배하지만, 그래도 남성 가장이 존재하는 한 몰락한 가구를 일으킬 수 있다는 사고는 암암리에 투영되어 있었던 것이다.

문제는 한 집안을 일으켜야 할 가장의 부재를 다룬 이야기나 가장의 부재에서 출발하는 이야기에 있다. 가장의 부재를 다룬 경우는 주로 가장의 죽음이나 실종에서 비롯된 가족의 해체를 어떻게 막고 유지해 나가는가를 다루어야 하며, 가장의 부재에서부터 출발하는 이야기는 기둥이 없는 약한 가족을 공격하는 외부의 힘에 가족 구성원들은 어떻게 그 힘에 대응하며 가족을 보호하는가에 초점이 놓여야 하기 때문이다. 그렇지만 어떠한 경우든 가장의 부재는 현실적으로 한 가구를 완정하게 할 수 없다.[23] 가장이 존재하는 현실에서도 가구를 완정하게 하는 일이 지극히 어려웠는데, 가장의 부재한 상태에서 가구가 완정해지기란 쉬운 일이 아니다. 때문에 야담집에서는 다분히 비현실적인 내용으로 점철할 수밖에 없다. 가장이 부재한 한 가구를 완정하게 하는 일은 현실적으로 불가능했기 때문에 그것을 민간적 상상력이 가미된 비현실적인 요인을 통해 해결해야만 했던 것이다.

예컨대 추노(推奴)를 나갔다가 죽은 가장을 둔 집에서는 장사 사위가 들어올 때까지 기다려야 했고, 결국 그에 합당한 사위인 김덕령(金德齡)이

이나 노진은 출세를 한다는 데에 있다. 이들은 수급비나 기생의 도움을 얻었지만, 실제 그 도움은 우하형이나 노진의 출세에 직접적인 영향력을 행세한 것이 아니다. 단지 출세의 계기로만 작용할 뿐이다.

23) 어린 아들이라도 있는 경우는 가장이 부재한 경우에 포함되지 되지 않는다. 왜냐하면 어린 아들은 시간이 지나면 그 집안을 일으킬 수 있기 때문이다. 아무리 집안이 망해도 한 가계의 적통을 이은 아들이라면, 그 사람은 자신의 이름이나 집안조차 잊고 있더라도 주변에서 알아보는 인물이 등장하여 다시금 그 집안을 일으켜 세우도록 하기 때문이다. 집안이 몰락하여 숯장사로 연명을 하던 <李石 이야기>도 그 한 예다. 이석은 숯을 팔며 연명하지만, 그를 알아본 늙은 선비에 의해 그의 집안 내력을 알게될 뿐 아니라, 때마침 열린 과거에 급제함으로써 한 집안을 일으키게 된다(연민본 『계서잡록』 亨권 3화). 이처럼 어린 아들이 있는 경우는 몰락한 남성 가장이 집안을 일으키는 경우와 유사하다고 할 수 있다.

들어와 모든 문제를 일거에 해결함으로써 집안도 다시 일어설 수 있었다.[24] 사위조차 맞이할 수 없는 과부나 어린 자식을 둔 집에서는 뜬금없이 등장한 도깨비의 도움에 의해서만 집안을 일으킬 수 있었다.[25] 가장이 부재하면 집안을 일으키는 일은 현실적으로 불가능했기 때문에 도깨비처럼 비현실적이고 환상적인 존재가 필요했던 것은 당시의 현실을 그대로 반영한 것이라 하겠다.

이처럼 야담집에서 가족은 가구와 가문으로 존재하는데, 이 둘은 이원적으로 분리되어 존재하지 않음을 알 수 있다. 그리고 야담집에는 일차적으로 가구가 중심이 되고, 그에 따라 가문의 의미를 함께 담아내는 경우가 많음을 알 수 있다. 가구의 불완정함은 가문의 몰락으로 이어질 수 있기 때문에 야담집에서는 우선적으로 가구의 불완정함을 해소하는 데에 초점을 두었기 때문이다. 그렇지만 가구를 완정하게 하는 것은 현실적으로 지극히 어려운 일이었기 때문에 여기에는 오늘날 백마 탄 왕자나 평강공주를 꿈꾸는 것처럼 다분히 낭만적인 요소가 가미될 수밖에 없었다. 하지만 이는 그 집안의 가장이 존재할 경우다. 가장이 부재할 경우에는 비현실적인 요소까지 들어가게 된다. 현실성이 강한 야담이라는 갈래에서 도깨비의 등장은 이러한 꿈을 대변하기 위해 어쩔 수 없이 등장한 존재인지도 모른다.

그렇지만 야담집에서 가족이 어떻게 만들어지고 어떻게 인정받고 있는가를 따지기 위해서는 단순히 피상적으로 보이는 현상이 아니라, 숨겨진 당대 사회 이데올로기에 주목할 필요가 있다. 야담 속 인물들이 당시 사회 이데올로기 속에서 어떻게 대립하고 또한 어떻게 조화를 꿈꾸고 있는가를 따지는 일이 야담집에 그려진 가족의 의미를 이해하는 데에 보다 효과적이라고 보기 때문이다. 야담집에서 가족의 형성과 당시 이데올로기는 어떻게 관련을 맺고 있는가에 대해서는 절을 달리하여 살펴보기로 한다.

---

24) 연세대본 『동패락송』 1화.
25) 연민본 『계서잡록』 利권 32화.

3. 이데올로기와 가족

1) 가문과 가족

우리나라 가족제도가 17세기를 전후로 하여 상당한 변화를 겪었음은 주지의 사실이다. 17세기를 지나면서 혼례(婚禮), 상제례(喪祭禮) 등을 비롯한 사회 전반적인 제도가 변모하였고, 이러한 제도의 변화에 맞물려 가부장제가 사회질서로 자리잡았음도 널리 알려진 사실이다. 조선 후기로 가면서 가족은 정서적인 관계보다 사회적인 관계가 더욱 강요되었다. 부부의 사적 만남의 공간인 안방은 숨겨지고, 타인들과의 사교적 공간인 사랑방이 전면으로 나섰던 조선 후기. 이 시기에 부부간의 애정을 드러낸다는 것을 당연히 금기시되었고, 대신 한 집안의 가계 및 가문의 혁혁함을 보여주는 문화가 강요되었다. 실제로 조선 후기 야담집에서도 이러한 방식은 준용된다. 후기 야담집에는 전대의 이야기를 수용한 경우가 많은데, 그 경우에도 인정기술(人定記述) 부분만큼은 상당히 확대해서 써넣는다.[26] 이 역시 당시 문화의 중심이 가문에 놓임을 방증하는 한 예라 하겠다. 이러한 사회 분위기에서 가족 역시 부부가 중심이 아닌 가문이라는 틀 안에 존재하게 된다. 야담집에 그려진 가족 역시 여기에서 벗어나지 못한다. 야담집에 그려진 이상적인 가족은 가문을 빛낸 가족일 수밖에 없는 것도 이러한 당시 이데올로기에서 벗어날 수 없었기 때문이다. 이런 상황에서 야담집에 등장하는 인물들 역시 신분이나 성별과 무관하게 가문 이데

26) 예컨대 조선초기 서거정이 쓴 『筆苑雜記』에 쓰인 이야기가 『기문총화』에 그대로 쓰인 경우가 있다. 그런데 『필원잡기』의 "柳文貞公寬"이 『기문총화』에는 "夏亭柳文簡公寬, 字敬夫, 文化人, 麗朝名臣公權之六世孫也."로 되어 있다. 이는 초기와 달리 후대로 가면서 유관에 대한 이야기뿐 아니라, 그 인물의 가계와 가문에 대해 장황하게 알고 있어야 함을 보여준 한 예라 하겠다. 이처럼 인정기술 부분의 확대는 적어도 『기문총화』에서는 일반적인 현상이었다. 김준형, 「기문총화의 전대문헌 수용양상」, 『한국문학논총』 26, 한국문학회, 2000.

올로기에 집착되는 경우가 많다. 남성이든 여성이든, 신분이 높든 낮든 간에 가문 이데올로기는 막강하게 자리한다.

士者 남성은 그의 삶 자체가 가문을 일으키기 위한 것이라고 해도 과언이 아니다. 사자가 가문을 드러내는 방식은 여러 가지가 있다. 그 중에서도 가장 일반적이고 보편적인 방식은 과거에 급제하여 높은 벼슬에 오르는 경우다. 아무리 혁혁한 집안이라도 아이가 영특하지 못하면 그 집안에서는 가문에 욕을 보인다고 생각하여, 온갖 방법을 다 동원하여 자식을 교육시킨다. 사회 이념과 배치되는 불교 사찰에 자식을 맡겨서 중에게 온갖 욕을 입어도 방치할 수밖에 없었던 경우는[27] 그나마 양호하다. 『동상기찬(東床記纂)』에 수록된 <김안국(金安國)>은 한 가족 구성원이 어떻게 완정한 가족 구성원으로 만들어지는가를 극명하게 보여주는 한 예라 할만하다.

김안국은 빼어난 용모를 갖고 태어난다. 그 때문에 그의 부친 김숙(金淑)은 "참으로 우리 집 아들일세[此眞吾家子弟也]"라고 하면서 기뻐한다. 하지만 아무리 글을 가르쳐도 김안국은 문리를 깨치지 못한다. 그러자 김숙은 다음과 같은 생각을 한다.

> "그 놈이 어렸을 때야 그러려니 했지만, 지금은 이미 14살인데도 처음과 달라진 것이 없으니 세상에 어찌 이따위 인간이 다 있을꼬? 조상의 빛나고 빛난 명성이 이것 때문에 장차 사라지고 말겠구나. 조상을 욕되게 하는 자식을 두느니 차라리 자식을 없애 자식을 받들지 못하는 것이 나으리라! 나도 이것만 보면 울화가 치밀어 머리까지 지끈지끈해지니 아무래도 집에 두고 기르지는 못하리라."[28]

---

27) 연민본 『계서잡록』 亨권 53화.

28) 백두용 편, 『동상기찬』 2권 12화 <金安國>. 吾ㅣ 意其年幼而然矣러니 今已十四而終始如此ᄒᆞ니 世間에 豈有如許等人物耶아 吾先祖赫赫然聲名을 此物이 將滅之ᄒᆞ리로다 與其有忝先之子론 寧無子而絶祀요 且吾ㅣ 輒見此物則忿火ㅣ 衝心ᄒᆞ야 頭面이 自痛ᄒᆞ니 勢不容畜家中也라

아버지는 문리를 깨치지 못한 아들은 가문을 위협하는 존재일 뿐이다. 아무리 빼어난 용모를 가졌다 하더라도 문재를 갖추지 못한 아들은 가문을 욕되게 할 존재일 뿐이다. 그래서 김숙은 김안국을 죽이려고 하지만, 차마 그리 하지 못하고 자신의 눈에 보이지 않는 먼 곳[안동]으로 쫓아버린다. 김안국을 쫓아낸 것은 김안국을 대신하여 가문을 이어갈 또다른 아들이 있었기 때문이다.[29] 문장을 떨치지 못해 가문을 욕보일 아들이라면 애초에 그의 존재까지 부정하는 것이 의미가 있다고 보았던 것이다. 자식에 대한 애정보다는 가문의 가치가 그만큼 더 소중했던 것이다.

이야기에서 김안국은 10여년 동안 낙향한 상태로 지낸다. 그 동안 김안국은 현명한 부인을 만났고, 그 부인에게 글을 배움으로써 일대 문장가가 된다. 부인의 권유에 따라 몰래 상경하여 과거를 보고, 장원도 한다. 그리고 마침내 김안국은 부친을 만나게 된다. 그 때 부친이 한 말은 다음과 같다.

> "조상의 혁혁한 명성이 이제 족히 떨쳐지게 되었구나!"[30]

죽이려고까지 했던 아들이지만, 과거에 급제를 했다는 이유만으로 부친은 김안국을 아들로 다시 받아들인다. 가족에서 이탈되었던 구성원이 다시금 가족으로 복귀한 것이다. 그 길은 오로지 김안국이 가문을 빛낼 수 있는 능력을 보여주었던 데에 있다. 가문 이데올로기가 지배하던 당시 가족 구성원이 어떻게 이합되는가를 <김안국>은 잘 보여주고 있는 것이다.

『금계필담』에 수록된 <정태화(鄭太和) 이야기>[31] 역시 <김안국>과 동일한 유형이다. 이 이야기 역시 정태화의 부친은 어두운 그림자가 드리워진 아들을 볼 때마다 눈썹을 찡그린다. 그러다가 어느 날 아들의 얼굴에

---

29) 『동상기찬』 <김안국>. 先時에 生小子安世ᄒᆞ니 年以五歲矣라 容貌之俊秀ᄂᆞᆫ 雖不及安國而才稟穎悟ᄂᆞᆫ 差勝於安國이어ᄂᆞᆯ 欲以此로 爲嗣而安國이 在焉則於禮에 不倫矣라 每擬逐去無聞之所而不得矣라.

30) 『동상기찬』 <김안국>. 吾先祖赫赫之聲, 於是焉振矣.

31) 국도본 『금계필담』 31화.

서 그 그림자가 사라지자 아버지는 비로소 아들을 자식으로 받아들인다. 가문을 위협할 요소가 제거되어야만 부친은 자식에게 자식은 의미가 있는 것이다. 가문에 욕을 미칠 때에는 자식도 거리를 두어야만 했지만, 가문에 해가 되지 않고 오히려 가문을 빛낼 인물이 되었을 때에는 기쁨이 가득한 얼굴[喜色滿面]로 자식을 받아들이는 세태가 적나라하게 그려진 것이다. 불완정한 가족은 가문의 영광을 가져올 때 비로소 완정한 가족으로 변모되는 것이다. 가족 구성원간의 애정은 가문 이데올로기 아래서는 존재하지 않는다.

이처럼 야담집에 그려진 가족은 가문의 범주 아래에 존재하고 있음을 알 수 있다. <김안국>이나 <정태화 이야기>는 혈연도 가문이라는 범주 아래에서는 '비가족'으로 이탈될 수 있음을 보여준 예라 하겠다. 그만큼 가문의 의미는 실로 컸다. 가문이라는 범주 아래 가족이 존재하는 사실은 지인지감(知人之鑑)에 의해 사위를 고르는 야담에도 적용된다. 지인지감 화소는 가문의 보존과 창달을 드러내기 위한 경우가 많기 때문이다.

『기문총화』에 수재한 <이준경(李浚慶)이 자신의 집에 있던 겸인(傔人)의 사위를 얻어준 이야기>는 이러한 양상을 잘 보여준다.[32] 이 이야기에서 이준경이 겸인의 사위를 얻어준 것은 단지 겸인의 복지 때문이 아니다. 자신의 집안을 보존하기 위한 목적이 더 컸다. 이준경은 죽기 전에 겸인의 사위를 불러 "자네는 반드시 자네 처가의 친족을 구제하겠지. 그 때에 내 가족도 함께 구해주게"[33] 라고 부탁한 것도 이를 증명한다. 『금계필담』에 수재한 <홍명하(洪命夏) 이야기>도[34] 그러하다.[35]

동양위(東陽尉) 신익성(申翊聖)은 홍명하가 뒷날 귀히 될 것을 믿고 만딸을 그에게 보낸다. 하지만 동양위의 아들 신면(申冕)은 홍명하를 무시하

32) 연세대본 『기문총화』 2권 71화.

33) 『기문총화』. 東皐曰 汝必救濟汝之妻眷 伊時吾之家眷 同爲救濟否.

34) 국도본 『금계필담』 32화.

35) 이 이야기는 『청구야담』(버클리대본 7권 1화. <洪相國早窮晩達>)을 비롯한 여러 야담집에도 수록되어 있다. 하지만 홍명하를 바라보는 시각은 『금계필담』과 다르다.

고 조롱한다. 훗날 신익성은 죽음에 임해 홍명하를 불러 신면을 부탁한다. 그러나 홍명하는 아무 답변도 하지 않는다. 그러자 신익성은 “이제 우리 집안은 끝났구나![吾家事已矣]”라고 하며 죽는다. 이후 홍명하는 신익성의 기대처럼 귀히 되고, 신면은 역적죄로 죽임을 당하게 된다. 그 때 홍명하는 참수에 극구 반대하여, 결국 신면은 장살(杖殺)된다. 어떠한 경위로든 신면은 죽었지만 그 의미는 다르다.[36] 홍명하는 신면을 죽이지만, 참수를 면하게 한 것은 그 가문만큼은 그대로 보존할 수 있도록 했기 때문이다. 『금계필담』의 찬자 서유영(徐有英)이 마지막에 “이는 홍명하가 신익성의 임종 때의 부탁을 저버리지 않은 까닭이다[此公所以不負東陽尉臨終之託也]”라는 논평한 것도 아들이 죽더라도 그 가문은 유지할 수 있기를 바랐던 신익성의 마음을 적실하게 읽어냈기 때문이다.

이처럼 야담집에서 가족의 궁극적인 지향점은 가족 구성원 일 개인의 복지에 있는 것이 아니라, 가문의 보존과 외적 창달이라는 목적 아래에서 존재하고 있음이 확인된다. 이러한 가문 이데올로기는 여성에게도 적용된다. 실제 조선 후기로 가면서 가문을 위해 여성에게 강요된 희생은 더욱 집요하고 강해졌다. 이원명(李源命)이 <의아부난부화가(義娥赴難扶禍家)> 평에 쓴 말은 이러한 양상을 집약한다.

> 시집에서 부녀자는 왕실에서 신하의 관계와 같다. 오로지 충성으로 섬길 일이지, 다른 곳에 마음을 두어서는 안 된다. 나라가 어지러워 질 때에 곧고 진실된 것이 비로소 드러나는 것이다.[37]

시집에서 부녀자는 임금과 신하의 관계와 같아서 오로지 충성만이 있

---

36) 실제로 『청구야담』에서는 홍명하의 도량이 좁다는 식으로 해석하고 있지만, 이는 지엽적인 면에 집착하여 해석한 결과가 아닌가 한다.

37) 대판부립도서관본, 『동야휘집』 3권 10화. <義娥赴難扶禍家>. 外史氏曰: “婦女之於夫家, 猶人臣之於王室, 惟忠所事, 乃心靡他, 板蕩之會, 貞信始著.”

을 따름이라는 지적은 당시 사유 체계를 집약한다고 하겠다. 나라가 어지러울 때 충신이 보이는 것처럼 집안이 어지러울 때 그 집안을 위한 여성이 비로소 드러난다는 말은 아무리 어려운 집안에서라도 충성을 다해야 함을 의미한다. 이러한 배경에서 야담집에 그려진 여성 역시 가문을 위해 살아간 인물들이 긍정적으로 그려진다.

가문을 위해 살아간 인물이라고 했지만, 실제 그 양상은 그 가문을 위해 정절을 지킨 열녀 이야기로 귀착된다. 『기문총화』에 수재한 <이절부(李節婦) 이야기>는 한 가문을 위해 살아간 대표적인 경우라 하겠다. 이 절부는 이순신(李舜臣)의 후손으로 시집을 가자마자 남편이 죽고 만다. 그러자 개가를 요구하는 부모에게 그녀는 사는 것이 죽는 것만 못하지만 아직 시댁에는 조부모와 부모가 계시기 때문에 봉양을 해야하며, 남편의 제사를 받들어야 함을 강변한다. 그리고 다른 한 가지 자신의 임무를 말하는데, 그것은 친척집에서 양자를 얻어와 시댁의 후사를 끊는 슬픔이 없도록 하는 것이다.[38] 실제 그녀는 이 일을 다한다. 그 후 그녀는 양자를 결혼시키고 맞이한 며느리에게 집안의 법도를 모두 맡긴다. 그 후 그녀는 유서를 남기고 자살한다. 그 유서의 마지막은 다음과 같다.

> 내가 네 아버지 부음을 듣던 날에 죽지 아니한 것은 차마 민씨 집안의 대를 끊게 할 수가 없었기 때문이란다. 또한 부모님들이 의지할 데도 없었지. 하지만 이제 내 책임은 모두 끝나고, 뒷일을 부탁할 사람도 얻었으니 어찌 실낱같은 목숨을 구차하게 연장하겠느냐? 이제는 지하에 가서 네 아버지를 만나 지금까지 내가 한 일의 자초지종을 이야기하는 것만 남았구나.[39]

---

38) 연세대본 『기문총화』 2권 65화. 節婦一日請曰: "吾爲人婦, 而遭此崩城之痛, 生不如死. 以死自誓, 更思之, 媤家有祖父母舅姑, 而無他奉養之人, 而余未新禮矣. 且家君不幸早死, 而送終祭奠, 亦無人主管. 吾徒死, 則非爲人婦之道也. 吾將奔哭, 治喪後, 乞螟蛉於族人家, 使媤家, 無絶嗣之嘆, 吾之責盡矣. 願速治行."

39) 『기문총화』 2권 65화. 吾之不死於聞訃之日者, 不忍閔氏之絶嗣. 且念父母之無依. 今則吾責盡矣. 付托得人矣. 豈可一刻苟延縷命耶? 將歸見家君於地下, 告其始終

이절부의 삶은 철저하게 시댁의 가문을 보존하고 유지하는 데에 놓여 있다. 자신의 삶은 전혀 없다. 그렇지만 야담집에서는 자신의 삶보다 가문을 위한 삶을 살았던 이절부를 긍정한다. 이절부의 개인적인 삶에 대한 보상은 아무 것도 없다. 그저 국가에서 내려준 정려문 하나뿐. 『차산필담(此山筆談)』 수재 <반츤속약(返櫬贖約)>에서 재가하겠다는 형수에게 "청현(淸顯)한 가문에서 어찌 이런 하자있는 말씀을 하십니까?"라며[40] 핀잔을 주는 시동생의 목소리 역시 가문 앞에서 한 개인의 삶은 무의미함을 적실하게 지적하고 있다. <이절부 이야기>처럼 극단적인 형태는 아니지만 가문을 보존하고 유지하기 위한 열부 이야기가 야담집에서 적지 않게 보이는 것도 이러한 이유에서 비롯된다 하겠다.

가문 이데올로기가 강화되는 사회 분위기에서 야담집에 그려진 가족 역시 그를 따라갈 수밖에 없다. 이러한 요인은 가족이 정서적인 요인을 기반으로 한 사적인 공간으로 존재하는 것이 아니라, 단지 사회 질서를 유지하기 위한 하나의 이데올로기적인 성격이 더 강했음을 의미한다. 심지어 하층민에게도 이러한 이데올로기는 강요되어 갔다. 옛 주인의 원수를 갚기 위해 일부러 주인의 원수인 정순붕(鄭順朋)의 집에 들어가 죽은 사람의 팔 하나를 침중(枕中)에 묻음으로써 염병에 걸려 죽게끔 만든 여종 갑이,[41] 마찬가지로 주인의 원수를 갚기위해 이기(李芑)의 첩을 자원하여 살면서 이기를 죽이려다가 실패한 유인숙(柳仁淑)의 여종은[42] 모두 이데올로기 때문에 자신의 삶을 포기했다. 하층민조차 이데올로기 앞에서 자신의 가족을 돌보지 않는다. 그 구체적인 양상은 『계서잡록』에 수재한 <만석(萬石) 이야기>에서도 찾을 수 있다.

김조술(金祖述)의 무고에 의해 자살한 박씨 부인의 노복(奴僕)인 만석

吾之事也.

40) 서울대본, 『此山筆談』, <返櫬贖約>. 豈以吾家淸顯之族, 有此疵纇之言耶?

41) 국도본 『금계필담』 101화.

42) 대판부립도서관본 『동야휘집』 3권 15화. <靑衣挾鋋訴寃懷>.

은 박씨 부인의 원한을 풀기 위해 먼저 자신의 가족을 버린다. 만석의 처는 김조술의 비자(婢子)였기 때문이기도 하지만, 그보다는 주인에 대한 이데올로기가 더 중요했던 데에 그 원인이 있다. 즉 만석의 목소리는 당시 가족과 이데올로기 중에서 무엇이 더 우선되어야 하는가를 단적으로 보여준 것이라 하겠다.

> 자네의 주인이 내 주인을 죽였으니 자네 집은 즉 원수의 집안일세. 부부의 의라는 것이 비록 중요하다 하지만 종과 주인의 구분도 또한 가볍지만은 않네. 자네는 자네의 주인에게로 가소. 나는 내 주인을 위해 죽을 것이네.[43]

인용문에서 볼 수 있는 것처럼 만석은 부부간의 정리보다도 노주(奴主)의 관계를 더 우선하였다. 야담집에서는 이데올로기와 전혀 무관한 최하층의 인물까지도 무엇이 우선되어야 하는가를 언급하고 있는 셈이다. 만석은 부부간의 정리보다도 주인의 집안을 더 중시하였던 것이다.

이상에서 살펴본 것처럼 야담집에서 가족은 신분이나 성별과 무관하게 가문이라는 틀 안에서만 존재하고 있음을 확인하게 된다. 현대 우리가 갖는 정서적·사적인 공간으로 이해되는 가족이 야담집에는 없다. 야담집에서 가족은 오히려 가문이라는 보다 큰 공간에서만 존재하고 있었다. 이러한 양상은 신분이나 성별과 무관하게 요구되었고, 야담집에서도 이 현상이 그대로 반영된 것이다.

2) 애정과 가족

야담집에 그려진 가족의 중심이 가문의 이익에 있음은 앞서 살펴본 바 있다. 이는 공적인 기능을 담당한 사회의 힘이 개인적이며 사적인 기능보

43) 연민본 『계서잡록』 利권 43화. 當此時, 逐其妻而訣曰: "汝主殺吾主, 卽讐家也. 夫婦之義, 雖重, 而奴主之分, 亦不輕. 汝自還歸汝主, 吾則爲吾主而死也."

다 더 강조되던 당시 사회 풍조에서는 당연한 결과일 수 있다. 가문간의 대립에서 패배할 경우에는 어느 한 사람이 아닌 가계 전체가 부침을 같이 해야 했던 당시 상황을 고려한다면 이러한 양상은 어쩔 수 없는 흐름이기도 하다. 가문을 유지하기 위해 가계의 연대감이 강요되고, 가문의 명예는 곧 내 명예가 되도록 강요되었던 것이다. 때문에 나는 가문의 한 조각으로만 존재하지, 나 자체가 사적으로 독립된 하나의 존재는 아니었다.[44] 따라서 나는 가문이라는 틀 안에서 복종과 의무가 강요되고, 가문에 대한 끝없는 존경을 가져야만 되는 존재였던 것이다.

이러한 상황에서 낭만적 애정은 사회적인 문제를 불러일으킬 수밖에 없다. 낭만적 애정은 사적인 측면으로, 가문이라는 공동체를 유지하는 데에 장애 요인이다. 낭만적 애정은 다분히 정략적이고 계산적인 만남을 부정하는 사생활이기 때문이다. 가구라는 틀 안에서 비복들까지 가족 내부로 이끌어 옴으로써 하나의 이데올로기에 맞춰 움직이던 조선 후기 사회에서 낭만적인 애정은 가족 외부로 향하는 반이데올로기적 요인일 수밖에 없다. 실제로 야담집에서 낭만적 애정은 대부분 부정적으로 작용한다.

이덕형(李德馨)이 첩의 영민함을 보고 그에게 빠질까 염려하여 미리 첩을 쫓아낸 이야기라든가,[45] 가난한 아내를 불쌍히 여겨 절개를 꺾었다가 결국 죽음을 당한 선비 이야기는[46] 낭만적인 애정이 부정적임을 보여준 한 예라 하겠다. 이러한 사유 체계가 일반적이었기 때문에 술김에 신방을 잘못 찾아간 사람을 순순히 남편으로 받아들이는 이야기도[47] 큰 반발 없이 향유될 수 있었다. 오히려 우연히 신방에 든 사람이 애초 정혼한 신랑보다 빼어나서 더 기뻐한다는 신부 측 집안 사람들의 모습은 지금의 시각

44) 이 점에서 이름에 항렬자를 넣는 것은 가계의 연대감의 강화를 위해 절대적으로 필요한 것이며, 또한 나 역시 한 가문에 소속되어 있는 존재임을 확인시켜주는 요인이기도 하다.

45) 국도본 『금계필담』 29화.

46) 국도본 『금계필담』 65화.

47) 연세대본 『기문총화』 2권 64화.

으로 보면 오히려 어색하기까지 하다. 그렇지만 사람인 이상, 어느 시기에나 이성에 대한 낭만적인 사랑이 없을 수 없다. 야담집에도 남녀간의 아름다운 사랑 이야기가 존재한다. 하지만 그 낭만적인 애정도 일정한 한계를 보인다. 널리 알려진 <옥소선(玉簫仙) 이야기>도 그러하다.

옥소선과 헤어지게 된 아들을 보고 부모가 처음 묻는 말은 기생과 정이 깊은데 그 정을 끊고 서울로 올라 갈 수 있겠느냐는 것이다. 이에 아들은 "이는 풍류호사(風流好事)에 불과한 것인데, 어찌 연연하겠습니까?"라고 대답한다.[48] 부모의 걱정은 혹시라도 자식이 기생과 사랑에 빠지는 것이었다. 낭만적인 애정은 사회의 요구에 부응하지 않기 때문에 부모의 걱정은 당연하다. 아들도 기생과의 정은 한 때의 풍류로 치부한다. 그러자 부모는 '다행스러워 하며 기뻐한다[幸而喜之]'. 자식이 기생과 사랑에 빠지지 않았다고 기뻐하는 것은 그만큼 애정이 한 집안을 위협하는 장애 요인임을 방증한다.

이후 아들은 산사에서 공부를 하다가 치밀어오는 그리움을 못 이겨 무작정 평양으로 간다. 그리고 평양에서 옥소선을 만나, 둘은 야반도주하여 4~5년을 함께 생활한다. 둘은 결국 자발적이며 낭만적인 사랑을 쟁취한 것이다. 둘이 사랑을 얻었다고 해도, 실제 이들은 현대의 시각으로 본 부부 중심의 가족이 아니다. 당시 낭만적인 사랑을 얻는 것은 사회와 가문으로부터 분리를 의미하는 것에 다름 아니기 때문이다. 낭만적 애정을 얻기 위해 이들은 스스로 가문 내부에서 외부로 밀려난 것이다. 그것은 곧 사회로부터 격리를 의미한다. 따라서 이들이 조선 사회에서 정상적인 삶을 영위하기 위해서는 어떠한 방법으로든 다시 가족이라는 울타리로 들어가야만 했다.[49] 그 방법에 대해 옥소선은 명확하게 이야기한다.

---

48) 일사본 『계서잡록』 4권 18화. 其父母, 憂其子之不能斷情而別妓, 問曰: "汝與某妓有情, 今日倘能割情, 而決然歸去否?" 其子對曰: "此不過風流好事, 有何係戀之可言乎?" 其父母幸而喜之.

49) 실제 근대전환기에 이루어진 <옥소선 이야기>에는 옥소선과 생이 달아나서 행복하게 잘 살았다는 형태로 종결된다. 이는 낭만적 애정의 성취[전반]와 완정한 가

> 낭군은 이미 부모님을 배신하고 이런 행동을 하였으니 이른바 부모의 죄인이라 하겠습니다. 죄를 속죄하는 방법은 오직 과거에 급제하는 것뿐입니다.[50)]

방법은 하나밖에 없다. 그것은 과거에 급제하여 가문을 빛내는 길이었다. 결국 아들은 과거에 급제하고, 임금은 옥소선을 부실로 삼도록 하는 전지를 내린다. 낭만적인 애정을 선택했다 하더라도 그들만의 가족은 만들 수 없었다. 이들이 완정한 가족이 될 수 있었던 것은 과거에 급제해야만 가능했던 것이다.

아무리 낭만적인 애정을 좇는다 해도 그것이 완정해지기 위해서는 결국 다시 주어진 이데올로기 안으로 들어가야만 했던 것이다. 낭만적 애정이라는 것은 어떠한 방식으로든 분리를 의미하고, 또한 당사자들은 격리된 채 외부인과의 왕래가 자유롭지 못한 상태에서 살아가야 함을 의미한다. 그렇다면 그들은 사회적인 질서와 배치되며, 이는 다시 사회 질서로 편입될 수 없는 존재가 되고 만다. 이 때문에 이야기에서는 아무리 밖으로 향했다 하더라도 결국은 다시 안으로 되돌아 오는 구조를 택할 수밖에 없었던 것이다. <옥소선 이야기>가 낭만적 애정에 머물지 못하고, 과거를 통해 다시금 조화로운 가족의 질서로 회귀한 것도 당시 사회에서 낭만적 애정이 갖는 한계를 그대로 드러낸 한 양상이라 하겠다.

이처럼 남녀간에 낭만적인 애정은 분리를 꿈꾸지만 결국 다시 사회 질서로 회귀하는 경우가 많다. 낭만적인 애정은 당시 현실에서는 철저한 격리와 고립을 요구하기 때문이다. 물론 <일타홍(一朶紅) 이야기>처럼[51)]

족의 형성[후반], 두 층위가 맞물려 있는 두 주제 요소 중에서 이미 후반부는 불필요해졌기 때문이다. 근대전환기에는 가족 제도에 대한 비판이 심했던 때이기도 한데, 근대전환기에 이루어진 <옥소선 이야기>는 이러한 상황을 잘 반영한 것이다. 이에 대해서는 김준형의 「근대전환기 옥소선이야기의 개작양상」(『고전여성문학연구』 13, 한국고전여성문학회, 2006)을 참조할 것.

50) 『계서잡록』 4권. 郎旣背親而作此行, 則可謂父母之罪人也. 贖罪之道, 惟在於登科.

51) 천리대본 『天倪錄』 <簪桂重逢一朶紅>.

사랑을 찾아 야반도주로까지 이어지지 않는 경우도 있다. 그렇지만 이 이야기 역시 남편이 과거 공부에 소홀하자 냉정하게 그를 떠난다. 그리고 과거에 급제할 때까지 기다린다. 아무리 애정이 소중하다고 해도 사회의 요구를 무시할 수 없기 때문이다. 일타홍은 스스로 분리를 택함으로써 남편이 과거 공부에만 전념케 한다. 그런데도 일타홍을 바라보는 시각은 냉정하다. <일타홍 이야기>를 실은 『이야기책(利野者冊)』에서는 일타홍에게 빠져 있던 심희수(沈喜壽)를 다음과 같이 비판한다.

> 심하도다, 여색이 사람을 움직임이여! 상국[심희수]은 문장과 학문이 넓은 명재상이라. 처음 벼슬길에 나아갈 때에는 더욱 근신하는 것이 마땅한데, 우연히 다른 사람의 첩을 만났으면서도 그를 거절하지 못하였구나. 또한 대신이란 존귀한 자리에 있으면서도 창기를 위해 추도(追悼)를 하고, 나이 어린 선비를 마주해 꿈 이야기를 하면서도 세상의 웃음거리가 된다는 것을 깨닫지 못하였으니, 심하도다, 여색이 사람을 움직임이여! 무릇 모든 남자들은 경계할진저![52]

낭만적 애정을 성취한 그 자체에 대해서도 준엄한 비판을 가하고 있다. 남편의 성공을 위해 애정을 떠나 스스로 분리를 택했지만, 그 과정 및 결과와 무관하게 애정 자체가 비판받고 있는 것이다. 이 작품은 <일타홍 이야기>의 특이한 이본이기에 연구자에 따라 해석이 다를 수 있겠지만, 가족이라는 측면에서 이 이야기를 볼 때에는 야담집에서 남녀간의 낭만적인 애정을 다룬 최고의 걸작도 그 한계가 분명히 드러나고 있는 셈이다.

하지만 애정의 대상이 남녀간이 아니라, 부모 자식간일 때는 그 상황이 달라질 수밖에 없다. 즉 딸을 둔 아버지가 갖는 애정은 남녀간의 애정과

---

52) 고려대본『利野者冊』3화. 斷曰: "甚矣, 女色之移人也! 相國乃文章博學之名宰也, 仕進之初, 尤當謹身, 而遇人妾, 而不能却之. 且以大臣之尊(奠?), 追悼娼妾, 對年少名士, 而說其夢, 自不覺爲一世笑資. 甚矣, 女色之移人也! 凡百男子, 可不戒哉!"

다른 양태로 존재한다. 남녀간의 애정은 분리되었다가 다시 사회적인 질서를 회귀하는 데 반해, 이들의 애정은 결코 사회로 회귀하지 않는다.

『청구야담』에 수재한 <연상녀재상촉궁변(憐孀女宰相囑窮弁)>에서[53] 시집 간 지 1년도 안 되어 과부가 된 딸은 한참동안 거울을 보다가 거울을 내던지고 통곡한다. 이 모습을 본 재상 아버지는 오랫동안 아무 말도 하지 않는다. 그러던 중 마침 문하에 드나들던 무변(武弁)이 오자 그에게 자신의 딸을 데리고 북관 지방에 가서 살도록 비밀리에 부탁한다. 무변이 재상의 말에 따라 떠나자, 재상은 이에 딸이 자결했다면서 손수 염습한 후, 가짜로 만든 관을 사돈집 선산에 보내 장례를 치르게 한다. 이후 재상의 아들이 북쪽을 순행하다가 우연히 누이동생을 보고 귀가하여 재상께 아뢰니, 재상은 발설을 못하도록 입막음했다는 내용이다.

이 이야기에서 재상은 일찍이 과부가 된 딸의 처지를 생각하여 당시 이데올로기와 배치되는 행동을 한다. 공식적으로 재가시킬 수는 없었기 때문에 재상은 거짓으로 딸이 자결했다고 해서 가짜 장례를 치른 것이다. 딸이 과부가 된 것은 불완정한 상태를 뜻한다. 따라서 완정한 가족이 되기 위해서는 딸의 시댁으로 돌아가 일방적인 희생을 감수하면서 열녀가 되든지, 그렇지 않으면 조선 후기에 국가적으로 시행했던 정표제(旌表制)에 따라 자살하여 열녀가 되는 방법밖에 없었다. 하지만 아버지는 둘 다 용납할 수 없었다. 때문에 거짓으로라도 딸의 죽음을 만들어야만 했던 것이다. 그렇지만 그 자식은 다시 돌아올 수 없다. 자식을 완전히 버림으로써, 재상의 집안과 완전한 격리를 시킴으로써 비로소 완정한 가족을 만들 수 있었던 것이다. 과부 딸을 바라보아야 하는 아버지에게 가족은 불완정했고, 그 불완정한 가족을 만들기 위해서는 거짓으로든 진짜로든 간에 딸을 죽여야만 비로소 가족은 완정해질 수밖에 없었던 것이다. 당시 이데올로기와 배치되는 애정은 부정(父情)도 어찌할 수 없었다.

---

53) 버클리대본 『청구야담』 7권 9화. <憐孀女宰相囑窮弁>

이처럼 야담집에서는 애정이 금기시된다. 특히 낭만적인 애정은 더욱 부정되었다. 낭만적 애정은 사회로부터 분리를 전제하기 때문에, 애써 그를 따를 수 없었던 것이다. 야담집에서 애정을 다룬 이야기가 다수 수록되어 있지만, 그 애정이 긍정되는 것은 모두 경위와 무관하게 남편이 성공하여 가문을 빛냈기 때문이다. 즉 낭만적 사랑 그 자체를 인정한 것이 아니라, 남편의 성공에 따른 후광으로 낭만적 애정이 존재했던 것이다. 실제로 야담집에 수록된 낭만적인 사랑을 다룬 이야기 대부분이 남편의 성공 이후에는 사랑의 주체였던 여성을 철저하게 배제한다. <옥소선 이야기> 역시 남편이 과거에 급제한 이후 옥소선은 야담의 전면에서 빠지지 않는가. 이는 곧 야담집 찬자들이 중요하게 바라본 것은 애정이 아닌 남편의 조력자로서 옥소선을 바라보았던 데에서 일차적인 원인을 찾을 수 있겠다.

4. 야담집에 그려진 가족을 통해본 야담

현대 가족은 모성애에 근거한 자녀의 복지를 최우선으로 하는 듯하다. 그만큼 현대에서 어머니의 역할이 중요하다. 그렇지만 야담집에서 어머니는 거의 배제된다. 조선 후기라고 해서 어머니의 역할이 적었다고 할 수 없다. 하지만 야담으로 형상화된 어머니는 그리 중요하지 않다. 조선 후기에는 자녀의 복지를 담당한 어머니보다 가문의 영화를 위한 가계가 더욱 소중했기 때문이다. 이러한 이유에서 야담집의 중심에는 늘 아버지가 부각되어 왔던 것이 아닌가 한다.

또한 외적으로 집안의 위세를 보여주기 위해, 가족 구성원간의 행복보다는 가구의 규모를 더욱 확장하는 데에 주력했다. 때문에 가족과 비가족의 구분은 굳이 명확할 이유가 없었다. 단지 내 집에 살고 있는 모든 사람들이 가족이었기 때문이다. 그래서 부부간의 애정이나 자식간의 애정은 크게 강조되지 못하였다. 오히려 부부는 따로 방을 쓰도록 하여 부부간의 사적인 만남을 가급적 제지하고 있었다. 이는 조선 후기 가족이 정서적 관계가 아니라 단지 경제적 · 생산적 · 재생산적 관계일 뿐임을 적실하게 보여주는 한 예라 하겠다.

야담에 그려진 가족도 철저하게 당시 이데올로기에 부응할 수밖에 없었다. 이상적인 가족이란 당시 이데올로기에 부응한 것으로 보았기 때문이다. 하지만 이데올로기에 부합하는 당시 가족을 이상적으로 보았으면서도 야담에서는 일탈을 꿈꾸기도 한다. 낭만적인 애정을 그려내는 것도 그러한 측면에서 이해할 수 있다. 그러나 야담에서의 일탈 역시 다시금 이데올로기 안으로 돌아와야만 완정한 형태의 애정도 성취할 수 있었다. 애정과 가문 내에서만 존재하는 가족은 서로 배치되는 면이 있기 때문에 야담집 찬자는 이중적인 잣대로 애정과 가족을 이분하여 이야기를 꾸미지만, 결국 귀결점은 여전히 이데올로기에 부합하는 방식으로 이끌려 올 수밖에 없었다. 이는 야담이 지닌 갈래적인 속성일 수도 있는데, 이 점은 같은 시기에 향유되던 패설과도 큰 차이를 보인다. 패설집에서 긍정하는 가족은 철저하게 부부에 초점을 두기 때문이다.

패설집 『파수록(罷睡錄)』 수재 <음낭무입처(陰囊無入處)>에는 아무리 재능 있고 부유해도 그것은 성에서 벗어나지 않는다고 말을 한다. “양물이 음문에 들어오는 것, 이것이 부부의 시작[陽物之入於陰門, 是夫婦之始.]”이라는 언술은 야담에서는 적용될 수 없는 말이라 하겠다. 그렇지만 패설집에서 이러한 표현이 자연스레 쓰인다. 하지만 야담집에서는 이러한 표현은 쓰이지도 않고, 쓰일 수도 없다. 이것은 두 갈래가 지닌 특성이기도 하다. 조선 후기 패설은 사회 체제에 올바르게 순응할 수 없었던 작자들이 주된 향유층이었다. 때문에 패설에는 당시 이데올로기에 대한 비판과 조롱이 한데 섞일 수밖에 없었다.[54] 반면 야담에서는 이데올로기에 순응하는 측면에서 이야기가 이루어진다. 때문에 야담에 그려진 가족은 이

54) 김준형, 『한국패설문학연구』, 보고사, 2004.

데올로기의 밖으로 나가고자 하면서도, 결국은 다시 안으로 되돌아올 수 밖에 없는 일정한 한계를 가질 수밖에 없었다.[55)]

야담이란 갈래는 일상에 대한 관심을 문학적으로 형상화하였기 때문에 다분히 현실적인 색채가 강할 수밖에 없다. 때문에 야담에서는 현실[일상생활]에서 벗어나는 이야기를 수용하지 못하고, 당시를 살아가던 사람들의 삶의 한 단면을 있는 그대로 그려내려고 노력했던 것이다. 하나의 예를 들면 야담집에는 강간이나 간통과 같은 소재는 철저히 배제한다. 배제한 것이 아니라, 그러한 현상은 일상에서 쉽게 볼 수 있는 일이 아니었기 때문에 야담집에 수록되지 않았을 수도 있다. 실제로 간통이나 강간에 대한 처벌 규정은 다른 범죄에 비해 상대적으로 무거웠다. 그리고 강간이나 간통에 대한 범죄에 대한 처벌 조항 역시 후대로 갈수록 강화되어 갔다. 예컨대 간통의 경우, 조선 초기에는 『대명률』에 따르는데, 사회적 지위와 무관하게 동일한 신분 내에서 벌어진 간통은 남녀 모두 무조건 장 80~90대의 형벌을 받아야 했다. 반면 후기에는 사족녀와의 간통은 남녀 모두 교수형에 처해졌다. 강간의 경우도 마찬가지다. 초기에는 강간은 교수형에 처하고 강간미수는 사항에 따라 장형과 유배형으로 나뉘었지만, 후기에는 강간 성립 여부와 무관하게 참형에 처했다.[56)] 이는 그만큼 조선 후기로 가면서 정절 이데올로기가 강조되어 가는 과정에서 빚어진 현상이기도 하다. 때문에 조선 후기의 야담집에서 열녀 이야기는 많아도 불륜을 범한 여인의 이야기는 거의 등장하지 않는 것도 당대 현실에서 그리 흔한 일이 아니었기 때문일지도 모른다.

그렇지만 이와 달리 패설집에서는 이러한 현실을 비웃기라도 하듯 전혀 다른 양상을 보인다. 강간과 간통은 일반사이며, 변태적인 성행위까지

---

55) 실제 그 한계는 당시의 가족이란 이름의 본 모습일 수도 있다. 그 당시 가족이란 이데올로기에서 벗어날 수 없지 않았던가?

56) 장병인, 「조선시대 성범죄에 대한 국가규제의 변화」, 『역사비평』, 역사문제연구소, 2001년 가을.

서슴지 않는다. 심지어 서구에서 손님이 찾아오면 아내를 빌려주는 예의와[57] 비슷한 양상까지도 패설집에는 그려진다. 이러한 현상은 가족과 비가족의 구분이 명확하지 않았던 하층민의 삶에서는 실제로 있었던 일일 수도 있다.

『교수잡사』에 실린 <염상도처(鹽商盜妻)>나 <호처속피(呼妻速避)>에서 시골에 사는 어떤 한 사람은 며느리 딸 부인과 함께 한 방에서 생활한다. 그리고 손님이 방문하면 손님 또한 그 방에서 함께 자는 양상을 보인다. 이러한 유형의 이야기는 패설집에서 비교적 흔하게 볼 수 있는 풍경이다. 패설집에 그려진 인간의 본성에 대한 이끌림, 혹은 정에 대한 긍정이 실제 당시 사회의 모습을 투영한 것인지, 그렇지 않은 것인지는 확언할 수 없다. 그렇지만 패설과 야담이 서로 다른 지향점을 가지고 서로 달리 존재해 왔다는 점만큼은 분명해진다. 즉 야담에서는 현실 반영이라는 측면에서 이야기를 진행했기 때문에 가족 역시 그에 준하게 그려졌고, 패설에서는 현실 부정이라는 측면에서 이야기를 전개했기 때문에 가족 역시 좀 더 그로테스크한 면으로 이끌었던 것이 아닌가 한다.

야담과 패설은 비슷한 성향을 보이면서도 서로 다른 갈래적인 경향을 나타낸다. 실제로 기생에 대한 접근 방식도 다르다. 야담에서는 패설과 달리 기생을 노리개가 아닌 인간적인 모습으로 담아내고자 한다.[58] 가족을 바라보는 시각, 남녀간의 애정을 바라보는 시각에서도 두 갈래는 서로 다른 양상을 보이고 있는 것이다. 이러한 현상이 나타난 것은 당시 야담과 패설의 글쓰기 방식의 차이에서 빚어졌다고 볼 수 있다. 패설에서는 이데올로기와 괴리를 보이는 반사회적인 양태의 작품을 중심에 두면서 세상에 대해 조소하는 경향을 보인다면, 야담은 사회로의 환원을 목적으로 하기 때문에 다분히 당시 사회의 진솔한 면을 그려내는 데에 목적을 두고 있었다고 짐작해볼 수 있겠다.

57) 에두아르트 푹스, 이기웅 · 박종만 옮김, 『풍속의 역사』 II, 까치, 1987.
58) 김준형, 「패설에 그려진 기생」, 『한국학연구』 20, 고려대 한국학연구소, 2004.

참고문헌

盧命欽, 『東稗洛誦』, 연세대본.
裵 婰, 『此山筆談』, 서울대본.
白斗鏞 편, 『東床記纂』, 한남서림, 1918.
徐有英, 『錦溪筆談』 상 · 하, 국립중앙도서관본.
李玄綺, 『綺里叢話』 연세대본, 연민본, 영남대본.
李源命, 정명기 편, 『원본 東野彙輯』 상 · 하, 보고사, 1992.
李羲平, 『溪西雜錄』, 성균관대본, 연민본, 일사문고본.
任 埅, 『天倪錄』, 천리대본, 임형택본.
편자미상, 『覺睡錄』, 국립중앙도서관본.
———, 『紀聞叢話』 4책, 연세대본. 정명기 편, 『한국야담자료집성』 6, 1987.
———, 『溪西野談』 4책, 천리대본.
———, 『消閒細說』, 나손문고본. 정명기 편, 『한국야담자료집성』 17, 1992.
———, 『利野耆冊』, 고려대본.
———, 『靑邱野談』 상 · 하, 이우성 · 임형택 편, 아세아문화사, 1985.
———, 『靑野談藪』, 서울대본, 정명기 편, 『한국야담자료집성』 4, 1987.

김동욱 역, 『기문총화』 1~5, 아세아문화사, 1996~1999.
김동욱 · 정명기 편, 『청구야담』 상 · 하, 교문사, 1996.
민속자료간행위원회, 『고금소총』, 유인본, 1958.
북한사회과학원 편, 『야담삼천리』 1~2권, 현암사, 2000.
이신성 · 정명기 역, 『국역 양은천미』, 보고사, 2000.

권명아, 『가족이야기는 어떻게 만들어지는가』, 책세상, 2000.
김준형, 『한국패설문학연구』, 보고사, 2004.
———, 「패설에 그려진 기생」, 『한국학연구』 20, 고려대 한국학연구소, 2004.
에두아르트 푹스, 이기웅 · 박종만 옮김, 『풍속의 역사』 I ~IV, 까치, 1987.
이이효재, 『조선조 사회와 가족』, 한울아카데미, 2003.
이효재 편, 『가족 연구의 관점과 쟁점』, 까치, 1988.
장병인, 「조선시대 성범죄에 대한 국가규제의 변화」, 『역사비평』, 역사문제연구소, 2001년 가을.

정명기 편, 『야담문학 연구의 현단계』 1, 보고사, 2001.

최재석, 『한국 가족제도사 연구』, 일지사, 1996.

제이버 구브리움 · 제임스 홀스타인, 최연실 · 조은숙 · 성미애 옮김, 『가족이란 무엇인가』, 하우, 1997.

한국가족관계협회, 『가족학』, 하우, 1993.

가족의 변경에 서서 부르는 노래

–<시집살이노래>에 나타난 여성과 가족–

서영숙*

1. 머리말 : 시집간 여자에게 가족은 있는가?

인간은 태어나면서부터 한 가족에 소속된다. 인간의 사회생활에서 가장 기초가 되는 것이 가족임은 구구한 설명이 필요치 않으며, 인간의 개인생활에서 가족이 차지하는 중요성은 아무리 강조하여도 지나치지 않는다. 한 개인은 스스로의 선택 없이 한 가족에서 출생하여 그 가족에서 성장한다. 심지어 "가족 없이는 인간이 존재할 수 없다."라고까지 말할 수 있겠다.[1] 그런데 이렇듯 중요한 가족 속에서 여자는 어떠한 존재인가? 그중에서도 시집간 여자에게 과연 가족은 있는가?

가족이란 '결혼과 혈연이란 관계로 결부된 사람들이 이룩한 사회집단이며 동거동재(同居同財)의 공동체'[2]라 할 때, 한국 사회는 이 가운데 혼인에 의한 부부보다는 철저히 혈연에 의한 부자 중심의 부계 가족으로 이루어진 사회라고 할 수 있다.[3] 더구나 근대화가 이루어지기 전, 전통 사회

---

* 청주대학교 교수

1) 이광규, 『한국가족의 구조 분석』, 일지사, 1975, 14면.

2) 위의 책, 27면.

3) 여러 가족유형에서 볼 수 있는 복잡한 인간관계를 요약하고 이것들을 비교문화적으로 연구하기 위하여 F. L. K. Hsu는 4개의 지배적인 관계선과 이에 따른 가족유형을 제시하였으니 부부중심형, 부자중심형, 모자중심형 그리고 형제중심형이 그것이다. 부자중심형의 가족에서 부부관계는 평등하고 자유롭지 못하며 상하관계

에 있어서는 한 개인은 출생에 따라 한 가문과 친족에 귀속되었고, 그에 따라 신분이나 사회적 위치가 결정되었다. 가족을 떠난 한 개인은 사회적 정체성을 갖기 어려웠던 사회가 근대 이전의 전통 사회라고 할 수 있을 것이다. 그 사회 속에서 여자는, 특히 시집간 여자는 어떠한 위치와 정체성을 가지고 있으며 어떠한 대접을 받았는가?

바로 이 시집간 여자들이 시집생활에서 겪는 생각과 감정을 표현한 노래가 바로 <시집살이노래>이다.[4] 특히 <시집살이노래>는 시집간 여자가 시집식구와의 관계에서 겪는 갈등을 노래하는데, 이때 시집식구는 시아버지, 시어머니, 시아주버니, 동서, 시동생, 시누이 등과 남편으로 나타난다. <시집살이노래>는 이러한 시집 가족들과의 관계에서 겪는 생각과 감정을 표현한 노래라고 할 수 있다. 그러므로 <시집살이노래>에는 전통사회에서의 가족관계와 시집간 여자의 가족에 대한 인식이 매우 잘 드러나 있다. 이 글에서는 <시집살이노래>를 대상으로 전통 사회에서 시집간 여자들이 가족을 어떻게 바라보고, 어떻게 노래했는지를 살펴보고자 한다. 이는 오늘날 삶의 새로운 공동체를 형성하는 데 있어, <시집살이노래>가 많은 시사점을 줄 수 있으리라고 여기기 때문이다.

<시집살이노래>에서 시집간 여자가 맺게 되는 가족 관계는 크게 두 가지 축으로 나눌 수 있다. 하나는 시집식구와의 관계요, 다른 하나는 남편과의 관계이다.[5] 물론 남편은 시집식구에 포함시킬 수 있으나, 시집간 여자에게 남편은 시집간 여자와 시집식구 사이의 중간적 존재로서, 시집간 여자는 남편을 다른 시집식구와는 다른 특별한 존재로 인식하고 있으므로

로 되어 있는 것이 마치 부자관계의 상하관계와 유사하다. 이것은 부자선이 지배적이고 다른 관계선이 이에 종속되기 때문이다(위의 책, 127~128면).

4) 졸고, 『시집살이노래 연구』, 도서출판 박이정, 1996, 8면.

5) 필자는 시집살이노래를 주인물인 시집간 여자와 상대역과의 결합에 따라 분류하고 그 갈등 양상을 분석한 바 있다. 이에 주요상대역에 따라 시집식구, 남편, 첩, 친정식구로 분류하였는데, 친정식구의 경우는 대부분 따로 나오기보다는 다른 식구와 관련하여 나오고 첩의 경우는 남편과 관련되어 있으므로 여기에서는 크게 시집식구와 남편과의 관계로 나누어 살펴보고자 한다(위의 책, 29~33면).

따로 살펴야 하리라고 본다.[6] 한편 남편과의 관계는 원래 혼인 이후의 것만이 <시집살이노래>에 포함될 수 있으나 여기에서는 여자가 혼인을 어떻게 인식하고 받아들이는가 하는 것을 아울러 살펴보기 위하여 혼인에 관련된 노래까지 함께 다루고자 한다.[7] 이에 따라 이 글의 주요 고찰 대상이 되는 노래는 다음과 같다.[8]

시집식구와의 관계를 다룬 노래 : <중노래>, <양동가마노래>, <벙어리 삼년노래>

남편과의 관계를 다룬 노래 : <진주낭군노래(서답노래)>, <신랑부고노래>, <상사병으로 죽은 총각노래>, <후실장가노래>

2. 가족으로부터의 일탈과 새로운 삶의 꿈

과거 우리 사회는 유교적 이념에 기반한 부계 혈통의 직계 가족 원리를 운명적으로 주어진, 절대적으로 지켜야만 하는 인륜, 천륜으로 인식하였

---

6) 가족을 조직하는 주요 축은 젠더와 세대로, 이 두 축을 중심으로 역할 분담과 권력을 포함한 자원의 배분이 이루어진다(이재경, 『가족의 이름으로: 한국 근대가족과 페미니즘』, 도서출판 또하나의 문화, 2003, 22~23면). 이 글에서 살펴보고자 하는 시집식구와 남편과의 관계 축은 바로 이 세대와 젠더의 축으로 볼 수 있을 것이다.

7) 혼인에 관련된 노래는 대부분 신랑이나 신부가 죽음으로 해서 혼인이 성사되지 않는 내용으로 되어 있어, 필자는 이를 '혼사장애형 민요'라 하여 별도로 고찰한 바 있다. 졸고, 「혼사장애형 민요의 서술방식」, 「혼사장애형 민요에 나타난 여성의식」, 『우리 민요의 세계』, 도서출판 역락, 2002, 169~224면.

8) 자료는 필자가 직접 조사한 자료를 주 대상으로 하고 한국구비문학대계 자료, 한국민요대전 자료를 참조한다. 자료 인용시에는 필자 자료는 조사 마을 이름과 일련번호(예: [새터 30])를, 『한국구비문학대계』(한국정신문화연구원) 자료는 권호수와 자료번호(예: [구비 8-10] 벽진면 10)를, 『한국민요대전』(문화방송) 자료는 지역명과 음반 번호(예: [강원 6-2])를 간략히 표기하기로 한다. 필자 자료는 졸고(1996), 앞의 책, 자료편에 실려 있고, 혼인에 관련된 자료는 일부가 졸고(2002), 위의 책에 인용되어 있다.

다. 혼인, 재산 상속 및 친족 관계를 부계 중심으로 일관되게 규정했으며, 여자는 가족 내에서 부차적인 존재로, 가계 계승을 위한 자녀 출산의 도구로 여겨졌다.[9] 이러한 가족에 비혈연자로서 새로 편입되어 온 며느리는 가장 낮은 지위에 놓이게 마련이었다.[10] 이는 시집간 여자가 자신보다 나이 어린 시동생이나 시누를 '도련님', '아가씨'라고 부르며, 존댓말을 써야 하는데 극명하게 나타나 있다. 도련님이나 아가씨란 호칭은 종이 주인집의 결혼하지 않은 남자아이나 여자아이를 부르는 호칭과 같다. 며느리에게는 시집 가족 내에서 어떠한 권리도 주어지지 않았다. 단지 시부모를 봉양하고 순종해야 하며, 나아가 모든 시집 가족 구성원의 식사, 빨래, 청소 등의 뒷바라지를 위해 희생하고 봉사하며 복종해야 할 의무만이 주어졌다.

이 과정에서 여자들이 겪는 고통과 시련은 한국의 여자들이 통과하여야 할 관문이며 경과하여야 할 일종의 통과의례요, 성인 과정(initiation)으로 보기도 한다. 일단 아들을 낳은 후 어머니, 시어머니의 지위에 놓이면 그러한 고통은 끝나고 어느 정도 지위와 권리가 주어진다는 것이다.[11] 그러나 그 통과의례는 유독 여자에게만 주어진 불공평하고 비인간적인 것이었으며, 시집간 여자들은 이를 당연한 과정으로 기꺼이 받아들이지 않았다는 데에 문제가 있다. 시집간 여자들이 그들의 목소리로 이 문제를 드러낸 노래가 바로 <시집살이노래>인 것이다.

<시집살이노래> 중 가장 많은 각편을 가지고 있는 <중노래>를 예로 살펴보기로 하자.

> 못허겄네 못허겄네 시집살이 못허겄네
> 시집오는 사흘만에 양동가매를 깼더니
> 시금시금 시아바니 대청마루에 나옴성

9) 이재경, 앞의 책, 21면.
10) 이광규, 앞의 책, 146면.
11) 이광규, 앞의 책, 153면.

어서네집이 당장 건네가거라
시금시금 시어머니 대청마루에 나옴성
네집이 날래 건네가거라
("양동가매를 깼거등.")
시금시금 시누애기 어마님도 그말 마시기오
아버님도 그말 마래기오 삼잎같은 우리오라보니
하나를모고 외겼지 뉘를보고 외겼오
아무리 생각해도 에라요노릇 못하겠다
이내방문 여다리고(청취불능)
열두폭 주리치매 줄만잡고 말만집어
(청취불능) 세폭뜯어 장삼허고
두폭뜯어서 바랑을 짓고
머리를깎고 깎고 또깎고 두밑머리 마저깎고
눈물이 치매앞이 강변이 되었구나
바랑을 짊어지고 대문밖에 나가는데
중노릇을 성낙을씨고 갈거나
내나이 열다섯먹은 초립댕이
대문앞에 쏙들어섬성 못가느니 못가느니
중노릇을 갈라고 성낙을 씨고가니
저기 친정땅에를 가서보니
쏙들어심성 요집이 동냥조깨 주시라고
즈거머니가 쏙나심성
아이고 우리딸도 도심해라
즈가바니 쏙나심성 우리딸도 도심하네
우리올캐 정지에서 우리시뉘 도심허네
(청취불능) 뱁일라끈 짓걸라끈 짓소마는
소밥으로 지어주소

("몇년을 살다가.")
시가동네 찾아와보니 쑥대밭이 되았구나
다둘러보고 시금시금 시어머니 산소를 둘러보니
시살꽃이 피었구나
시금시금 시뉘애기 묏솔보니
여시꽃이 피었구나
서방님 뫼솔보니 함박꽃이 피어갖고
묏등문이 딱벌어져 나비되어 들어가네 [새터 152]

<중노래>는 시집간 여자가 시집식구로부터 터무니없는 구박과 멸시를 받고 집을 나가 중이 되는 노래이다. 대부분의 <중노래>는 중이 되어 친정집에 가 동냥을 한 뒤 시집에 들르나 시집이 패망하고 시집식구가 모두 죽어있는 내용으로 되어 있다.

시집식구가 시집간 여자에게 가하는 행위는 모두가 같은 신분의 사람으로서 받아들이기 어려운 비인간적인 행위이다. 이러한 행위는 한 혈연의 친족들이 그 혈연이 아닌 이에게 행해지는, 즉 가족의 이름으로 행해지는 폭력이라고 할 수 있다. 이를 우리 사회에서는 '시집살이'라고 부르며, 여자로서는 당연히 겪어야 할 '통과의례'로 여기게끔 교육했고, 이를 감내하는 것을 부덕(婦德)으로 미화하였다. 하지만 <시집살이노래>를 불렀던 여자들은 결코 이러한 사회의 규범과 관습을 내면화하지 않았음을 알 수 있다.

<중노래>를 비롯한 <시집살이노래>에 나타나는 '시집살이'라는 이름의 폭력은 매우 다양하다. 시집간 여자가 정성들여 마련한 반찬을 시집식구들이 타박만 하고 꾸지람을 한다든지(새터2), 아무런 이유 없이 시집간 여자에 대한 흉을 본다든지(새터 57), 혼자서 고되게 밭을 매고 들어왔는데 밥은 주지 않고 일찍 왔다며 야단을 친다든지(전북 2-29, 전남 19-13), 실수로 깨뜨린 그릇을 친정에 가서 물어오라고 한다든지(먹굴 68), 시누가

저지른 잘못을 시집간 여자에게 뒤집어씌운다든지(새터 49) 등 인간적인 수치심과 모멸감을 주는 행동들이다.

이렇게 <시집살이노래>에 나타나는 갈등의 근본적 원인은 시집식구가 시집간 여자에게 대하는 여러 가지 '불평등한 대우' 때문이라고 할 수 있다. 시집간 여자는 시집오기 전 친정에서의 생활, 다른 시집식구의 생활에 자기의 모습을 비교하면서 자신에게 가해지는 대우의 부당성을 자각하게 되는 것이다. 곧 [먹굴114]는 '포죽(팥죽)끓에 웃국뜨고 / 콩죽끓에 웃국뜨고 / 부땡(부뚜막)이 생(상)이든가 / 앉아묵젱이 웬같잖네 / 서서묵자니 남부끄럽고 / 수저를놓고 엉덩덩내려가 / 제방으로 곤돌아든다.'라고 표현하고 있는데, 이는 시집간 여자가 다른 시집식구와는 달리 찌꺼기 음식을, 부뚜막에 따로 앉아서 먹어야 하는 불평등한 대우를 그대로 받아들이지 못하고 반발하는 모습을 잘 나타내고 있다.

이러한 대우에 시집간 여자들의 대응은 대체로 세 가지 경우로 나타난다. 그중 가장 많이 나타나는 경우가 중이 되어 집을 나가는 것이고, 그 다음 많이 나타나는 경우가 시집간 여자가 자살을 하는 경우이다. 여기에서 주인물인 시집간 여자가 중이 된다는 것은 언뜻 생각하기에는 소극적인 도피나 좌절로 여겨지지만, 거기에 내포된 의미는 아주 저항적이고 비판적이라 할 수 있다. '중노릇이 시집살이보다 차라리 낫다.'거나 '너희 집 아니면 못 살라디야.' 하는 생각이 다분히 작용한 시집식구에 대한 반발인 것이다.[12] 즉 중이 된다는 것은 가족에 대한 일체의 의무를 벗어버리는 것으로서 자신을 속박하는 관념의 울타리에서의 이탈, 해방으로 해석할 수도 있다. 대단한 용기나 결단이 아니고서는 자기가 속한 가정과 사회를

12) 졸고(1996), 앞의 책, 147~154면 참조. 이러한 이해에 대해 김학성은 "며느리가 부정적 현실에 저항하고 거부하는 투사로 행동하기를 바라는 기대가 작용한 과도한 이해라 할 것이다. 중살이는 독한 시집살이를 견디지 못한 며느리가 시집에 눌러 있을 수도, 친정에 갈 수도 없는 막다른 상황에서 유일하게 택할 수 있는 마지막 대안"이라고 보고 있다(김학성, 「시집살이노래의 서술구조와 장르적 본질-동아시아 미학에 기초하여」, 『한국시가연구』 제14집, 한국시가학회, 2003.8, 286면).

버릴 수가 없기 때문이다.[13)]

중이 되고 나서야 비로소 시집간 여자는 친정을 찾아갈 수 있었다. 시집간 여자는 시어른들의 허락이 있기 전에는 친정조차 마음대로 갈 수 없었던 것이 현실이었다. 그러나 중이 된 처지로서 자신이 딸임을 떳떳이 밝힐 수 없어 동냥을 하면서 조금이라도 친정어머니 곁에 오래 머물고 싶어 일부러 밑이 빠진 바랑을 써, 젓가락으로 쌀을 한 톨 한 톨 주어 담는 모습은 시집간 여자가 정서적으로는 친정식구들과 함께 하면서도 현실적으로는 그렇게 할 수 없는 비극적 상황을 극명하게 보여준다. 시집 간 출가외인인 데다가 중이 된 여자는 친정에도 머물지 못하고 다시 떠난다.

마지막으로 시집간 여자는 시집 동네에 들른다. 시집간 여자가 시집에 가 보는 것은 갈 곳이 없어 어쩔 수 없이 간 것이 아니라,[14)] 자신이 한동안 몸을 담았던 '가족'에 대한 자신의 마음을 확인하기 위한 것이 아닐까 한다. 이때 시집이 쑥대밭이 되어 있고 시집식구가 모두 죽어 있다. 이는 시집간 여자에게 해악을 끼친 시집식구들에 대한 하늘의 응징이라고 볼 수 있다. 이 노래를 부를 때 창자나 청중들이 대부분 시집식구들의 죽음을 권선징악적인 당연한 귀결로 받아들이는 것도 이런 생각을 뒷받침해 준다.[15)]

---

13) 이는 양반여성들의 노래인 여성가사에 나타나는 양상과 대조해 볼 때 뚜렷이 드러난다. 양반 여성들은 자신의 행위로 인해 끼쳐질, 부모, 시부모, 가문 등에 대한 누를 생각하여 중이 된다거나, 자살을 하는 등의 결단을 하지 못한다. <과부가>의 다음 대목은 이러한 양반 여성의 입장을 잘 나타내 준다. "삭발위승 하자하니 시집도 양반이오 / 내집도 품관이라 가문을 헤아리니 / 중되기도 어려워라 아마도 모진인생 / 못죽어 원수로다(권녕철 편저, 『규방가사: 신변탄식류』, 효성여대 출판부, 1985, 370면).

14) 기존 연구에서는 대부분 시집간 여자가 집을 나갔으나 결국 어쩔 수 없이 다시 돌아올 수밖에 없었던 것으로 설명하고 있으나 이에 대해선 재고가 필요하다. 조동일은 "시어머니가 며느리를 학대해도 며느리는 이에 대해서 항거하지 못하고 고난을 감수하며 중이 되어 친정에 동냥간 며느리는 친정 부모가 자기를 알아보지 못하기 때문에 되돌아 올 수 밖에 없다."(『서사민요 연구』, 증보판, 계명대출판부, 1979, 378면)고 하였다.

15) [새터 8]에서 창자는 "그댁이 다 긍게, 정악을 시켜서는 다 좋은 것 없어. 다 총총이 죽었드라네. "하며 며느리에게 악한 짓을 했기 때문에 시집식구가 모두 죽었다

더구나 시집식구의 무덤에 그들의 주인물에 대한 평소 태도를 상징하는 꽃들이 피어 있음을 그려냄으로써 시집식구의 학대를 온 세상에 드러내고 있기까지 하다. 예를 들면 다음과 같다.

시어매 뫼소에 가서봉게 호령꽃이 피었드네
시아바니 뫼소에 가서보니 꾸지람꽃이 피었다네
시뉘애기 뫼소에 강게
시살방구꽃이 피어 너울너울 하드래
서방님 뫼소에 강게
함박꽃이 피어서 너울너울 하드래[16)]

한편 많은 각편에서 여기에 덧붙여 남편의 묘소가 벌어져 주인물이 그 속으로 들어간다든지(새터 120, 새터 152), 신선이 되어 하늘로 올라간다든지(충북 2-20) 등 환상적 결말을 맺고 있는데, 이는 시집간 여자가 현실에서 이루지 못한 사랑을 초현실적 세계에서라도 이루고자 하는 강렬한 기대가 성취된 것으로 볼 수 있다.[17)]

고 설명했다. 또 [강원 6-2]에서도 "시집 인제 동네를 한 번 떡 가서 보니까, 어떠그 댔는가 하고 가보니, 못이 빠져 가지고 고만 그 시집 살던, 그래 사람 괄세를 하면 죄를 받는다는 기 거서 나온거여, 못이 떡 빠져가지고 못 물이 아주 기냥 아주 시퍼런기 있는데……" 하며 시집이 망한 것이 역시 며느리를 괄세해 죄를 받은 것으로 인식하고 있음을 알 수 있다.

16) 졸고(1996), 앞의 책, 149면 참조.

17) 길태숙은 이를 신화적으로 해석하여 "며느리 앞에 펼쳐진 쑥대밭과 묘와 꽃의 표상은 황폐한 구세계가 죽고 없어진 공간임을 의미하는 동시에 며느리가 입사식을 마친 자라는 것을 의미하는 것"이며 "자신이 어떠한 존재인가 자신의 존재를 깨달아서 이제 새로운 집안을 꾸려나가려는 며느리의 모습을 담고 있는 노래"(「<밭매기노래>에서의 죽음에 대한 신화적 해석」, 연세대 박사학위논문, 2002, 163면)라고 보고 있으며, 박지애는 "물리적인 공간인 (내)와 (외)의 공간은 언술내용 주체에게 있어 '타자의 세계'일 뿐이며, 현실적으로는 불가능한 환상적인 세계를 지향하게 되면서 '자신의 세계'를 구축한다."(「<시집살이요>의 언술방식과 시 · 공간의식」, 경북대 석사학위논문, 2002, 70면)고 보고 있다. 이는 표현은 다르더라도 모두 시집

이외에 [먹굴 20], [새터 8], [옥갓 21], [경남 3-2]와 같은 각편에서는 동냥을 다니다 남편을 만나는데, 남편이 돌아가자고 하는데도 이를 거절하는 것으로 되어 있다. 이 역시 시집간 여자가 중이 된 것이 일순간의 호기가 아니라 다부진 결의하에서 이루어진 것임을 보여 주는 데다가, 자신과 시집식구와의 갈등을 남편이 해결할 수 없음을 주인물이 잘 알고 있기 때문에 취한 행동이라고 할 수 있다. 결국 아내를 그리워하던 남편이 병에 걸려 죽는 것으로 되어 있는데, 이때 남편의 죽음 내면에는 남편의 죽음으로도 굽힐 수 없는 주인물의 강한 요구가 숨어 있다고 볼 수 있다. 결국 남편의 죽음은 주인물과 시집식구와의 갈등으로 인해 생겨난 어쩔 수 없는 희생이며, 나아가 며느리를 내쫓음으로써 아들까지 잃게 된 시집은 망할 수밖에 없음을 이야기하고자 하는 것이다.

한편 시집간 여자가 중이 되어 나가 친정을 거쳐 다시 시집으로 돌아오는 과정은 집을 나갔어도 다시 집으로 돌아올 수밖에 없음을 보여주는 것이 아니라,[18] 시집간 여자가 종속적이고, 비인간적인 가족에서 벗어나 자기를 찾기 위한 여행의 노정이라고 볼 수 있다. 그 과정에서 시집간 여자는 자신이 친정 가족의 구성원도, 시집 가족의 구성원도 아님을 뼈저리게 자각한다. 시집간 여자는 친정, 시집 중 어느 가족에도 속하지 못하고 그 변경에서 친정과 시집을 바라보며 '그들'에 대해 노래하는 것이다.

그 자기를 찾는 여행 후에 갖게 된 자각이 바로 마지막 결말 부분에 잘

간 여자가 기존 세계에서는 자신의 기대를 성취하기 어려우므로 또 다른 세계에서 자신의 기대를 실현하고 있음을 지적하고 있다.

18) 김학성은 이를 "출가외인의 몸으로 더 이상 자신의 본색을 밝히고 살 수 없는 친정은 이제 대성통곡만 가능한 '비탄'의 장소일 뿐이고, 시집식구 가운데 유일하게 마음의 의지처가 되어주던 남편마저 죽음은 '절망'의 나락일 뿐이다. 독한 시집살이를 피하려고 어쩔 수 없이 택했더 중살이는 비탄과 절망의 극단에서 막을 내리게 되는 것이다. 이제 비탄과 절망의 끝자락에 서있는 며느리는 살아 있으되 살아 있는 것이 아닌, 비극적 삶의 절정에 있게 된 것이다."라고 하여 시집간 여자의 일련의 행위를 수동적, 운명적, 비극적으로 해석하고 있는데 이에 대해선 재고가 필요하리라고 본다(김학성, 앞의 논문, 286~287면).

나타나 있다. 시집식구들은 꽃이 되어 무덤 위에 피어 있다. 자신에게 갖은 구박을 다한 '그들'은 죽어서도 살아생전의 자신들의 행동을 벗어날 수 없는 것이다. 시집간 여자는 그들이 자신에게 대한 부당한 대우가 죽음으로써 소멸되어 버리고 마는 것이 아니라, 죽어서도 자신의 생전의 행동을 대변하는 꽃들로 피어남으로써 자신들의 행위를 보상해야 함을 노래하고 있는 것이다.[19]

한 단계 더 나아가 마지막 장면에서 시집간 여자가 남편의 무덤 속으로 들어간다든지, 남편과 함께 한 쌍의 나비가 되어 하늘로 올라간다든지 하는 것은 시집간 여자가 진실로 원하는 삶의 모습이 무엇인지를 보여준다. 즉 그것은 아무런 억압이 없는 자유로운 상태에서 이루어지는 남편과의 진정한 결합이다.[20] 남편과의 자유로운 사랑의 결합, 그것은 기존 가족의 울타리 안에서는 불가능한 것이다. 그러나 그 기대는 이 현실에서는 불가능한 것, 그러기에 죽어서, 이승을 떠난 초현실적인 결합으로 그려내는 것이다.

<중노래>는 시집간 여자가 새로 혼입해 들어간 가족으로부터 아무런 사랑과 배려를 받지 못한 채 부당한 억압과 폭력을 받다가 그 가족으로부

---

19) 김학성은 이를 "죽음을 의미하는 '묘' 위에 생명체의 극치를 의미하는 '꽃'으로 피어나 있는 모습은, 시집식구의 죽음과 흉허물, 독함 같은 어둡고 추한 이미지를 말끔히 씻어버리고 꽃이라는 생명의 아름다움으로 다시 태어나는 형상이기 때문이다. 시집식구가 죽어 무덤 위의 꽃으로 피어났다는 발상은 자연을 서구처럼 목적론이나 기계론적 시각으로 보지 않고 순환하는 생명의 근원으로 보았던 동아시아적 사유에 토대를 둔 것이다."라고 보았는데(김학성, 앞의 논문, 288면), 필자도 일부 이에 공감하나 그 꽃의 형상이 단순히 아름다움을 나타내기 보다는 각 시집식구의 행실을 대변하는 상징적 이미지를 개별적으로 지니고 있다고 생각한다.

20) 고혜경은 「서사민요의 유형 연구 : 부부결합형을 중심으로」, 이화여대 석사학위논문, 1983, 56면에서 이 유형이 "결국 가부장제도하의 여성이 자신의 생활근거를 찾아 옮겨 다니다가 어느 환경에도 정착하지 못하고 남편이라는 존재에서 자신이 처할 중심을 찾아 결합하는 과정이다. 즉 시집이나 친정이 모두 자신이 받아들여지지 못하는 집단이라는 비극적 자각에 이르고 오로지 남편을 통해서 자신이 처할 바를 찾는다."고 함으로써, 시집간 여자의 행위를 다분히 수동적, 종속적으로 해석하고 있다.

터의 일탈을 감행하는 노래이다. 그러므로 <중노래>에는 시집간 여자에게 요구되는 전통적인 이념과 가족이라는 제도를 과감하게 탈피하여 사람으로서의 자유를 찾고자 하는 강한 의지가 드러나 있다. 이러한 의지는 결국 주인물에게 부당한 대우를 했던 시집식구로부터 자유롭게 벗어나 사랑에 의한 새로운 공동체에 대한 기대로 확장된다.

<중노래>와는 달리 시집간 여자가 시집식구에게 항의를 함으로써 자기의 요구를 현실에서 관철해내는 노래가 있는데, 바로 <양동가마노래>이다.

> 한살묵어서 어멈죽고 두 살묵어서 아범죽고
> 열닷살에도 시집강게 시집가는 사일만에
> 참깨서말 들깨서말 양에가매에 볶으라허네
> 참깨 한말을 볶으고낭게
> 벌어졌네도 벌어졌네 양에가매가 벌어졌네
> 시어머니가 나오셔서 아가아가도 며느리아가
> 느그집이라 건너가서 세간전답을 팔아서라도
> 양에가매를 물어오니라
> 시아버니가 나오세서 아강아강도 며늘아가
> 느그집이라 건너가서 쟁기보십을 팔아서라도
> 양에가매를 물어오이라
> 꽃방석도나 내어피소 은방석도나 내어피소
> 동네어른들 나오라허소
> 다래겉은 자네자슥 구름같은도 말을타고
> 동네동네도 다지나고 다래청으로 들어서서
> 체념상에 체념하고 밤중밤중도 야밤중에
> 달과같이도 상긴몸을 바늘같이나 헐었으니
> 요내몸값도 천냥주면 양에가마도 물어옴세

(청중: "말도 잘 허네.")
아가아가 며늘아가 나도아야 젊어서는
죽세기 죽반도 깨어봤다
(청중: 웃음) [먹굴 68]

이 작품은 시집간 며느리가 깨를 볶다 양동가마를 깨뜨리자, 시집식구가 친정으로 돌아가 양동가마를 물어 오라고 하는 데에서 사건이 발생한다. 이에 며느리가 굴복하지 않고 시집식구에게 항의하자, 시집식구가 사과를 하는 내용으로 되어 있다. 이 작품의 갈등은 며느리와 시집식구간의 갈등이다. 가마가 깨어진 것이 며느리의 인간적 결함 때문이 아니라 어쩔 수 없었던 것임에도 불구하고 며느리의 잘못으로 몰아세우는 시집식구들의 비인간적이고 부당한 처사는 며느리에 대한 시집식구의 원천적인 미움 때문이라고 할 수 있다. 양동가마를 깨뜨린 것을 기화로 친정집으로 쫓아내려고 한다. 이때 시아버지, 시어머니, 시누 등 시집식구가 모두 한 편이 되어 며느리를 쫓아내려고 한다. 이들의 갈등은 각자의 결함으로 인한 것이 아니라, 혈연 중심의 가부장제 가족 속에서 일어나지 않을 수 없는 필연적인 것이다.

시집식구들의 부당한 처사에 다른 시집살이노래에 흔히 나타나듯 며느리가 집을 나가거나 자살을 하는 것과 같은 해결방법은 나타나지 않는다. 며느리는 시집식구들과 정면으로 대결을 벌임으로써 이를 해결하고자 한다. 즉 시집식구들을 모두 모아 놓고 자신이 시집와 헐어 버린 몸을 물어주면 양동가마를 물어내겠다고 항의한다. 즉 자신은 시집 와 자신의 몸을 희생했는데도 불구하고 자신을 가족의 구성원으로 취급해 주지 않는 데에 대한 반발이라고 할 수 있다. 여기에서 헐어진 몸을 깨진 그릇에 비유하며 항의하는 주인물의 요구에 시집식구가 굴복하여 주인물에게 사과하는 것으로 되어 있다. 주인물의 요구에는 깨진 그릇이야 얼마든지 보상할 수 있는 보잘 것 없는 것이지만, 헐어진 몸은 누구도 보상할 수 없는 귀중한 것이라는 주장이 들어있다. 이는 곧 몸의 가치를 직접적으로 주장하는 것으로서, 시집식구는 이 요구에 굴복하지 않을 수 없는 것이다.

이에 시집식구가 세간전답을 다 주겠다며 며느리를 회유해 보지만 며느리는 세간전답도 다 싫다며 자신의 몸을 물어내라고 거세게 항의한다. 상처 입은 자존심이 그 어떤 경제적 회유로도 쉽게 회복될 수 없으며 인간적인 대우가 정말 소중함을 강하게 주장하는 것이라 하겠다. 이본에 따라서는 며느리가 시집식구의 사과를 받아들여 잘 살게 되었다는 결말을 제시하기도 하지만 이 작품에서와 같이 며느리의 강한 항의로 뚜렷한 해결을 제시하지 않기도 한다. 그러나 이런 결말 처리가 오히려 더 강한 여운과 인상을 남겨 줄 수 있다. 해결이 어떤 방향으로 되든 며느리가 자신의 자존심을 되찾아 시집식구와 대등하거나 오히려 정신적으로는 우위에 있다는 확신을 가지게 되기 때문이다.

어쨌든 이렇게 시집식구의 우위로 시작된 갈등이 시집간 여자의 우위로 전환한다는 것은 커다란 의미를 내포하고 있다. 이는 시어머니나 시집식구의 우위를 인정하고 며느리를 이에 따르게 하는 사회적 규범에 대한 도전이면서, 시집간 여자를 한낱 도구처럼 여기고, '사람됨'을 인정하지 않는 데에 대한 강한 반발이다. 그러므로 이 노래는 <시집살이노래> 중에서 가장 자기의 요구를 뚜렷하게 주체적으로 제시하면서, 여성의 사람됨을 주장하는 뛰어난 의식의 노래라고 할 수 있다.

그러나 <양동가마노래> 속 시집간 여자는 현실 속 시집간 여자들의 이상일 뿐이었다. 시집간 여자는 대부분 부당한 대우를 묵묵히 견뎌내었다. 석삼년만 그렇게 지내고나면 언젠가는 시집의 당당한 '가족'이 될 수 있으리라는 '보상'을 기대하면서 온갖 설움과 고난을 견뎌내었다. 그런데 그런 인고가 오히려 또 '미움'의 대상이 되었던 현실을 보여주는 것이 <벙어리삼년노래>이다.

딸아딸아 셋째딸아 (청취불능)

벙어리삼년 석삼년을 살으래서
친정엄마한테 귀도먹고 눈도멀고
벙어리삼년을 살으래서 말도안하고 귀도먹고
석삼년을 살고낭게 이아미꽃이 피었구나
가매채를 돌려세움성 시금시금 시어마니
벙어리한테 메누리 얻었다고 어서배삐 내다주라고
호통치는소리 산천이 우르르르 하누나
가매채를 타고강게 기러기 한쌍이 나는구나
저기가는 저기래기
잠와갖고 일좆깨 덮어주는 서방님
쭉지나 주고지고
새끼삼는 우리 시아바니나 주고지고
짝짝은 여시같은 시누아기나 주고지고
꼭꼭 찌르는소리 시금시금 시어마니나 주고지고
주둥대기는 시어마니 구고지고 항게로
서방님이 썩나심서 하인들아 벙어리 아닌게
어서배삐 내집으로 어서모셔라
(청중: "벙어린 줄 알았나배. 하도 말을 안 헝게. 옛날에는 그랬담성.")
시어마니 호령함성 벙어리 모셔다주랑게
하인들아 내집이다 벙어리를 뎃고오냐
아씨아씨 마나님 벙어리 아니고 말만 잘험네다 [새터 45]

<벙어리삼년노래>는 친정어머니가 시집가서 장님 삼년, 귀머거리 삼년, 벙어리 삼년 석삼년을 살라고 하여 진짜 말을 안 하고 살다가 벙어리라고 쫓겨나는 내용의 노래이다. 쫓겨나 친정으로 가는 중에 자신의 심정을 꿩(기러기)의 각 부위에 담아 노래를 했더니 남편이 벙어리가 아니라며 다시 데리고 오는 것으로 되어 있다. 이때 시집간 여자가 부른 노래가 오

히려 시집식구에 대한 흉이었음에 이 노래가 말하고자 하는 통쾌한 역설이 숨겨져 있다.

시집간 여자는 시집식구들의 부당한 폭력을 침묵으로 견뎌낸다. 그러나 시집식구에겐 온갖 구박에도 말 한마디 대꾸 없는 며느리가 오히려 더 밉다. 그러기에 며느리를 가족의 울타리 바깥으로 쫓아내는 것이다. 이에 시집간 여자는 가족으로부터 쫓겨나 가족의 울타리 바깥에서야 비로소 입을 여는 것이다. 시집간 여자는 수풀 속으로 푸르르 날아가는 꿩(기러기)을 보고 자신을 쫓아낸 시집식구를 떠올리며 노래를 부른다.

시집간 여자는 <벙어리삼년노래> 속에서 시집식구의 성격과 태도를 꿩 각 부위의 성질과 대비하여 지적한다. 시어머니나 시누가 자신을 쪼거나 후빔으로써 고통을 주는 존재라면, 시아버지는 덮어 주는 고마운 존재이고 남편은 자신을 감고 감는 성적 표현의 존재이다.[21] 시집간 여자는 이 노래를 통해서 간접적이나마 시집식구가 자신에게 행한 부당한 대우에 대해 표현하는 것이라 할 수 있다.

그러나 이 노래에서도 주목할 것은 시집간 여자가 가족의 안에서는 내내 벙어리로 있다가 가족의 울타리 바깥에 나와서 비로소 입을 열어 노래를 부른다는 데에 있다. 그리고 그 노래 또한 날아가는 꿩을 통해 그 가족에 대한 자신의 마음을 '표현한다'. 자신을 학대하고 쫓아낸 가족의 부당함을 알리는 노래, 그것이 바로 <벙어리삼년 노래> 속에 포함된 <꿩노래>인 것이다. 이는 <중노래> 속에 포함된 <꽃노래>와 같은 성격의 노래이다. 시집간 여자가 가족의 변경에 서서 부른 '그들'에 대한 노래, 그것이 바로 <벙어리삼년노래>이다. 시집간 여자는 이 노래를 부름으로써 다시 가족으로 돌아간다. 하지만 이 '돌아감'은 분명 처음의 '시집감'과는 명

---

21) [새터 68]에서는 다음과 같이 시집식구를 비유해 묘사하고 있다. "저건네라 저순풀 밑에 저암꿩은 / 프르르르 날아가버렸네/ 덮고덮고덮은 쭉대기는 시아버지나 드리고요 / 쫓고쫓고쫓는 입주댕이는 시어머니나 드리고요/ 히비고히비고 발목아지는 시누애기나 드리고요 / 감고감는 간줄기는 서방님이나 드리고요"

확하게 다르다. 이제는 벙어리가 아니라 말을 할 것이요, 옳은 것은 옳다고 하고 그른 것은 그르다고 하면서 주체적인 삶을 살 것이라는 기대가 놓여 있기 때문이다.

이렇게 시집간 여자들은 어느 가족에도 진정한 구성원이 되지 못하는 주변인일 뿐이었다. 그러나 시집간 여자들은 그 가족의 변경에서 자신들만의 노래를 만들어 내었다. 그 변경은 억압과 침묵의 공간이지만 반면 여성적 자아에 대한 자의식을 배태하는 공간이기도 하다. 시집간 여자들은 자기가 아닌 다른 여자의 이야기를 하면서 자기의 이야기를 노래하였다. 그 노래 속에서 일상생활 속에서 억압받던 자아가 죽고, 대신 가족으로부터 벗어나 자신을 찾아 떠나는 새로운 자아가 탄생한다.[22] 그 새로운 자아가 바로 <시집살이노래> 속 시집간 여자이며, 그 시집간 여자가 가족의 변경에 서서, 가족으로부터의 일탈과 사랑으로 가득 찬 새로운 공동체를 꿈꾸는 노래가 바로 <시집살이노래>이다.

3. 잘못된 규범에 대한 비판과 자유로운 사랑의 열망

주자학적 체계에 기반을 둔 전통 사회의 가족에서는 생물학적인 몸을 음양 개념과 결부시킴으로써 남자는 양-강함-선을 상징하고, 여자는 음-유약-악을 상징하는 존재로 자리매김하였다. 그러므로 유약함을 존재원리로 하고 있는 음은 자기 몸의 주인이 될 수 없게 된다. 여자는 자기 몸의 주체로서보다는 양에 대한 보조로서의 내조에서 그 존재 의의를 찾는

22) 여성의 언술에는 이중의 언어가 단일한 화자를 통해 표현되어 실제로는 두 가지 발언, 어법, 문체, 세계관이 혼합되어 있다. 이중의 언술 행위를 통하여 말하는 주체는 어떤 다른 것으로 변화하기 때문에 이때 씌어지는 여성의 서사는 부활된 자아의 서사라고 할 수 있다(김성례, 「여성의 자기진술의 양식과 문체의 발견을 위하여」, 『여자로 말하기, 몸으로 글쓰기: 또 하나의 문화』 제9호, 도서출판 또하나의 문화, 1992, 128면).

다. 그러므로 유교 문화 속에서 생활하는 여자는 일생 자신의 정체성을 자신의 존재에서 찾는 것이 아니고, 자신의 몸을 의탁하고 있는 남자에게서 찾아야 한다. 여기에서 여자의 존재적 단절이 이루어지게 된다.[23] 어려서는 아버지에게, 혼인을 해서는 남편에게, 노후에는 아들에게 의지해야 하는 삼종지도의 체계 속에서 여자가 남자의 지배 아래서 벗어나 자기 몸의 주체가 된다는 것은 이러한 가족 질서에 대한 도전이요, 저항으로 읽힐 수 있다. <시집살이노래>에는 바로 이러한 규범에 대한 도전과 저항이 담겨 있다.

<시집살이노래>의 시집간 여자는 시집식구와의 관계에서는 화합을 이루지 못하나, 유독 남편과의 관계에서는 다른 양상을 보인다. 즉 시집살이에 아무런 도움이 되지 못하거나 때로는 자신을 버리는 남편이기는 하지만 남편과의 결합에 대한 기대는 매우 강렬히 나타난다. 남편은 시집간 여자들이 시집살이라는 고난을 이겨낼 수 있게 하는 원천이요, 보루였다. 그러므로 남편에 대한 기대의 좌절과 배신은 아주 극단적으로 나타나서 자기 자신의 죽음을 택하거나, 반대로 남편이 죽기를 저주하는 것이다.

남편과의 갈등의 구체적 원인은 거의 대부분 사랑의 결핍으로 나타난다. 이러한 사랑의 결핍은 남편이 어리다거나, 멀리 떨어져 있거나, 첩을 얻는다거나 하는 여러 가지 원인이 있지만, 근본적인 문제는 남자와 여자에게 차별적으로 적용되는 성적 관념에 있다. 남자에게는 성적 욕망의 표현이 비교적 자유롭게 허용되는 반면, 여자에게는 성적 욕망의 표현 자체가 금기시되어 있다. 여자의 경우 성적 욕망을 즐기는 것은 자신이 따라야 할 존재인 아버지나 남편에게 자신을 맡겨야 한다는 자신의 본분에 어긋나는 행위로 인식되었다. 따라서 성적 욕망을 표현하지 않는 여인을 요조숙녀의 상으로 제시하고 교육하였다.[24]

그러나 여자들 스스로가 이러한 사회의 이념과 제도를 그대로 내면화

23) 김미영, 『유교문화와 여성』, 살림출판사, 2004, 65~69면.
24) 위의 책, 47면.

하여 받아들였다고 보기 어렵다. 여자들은 노래를 통해 중매혼, 조혼, 축첩 등의 비합리적인 혼인 제도와 자유로운 사랑을 억압하는 사회 규범에 대한 비판의식을 드러내고 있으며 강한 사랑에의 열망을 표현하고 있다. <진주낭군노래(서답노래)>, <후실장가노래>, <신랑부고 노래>, <상사병으로 죽은 총각노래> 등이 그러하다.

혼인은 남녀 모두에게 일생을 좌우할만한 대사이기도 하지만 여자들에게 있어서는 더구나 자신의 주 근거지를 떠나 새로운 가문으로 편입해 들어가야 했기 때문에 일생에 있어서 가장 중요한 일로 여겨졌을 것이다. 이러한 혼인에 대한 기대와 이 기대와는 어긋나는 현실은 노래의 소재가 충분히 될 수 있었고 여자들의 입에서 입으로 쉽게 전승될 수 있었다. 이들 노래 속에서 여자들은 이러한 혼인 제도를 불합리하게 여기고 비판하며 저항하는 것을 볼 수 있다.

<신랑부고 노래>에서 신부는 혼례 준비를 하다 신랑이 죽었다는 부고를 받는다. 신부는 혼례도 올리지 않은 신랑의 죽음에 어떻게 대처해야 할지 몰라 처신 방법을 친정식구에게 묻는다. 이때 친정식구는 신부에게 지아비의 장례에 맞는 복장과 처신을 하도록 지시한다. 신부는 이를 순순히 받아들이지 못하고 자신이 그래야 하는 것에 대한 억울함과 원통함을 하소연한다. 그러나 친정식구는 신부의 편이 되지 못하고 철저히 사회 규범의 대변자 구실을 한다. 이미 사주를 주고받은 이상 출가외인이라는 원칙과 명분을 수호하는 것이다.

> 사랑방에 아부님요 어제왔는 새손님이
> 숨이딸각 넘어갔소 에구야야 그말말고
> 삼단겉은 너의머리 그끝으로 풀어자라
> 큰방에 어마님요 어제왔는 새손님이
> 숨이딸각 넘어갔소 에구야야 그말말고
> 삼단겉은 너의머리 그끝으로 풀어자라

옆방에 오라바님 어제왔는 새손님이
숨이딸각 넘어갔소 에구야야 그말말고
삼단같은 너의머리 그끝으로 풀어자라
바늘겉은 이내몸에 소복단장 왠말이고
은가락지 찌든손에 상주막대 왠말이고
은비네라 찌러든머래 납비네가 왠말이고
깜둥까시 신든발에 상신짝이 왠말이고 [경북 4-21]

여기에서 보면 신부는 신랑의 죽음을 아버지, 어머니, 오빠에게 차례차례 알린다. 이는 행여 다른 식구에게서는 자신의 뜻에 맞는 다른 말을 들을 수 있을까 하는 기대에서일 것이다. 하지만 그들 모두 "삼단같은 너의 머리 그끝으로 풀어자라"고 앵무새같이 같은 말을 반복한다, 이는 친정식구가 이런 상황에서 개별적인 자상함을 보이는 것이 아니라 모두 한결같이 틀에 박힌 태도를 보이기 때문일 것이다. 친정식구의 이러한 태도에 신부는 그야말로 고립무원의 지경에 놓인다. 자신의 처지를 한탄하고 원통해 하지만 친정식구조차 몰아내는 상황에서 결국 친정을 떠나 반길 이 없는 시집으로 발길을 돌리게 되는 것이다.

울아바니 한손으로 피어든 편지
두손으로 펼쳐보니 강소저가 죽었구나
아아아가 강소저 죽었다아
치매를 벗어 흰둥허고
("어서 아차도 안됐지만 그새 즈그 아버니가")
아가아가 광주아가 진주애기 죽었단다
어서 치매벗어 흰둥을 가자
("그래드래.") [새터 105]

여기에서 보면 창자가 "어서 아차도 안됐지만 그새 즈그 아버니가…… 그래드래"라고 상황을 청중들에게 전달하고 있다. 이때 "안됐다"고 여기는 것은 신부의 아버지가 아니라 창자이다. 창자는 신부의 처지를 안타깝게 여기고 있으며 신부의 아버지가 잠시도 기다리지 않고 "그새", "어서 치매벗어 흰둥을 가자"고 재촉하는 것이 야속하게 여겨지는 것이다. 이처럼 여자가 가장 의지하고 믿는 친정식구들조차 한번 혼인을 한 이후에는 더 이상 여자의 편이 되지 못한다. 신부에 대한 자상한 배려나 위로 없이 일방적인 규범과 원칙만을 강요하는 친정식구를 여자는 더 이상 자신의 후원자로 의식하지 않음을 볼 수 있다.

그러나 이 노래의 마지막 부분에서 시집간 여자가 죽은 신랑의 상여 앞에서 자신의 속적삼을 덮어 주는 행위는 자신의 간절한 사랑에 대한 표현이라고 볼 수 있으며 급기야 신랑을 살려내는 것은 이런 자신의 사랑을 성취하기 위한 강한 기대가 있기 때문이라고 생각된다.[25] 여기에서 신부가 신랑의 상여를 멈추고 자신의 속적삼을 덮어 주거나 꽃을 놓으며 신랑을 살려내는 행위는 삶과 죽음을 주재하는 숭고한 행위라 할 수 있다. 여자 스스로가 자신을 옭아매고 있는 운명의 타래를 끊어내고 자신의 삶에 대한 주재자로서의 신적 행동을 감행하고 있는 것이다. 그 결과 신랑을 살려 냄으로써 비극적 운명을 초극한다.

다음 노래는 죽은 신랑을 살려내는 신부의 초월적 능력을 보여주는 좋은 예이다.

청우에 올라서이 깡살시럽은 시오마니

---

25) 김대숙은 「구비전승 애정담의 행방」, 『한국고전여성문학연구』 창간호, 한국고전여성문학회, 2000에서 열녀담으로 분류된 설화들이 열녀담이기 전에 애정담으로서, 사회적 분위기와 열이라는 이데올로기에 의해 가려져 전승되었다고 보고 있다. 민요에서는 이러한 분위기와 규범에 비교적 자유롭기는 하지만 여성 스스로가 애정을 직접적으로 표현하기보다는 '움직이지 않는 상여' 등으로 자신의 애정을 간접적으로 드러내고 있다고 생각된다.

아릿장을 피우리미 아가아가 미늘아가
성수방에 칼을질러 덧없이도 넘어갔네
부친언장 피고보니 살살이꽃은 살에되고
밍사리꽃은 밍에되고 일어나오 일어나오
진주땅 강선배요 함안땅 곽처제가 내가왔오
("그칸게 벌떡 일어나더란다.") [구비 7-5] 벽진면 19

여기에서 보면 신부가 시집가는 길에 살을 살려내는 살살이꽃과 명을 살려내는 명살이꽃을 꺾는 것으로 되어 있다. 신랑의 주검 앞에서 이 꽃을 문지르며 "살살이꽃은 살이되고 명살이꽃은 명이되고 일어나오 일어나오."하니 신랑이 벌떡 일어나는 것으로 되어 있다. 이처럼 시집간 여자가 생명을 살려내는 위대한 능력의 여신적 존재로 행동하고 있는 것이다.

<상사병으로 죽은 총각 노래>에서는 처녀를 짝사랑하여 죽었다가 살아나거나 이미 죽은 총각과의 혼인이 이루어진다. 이는 전통 사회에 있어서 처녀와 총각의 사랑과 혼인이 정상적으로 이루어지지 않음을 말하려는 것이라 할 수 있다. 죽음을 거친 이후에야 사랑하는 이와의 혼인을 성취할 수 있다거나, 정혼을 하지 않았는데도 한번 스쳐간 인연으로 인해 죽은 사람과 혼인을 해야 한다는 사실은 이 노래를 부르는 여자들이 그만큼 현실의 혼인 제도에 대해 불합리하게 여기고 있음을 보여 준다.

딸아딸아 둘째딸아 니일도 큰일인데
내말조끔 들어봐라 니일
(청중이 "속적삼 벗어서."하자 다시 시작했다.)
아홉가닥 땋은머리 구름겉이 풀어주라
그리해도 안가거등 꽃댕이라 신던발에
우묵신을 신어주라 그리해도 아니가면
니입더나 속옷적삼 구마겉이 걸어주라

그리해도 아니가면 흰둥타고 나서거라
이래해도 아니가고 저리해도 아니가니
흰둥타고 나서니께 부지거처 따라가네 [구비 8-10] 칠곡면 7

여기에서도 처녀가 속적삼을 덮어 주었는데도 상여가 움직이지 않자 처녀의 아버지가 처녀에게 머리를 풀고 상복을 입은 후에 흰둥(하얀 가마)을 타고 따라 나가라고 지시를 하고 있다. 이는 정혼도 하지 않은 총각과 단지 빨래터에서 잠깐 대면한 인연이 있었다는 이유만으로 그의 아내가 되어야 한다는 사회의 인식이 있기에 가능하다. 그러나 작품 내 주인물인 처녀나 이를 부르고 듣는 창자나 청중은 이에 대해 부당하게 여기고 있음을 알 수 있다. 처녀의 처지를 '애문(애먼) 과부'로 표현하는 것이 바로 그것이다.

노래의 마지막 부분에서 처녀가 시부모에게 "이내나는 이름이나 짓거들랑 / 청춘과부 짓지말고 애문과부 지어주소"라고 하자 청중들이 이구동성으로 "애문과부다. 맞다. 애문과부다. 애문과부거등." 하고 맞장구를 치는 것은 창자와 청중 모두 이러한 혼인 방식에 대해 부당하게 여기고 있음을 나타내 준다. 여기에서 이 노래의 향유층인 평민 여성들이 자신들의 의사와 상관없이 이루어진다든지, 혼인도 치르지 않은 상태에서 신랑이 죽은 경우라도 신부의 예를 치르고 시가집 사람이 되어야 하는 당시의 불합리한 혼인 제도에 대해 비판적인 의식을 지니고 있었음을 짐작할 수 있다.

<상사병으로 죽은 총각 노래>의 일부 각편에서는 처녀가 죽은 총각을 살려내기도 한다. 이때 처녀가 총각을 사랑하지도 않는데 총각의 강압에 의해 그를 받아들였다고 보기 힘들다. 왜냐하면 이 노래는 여자들이 부른 노래이고 그들의 기대와 좌절의 표현이라는 점에서 이는 여자들의 기대의 표현이기 때문이다. 비록 자신의 뜻을 겉으로 드러내지는 않지만 자신을 사랑하는 총각에 대한 애틋한 마음을 가졌고 그와의 결연에 대한 기대가 있었기에 그의 상여에 속적삼을 덮어 주거나 생명꽃을 문지름으로써 총각

을 살려내기에 이르는 것이다.

> 초달순이 문앞에로 생여가 섰드래
> 울어머니 꽦인적삼 외약손에 떨쳐들고
> 양반의 생애같으면 질우애로 올라서고
> 상놈의 생애같으면 질아래로 썩물러스랑게
> 질우애로 올라서니
> 맡고가소 맡고가소 땀내라도 맡고가소 항게
> 생애우게 걸쳐중게 유충렬이 살아났네
> (청중: "참… 큰애기가, 잉.")
> 천근같은 내아들아 만고같은 내며늘아
> 열두대문 쇳대도 너를다주고
> 열두창고 열쇠도 너를주마
> ("시어마이가…", 청중: "하도 좋아서…", 다른 청중: "참말로 좋소.")
> ("그래갖고 살아났어. 살아갖고 골로 결혼했어.") [새터 19]

이는 실제 현실에서 자신의 의지와는 상관없이 혼인을 하고 평생을 살아야 하는 여자의 처지에 대한 부정적 인식에서 왔다고 할 수 있다. 현실에서는 여자의 처지가 남편이나 시댁식구보다 열등한 입장에 놓여 부당한 대우를 받아야 하지만 노래 속에서는 상황을 역전시킴으로써 이에 대한 극복을 기대하고 있는 것이다. 죽은 사람을 살려내는 초월적 능력을 평범하게 여겨지는 작품 내 주인물인 여자가 해내게 함으로써 여자의 내면적 능력에 대한 자긍심과 우월의식을 내비치고 있는 것이다. 또한 그 결과로 현실에서는 우위의 입장에서 며느리를 부려 왔던 시부모로부터 인정받고 극진한 대우를 받게 함으로써 심리적으로나마 처지의 역전을 꾀할 뿐만 아니라 현실에서의 억압과 설움을 풀어낼 수 있도록 하는 것이다.[26]

이처럼 노래 속에서 여자는 혼인과 관련해 자신의 의사와는 상관없이 벌어지는 사건으로 인해 고난을 겪게 되는데, 이 때 주요 상대인물인 배우자, 시집식구, 친정식구 어느 누구에게도 도움을 받지 못하고 철저히 소외되어 있다. 여자에게 시집식구는 박해자로, 배우자는 무기력한 존재로, 친정식구는 방조자로 여겨지고 있다. 그러나 여자는 이러한 현실을 순순히 받아들이기 보다는 사랑하는 남자나 남편과의 결합을 시도하거나 성취해 냄으로써 좌절에서 벗어나려는 강한 의지를 보인다.

그 과정에서 보여주는 여자의 과감하고도 초월적인 행동은 여자 스스로가 자신을 삶과 죽음을 주재하는 여신적 능력을 지닌 존재로서 여기고 있음을 드러낸 것이라고 생각한다. 즉 여자의 가족과 사회는 여자를 비하하고 천대하지만 여자 스스로는 정신적으로 그들보다 우월한 입장에서 대응하고 있다. 전통 사회에서 여자들이 어려운 현실을 극복하며 꿋꿋하게 살아갈 수 있었던 원동력은 바로 이 자존의식에서 비롯된다고 할 수 있을 것이다.

여자들의 남편에 대한 이러한 열망과 기대를 저버리는 또 하나의 문제는 축첩 문제이다. 여자들과는 달리 남자들은 대부분 사랑에의 열망을 아내가 아닌 다른 여자에게서 찾았다. 아내는 단지 가문을 지속해나가기 위한 수단일 뿐이었다. <진주낭군노래>나 <서답노래>는 첩으로 인한 남편과 시집간 여자의 갈등을 노래하고 있다.[27)]

---

26) <상사병으로 죽은 총각노래>와는 반대로 <처녀저주노래>에서는 여자가 오히려 죽음을 가져오는 초월적 능력을 지닌 존재로 부각된다. 이 노래에서는 처녀가 구애를 했는데도 불구하고 자기를 마다하고 다른 곳으로 장가가는 신랑에게 저주를 내려 신랑이 죽는 것으로 되어 있다. 여기에서 여자가 신랑에 대해 죽음의 저주를 퍼붓는 것은 자신의 사랑을 무시하고 가는 남자에 대한 강한 복수심에 의한 것이라 볼 수 있다. 그러나 이 복수심 역시 뒤집어 놓고 보면 사랑의 성취에 대한 강한 기대가 있지 않고서는 불가능한 것이다. 자신의 사랑이 강한 만큼 이를 배반당한 상처 역시 크기 때문에 역설적으로 나타나는 것이다. 이 유형에서도 마지막 부분에 처녀가 자신의 집 앞에 머문 상여 위에 속적삼을 덮어 주는 화소가 나타나는데, 이는 신랑과의 결합을 상징적으로 표현한 것이라 할 수 있다.

27) <서답노래>는 전체의 줄거리는 널리 알려져 있는 <진주낭군 노래>와 같으나 표현어구가 전혀 다르게 되어 있어 그 전승 근원이 다른 것으로 여겨진다. 이 노래

시집오는 삼년만에 시어머니 하신말씀
아가아가 며느리아가 진주낭군 오셨으니
아랫방에 내려가라
("나 이것 못하겄다." 청중: "아무쌌도 안해." 조사자: "진주남강에 빨래가라 아니에요?")
진주낭군이 오셨으니 진주낭군 빨래를 가거라
진주낭군 빨래를 가서보니 물도좋고 돌도좋게
빨래를 빨다가보니 난데없는 발자국소리
얼큰덩덜큰덩 나서 곁눈으로 슬쩍보니
하늘같은 갓을쓰고 요왕같은 말을타고
못본 듯이 지내강구나 못본 듯이 지내강구나
검은빨래 검게빨고 흰빨래는 희게빨아
집에라고 들어가보니 시어마니 하시는말씀
아가아가 며느리아가 아랫방에 내려가봐라
진주낭군 오셨다 보선발로 뛰어가보니
기상첩을 양쪽에끼고 아홉가지 술잔벌에
퉁땅퉁땅 하는구나 그것을 보던부인
보선발로 뛰어나와 석자가끈 명주수건 목에걸고
아홉가지 약을 입에넣고 목을매어 죽었네
시어머니 하시는말씀 진주낭군 애야
며느리애기 숨졌다 저것보아라

에서도 빨래를 나간 여자가 지나가는 남편을 만나나 남편이 못 알아보고 지나쳐 간다. 서둘러 빨래를 마치고 집에 돌아 와보니 남편이 첩과 한 방에 누워 있어 자살을 시도하는데, 이때 남편이 말려서 죽지 않았다는 것이다. <진주낭군 노래>에서는 이미 여자가 죽은 이후에 남편이 나와 후회하는 것으로 되어 있어 약간 차이가 있지만, 어쨌든 결말 부분에 남편의 사랑 고백을 이끌어낸다는 점에서 공통적이다. 전반부에서 주인물이 남편의 외도로 인해 겪은 갈등은 후반부에서 남편의 사랑 고백으로 인해 일시에 해소되는 행복한 결말을 갖는다.

진주낭군 보선발로 뛰어나와 보니
여영갔네 여영갔네 기상첩은 삼년이오
우리둘이는 백년뿐이란데 그순간을 못참았던가
당신은죽었고 나비가되어 나는죽어 나비가되어
화초밭에 만내 이별없이 살자구나 [옥갓 3]

<진주낭군노래(서답노래)>는 주인물인 시집간 여자가 시집간 삼년 동안 남편과 같이 지내지 못하고 시집살이를 하는 데에서 갈등이 시작된다. 시집간 여자의 유일한 희망은 남편이 돌아와 온전한 부부간의 사랑을 이루는 것이다. 그러나 삼년 만에 돌아온 남편은 자신을 못 본 체하고 지나갈 뿐만 아니라, 오자마자 기생첩을 옆에 끼고서 자신을 돌아보지 않는다. 이에 시집간 여자는 심한 좌절감으로 죽음을 택하게 된다. 그러나 마지막 상황에 남편이 뛰어나와 후회를 하며 후생 기약을 하는 장면으로써 간접적이나마 갈등을 해소하고 있다. 즉 이 노래는 주인물인 시집간 여자의 죽음으로써 사랑을 획득하게 된다는 역설로 되어 있다.

<진주낭군노래(서답노래)>에서의 시집간 여자는 사회에서 당연시하는 남편의 축첩을 그대로 받아들이는 것이 아니라 죽음으로 반발함으로써 강한 사랑의 표현을 하는 것을 알 수 있다. 여자의 이러한 반발은 단순히 남편에 대한 것만이 아니라, 사회적 규범에 대한 것이기도 하다. 즉 사회적 규범은 시집간 여자에 대한 남편의 우위를 규정하고, 사랑 역시 남편의 일방적인 태도에 따르도록 요구하고 있어 시집간 여자에게는 자유롭고 동등한 사랑의 표현을 억압하고 있다. 그러나 노래 속 시집간 여자는 이를 거부하고 죽음으로 남편의 사랑을 요구함으로써 그러한 사회적 규범에 도전하고 있는 것이다.

<후실장가노래> 역시 남편의 축첩에 대한 여성의 저항과 반발을 그대로 보여주는 노래로서 주목할 만하다. 이 노래는 남편이 본처와 자식을 두고서 후실장가를 가는 내용으로 되어 있다.

말아시오 말아시오 요번장개 말아시오
뭣이기리버 갈라하요 하늘겉은 부모두고
온달겉은 댁을두고 반달겉은 첩을두고
앵두겉은 딸을두고 구실겉은 아들두고
바대겉은 밭을두고 한강겉은 논을두고
(중략)
시모랭이 돌거들랑 말다리나 부러지소
네모랭이 돌거들랑 방애채나 부러지소
행리청에 들거덜랑 사모관대 뿌러지소
점슴상을 받거들랑 수저분이 부러지소
지역상을 받거들랑 겉머리야 속머리야
서이깨는 앉고접고 앉어깨는 눕고접고
눕고들랑 아무가고 영가시오 [구비7-4] 대가면 224

노래의 화자인 본처는 우선 남편의 혼인 생활에 아무 부러울 것이 없음을 죽 나열하고 있다. 이는 남편의 후실 장가, 즉 축첩이 부당한 것임을 드러내는 것이라 할 수 있다. 그런데도 남편이 후실장가를 가자 본처는 남편에게 갖은 저주를 다 퍼붓고 있다. 결국 이 저주에 의해 남편(신랑)이 죽자, 영문도 모르는 새신부가 당황하여 친정식구들에게 어찌할 바를 물으니 친정식구들이 상복 차림을 가르쳐 주는 내용으로 되어 있다. 이 노래의 초점은 우선 후실장가를 가는 남편에 대한 비판에 놓여 있다. 뒷부분에서 느닷없이 당한 새신부의 불행을 장황하게 나열하고 있는 것도 후실장가 든 남편으로 인해 벌어진 것임을 강조하고 그를 비판하기 위한 것이라 볼 수 있다. 남편의 죽음과 새신부의 불행한 처지로 인해 이 작품을 비극적으로 보는 것은 그리 타당한 해석이 아니다.[28] 물론 새신부의 처지야 동정

28) 이정아는 이 유형을 '후실장가 들다 죽은 남편'이라 부르고 있는데, 이 유형은 '저주로 죽은 도령'(필자의 <저주받은 신랑 노래>)과 함께 '경고-위반-불행한 상황'

이 가지만 연행집단의 시각은 후실장가를 가는 남편을 응징하고, 이런 현실을 방조하는 제도적 모순을 비판하는 데 놓여 있다.

전통 사회에서 여자는 자유로운 사랑과 혼인이 허용되지 않았고, 남편에 대한 사랑에의 표현조차 금기시되었다. 여자의 성적 욕망의 표출은 부정적인 의미로 받아들여졌으며, 이럴 경우 '음란'하다는 표현을 사용하였다. 공영달은 "음이란 색욕이 과도한 것이고, 란이란 인륜을 거스르는 것"이라고 정의한다. 또한 '음분'이란 "남녀가 예교의 규정을 위반하고서 스스로 결합한 것으로 일반적으로 여자 쪽이 남자 쪽에 먼저 나아가는 것을 지칭한다."고 하였다.[29] 이는 여자의 섹슈얼리티를 통제하고 억압함으로써 부계 혈통의 순수성을 유지하고자 하는 가족 체계에 의한 것이다. 반면 남자에게는 혼외의 성의 자유와 함께 매춘이나 축첩을 통한 이중적인 성생활이 허용되었다.

그러나 여자들은 노래 속에서 자유로운 사랑에 의한 혼인을 꿈꾸고 자신의 성적 욕망을 표현하였으며, 이를 외면하는 남자와 남편을 응징함으로써 잘못된 혼인 제도와 규범을 비판하고 자유로운 사랑에의 열망을 드러내었다. 이는 당대 사회 규범과 가족 제도가 아무리 강압적으로 여자들의 성을 통제하여도 여자들의 마음속까지 제어할 수는 없었음을 보여 준다. 남자들의 의식과 이를 바탕으로 한 사회의 시계가 그대로 멈추어 있거나 거꾸로 돌아간다 해도 여자들의 의식은 이미 근대를 넘어서 사랑에 기반한 새로운 형태의 가족을 꿈꾸고 있었던 것이다.

이란 비극적 서사구조를 이루는 것으로 보고 있다. 그러나 연구자의 견해와는 달리 이 노래의 구연집단은 후실장가 든 남자의 죽음을 슬퍼하기보다는 당연하고 통쾌하게 받아들이고 있다. 이런 점에서 노래의 희, 비극성에 대한 검토를 다각도적으로 할 필요가 있다(이정아, 「서사민요 연구: 양식적 특성을 중심으로」, 이화여대 석사학위논문, 1993, 29면).

29) 김미영, 앞의 책, 38면.

4. 맺음말 : 새로운 가족을 위하여

전통 사회에서 여자는 특히 시집간 여자에게는 가족적, 사회적 정체성이 부여되지 않았다. 여자는 가문을 이어나갈 수 없는 국외자로서, 태어날 때부터 환영받지 못하는 존재였고, 혼인 후에도 일정한 기간 동안 시집 가족 구성원으로서의 지위를 부여받지 못했다. 친정에서는 출가외인으로, 시집에서는 다른 성바지로 제대로 대접을 받을 수 없었던 것이 여자였다. 여자는 자신이 혼입해 들어간 가족의 주변인으로서 가족의 새로운 구성원을 낳고 양육하는 '타자'일 뿐이었다.

여자는 혼인 전과 혼인 후 완전히 다른 두 가족과 관계를 갖는다. 하나는 혼인 전의 '친정'이라는 가족이요, 다른 하나는 혼인 후의 '시집'이라는 가족이다. 그러난 전통 사회에서 여자는 이 두 집단 중 어느 곳에서도 진정한 가족 구성원이 될 수 없었다. 특히 시집간 여자는 두 가족 집단의 주변인으로서 어느 한 곳에서도 그 중심에 서지 못했다. 가족의 변경에 서서 부르는 주변인의 노래, 그것이 바로 시집간 여자들이 부른 <시집살이노래>였다.

<시집살이노래>에서 시집간 여자는 '시집살이'라는 이름으로 행해지는 '가족'의 억압과 폭력에 죽음이나, 중이 되는 방법으로 저항하였다. 이는 기존 가족의 울타리 안에서는 그 문제가 도저히 해결될 수 없음을 철저하게 인식한 결과라 하겠다. 그러나 그것은 어쩔 수 없이 내몰린 것이 아니라, 용기 있는 선택이었다. 공고한 유교적 이념으로 뭉쳐진 사회에서 가족의 울타리를 벗어나 중이 된다는 것, 그리고 자기의 목숨을 스스로 버리는 것은 두려움과 공포를 감수하려는 용기가 없이는 행할 수 없는 것이다.

여자가 중이 되어 집을 나간 후 친정을 거쳐 시댁으로 돌아오는 과정은 시집간 여자의 자기를 찾기 위한 여행이라고 할 수 있다. 이 과정에서 시집간 여자는 자신이 친정과 시집 어느 가족에도 속하지 않음을 뼈저리게 깨닫고 새로운 삶을 찾는 자각을 하게 된다. 이때 시집식구가 모두 죽어

있고 시집식구의 무덤에 각기 그들의 행위를 상징하는 꽃이 피어있다는 것은 죽어서도 생전 행위의 부당성을 그대로 드러냄으로써 시집간 여자들에 대한 억압을 보상케 하는 것으로 생각된다. 시집간 여자가 진정으로 추구했던 것은 모든 억압을 벗어난 자유로운 상태에서의 남편과의 결합이다. 그 바람이 묘가 벌어져 남편의 묘로 들어간다든지, 나비가 되어 함께 하늘로 날아간다든지 하는 것으로 나타나는 것이다. 시집간 여자는 비록 이 현실 세계에서는 이룰 수 없었지만, 초현실 세계에서라도 남편과 진정한 사랑을 나눌 수 있기를 강렬하게 바랐던 것이다.

자신이 죽음으로써 남편의 후회와 사랑을 얻어낸다든지, 사랑하는 남편 또는 신랑이 죽었을 때 그를 살려낸다든지 등 대부분의 노래가 이처럼 남편과의 사랑의 결합을 절실하게 원하고 있다. 여자들은 죽음 또는 일탈이라는 과감한 선택과 결단을 거친 자기 부정과 자각을 통해 이를 이루고자 한 것이다. 그러므로 시집간 여자가 가장 원했던 것은 기존 가족 제도에 얽매이지 않는 부부간의 진실한 사랑, 그 사랑에 기반한 새로운 가족임을 알 수 있다. 이러한 가족은 종속 관계로 이루어진 가부장적 집단이 아니라 상호 배려로 이루어지는 동등한 관계의 공동체일 것이다.

시집간 여자가 바라는 새로운 가족은 성에 의해, 위계에 의해 억압되거나 차별받지 않는, 가족 구성원 모두가 자신의 사람됨을 인정받고 자신의 의지를 펴나갈 수 있는, 바로 '사랑'이라는 이름으로 짜여진 평등하고 민주적인 가족이 아니었을까.

참고문헌

『한국구비문학대계』, 한국정신문화연구원, 1980～1988.
『한국민요대전』, 문화방송, 1993～1996.

강진옥, 「여성 서사민요에 나타난 관계 양상과 향유층 의식」, 『한국고전여성작가 연구』, 태학사, 1999.

고혜경, 「서사민요의 유형 연구: 부부결합형을 중심으로」, 이화여대 석사학위논문, 1983.

권녕철 편저, 『규방가사: 신변탄식류』, 효성여대 출판부, 1985.

길태숙, 「<밭매기노래>에서의 죽음에 대한 신화적 해석」, 연세대 박사학위논문, 2002.

김대숙, 「구비전승 애정담의 행방」, 『한국고전여성문학연구』 창간호, 한국고전여성문학회, 2000.

김미영, 『유교문화와 여성』, 살림출판사, 2004.

김성례, 「여성의 자기진술의 양식과 문체의 발견을 위하여」, 『여자로 말하기 · 몸으로 글쓰기: 또 하나의 문화』 9, 도서출판 또하나의 문화, 1992.

김학성, 「시집살이노래의 서술구조와 장르적 본질: 동아시아 미학에 기초하여」, 『한국시가연구』 14, 한국시가학회, 2003.

박지애, 「<시집살이요>의 언술방식과 시 · 공간의식」, 경북대 석사학위논문, 2002.

서영숙, 『시집살이노래 연구』, 도서출판 박이정, 1996.

______, 「혼사장애형 민요의 서술방식」·「혼사장애형 민요에 나타난 여성의식」, 『우리 민요의 세계』, 도서출판 역락, 2002.

이광규, 『한국가족의 구조분석』, 1975, 일지사.

이정아, 「서사민요 연구: 양식적 특성을 중심으로」, 이화여대 석사학위논문, 1993.

이재경, 『가족의 이름으로: 한국 근대가족과 페미니즘』, 도서출판 또하나의 문화, 2003.

조동일, 『서사민요 연구』, 증보판, 계명대출판부, 1979.

설화에 나타난 가족관계와 갈등양상

-부부관계와 부자관계를 중심으로-

이지영*

1. 서론

설화는 근본적으로 인간의 삶을 이야기하며, 거기에는 우리를 둘러싼 사람들 사이에 일어나는 다양한 모습들이 그려진다. 따라서 사람들이 사는 사회의 최소단위인 가족과 그 구성원들의 관계도 이 속에서 찾아질 것이다. 그리고 그 가족들의 이야기는 설화에서 가장 중요한 소재이자 주제일 수 있다. 일반적으로 가족은 '결혼이나 혈연 또는 입양의 유대로 맺어지며 단일가구를 형성하는 집단'[1]으로 규정된다. 그 가족의 구성원은 부모와 자식이 기본적이다.

설화 속에 나타난 가족의 이야기는 대부분 부부관계나 혹은 부모와 자식의 관계에서 일어나는 갈등으로 이루어져 있다. 전자의 경우는 남편과 아내의 문제로서 남편의 외도로 인한 처첩간의 갈등에서 비롯되거나, 남편의 아내 박대 및 며느리와 시부모의 갈등을 조정하지 못하는 가장의 무능함에서 생길 수 있고, 남편이 부재할 때 외부 남성의 위협으로 일어나며, 간혹 부부 사이의 문화적 차이(가령 식성 등)로 인하여 발생되기도 할 것이다. 반면에 부모와 자식들의 갈등을 보면, 부모의 강압적 횡포, 자식

* 이화여자대학교 연구교수

1) 최재석, 「가족」, 『한국민족문화대백과사전』 1, 정문연, 1991, 165면.

의 불효, 딸의 부정과 임신, 그리고 자식들의 사고와 의견의 차이 등으로 생겨날 수 있을 것이다.

그런데 처첩간의 갈등, 시부모와 며느리의 문제는 부부와 자식이라는 기본적인 가족관계가 확장되면서 생겨난 것으로 여겨진다. 필자는 우선적으로 부부관계와 부자관계[2]를 가족관계의 기본으로 보고, 이들 중심으로 그 관계와 갈등상을 살피고자 한다. 따라서 앞서 말한 처첩간의 갈등이나 고부간의 문제는 일단 논의에서 제외한다. 부부관계와 부자관계는 이야기 속에서 함께 드러나는데, 이들 두 관계가 어떻게 설정되며 어떻게 귀결되는지에 따라 어느 것이 더 중요한 가치로 인식되는지를 가늠할 수 있다. 그렇다고 해서 두 관계는 시대별로 단선적인 변화를 보이면서 그 가치나 중요성이 어떤 관계에서 어떤 관계로 나아갈 것이라고 보지는 않는다. 다만, 설화의 개별 장르별로 둘의 관계 가운데 어느 것이 더 중시되고 있는지는 드러날 수 있다고 본다. 이는 아마도 개별 장르가 가지는 장르적 특징 때문에서 그럴 것이다.

필자는 부부관계와 부자관계가 드러나는 설화를 대상으로 갈등의 양상을 살피되, 신화와 전설, 그리고 민담으로 구분하여 자료를 다루기로 한다. 그리고 많은 자료를 다루다 보면 논의가 번거로워지고 연구의 범위도 확장될 수 있으므로, 여기서는 장르별로 몇 개의 자료로 한정하여 다루기로 한다.

2) 부모와 자식 혹은 부부와 자녀의 관계를 약칭하면 '친자관계', '부자관계' 등으로 부를 수 있을 것이다. 물론 부모와 아들, 혹은 부모와 딸의 관계뿐만 아니라 부자, 부녀, 모자, 모녀 등 일대일의 관계로도 나타난다. 여기서는 이러한 관계를 통합하여 '부자관계'라는 용어를 사용하기로 한다.

2. 신화에 나타난 가족관계와 갈등양상

우리의 신화는 건국신화와 무속신화로 대별된다. 먼저 건국신화를 살펴보기로 하는데, 고구려의 주몽신화를 거론할 만하다. 여기서는 서사적 줄거리가 풍부한 <동명왕편>을 대상 자료로 삼는다.

이 신화에서 필자가 주목하는 부분은 '주몽이 부여 왕자들의 핍박을 받으면서 도피하기로 마음먹을 때, 모친을 두고 떠나야 하는 사태에 고민하는 대목'이다. 아래 인용문 가운데 밑줄친 부분이 그것이다.

> 주몽이 마음으로 한을 품고 어머니께 아뢰기를, "저는 하느님의 손자로서 남을 위하여 말을 기르니, 사는 것이 죽는 것만 같지 못합니다. 남쪽 땅에 가서 나라를 세우려 하나, 어머니가 계셔서 마음대로 못합니다.(母在 不敢自專)" 하였다. 그 어머니가 "이것은 내가 밤낮으로 고심하던 일이다. 내가 들으니 장사가 먼 길을 가려면 반드시 준마가 있어야 한단다. (…) 주몽이 이별할 때 차마 떠나지 못하니", 어머니가 말하기를 "너의 어미 걱정을 하지 말아라." 하고는, 오곡 종자를 싸서 보내려 하였다.[3)]

주몽은 부여왕자들에게 핍박을 받으면서 天孫으로 천하게 말을 기르는 일이 부끄러워 남쪽으로 도망하여 '나라를 세우려' 하지만 어머니를 생각하여 차마 떠나지 못한다. 신화 속에는 아버지에 대한 구체적인 언급이 없으므로 주몽에게 있어서 어머니는 유일한 가족인 셈이다. 모자관계를 단절하지 못하고 어머니를 모시려는 그의 마음이 드러난 대목이다. 그러나 어머니는 이 문제를 고심하면서도 주몽이 탈 준마(駿馬)를 손수 골라 주었고, 또한 아들이 세 친구들과 함께 길을 떠나기 전에 모친과의 이별이 아쉬워 망설이자, '어미 걱정하지 말라'면서 그에게 떠나기를 재촉한다. 그

3) 이지영, 『한국 건국신화의 실상과 이해』, 월인, 2000, 194~197면.

녀는 모자관계보다 국가의 건립과 같은 공적 관계를 중시하고 있는 것이다.

신화는 개인적인 문제보다 집단적인 문제를 중시하며, 사적인 질서보다 공적 질서를 우선시한다. 이 이야기에서 가족사보다 국가사가 더 중요하게 부각된 것은 이 이야기가 지니는 신화적 성격 때문일 것이다. 주몽은 어머니와의 이별을 힘들어하면서도 어머니의 말을 거부하지 않고 길을 떠난다. 이로써 모자간 갈등이 심각하지 않다고 보아도 무방할 듯하다.

다음, 무속신화로는 <바리공주>를 살펴보기로 한다.[4] 가족관계가 비교적 잘 드러나기 때문이다. 이 신화는 제주도를 제외한 한반도 전역에 전승되는데, 서대석에 따르면 중서부(서울, 경기), 동해안, 관북, 그리고 호남지역 등 크게 4개의 권역으로 나누어진다.[5] 여기서는 줄거리가 비교적 풍부한 서울지역 문덕순 채록본을 논의 대상으로 삼는다. 대강의 줄거리는 다음과 같다.

> 어비대왕이 길대부인을 간택한 뒤, 점쟁이에게 문복하면서 금기를 어기고 그 해에 결혼한다. 왕비는 계속해서 공주만 여섯을 낳고, 왕이 신께 치성을 드렸지만 또다시 일곱째 공주를 낳자 화가 난 왕은 그 공주를 옥함에 넣어 강물에 버린다. 공주는 석가세존의 지시를 받은 비리공덕 할아비 내외에게 구해져 양육된다. 공주 나이 15세에 대왕마마 내외가 같이 병이 들었는데, 청의동자가 와서 '바리공주를 버린 죄로 병들었고, 병을 고치려면 공주를 찾아내 신선계의 약수를 길어다 먹어야 한다'고 일러준다. 왕의 명을 받은 신하는 공주를 찾아내 궁중으로 데려와 부모를 만나게 한다. 공주는 여섯 언니들이 회피하는 서역의 약수를 구하러 자원하여 떠난다. 공주는 여러 신과 동물들의 도움으로 저승세계를 지나 신선세계에 도달하고, 약수를 지키는 무장승을 만

---

4) 무속신화 속의 가족관계에 대해서는 최근에 최원오, 「무속신화, 그 속에 반영된 가족의 일상적 삶과 의미」(국문학회 동계학술발표대회 요지문, 2005.1.20)에서 이루어진 바가 있다.
5) 서대석, 「바리공주의 신화적 성격」, 『한국신화의 연구』, 집문당, 2001.

> 난다. 그녀는 약수값으로 고행을 치르고, 또 아들 일곱을 낳아준 뒤 약수, 풀, 꽃 등을 얻어 부왕의 왕국으로 되돌아간다. 공주는 이미 죽어 상여로 나가는 부모의 관을 열고 약수로 부모를 살려낸다. 부왕은 공주를 巫神으로, 그 일곱 아들은 저승 십대왕으로, 무장승은 山神으로 삼았다.[6]

이 신화에는 두 가지 측면의 가족관계가 작용한다. 하나는 어비대왕과 바리공주 사이의 부녀(곧 부자)관계이며, 또 하나는 공주와 무장승 사이의 부부관계이다. 먼저 전자를 보자. 어비대왕은 갓 태어난 공주를 딸이라는 이유로 강물에 버린다. 여기서 부녀간의 혈육의 정은 개입될 여지가 없으며, 왕은 오직 왕위를 이을 왕자만이 중요할 뿐이다. 다시 말하면, 부자관계라는 사적인 혈육의 가치보다 국가의 지속이라는 공적인 왕위계승의 가치를 더 중시했다는 것이다. 이러한 인식은 앞서 살핀 고구려 건국신화에서 유화가 모자관계보다 국가의 건립을 중시한 경우와 비슷하다.

그런데 단절되고 훼손된 부녀관계를 회복한 것은 공주의 효심과 고행이다. 이때 중요한 것은 공주가 병든 부모를 상봉하고 생명수를 구하러 떠날 때, 부모에 대해 적대적이지 않다는 점이다. 그만큼 부녀간의 갈등이 개입되어 있지 않다. 공주는 자신을 버린 부왕에 대해 원망을 드러내지 않은 채 '열달 동안 어미 뱃속에 있었던 은혜가 크다'고 말한다. 구약 여행 도중에 공주는 자신의 고행을 부모를 위한 효심으로 이겨낸다. 그녀가 약수를 구하고 바삐 되돌아온 것도 부모를 걱정하였기 때문이다. 공주는 효심과 고행으로 약수를 얻을 수 있었고, 죽은 부모를 살려낸다. 그리하여 부왕은 비로소 자신의 죄를 인정하고, 공주와 그 가족들에게 신직을 부여함으로써 부녀관계를 회복시킨다.

이 신화에는 또 하나의 가족관계인 부부관계가 나온다. 공주는 서역에서 약수를 얻기 위하여 무장승과 혼인한다. 그리고 아들 일곱을 낳은 뒤,

6) 김태곤, 『한국의 무속신화』, 집문당, 1985, 32~47면.

"부부의 정도 중하지만 부모님 효행이 늦어지니 바삐 가야겠나이다"[7] 한 뒤, 고국에 되돌아가려고 한다. 그녀에게 있어서 부부관계는 부차적일 뿐이다. 이 때문에 무장승이 부부간의 정을 내세우며 가기를 만류하지만, 공주는 약수를 얻고는 하직인사를 한다. 그러자 무장승은 아이들과 함께 공주를 따라 나선다. 여기서 우리는 공주가 새로 획득한 가족들 곧 남편과 아이들보다 부모의 회생을 더 중시하였음을 짐작하게 된다. 부부관계보다 부녀(부자)관계를 중시한 사고방식이 드러난다는 것이다. 그러면서도 이 두 관계는 국가의 공식관계에 종속되고 있다. 다시 말하면, 공주의 행위지향이 공주의 부모 곧, 국왕 내외에 맞추어져 있다는 점이다. 부왕이 공주를 딸이라는 이유로 버렸음에도 불구하고 공주는 부왕을 위하여 고행을 겪고 또한 새로 획득한 남편과 아이를 남겨두고 고국으로 되돌아가고 있기 때문이다. 그런데 어비대왕은 곧 나라의 상징일 수 있으니, 달리 생각하면 이 신화의 주인공 바리공주가 이룩하려는 행위와 그 가치는 결국 국가에 놓여 있다고 보아도 무방할 듯하다.

3. 전설에 나타난 가족관계와 갈등양상

전설은 전승장소, 발생목적, 설화대상에 따라 여러 가지로 분류할 수 있는데,[8] 여기서는 문헌과 구전으로 전하는 전설로 나누어 살피기로 한다. 문헌전설로는 인물전설이 대표적이어서 <삼국사기>에 전하는 이야기를 거론하고, 구전전설로는 전국적으로 널리 전해지는, 소위 광포전설을 택하되 <장자못전설>과 <아기장수전설>을 택한다.

『삼국사기』에는 여러 인물전설이 실려 있어서 가족관계를 살필 자료들이 많다. 이 가운데 부자 사이의 갈등을 드러내는 이야기가 우선 눈에 띈다.

---

7) 위의 책, 43면.
8) 장덕순 외, 『구비문학개설』, 일조각, 1971, 41~42면 참조.

(1) 힘이 있어 武勇을 좋아한 태자 解明이 古都에 남아 있다가 黃龍國王이 강한 화살을 보내주자, 사신 앞에서 활을 꺾으며 "활이 굳세지 못하다" 하였다. 이에 황룡국왕이 창피하게 여기므로, 유리왕(2대왕)이 황룡국왕에게 사신을 보내 불효한 아들 해명을 죽여달라고 부탁하였다. 그러나 황룡국왕은 해명의 인물됨을 보고 차마 죽이지 못하였다. 그러자 유리왕은 해명에게 칼을 보내어 '새 도읍지로 따라 오지 않고, 힘을 믿고 이웃나라에 원한을 맺게 하였으니 아들된 도리가 아니다'면서 자결하게 하였다. 태자는 주위의 만류에도 불구하고 창으로 자결하였다.(<고구려본기>, 유리왕조)[9]

(2) 문무왕 때 신라가 당나라 고종이 보낸 군사와 옛 백제땅에서 싸울 때 김유신의 아들 원술은 裨將으로 참가하였다. 그러나 신라가 패하였고 원술은 담릉의 만류로 죽을 기회를 놓쳤다. 이에 김유신은 왕에게 '원술이 왕명을 어겼고, 家訓을 져버렸다'며 아들을 죽여달라 하였으나, 왕은 비장의 신분인 그에게 형벌이 무겁다며 용서하였다. 원술은 부친을 뵙지 못하다가, 김유신이 죽자 모친을 만나려 하였다. 그러나 모친 지소부인은 '先君에게 아들노릇 못했으니, 나 역시 네 어미가 될 수 없다'면서 만나주지 않았고, 원술은 태백산으로 들어갔다. 훗날 그가 당나라 군대와 싸워 공을 세웠으나 끝내 부모에게 용납되지 않자, 벼슬을 버렸다.(<열전>, 김유신 下)[10]

자료 (1)은 고구려의 국내성 천도(遷都) 후 옛 도읍지에 홀로 남은 태자가 강성한 이웃나라에서 보낸 화살을 꺾어 양국 관계를 불편하게 만들었고, 이에 부친 유리왕이 그 책임을 물어 태자를 자결하게 한 사건의 내력담이다. 유리왕은 고구려가 건국된 지 얼마 되지 않아 나라의 힘이 약한 것을 감안하여 강성한 이웃나라와 관계를 중요시하였다. 그러나 태자는 이를 모르고 무용을 과시하며 황룡국왕이 보낸 화살을 꺾고 말았다. 유리왕에게 있어서 해명(解明)은 아들이기 이전에 나라의 흥망을 책임지는 태

9) 김종권 역, 『삼국사기』, 광조출판사, 1984, 243~244면.
10) 위의 책, 662~663면.

자이다. 그러므로 유리왕은 나라를 위태롭게 한 해명에게 죽기를 명하였고, 또 해명은 이를 거부하지 않고 받아들였다. 이러한 아버지의 일방적인 횡포에 따른 가족관계의 단절은 <바리공주>에서 부왕이 어린 딸을 버린 경우와 같다. 자료 (1)은 해명의 비극적인 죽음으로 끝나기에 전설이라 할 만하고, <바리공주>는 버려진 공주가 구출되어 훗날 자신의 노력으로 부녀관계를 복원하고 있어서 신화가 될 수 있었다.

부친의 일방적인 가족관계의 단절은 자료(2)에도 나타난다. 김유신은 아들이 전장(戰場)에서 싸우다 죽는 것이 도리에 맞다고 보았기에, 그가 살아서 돌아오자 왕에게 아들을 죽여달라고 한다. 화랑이기도 한 김유신은 계율을 어겨 싸움에서 죽지 못한 아들을 용납하지 않았을 것이다. 이 때문에 아들 원술은 부친을 감히 만나보지 못했다. 그러나 문제는 어머니 지소부인의 태도이다. 모친마저 아들과의 관계를 단절한 것이다. 결국 원술은 훗날 공을 세웠음에도 불구하고 끝내 부모에게 용납되지 못했다. 김유신과 지소부인이 원술에게 보인 태도는, 그를 아들로 보지 않고 나라에 충성을 다해야 하는 전사(戰士)로 간주하였기 때문에 가능한 일이다. 다시 말하면, 부모는 아들에게 부자관계보다 국가와 임금에게 충성을 다하는 군신관계를 먼저 내세웠기 때문에 원술을 아들로 인정하지 않았다는 말이다. 이로 인해 원술은 일방적인 희생을 감수하고 있다. 그리고 바리공주와 달리 그가 나중에 공을 세워 부자관계의 복원을 시도하려고 했어도 끝내 실패하였다. 단절된 가족관계는 결말에서 비극으로 끝맺은 것이다.

이와 같이 부자관계와 같은 가족관계보다 국가의 가치를 중시한 데서 오는 아들의 죽음 · 入山 등은 『삼국사기』 <열전>에 전하는 화랑들의 이야기, 가령 품일의 아들 관창, 김영윤의 아들 반굴 등에 잘 나타난다. 관창과 반굴 등은 부친의 명에 따라 나라를 위해 전쟁터에서 목숨을 바친다. 품일과 김영윤 장군 등은 부자간의 혈육의 정을 버리고 자식들에게 나라를 위한 희생을 요구한 것이다.

그렇다고 해서 부모의 자식에 대한 일방적인 횡포가 온전히 성공적으로 끝나지만은 않다. 특히 부부관계에 있어서 다음의 이야기들은 부모가 일방적으로 자식에게 자신의 의사를 관철하지 못함을 보여준다.

(3) 김서현은 숙종흘의 딸 萬明과 눈이 맞아 야합하였다. 서현이 만노군 태수로 부임하러 떠날 때, 숙종흘은 딸의 非行을 알고 딸을 딴방에 가두어버렸다. 이때 벼락이 방문을 쳤고, 이 틈을 타서 만명이 도망한 뒤 서현과 동행하여 만노군에 갔다.[11]

(4) 强首는 釜谷의 대장간집 딸과 야합하여 정이 두터웠다. 20세 때 부친이 딴 여자와 혼인하게 하자, 강수는 '賤妻이라도 버리지 못하겠다'고 고집하였고, 이에 부모가 허락하였다. 훗날 강수가 죽자, 아내는 나라에서 하사한 곡식을 사양하고 고향에 돌아갔다.[12]

자료 (3)은 김유신의 부친인 김서현과 만명 부인의 야합담이다. 이는 김유신의 탄생에 얽힌 이야기로서 그의 신이함을 드러내기 위해 꾸며진 삽화로 여겨진다. 이를 보면 만명의 부친이 딸의 야합에 노하여 딸을 방에 감금함으로써 김서현과 동행(同行)하지 못하게 하지만, 결국 이 의도가 성공하지 못했음을 잘 보여준다. 그것은 하늘에서 내려친 벼락 때문이다. 이는 두 사람의 결합이 하늘에서 정해진 바라서 사람의 힘으로 막을 수 없음을 보여주기 위함이다. 부부관계의 천연성(天緣性)이 부친의 윤리적 이념에 의한 인위적 방해를 물리친 것이다.

자료 (4)에서 강수는 신분이 천한 대장간집 여성과 야합하였다. 그러나 그의 부친은 이를 문제삼고 그에게 다른 여자와 혼인하기를 요구하였다. 그는 '가난하고 천한 것은 부끄러운 일이 아니며, 또한 조강지처는 버리지 못한다는 말이 있다'면서 부친의 말을 따르지 않았다. 이번에는 자료 (3)과 달리 강수가 유교적인 윤리와 가르침을 내세워 부친의 일방적인 요구를

11) 위의 책, 633~634면.
12) 위의 책, 712~713면.

물리친 것이다. 자료 (3)에는 야합의 천연성(天緣性)이 강조되었다면, 자료 (4)에는 야합의 윤리성이 강조되었다 하겠다. 강수는 아내가 신분이 낮은 여성이지만 그녀를 인간적으로 대하였고 또 믿음으로 받아들였다.[13]

우리는 이 두 자료를 통하여 신라 당대에도 부모의 일방적인 횡포로 인한 부녀·부자 사이의 갈등 속에서 부부관계가 더 중시되는 사례가 있음을 새삼 발견하게 된다. 그것도 신분을 초월하여 부부 사이에 믿음의 가치가 중요하게 인식되고 있는, 지극히 인간주의적 태도 말이다.

다음으로, 구전하는 전설 가운데 가족 사이의 갈등이 어떻게 나타나는지 보자. 전국적으로 전승되는 <장자못전설>에는 부부관계와 부자관계의 인간적 갈등보다는 이를 모두 중시하여 가족을 지키려는 인간의 본능적 의식이 신적 존재의 명령과 충돌한다. 중이 가족관계를 일방적으로 단절하라는 금기를 내리고, 이를 어기는 며느리의 비극이 그려지기 때문이다.

> 황해도 장연읍 근처에 수천석하는 장자가 있었는데, 아주 인색하였다. 불타산에 사는 도승이 시주를 청하자, 장자는 쇠똥을 바랑에 넣었다. 이를 본 며느리가 쇠똥 대신에 쌀을 바랑에 넣어주었다. 중이 며느리에게 '재앙이 내릴 테니 귀한 것 몇 가지만 가지고 도망을 하라'면서 도중에 무슨 소리가 나도 뒤를 돌아보지 말라고 당부하였다. 며느리가 아이를 업고 산쪽으로 도망하다가, 뇌성벽력소리가 나자 뒤를 돌아보았다가 그만 돌이 되었다. 장자네 집이 없어져 큰못이 되었다.(<용소와 며느리 바위>, 대계 1-1, 259~262면)

이 설화는 신화적 성격을 지닌 전설로, 작품의 구조와 의미 등에 대해서는 선학들의 수많은 천착이 가해졌다.[14] 필자가 여기서 주목하는 것은

---

13) 이러한 부부관계의 信義는 <가실과 설씨녀>에도 그대로 적용된다.

14) 최래옥, 『한국구전전설의 연구』, 일조각, 1981; 강진옥, 「구전설화 유형군의 존재양상과 의미층위」, 이화여대 박사학위논문, 1985; 천혜숙, 「전설의 신화적 성격에 관한 연구」, 계명대 박사학위논문, 1987.

신적인 존재인 도승이 장자의 악행을 징치하면서 착한 며느리에 부가된 명령과 그에 대한 며느리의 행동이다. 도승은 며느리가 살고 있었던 '집'을 떠나고, 그 집에 무슨 소리가 나도 뒤돌아보지 말라고 한다. 그 집에는 며느리의 가족들은 물론이고 살림붙이(財物)가 남아 있다. 이에 대한 미련이 어찌 없겠는가. 며느리의 화석을 두고, '절대적 이상세계와 인간욕망 사이에서 갈등하는 존재론적 성찰'이라는 지적[15]이 있었듯이, 그것은 자신의 피붙이와 삶의 터전을 지키려는, 며느리의 지극히 자연스럽고 본능적인 의식의 소산이다. 결국 그 화석은 가족관계를 일방적으로 단절하라는 신적 존재의 명령을, 며느리가 인간적인 본능에 충실하다가 어긴 대가(代價)라고 보아야 한다.

따라서 며느리의 뒤돌아보기가 '실수'가 아니고, 특히 그녀가 자신이 살던 집과 가족을 생각하는 인간적인 마음에서 비롯한 것임은, 다음 청중들의 발언을 통해서도 확인된다.[16]

* 이 여자가 안 돌아볼 수가 없는 게라. 자기가 살던 집이이까네.(대계 7-10, 564면)
* 그런께 이넘우 인자 저거 남편 생각, 시부모 생각, 자식 생각, 전부 생각이 나는데.(대계 8-11, 633면)
* 그래도 여자의 마음이란게 가정을 버릴 수 없는 마음을 가지고 있는 것 아녀?(대계 5-3, 718면)
* 천둥을 하는데… 이 집 생각이 나서… 안 돌려다 볼 수가 있어야지.(대계 2-2, 709면)

이를 보면, 며느리가 '살던 집, 남편, 자식, 시부모'를 생각하였다고 했

---

15) 강진옥, 「전설의 세계」, 『한국 구비문학의 이해』, 월인, 2002, 140면.
16) 이에 대한 지적과 인용 예문에 대해서는 천혜숙, 앞의 논문, 69~72면을 통하여 시사받은 바가 많다.

다. 여기에는 부부, 자식의 관계가 모두 포함되어 있다. 청중들은 며느리가 자신의 가족과 집을 생각하여 어쩔 수 없이 되돌아보았다고 말한다. 신적 존재의 일방적인 명령을 며느리가 어긴 일이 당연하다는 것이다. 청중들은 가족관계를 중시한 며느리의 태도에 동정한 셈이다. 그것도 착한 며느리라서 더욱 그러했을 것이다. 결국 이 설화는 신적 존재가 내린 가족관계의 일방적인 단절이라는 명령을 어긴 데 대한 며느리의 비극적 죽음을 그리고 있다 하겠다. 이 설화는 이처럼 이념적인 신적 질서와 현실적인 인간적 질서 사이에 갈등과 충돌이 상존하고 있음을 보여주고 있다.

그런데 앞서 살펴본 자료 (1), (2)에는 국가의 질서를 앞세운 부친의 횡포와 이로 인한 비극이 드러났다. 이들 세 자료 사이의 차이를 든다면, <장자못전설>이 며느리가 신적 존재의 명령을 어기면서 일어난 비극을 그리고 있는 데 반하여, 자료 (1), (2)는 해명태자와 원술이 각각 부친의 명령을 거부하지 않고 수용함으로써 생겨난 비극을 드러내고 있다. 그러면서도 이들 자료들에는 가족관계의 단절이라는 부친(신적 존재)의 일방적인 명령이 개입되어 있다.

한편, 구전전설 가운데 부모에 의한 일방적인 부자관계의 단절의 모습을 보인 것으로 <아기장수전설>을 들 수 있다. 이 설화는 크게 두 가지 유형으로 나뉘거니와, 그 하나는 '날개달린 아기장수가 태어나자 부모[17]가 역적의 화가 미칠 것을 두려워하여 아이를 죽인다'는 내용으로 되어 있고, 또 하나는 '신통한 재주를 가진 아이의 부탁을 어기고 어머니가 장군에게 아이가 숨은 장소를 알려주어, 아이가 죽게 된다'는 내용으로 되어 있다.[18] 필자가 주목하는 것은 첫째 유형으로, 부모가 장차 닥칠 화를 염려하여 어린 아이를 죽이는 부분이다. 태어난 지 사흘 만에 방안을 날아다니거나 겨드랑이에 날개가 달려 신이한 능력을 보이는 아이를 돌이나 쌀가마니로 눌려 죽인다는 것은 부모의 일방적인 횡포이다. 초월적인 능력

17) 각편에 따라 부모 대신에 마을이나 문중에서 아이를 죽이는 것으로도 나타난다.
18) <아기장수전설>의 두 유형에 대해서는 천혜숙, 앞의 논문, 113~118면 참조 바람.

을 발휘한다는 점에서 아이는 부모의 아들이기 이전에 집단적 영웅일 수 있다. 이 때문에 부모가 아기장수를 죽인 것은 혈육적인 부자관계보다는 국가 내지는 집단적 이해관계를 중시한 탓으로 보아야 할 것이다. 한마디로 국가 내지는 집단적 가치나 이념이 가족의 그것을 압도하였다는 말이다. 이처럼 부모가 국가적 가치에 의해 어린 아이에 대한 부자관계를 일방적으로 단절시킨 경우로 <바리공주>가 있었다. 그러나 <바리공주>에서는 부왕에 의해 버려진 공주가 구출자의 도움으로 살아나지만, 이 설화에서는 부모가 아이를 죽이는 것으로 되어 있다. 이 때문에 이 설화는 전설적인 비극성을 가지고 있다.

4. 민담에 나타난 가족관계와 갈등양상

민담에서는 장르적 성격 탓인지 가족관계의 일방적인 단절과 같은 비극성이 드러나지 않는다. 그 대신에 부자관계와 부부관계가 각각 심각한 갈등을 보이거나, 간혹 두 관계가 함께 등장하여 갈등을 보임으로써 상호 우위적 가치를 다투는 경우가 있어서 주목된다. 가령 <내복에 산다>에는 부녀 사이의 갈등이 드러나며, 반면에 이 설화의 확장형이라 할 수 있는 <복많은 백정딸>에는 부부간의 갈등이 드러난다.[19] 여기에다 이 두 설화에 공통적으로 삽입되면서 이야기의 줄거리를 확장시키는 역할을 하는 <돌노적과 금덩이>을 보면,[20] 집안의 가난이라는 경제적인 이유 때문에 막내아들이 아버지의 가장권을 차지한 뒤 금덩이 덕분에 장자(長者)의 재산까지 차지하여 집안을 부유하게 만들고 있다. 이들 세 설화는 재산(財

19) 이 문제에 대해서는 임재해 교수가 「무왕형설화의 유형적 성격과 여성의식」과 「온달형설화의 유형적 성격과 부녀갈등」의 논고를 통해 논의한바 있다. 이 둘은 『민족설화의 논리와 의식』, 지식산업사, 1992에 실림.

20) 이지영, 「<내복에 산다>형 민담의 연구」, 「<복 많은 백정딸>형 민담의 연구」, 『한국서사문학의 연구』, 국학자료원, 1997 참조.

產)과 부(富)를 둘러싼 가족(부녀, 부부, 부자)간의 갈등을 한결같이 보여주고 있다.[21)]

이 자리에서는 논의의 초점을 부각하기 위하여, 부부관계와 부자관계가 함께 드러나면서 둘 사이에 우위적 가치를 다투는 내용의 자료를 다루기로 한다. 이에 적합한 자료가 <지네처녀>로 보인다. 이 설화에 대해서는 필자가 일찍이 용사설화의 측면에서 전승의 실상을 살핀 바가 있는데,[22)] 크게 4개의 하위유형으로 나뉘되 줄거리는 '지네처녀가 인간 남성과 살다가 승천하거나 혹은 사람이 되는 것'을 기본으로 하고 있었다. 여기서는 자료의 수가 가장 많고, 줄거리를 온전히 갖고 있는 '지네의 승천'형을 살피기로 한다. 이 설화의 줄거리를 요약하면 다음과 같다.

> 처자식을 부양하기 어려운 사람이 죽으려고 산에 갔다가 여인을 만난다. 그녀의 제의로 둘은 같이 산에서 사는데, 남자는 잠시 자기 집에 들렀다가 그녀의 도움으로 집이 부유해짐을 안다. 돌아오는 길에 죽은 조상을 만나 '그녀의 정체가 지네'라는 말과 함께 그녀를 처치하는 방법을 듣는다. 남자는 여인이 지네임을 확인하나, 그동안의 은혜를 생각하여 죽이기를 단념한다. 여인이 사례하면서 '길에서 만난 조상은 구렁이며 자기와 승천경쟁을 하는 사이인데, 그대의 덕으로 자기가 승천할 수 있었음'을 이야기해 준다. 지네여인은 승천하지만, 구렁이는 죽거나 승천하지 못한다. 그 남자는 부자가 된다.[23)]

지네는 구렁이와 천상에서 죄를 얻은 댓가로 승천경쟁을 하는데, 승천의 방법은 지네가 인간을 살리는 활인(活人)의 덕을 쌓아야 한다는 것이다. 지네가 가난한 남성을 만나 함께 살고 그의 집을 부유하게 한 것도 이

21) 물론 <복많은 백정딸>에는 신분적 갈등으로 아내가 축출되지만, 궁극적으로는 이 문제가 복과 부유함으로 해소되고 있다.

22) 이지영, 「용사설화의 측면에서 본 <지네처녀>설화」, 『구비문학연구』 제4집, 한국구비문학회, 1997.

23) 이 줄거리의 요약은 위의 논문, 92면 참조.

때문이다. 필자는 논고에서 이 설화에서 단순히 승천에 관심을 두는 신격 중심의 사고보다는 활인의 덕에 관심을 두는 인간 중심적 사고가 강조되고 있음을 고려하여, 이 설화가 용사설화 가운데 비교적 후대에 생겨났을 것으로 파악한 바가 있다. 여타의 용사설화에 비하여 이 설화에는 신격이 용이 아닌 지네와 구렁이로 변한 것, 남성이 아닌 여성으로 바뀐 것 등[24]이 이러한 추정을 뒷받침해준다.

여기서 주목되는 것은, 남성이 자기 집에 들렀다가 되돌아오는 길에 여인의 정체를 알려주는 사람을 만나는데, 그 사람이 대개 죽은 조부(祖父)나 부친(父親)과 같은 '祖上'으로 설정되어 있다는 점이다. 지네와 승천을 다투는 신격(구렁이)은 가부장적 질서의 핵심인 '조상'임을 내세워 그 남성에게 지네를 죽이도록 당부(명령에 가까운)하나 남성은 이를 거절한다. 그것은 여인(지네처녀)이 그동안 자신과 가족을 잘 살게 해주었다는 은혜를 생각하였기 때문이다. 더불어 남성은 그동안 동거(同居)한 여인(지네)과의 부부간의 정(情)도 고려하였을 것이다. 특히 남성이 경제적인 이익과 가치를 중시하여 가부장적 질서를 물리친 것은 '근대적이고 현실적인 사고'임에 틀림없다. 남성은 조부나 부친의 가부장적 명령보다는 아내와 가족을 중시하였다. 전자가 상하관계에 따른 수직적 질서를 내세우는 것이라면 후자는 수평적 질서를 내세우는 것이다. 또한 전자가 전통적으로 부자관계를 대표로 한다면, 후자는 부부관계를 대표로 삼는다. 필자는 이 설화가 부자관계와 같은 수직적 질서보다 부부관계와 같은 수평적 질서를 중시한 민중들의 사고방식이 잘 드러난 자료로 간주한다. 한마디로 부자관계와 부부관계가 갈등을 드러낼 때는 수평적인 부부관계를 더 따르는, 민중들의 변화된 사고방식이 잘 드러난다는 것이다.

이처럼 부부관계와 부자관계가 상충할 때 전자의 가치와 이익이 더 강조되는 이야기가 있다면 <나무꾼과 선녀>를 들 수 있다. 이 설화는 전승

---

24) 용사설화에 등장하는 용은 대개 남성이다.

되는 자료에 따라 결말이 행복과 불행으로 각각 나뉠 정도로 다양한 편차를 보이고 있어서, 전설적 성격과 민담적 성격을 함께 갖고 있다. 이런 이유에서 필자는 이 설화를 결합과 분리형으로 대별하고 다시 4개의 하위유형으로 설정해본 바가 있다.[25] 여기서는 행복한 결말로 끝나는 이야기('승천상봉'형)와 불행한 결말로 끝나는 이야기('수탉유래'형) 가운데 각각 하나의 하위유형을 택하여 살피기로 한다.

널리 알려진 이야기라서 이 두 유형의 줄거리를 각각 간략히 제시하면 다음과 같다.

* '승천상봉'형 : 총각이 선녀를 만나 결혼하나 사슴이 알려준 금기를 어김으로써, 옷을 되찾은 선녀가 아이를 데리고 승천하며, 사슴이 다시 나타나 총각에게 승천할 방법을 알려주면서 총각이 천상에서 선녀와 재결합한다.
* '수탉유래'형 : 사슴의 도움으로 승천하여 천상에서 선녀와 살던 총각이, 지상의 老母를 만나기 위하여 하강하나 선녀의 금기를 어겨 천상에 오르지 못하고 죽어서 수탉이 된다.

'수탉유래'형은 '승천상봉'형이 확장된 것이다. 이 설화를 보면, 나무꾼 총각과 선녀의 완전한 부부관계를 위하여 항상 금기가 설정되어 있으며, 총각의 인간적 실수로 인하여 한 번의 헤어짐을 겪고 난 뒤 다시 한 번 원조자(사슴)의 도움으로 천상에서 완전한 부부관계를 이룩한다('승천상봉'형). 또 다른 유형에서는 천상에서 살던 총각은 지상의 노모를 만나기 위하여 다시 한 번 금기를 부여받는데, 이번에도 인간적인 실수로 인하여 결국 천상에 오르지 못한 채 선녀와 헤어진다('수탉유래'형). 노모와의 만남은 모자관계의 회복을 말함인데, 이를 통해 총각이 가족과 영원히 헤어지

25) 이지영, 「한국결혼시련담 연구」, 서울대 석사학위논문, 1987.

면서 수탉이 된다는 점이 주목할 만하다. 필자는 처자식과의 만남이라는 행복한 결말로 끝나는 이야기가 전승되면서도, 또 한편으로 모친과의 만남이 총각에게 궁극적으로 불행한 결말로 끝나는 이야기가 전승된다는 것은, 부부관계와 부자관계가 사람들 사이에 상반된 가치로 다가서며 이들이 서로 충돌하고 있음을 반영하는 것이 아닐까 생각한다. 사람들이 이 두 관계에 대한 갈등으로 고민하고 있음을 이야기를 통해 확인할 수 있다는 것이다.

'승천상봉'형과 '수탉유래'형 가운데 어느 것이 더 원형에 가까운지 판단하기는 어렵다. 문제는 선녀와의 재결합을 통해 부부관계를 완전히 회복하는 이야기가 두 유형 모두에 들어 있으면서, 이것이 행복한 결말을 보여준다는 것이다. 그런데 나무꾼이 노모와 만난 뒤 천상에 두고온 가족에 대해 아무런 미련을 갖지 않고 지상에 남아 있었다면 이 유형도 행복한 결말을 보인다고 간주할 수 있겠지만, 그가 실수로 금기(말이 세 번 울기 전에 올라타라, 혹은 박국을 먹지 마라 등)를 어기면서 더 이상 하늘나라에 올가가지 못하자 두고온 가족들 생각에 하늘을 향하여 울다가 그만 수탉이 된 것은 이야기의 결말이 궁극적으로 비극적임을 의미한다. 선녀는 지상에 내려가 노모를 만나려는 나무꾼에게 그 일을 말리고, 여의치 않자 금기를 일러주었다. 그런데 나무꾼은 이를 어기고 지상에 내려갔으며, 또 금기를 어겼다. 그 댓가는 가족의 영원한 분리였다. 한마디로 천상적 존재(선녀)의 금지를 나무꾼이 어김으로써 일어나는 비극을 '수탉유래'형은 보여준다. 필자는 이야기가 수평적인 부부관계를 행복한 결말로 끝맺고 반면에 수직적인 모자관계를 파국으로 처리된 것은, <나무꾼과 선녀>의 향유층이 이 두 관계 가운데 어떠한 것을 더 우위에 두고 있었는지 가늠할 수 있다고 본다. 나무꾼은 지상에 남겨진 뒤 처자식을 그리워하며 하늘을 보고 울었다고 하였다. 이는 그가 노모보다는 처자식을 더 중시하였다는 말이 아닐까?

5. 종합적 논의-결론을 대신하여

설화 속의 가족 이야기는 기본적으로 부부관계나 혹은 부모와 자식의 관계에서 일어나는 갈등으로 이루어져 있다. 그리고 이 두 관계는 설화 장르별로, 혹은 전승유형에 따라 개별적으로 심각한 갈등상을 보이거나, 간혹 두 관계가 함께 등장하여 갈등을 보임으로써 상호 우위적인 가치를 다투는 경우가 있다. 필자는 이러한 두 관계의 갈등양상이 설화의 하위장르별로 어떻게 구현되는지 살피고자 하였다. 신화, 전설, 민담에 따라 그 갈등상이 조금씩 다를 수 있다는 판단 때문이었다. 그리하여 자료가 광범위하면 논의의 범위가 커진다는 생각에서 각 장르별로 한두 편의 자료를 택하였다.

신화의 경우 건국신화와 무속신화로 나누어 살폈다. <동명왕편>을 보면, 주몽이 모친과의 이별을 아쉬워하자 모친은 국가의 건립을 중요시하면서 아들이 떠나기를 재촉한다. 그녀는 모자관계보다 국가의 건립과 같은 공적 관계를 중시하고 있다. 이처럼 가족의 일보다 국가의 일을 중요시하다보니 모자간의 갈등은 심각하지 않아 보인다. 이는 이 자료가 갖는 건국신화의 성격과 연관되어 있다.

무속신화인 <바리공주>에는 부자관계와 부부관계가 함께 등장한다. 전자의 경우 어비대왕[父親]은 부녀간의 혈육의 정보다 국가의 지속이라는 공적인 왕위계승의 가치를 더 중요시한 탓에 어린 공주를 단지 딸이라는 이유로 강물에 버린다. 그런데 부친의 일방적인 가족관계의 단절은 공주가 구출되어 양육된 뒤 그 부친을 회생시킴으로써 공식적인 부녀관계로 복원된다. 이때 공주는 병든 부모를 상봉하고 생명수를 구하러 떠날 때, 부모에 대해 적대적이지 않다. 그만큼 부녀간의 갈등이 개입되어 있지 않다. 한편 <바리공주>에는 공주와 무장승 사이의 부부관계가 등장하는데, 이 관계는 공주가 부친의 회생이라는 목표를 이루기 위하여 맺은 것이어서 부녀관계보다 더 부차적이다. 공주는 새로 획득한 남편과 자식이라는 가족관계를 뒤로 하고 부녀관계를 복원하기 위해 서역(집)을 떠난다. 그녀의 아버지는 곧 국왕이기도 해서, 공주의 행위지향은 국가에 놓여져 있다. 이처럼 고구려 건국신화와 <바리공주>에서 모자, 부부관계가 국가의 공적 가치에 종속되는 것은 이 두 자료가 기본적으로 신화이기 때문일 것이다. 우리는 이를 통해 신화가 개인적인 가치나 이익보다 집단적인 것을 더 중시한다는 점을 다시 확인하게 된다.

전설을 문헌에 전하는 것과 구전하는 것으로 나누어 살폈는데, 문헌전설로 『삼국사기』 속의 인물전설을 주로 거론하였다. 먼저, '유리왕이 해명태자가 황룡국과의 관계를 불편하게 하여 나라를 위태롭게 만들자 그를 죽게 한 이야기'를 보면, 아버지의 일방적인 횡포에 따른 가족관계의 단절이 문제로 부각된다. 유리왕은 태자를 단지 아들로 보지 않고, 나라의 흥망을 책임지는 태자로 간주하였기 때문에, 부자관계라는 개인적 정리(情理)보다 국가의 유지(維持)라는 공적 가치가 더 중요하고 있다. 이 때 해명은 부왕의 명령을 거부하지 않고 받아들임으로써 비극적인 죽음을 맞이한다. <바리공주>에서 공주가 부왕의 일방적인 가족관계의 단절 행위에도 불구하고 죽지 않고 살아나 끝내 부녀관계를 회복하고 있는 데서 이 자료는 신화의 면모를 갖게 되나, 해명 태자의 이야기는 태자의 죽음으로 끝나고 있어서 비극을 속성으로 하는 전설이 될 수 있다.

'김유신이 전쟁터에서 죽지 않고 살아난 아들 원술과의 부자관계를 단절한 이야기'에도 해명 태자 이야기에서 보이는 가족관계의 갈등상이 나타난다. 특히 원술의 모친 지소부인마저 원술을 아들로 용납하지 않는 데서 부자관계의 심각성이 노출되거니와, 부모는 아들을 혈육의 정보다 국가에 충성하는 군신의 의리를 내세워 대하고 있다. 그 외에 화랑 관창이나 반굴의 이야기에 나오는 두 화랑의 죽음은 그들의 부친이 부자관계보다 군신관계를 중시하여 일방적으로 아들들에게 내린 명령의 결과이다. 그러나 이러한 부친의 일방적인 명령에 의한 부자관계의 단절은 널리 성공적이지 못함을 몇몇 인물전설 자료에서 확인할 수 있다. 그리하여 김서현과 만명의 야합담이나 강수의 야합담을 보면, 부부관계가 부자관계보다 더 우위에 설 수 있음을 보여주고 있다. 전자에는 부부의 천연성이, 후자에는 부부의 윤리성이 강조되면서, 부친의 명령이 부당함을 보여주었다.

<장자못전설>을 통하여 구전전설에 나타난 가족관계를 살폈으니, 이 설화에는 신적 존재인 중의 명령과 이를 위반한 며느리의 비극적 죽음이 그려지고 있다. 며느리는 집에 남겨둔 가족과 살던 집 생각에 '뒤를 돌아보지 말라'는 금기를 어기게 된다. 그러나 이로 인한 그녀의 화석(化石)은 청중들의 입장에서 볼 때 매우 불합리한 듯, 그들은 이야기판에서 가족관계를 중시한 며느리의 태도를 동정한다. 이런 이유에서 가족관계를 단절하라는 중의 일방적인 명령은 처음부터 지켜지기 어려운 것이어서 며느리의 입장에서 보면 매우 억울해보인다. 이 전설은 신적 질서와 가치가 인간적 가치보다 우위에 섬을 강조하면서도, 한편으로는 인간이 그것을 거부할 수밖에 없고 그로 인한 비극이 필연적임을 잘 말해준다.

<아기장수전설>에서는 부모의 일방적인 횡포로 인해 부자관계가 단절됨을 보여준다. 이는 부자관계보다 국가나 집단적 가치가 더 위력적이어서, 부자 사이에 혈육의 정리(情理)가 들어설 틈이 없음을 말하는 것이다. <장자못전설>이 신적 존재(중)가 악인의 징치라는 천도(天道)의 유지를 위해 내린 금기(명령)를 며느리가 가족을 지키기 위하여 필연적으로 위반하면서 비롯된 비극을 그렸다면, <아기장수전설>은 부모가 국가적 가치에 압도되어 부자관계를 일방적으로 단절함으로써 비롯된 비극을 보여준다. 이와 함께 <아기장수전설>은 <바리공주>처럼 부모가 국가적 가치에 압도되어 어린아이에 대해 일방적으로 부자관계를 단절하면서도, 부모가 아이를 죽이는 것으로 끝난다는 점에서 전설적 비극성을 가지고 있다.

민담에는 장르적 성격으로 인하여 가족관계의 일방적인 비극성은 잘 드러나지 않고, 그 대신에 부자관계와 부부관계가 각각 갈등을 보이거나, 간혹 두 관계가 함께 등장하여 서로 상호간 우위적 가치를 다투는 경우가 있다. 필자는 후자의 경우에 논의의 초점을 맞추어 보았는데, 여기에 적절

한 자료가 <지네처녀>이었다. 이 설화는 용사설화의 전통에 서 있는데, 비교적 후대에 이루어진 것으로 파악된다. 이런 이유 때문인지, 여기에는 경제적인 이익과 가치를 중시하여 부부관계가 부자관계보다 더 중요하게 여겨진다. 수직적인 부자관계의 질서가 받아들여지지 않고, 오히려 부부간의 정리가 더 중시되고 있기 때문이다. 지네처녀가 가난한 남성과 그 가족을 살리는 활인의 덕은 지극히 인간중심적 사고를 반영한 것으로, 이러한 은혜를 입은 남성은 조부나 부친과 같은 조상으로 설정된 구렁이의 당부를 거절한다. 필자는 부부관계와 부자관계가 갈등할 때는, 수평적인 부부관계를 더 따르고 있음을 이 민담에서 읽어낼 수 있다고 믿는다.

이러한 지적은 <나무꾼과 선녀>에서 다시 한 번 확인할 수 있다. 하위유형에 따라 나무꾼과 선녀의 부부간 재결합이라는 행복한 결말로 끝맺으면서도('승천상봉'형), 노모와 지상에서 만나는 일에는 불행한 결말로 끝나는 것은('수탉유래'형) 향유층이 전자의 관계를 더 우위에 두고 있었던 것이 아닌가 생각해본다. 전자의 자료들이 더 많이 전승되는 것도 그러하다. 어쨌든 이 두 상반된 가족관계가 서로 충돌할 때 사람들이 고민하고 있음을 이 설화는 말해주고 있는 것이다.

필자는 이상의 소략한 논의를 통하여 부자관계와 부부관계가 이야기 속에 어떻게 나타나는지 살펴보았다. 비교적 풍부한 자료를 거론해야 논의 결과가 확실할 터이나, 신화, 민담, 전설의 영역으로 나누어 이 두 관계의 갈등상을 살핌으로써 논의의 타당성을 확보하려고 하였다. 먼저, 문헌과 구전신화에서는 대부분 가족관계보다는 국가간 질서나 가치가 더 위에 놓여져 있어서, 부자나 부녀 사이의 갈등이 그리 심각하지는 않았다. 반면에 문헌전설에서는 부모의 일방적인 횡포에 따른 가족관계의 단절이 불행한 결말로 끝나고 있거나, 이를 부부의 천연성이나 윤리성 등에 의해 성공적이지 않은 자료들이 상반되게 존재하고 있었다. 그리고 구전전설에서는 부모나 신적 존재의 일방적인 횡포에 따른 가족관계의 단절로 그로 인한 비극적 결말로 끝나고 있었다. 이는 자료가 가지는 전설적 속성과 맞닿아 있는 것으로 보인다.

그런데 민담에서는 부자·부부관계가 전승 유형마다 개별적으로 갈등을 보이기도 하며, 혹은 두 관계가 함께 드러나면서 상호 우위적 가치를 다투는 경우가 있었다. 그리하여 후자의 경우 수직적 부자관계보다는 점차 수평적 부부관계가 더 중시되는 양상을 보이고 있음이 확인되었다. 이것이 자료 형성의 선후관계에 따른 것인지는 속단하기 어려우나, 민담의 향유층이 경제적이고 현실적 가치와 이익을 중시하는 사고방식을 앞세우면서 수평적 질서를 선호하는 것이 아닌가 생각된다. 이에 대하여 최재석은, 가족생활의 전통적 가치의식의 특징으로 '상하관계가 중시되며, 부부보다 친자관계가 중심이고, 이 둘은 모두 지배와 복종의 관계로 유지되고 있는 점'[26]을 든바 있거니와, 앞서 살펴본 민담에서 부부관계가 부자(최재석의 경우 친자)관계보다 중시된 것은 이러한 전통적인 가족의 의식에서 점차 근대적인 가족의식으로 변화하고 있는 저간의 사정을 잘 말해준다 하겠다.

참고문헌

강진옥, 「구전설화 유형군의 존재양상과 의미층위」, 이화여대 박사학위논문, 1985.
강진옥, 「전설의 세계」, 『한국 구비문학의 이해』, 월인, 2002.
김종권 역, 『삼국사기』, 광조출판사, 1984.
김태곤, 『한국의 무속신화』, 집문당, 1985.
서대석, 「바리공주의 신화적 성격」, 『한국신화의 연구』, 집문당, 2001.
이지영, 「한국결혼시련담 연구」, 서울대 석사학위논문, 1987.
이지영, 「<내복에 산다>형 민담의 연구」, 『한국서사문학의 연구』, 국학자료원, 1997.

26) 최재석, 개정 『한국가족연구』, 일지사, 1982, 223면.

이지영, 「<복 많은 백정딸>형 민담의 연구」, 『한국서사문학의 연구』, 국학자료원, 1997.

이지영, 「용사설화의 측면에서 본 <지네처녀>설화」, 『구비문학연구』제4집, 한국구비문학회, 1997.

이지영, 『한국 건국신화의 실상과 이해』, 월인, 2000.

임재해, 「무왕형설화의 유형적 성격과 여성의식」, 『민족설화의 논리와 의식』, 지식산업사, 1992.

임재해, 「온달형설화의 유형적 성격과 부녀갈등」, 『민족설화의 논리와 의식』, 지식산업사, 1992.

장덕순 외, 『구비문학개설』, 일조각, 1971.

천혜숙, 「전설의 신화적 성격에 관한 연구」, 계명대 박사학위논문, 1987.

최래옥, 『한국구전전설의 연구』, 일조각, 1981.

최재석, 개정 『한국가족연구』, 일지사, 1982.

최재석, 「가족」, 『한국민족문화대백과사전』 1, 정문연, 1991.

시집살이 서사를 통해 본 향촌사족층 문학의 여성형상

김석희*

1. 서언

본고는 조선후기 향촌사족층 여성의 삶을 좀더 당대적 실상에 가깝게 재구해 보고, 향촌사족층의 문학에 투영된 여성형상의 함의를 사회사적인 맥락에서 탐색해 보려는 시도의 일환이다.

이를 위해서는 그간의 조선후기 여성담론 연구를 반성적으로 검토해 볼 필요가 있는데, 대부분의 연구들은 대체적으로 페미니즘의 자장(磁場) 안에서 진행되어 왔다고 해도 과언이 아니다. 예컨대 시집살이 문제는 조선후기 여성문학의 대주제인데, 이 문제는 가부장제적 인습(因襲) 극복이라는 페미니즘 운동의 현재적 과제와 맞물리면서 매우 활발하게 분석 조명되어 왔다. 이에 따라 조선후기 고전 텍스트의 여성담론들은 거의 대부분 페미니즘적 비판의 세례를 받게 되었다. 그러나 운동론적 시각에 입각한 이러한 비판들은 당대의 문학현상에 대한 정당한 이해를 저해하거나 텍스트의 실상을 부당하게 왜곡하는 경우가 종종 있었고, 이에 대한 반론도 더러 제기되었다.

일 예로 조선후기 여성가사(규방가사 혹은 계녀가)의 경우, 그 문면만으

---

* 인하대학교 교수

로 볼 때는 가부장제의 각인(刻印)이거나 의식화(意識化)로 보이기 때문에 비판의 초점도 자연스럽게 여기에 맺히게 되었다. 우리 사회에는 아직도 여전히 가부장제적 가치를 옹호 역설하고, 그것이 견고하게 유지되던 시절에 대한 무한한 동경과 향수를 가지고 있는 이들이 엄존하기 때문에, 그리고 그런 시각을 가진 이들에 의해 도덕(道德)의 이름으로 페미니즘이 매도되는 일이 비일비재(非一非再)하기 때문에, 이러한 비판적 시각은 필요하고 유효한 것이라 할 수도 있다. 그러나 이들 여성가사를 여성들의 문화, 혹은 여성들의 어문생활사(語文生活史)에 초점을 맞추어 재조명을 해 볼 경우, 그러한 일방적이고 일률적인 매도는 매우 부당한 것임이 드러나게 된다. 그리고 무엇보다 아쉬운 것은 이러한 운동론적인 텍스트 비판들이 역사상(歷史像)의 재구(再構), 인물형상(人物形象)의 복원(復元)에는 접근조차 해 보지 못한 채로 고전문학 텍스트를 분서갱유(焚書坑儒)해 버리는 허물을 저지르기 쉽다는 점이다.

여성가사는 일반적으로 경향분기(京鄕分岐) 이후의 18세기 향촌사족층 가정을 배경으로 산출된 문학이라 할 수 있다. 따라서 여성가사의 이해는 그 산출의 기반을 이루고 있는 조선후기 향촌사족층 가정의 사회경제적 실상에 대한 선이해를 기초로 이루어질 필요가 있다. 그간의 여성가사 연구는 대체로 사족층의 경향분기 추세에 대한 고려를 소홀히 한 채 이루어져 왔다. 여성가사란 고도의 상징성이나 본격적인 전환표현이 거의 없는 '생활문학'이라는 점에서, 조선후기 향촌사족층 가정 내부의 삶의 실상에 대한 온당한 배려가 없이는 바른 이해에 도달하기가 매우 어렵다. 여성가사 산출의 사회사적 맥락이라 할 수 있는 조선후기 향촌사족층 가정 내부의 삶의 실상에 대한 탐색을 건너 뛴 채로 곧바로 여성가사를 분석, 평가, 재단하는 일은 이미 그 시작에서부터 오해와 왜곡을 잉태한 것이라 할 수 있다.

이와 같이 여성가사를 위시한 조선후기 여성문학의 대부분은 기본적으로 생활문학의 성격을 띠고 있기 때문에 이러한 사회사적인 조망(眺望)을 확보하는 일이 매우 절실하다고 할 수 있다. 그런데 이러한 조망을 위하여, 이미 마련되어 있는 어떤 조망대를 기대하기는 매우 어렵다. 거대담론 위주로 진행되어온 우리 인문학의 특성으로 인해 생활사며 미시사에 대한 축적이 의외로 빈곤하기 때문이다. 이에 본고는 이러한 사회사적, 생활사적 조망대를 구축하기 위한 기초작업의 일환으로 조선후기 향촌사족층 문학의 시집살이 담론 몇 가지를 분석적으로 검토하고 그 맥락을 꿰보는 작업을 진행해 보고자 한다. 그리고 그 토대 위에서 여기에 투영된 여성형상의 의미를 탐색해 보고자 한다.

본고에서 분석할 대상은 <망실안인윤씨행장(亡室安人尹氏行狀)>, <삼한습유(三韓拾遺)>, <복선화음가(福善禍淫歌)>인데, <망실안인윤씨행장>은 18세기 초반의 여성 행장 가운데 하나로서 외암(巍巖) 이간(李柬:1677~1727)이 조사(早死)한 아내 윤씨의 행적을 기록한 것이고, <삼한습유>는 19세기 초반 죽계(竹溪) 김소행(金紹行:1765~1859)이 그 유명한 향랑 전설을 토대로 창작한 한문소설인데 당대 향촌사족층 가정 내부를 좀더 미시적으로 살필 수 있는 좋은 통로이고, <복선화음가>는 조선후기 여성가사 장르운동의 한 극점(極點)을 형성하고 있는 변형 계녀가의 대표 작품이다.

2. 조선후기 시집살이 서사의 몇 국면

1) 산림처사의 아내 윤씨의 경우

<망실안인윤씨행장>은 경사(京師)의 부유한 벌열가 가운데 하나였던 파평윤씨(坡平尹氏)의 따님이 호서의 대표적인 산림학자였던 외암 이간에게 시집을 와서 20년 결혼생활 동안 온갖 고생을 무릅쓰고 살다가 치료 한번 제대로 받아보지 못하고 숨을 거둔 사연과 행적을 남편 이간이 애처

롭게 여겨 기록한 것이다.[1)]

처음에는 격식을 따라 의례적으로 가계를 적은 다음 곧바로 이어 아내의 시집살이 노고를 적었다.

> 안인은 어려서부터 단중(端重)하여 그 부모와 여러 형들이 향복안덕(享福安德)의 그릇이라고 기대하였다. 좀 자라매 여공이며 음식조리에 정통하지 않음이 없었고, 16세에 어머니가 오랜 병고 끝에 돌아가시매 근심하고 슬퍼함이 지극하여 보는 이마다 감탄하였다. 이십에 시집을 오매 구고(舅姑)가 자녀 없이 늦게사 조카를 얻어 후사를 삼은 경우여서 며느리 된 자가 설사 어질지 못할지라도 구고의 사랑하고 감싸심을 입었으련만 안인의 깊은 사랑과 지극한 정성은 성분(性分)에서 나온 것이어서 좌우에 승순(承順)하고 변함없이 경근(敬謹)하여 구고께서 깊이 애중(愛重)하셨다.
>
> 그러나 그 남편된 자가 본디 혹독하게 가난한 데다 성품 또한 우활하여서 가사에는 일찍이 한번도 마음 쓴 적이 없었기에, 무릇 제사며 노친 봉양, 가정사의 자질구레한 모든 일들까지 안인이 실로 혼자 스스로 담당하여 뜻을 다하고 힘을 다하여 밤낮으로 수고롭고 곤하였다. 곤고함의 극에서 혹 때로 슬피 탄식하는 말도 있었으나 그 마음은 늘 가정 일의 자질구레한 일이나 세간의 속된 일들이 남편의 뜻을 방해하여 빼앗지 못하도록 하는 데 있었기에, 늘 남편의 미간을 살펴 근심이 있는가 싶으면 문득 위로하여 해명하기를 "있고 없고 주리고 부른 것은 오직 내게 달린 일이니 장부께서 간여하실 일이 아닙니다"라고 말하였다.
>
> 이에 제사엔 풍결(豊潔)함엔 다다르지는 못할지라도 폐궐(廢闕)하는 지경에는 이르지 않았고 노친 봉양엔 감온(甘溫)에까지 다다르지는 못했어도 얼고

1) 제목에 붙인 '安人'은 정칠품·종칠품 문무관의 아내에게 주던 품계 이름이다. 외암 이간이 아내 윤씨가 죽고 난 먼 후일에 관직에 나아감으로 말미암아 얻은 것이니, '安人'을 붙이는 이간의 마음이 매우 착잡했을 것이다. 어쩌면 문자의 뜻 그대로 '나에게는 참으로 편안한 당신이었소!'하는 추모의 마음을 담았을지도 모를 일이다.

주리는 데에까지 이르지는 않았으니 모두가 안인의 힘이었다. 그러나 늘 이르는 말은 "제사하되 풍결에 다다르지 못하니 폐궐함과 무엇이 다르며, 봉양하되 감온에 다다르지 못하니 얼고 주리게 함과 무엇이 다르랴!" 하였다. 남편이 해지지 않은 온전한 옷 한 벌이 없을지라도 부끄러워하지 않았고, 어린 것이 병들어 맛있는 것을 먹이지 못할지라도 근심하지 않았으며, 자기 몸은 겨울에 솜옷을 입지 못하고 여름에 갈옷을 입지 못하며, 먹음에 든든치 못하고 잠자리에 침구를 갖추지 못하며, 머리에 다리를 얹지 못하고 발에 신이 없어 나들이를 못할 지경이었지만 터럭만큼도 괴로워하지 않고 이른 아침 늦은 밤늘 급급하여 노친의 안색에 주린 빛이 있음을 지한(至恨)으로 여겨 아침 저녁 드릴 것이 있으면 저윽이 안도하였지만 그렇지 못하면 방과 뜰에서 골머리를 앓으며 동동거리면서 스스로 용납할 곳이 없는 것만 같이 하였다. 이같이 조심조심 20년을 하루 같이 하다가 안인은 급거히 사라졌나니, 아아 슬프도다! 어찌 그리 궁핍했던고! 2)

이상을 통해 보면 윤씨의 시집살이에 관여된 몇 가지 곤경을 가늠할 수가 있다. 첫째는 산림학자의 뜻을 세우고 과거공부도 접은 채 생계 불관하며 심성론(心性論)의 탐구에 매진하는 남편 이간의 사회경제적인 소외 문제이고, 둘째는 경화벌열가의 일원인 친가와 향촌 한사층(寒士層)으로 편입되어가는 시가 사이 생활수준의 큰 낙차 문제이며, 셋째는 구고 세대와 자기 세대 사이 윤리적 기대지평의 편차 문제이다.

첫째의 문제는 자의에 의한 것이기도 하고 타의에 의한 것이기도 하지만, 어쨌든 산림학자의 길은 이 당시 지식인에게 주어진 코스의 하나였다고 할 수 있다. 이간은 우암(尤庵) 송시열(宋時烈:1607~1689)의 적통(嫡統)을 이은 수암(遂菴) 권상하(權尙夏:1641~1721)의 수제자 가운데 하나로 강문팔학사(江門八學士)의 하나였다. 과거에는 눈길도 주지 않고 생계 문

---

2) 李柬, <亡室安人尹氏行狀>, 『巍巖遺稿』 권16, 한국역대문집총간 190, 520~521면.

제에도 신경을 꺼 두고 오직 성리학의 깊은 경지를 개척해 들어가는 것이 이들에게 주어진 코스였다. 여기서 명망을 얻어 산림으로서의 지도적 지위를 얻게 되면 여러 가지 명예직을 얻거나 실직에 나아가는 경우도 있었고, 수많은 정치지도자들을 거느리거나 길러낼 수가 있었다. 이와 같은 현실적 계산을 떠나서도 극심한 당쟁 속의 환해풍파(宦海風波)를 피하여 성리학의 탐구에 몰두하여 높은 학문적 경지를 이룬다는 것은 떳떳하면서도 의미있는 일이었을 것이다. 이러한 코스를 인정하고 또 기대했기에 윤씨는 현실적 노고의 극점에서도 남편의 심지(心志)를 빼앗지 않으려고 초인적인 노력을 기울였다고 볼 수 있다. 이상의 인용 대목에 후속하여 남편의 과거 응시를 스스로 만류하는 것도 그러한 연유의 하나였을 것으로 보인다. 어쨌든 이토록 궁핍의 문제가 발등의 불로 다가왔음에도 불구하고 벼슬길로도 나아가지 않고 영농이나 다른 생계수단의 강구에도 눈을 감고 있어야만 하는 '기로(岐路)에 선 지식인가장(知識人家長)의 문제'는 이 당시 수많은 향촌사족층 가문 부녀들이 직면하고 있었던 사회문제의 하나임을 알게 해 준다.

둘째의 문제는 좀더 특수한 경우지만, 이를 신분(身分)과 재부(財富) 사이의 편차 문제로 일반화한다면 당대의 보편적인 사회문제의 하나라고 볼 수 있다. 실제 재부가 뒷받침되지 못하면서도 반가(班家)의 체면과 법도는 지켜내야 하는 향촌사족층 가정 내부의 제반 갈등과 곤경의 양상은 이렇게 누군가의 극기적인 희생을 강요하고 있는 경우가 허다했기 때문이다. 이간 자신의 서술대로만 이해한다면 윤씨는 천성[性分] 자체가 어질어서 이 가난이 큰 문제가 아니었던 것처럼 보인다. 그러나 그 이면을 따라가 본다면, 풍결을 결한 제사나 감온을 다하지 못하는 봉양을 내심에 늘 불안해하는 것이나, 기한(飢寒)에 떠는 노친들을 차마 보지 못하고 좌불안석하는 상태는 친가에서의 기준이 시가에서도 그대로 적용되는 현상으로서, 아마도 이런 미흡에 대한 불만은 겉으로 발현되지 않는 대신 내심의 깊은 우울로 침전되어 갔을 것으로 보인다. 이간은 후속하여 아내 윤씨가 부유사치한 친가의 일족들과 어울리면서도 끝내 검박(儉朴)을 지키며 의연했던 사실을 다소 장황하게 특기하고 있지만, 늘 받기만 하고 갚지 못함을 한스럽게 여겨 "구천지하에 응당 부루지귀(負累之鬼)가 되고 말겠구나!"[3) 하고 깊이 탄식했다는 기록을 통해 보면 평생 윤씨의 내심에 쌓인 수모와 고통이 어떠했으리라는 것을 미루어 짐작할 수가 있다. 경사의 벌열가에서 산림학자의 청명(淸名)을 택하여 혼인이 이루어진 경우이겠지만, 빈부의 격차가 시집살이를 어떻게 규정해 주고 있는가의 생생한 한 실상이라 할 수 있을 것이다.

셋째의 문제는 문면에는 잘 드러나 있지 않은 것이지만, 윤씨가 이토록 구고 섬김에 자신의 최선을 다하고자 했던 것은 세대간의 윤리적 기대지평 때문이라고도 할 수 있을 것 같다. 물론 이간이 말하고 있는 바와 같이 윤씨의 효성이란 천성에서 말미암는 측면이 배제될 수는 없을 것이다. 하지만 이 시대 대부분의 부녀 행장이 드러내고 있는 바와 같이 극기적인 형태의 효도란 이전 세대에서 공고하게 규정된 윤리적 관습이란 측면이 더욱 컸던 것으로 보인다. 무릇 바람직한 윤리란, 처지가 달라지고 시대가 달라지고 문명적 조건이나 물적인 토대가 변하는 것을 따라 경우에 맞게 조정되어야 하는데, 이 시대 반가(班家) 일반의 풍토는 상하 귀천 빈부를 막론하고 전시대의 규범을 묵수하는 것을 최상의 미덕으로 알고 융통의 여지를 두지 않았기 때문에 윤씨의 고통과 불행은 더욱 가중된 것으로 볼 수 있을 것이다. 이렇게 본다면 젊은 윤씨의 죽음에는 이 시대 윤리의 고식성(姑息性)이 그 모순(矛盾)의 단면(斷面)을 드러낸 것이라고도 할 수 있는 셈이다.

실제로 이상과 같은 곤경의 딜렘마 속에서 윤씨는 다산(多産)의 후유증

3) 위 책 522면.
"凡人有所贈遺 不計多少 輒懷愁歎曰 平生未嘗遺人 而每受人遺 是豈人心之所安者 如是寒乞無償還之日 則九地之下 當爲負累之鬼矣 其心痛楚 不啻若疾疢噫 其狷介潔濯 有如此者 而安人之今亡矣" 여기서 '부루지귀'란 남에만 누만 끼치다 죽은 귀신이라는 뜻이 될 것이다.

으로 늘 병치레를 하면서도 하루도 누워보지를 못하고 졸연히 세상을 뜨고 말았으며, 남편 이간은 이러한 참혹한 현실인식 앞에서 비로소 다음과 같이 비탄을 터뜨리는 것이다.

> 안인의 사라짐에 그 남편은 슬퍼 탄식하여 이르기를 "선민(先民)의 말씀에 선인(善人)은 반드시 복을 받고 인인(仁人)은 반드시 장수한다 하였으나, 이제 우리 안인 같은 이는 그 뜻과 행실이 어질고 착하지 않음이 없음에도 어려서 그 어머니를 잃었고 멀리서 그 아비를 곡했으며, 구고 있음에도 그 봉양을 충분히 할 수가 없었고 남편이란 게 있어도 심히 어리석어 해로치를 못했으며, 늦게사 자녀를 두어 큰애도 행례(行禮)를 치르지를 못했고 어린 것은 젖을 떼지 못한 채로 궁핍히 주리기를 스무 해, 쇠하기도 전에 문득 아침이슬의 신세가 되었으니 복(福)이란 과연 어떤 물건이며 수(壽)란 과연 어디에 있단 말인가![4]

이 대목은 화복(禍福)에 관한 논란이다. '복선인수(福善仁壽)'라는 믿음; 이것은 동서고금 윤리적 가치관의 보편적 기저를 이루는 믿음으로 이 믿음은 성리학의 윤리적 체계를 통하여 이간의 내면에 더욱 강화된 형태의 신념으로 자리 잡고 있었을 것임이 분명한데도 그는 이 믿음 자체에 깊은 회의를 드러내고 있다. 회의를 드러낼 뿐만 아니라 무엇인가가 잘못되어 있었다는 것을 절실히 깨닫는다. 어진 아내를 온갖 곤경의 수렁에 밀쳐 넣은 나머지 마침내 죽음의 자리로 몰고 말았다는 자책이 '남편이란 게 있어도 심히 어리석어 해로치를 못했으며'로 표현되어 있다. 부인 윤씨의 시집살이 곤경과 그 막다른 골목으로의 죽음; 이것이야말로 새로운 대안이나 근본적인 해결을 기다리고 있는 중요한 사회적인 문제의 하나였다. 이 당시 빈궁의 가중 추세 속에서도 신분에 얽매여 생산 활동에서는 유리된 채 백수화(白手化)하고 있는 향촌사족들은 그 아내와 며느리와 딸들에게

---

4) 위의 책, 522~523면.

가중되는 고통의 뿌리로 자리 잡고 있었던 것이다.

이상에서 개괄해 본 바와 같이 윤씨의 시집생활과 그 종말은 도덕적 당위에 입각한 허다한 찬사에도 불구하고 다분히 비극적이라고 하지 않을 수가 없다. 이는 신분적 교양의 유지와 생계적 기반의 안정이라는 두 마리 토끼를 동시에 좇아야만 하는 향촌사족층의 며느리가 된다는 것이 실제적으로 얼마나 곤고하고도 지난한 일인가를 드러내 주는 전형적인·한 사례라고 할 수 있을 것이다.

2) <삼한습유(三韓拾遺)> 향랑의 경우

<삼한습유>는 1814년에 창작한 것으로 추정되는데,[5] 이 해는 작가 김소행이 50세가 되는 해이다. 이 작품은 <육미당기>와 더불어 작가가 분명히 밝혀져 있는 지식인 소설로서 익명의 미궁 속을 헤매야 하는 조선후기 소설사를 파악하는 데 매우 중요한 자료이다. 그런 연유로 우리 소설사에 대한 관심이 고조된 1980년대 중반 이래로 꾸준히 그 작품론이 이루어져 왔는데, 관심의 초점은 주로 주제로서의 '열'에 관한 문제와 기법으로서의 '허구화'와 관련한 문제였다고 할 수 있다. 이와 관련된 제반 문제들은 박일용, 조혜란, 장효현의 논의를 거치면서 충분히 분석 정리된 바가 있다.[6]

본고에서는 초점을 달리하여 작품의 초두에 논쟁적인 형태로 길게 전개되고 있는 택서담론(擇壻談論)과 그 인과적(因果的) 귀결(歸結)이라 할 수 있는 시집살이의 실제에 초점을 맞추어 혼인의 문제와 관련한 작가의식의 실체를 구명해 보고자 한다. 작가 김소행은 벌열가문의 하나인 안동

5) 박일용, 「삼한습유를 통해서 본 김소행의 작가의식」, 『한국학보』, 제42집, 일지사, 1986 봄.
6) 박일용, 「삼한습유를 통해서 본 김소행의 작가의식」, 『한국학보』, 제42집, 일지사, 1986 봄./ 조혜란, 「삼한습유 연구」, 이화여대 박사논문, 1993./ 장효현, 「삼한습유에 나타난 열녀의 형상」, 『조선시대의 열녀담론』, 한국고전여성문학회, 월인, 2002.6.

김씨로 문재(文才)가 뛰어났던 호남자였지만, 서손(庶孫)이란 멍에에 묶여 평생을 불우하게 살았던 것으로 보인다.7) 특히 가난의 문제에 대한 자의식이나 콤플렉스가 컸던 것으로 보이는데, 그의 나이 50세는 자녀들의 혼사 및 결혼생활과 관련하여 한층 더 이 가난의 문제를 뼈저리게 느끼지 않으면 안되었던 때였을 것으로 보인다. <삼한습유>를 통해서 첨예하게 다뤄지고 있는 가난의 문제는 아마도 작가 자신의 이러한 현실적인 문제의식과 맞닿아 있었다고 볼 수 있을 것 같다. 저작의 변이라 할 수 있는

---

7) <삼한습유>에 부록된 臺山 金邁淳(1776~1840)의 <三韓義烈女傳序>에 불우한 중에 늙어 가는 김소행에 대한 김매순 자신의 연민과 부채의식이 드러나 있다. 같은 안동김씨 일족이면서도 서족 신분인 김소행을 천거한다는 것이 실제적으로 매우 어려웠던 것으로 보인다. 최근 세상에 알려진 道軒 金雲淳(1798~1870)의 『道軒遺稿』에 김운순의 三從祖였던 金絅行에 관한 일화와 행적이 실려 있는데 이 중에 아우 김소행에 관한 짤막한 일화도 함께 전한다. 그 내용은 다음과 같다.
"석계공께서 늦게 사람의 간청에 못 이겨 향랑전이라 하는 소설 한 권을 지으셨는데 반 나절에 붓을 들고 부르며 지어 쓰셨다. 그 당시 조야를 막론하고 선비들이 이 저서를 큰 문장이라 일컬었으며, 마침 중국에 가는 사신이 이 저서를 가지고 가서 중국 사람에게 보이니 중국에서 이렇다 하는 문장 대가들이 보고는 천하 문장이라 경탄하면서 은전 300량을 주고 사 갔다. 수는 구십 오세를 사셨으니 天爵이라고 하는 수는 받았으나 평생 가난하게 사셨다."
여기서 竹溪가 아니라 石溪라 한 것은 번역자의 착오로 보인다("그 아우님 되시는 죽계공께서는"으로 해야 옳을 것이다). 석계는 형 김경행의 호였던 것으로 보이는데, 번역자 大山 金碩鎭 翁은 門中에 世傳해 오는 '金紹行神話'에 이끌려 김경행 관련 기록을 김소행의 것으로 바꾸거나 김소행 관련 사항을 김경행 관련으로 誤記하고 있는 것으로 보인다. '金紹行神話'의 자취는 글의 말미에 붙인 안내 주석의 다음과 같은 언급: "어려서부터 어른들께 들으면 石溪 先生은 香娘傳뿐 아니라 永安府院君(祖淳) 宅에 까마귀 떼가 난동하여 부원군의 소청으로 그 까마귀 떼를 얽어맸다는 縛烏文과 오래 묵은 고양이가 집안을 시끄럽게 하여 그 고양이를 쫓아냈다는 逐猫文 등 신비한 글과 재미있는 일화가 많이 전해져 있다. 그리고 石溪(紹行) 선생은 충주에 사는 守鎭씨의 六代祖이시다."을 통해 짐작할 수가 있다. 여기서도 金紹行을 石溪로 지칭하고 있는 것을 알 수 있다.
2003년 2월 6일에 있었던 한국고전여성문학회 제10차 학술발표회에서는 대가의 번역을 그대로 믿고 모든 내용을 김소행 관련 기록으로 소개한 바 있었으나 원문 대교를 통해 이상과 같이 정정해 둔다. 그 때 김소행의 글로 소개를 했던 <山中閒話>와 그 幷序 등도 모두 김소행의 형이었던 석계 김경행의 글로 볼 수밖에 없다.

작품 말미의 <지작기(誌作記)>에도 이 택서(擇壻)와 관련한 빈부의 문제는 글 전체의 절반에 걸쳐 진지하게 거론되고 있다. 그는 결혼생활의 성패 문제를 남자의 현부(賢否)에 달린 것으로 보고 "딸은 반드시 어진 사위를 택하여 시집을 보내야 한다(嫁女必擇賢者)"는 명제적 진술을 전제(前提)처럼 깔아두고서 후속 논의를 다음과 같이 펴 나가고 있다.[8)]

대개 천하에 불현자(不賢者)가 많은데 부(富)란 천하가 다 흠모하는 것이요 빈(貧)이란 천하가 다 혐오하는 것이다. 이 때문에 공자께서도 "가난해도 즐거워하고 부해지더라도 예를 좋아하거라" 말씀하셨지만, 예로부터 이제까지 능히 이리 할 수 있는 자가 그 몇이나 되겠는가? 대저 부자란 음일(淫逸)에 습관이 되어버려 늘 먹고 입는 것으로써 남을 무시하고 사람의 도리가 있는 것을 아지 못한다. 대저 색을 기뻐하고 돈을 좋아하는 마음으로써 그 세(勢)가 족히 널리 구하여 그 적의(適意)하기를 힘쓰니 골짜기나 큰 구렁이라도 메울 지경이다. 대저 사람의 도리를 아지 못하고 욕심 채우기만을 마음을 써서 한 지어미에게 갖추 구한다면 비록 장강(莊姜)의 아름다움, 반희(班姬)의 어짊이라도 보존키가 어려울 터인데 하물며 그보다 못한 자랴! 고인(古人)이 이르시기를 "가난하면 아내를 가리지 않는다" 또는 "어미가 친히 물긷고 절구질할 정도면 아내를 고르지 않고 얻는다" 하였으니 그 형세가 그런 것이다. 형세의 어떠함에 따라 그 실정도 달라지는 법이다. 인심이 제각기 다르니 내가 감히 부자는 모두 음(淫)하고 빈자는 모두 인재(人才)라 할 수는 없지만, 부부가 서로 등져 떨어지는 일은 부자들에게 많고 빈자들에겐 드무니 그 형세가 시키는 바라 할 수 있다.

8) <삼한습유> 인용은 서울대본 필사본을 필자가 번역하여 사용한다. 소설임에도 『시경』을 비롯하여 많은 전고들이 인용되고 있어 주석이 불철저한 기존 번역서를 신빙하기가 어렵고, 기존 논문들의 번역 인용에도 오류가 많이 발견되어 새로 번역을 해 보았다. 미심처에 관해서는 정운채 교수의 자문을 많이 참고하였다. 이 자리를 빌어 사의를 표한다.

이렇게 논한 후에 그는 다음과 같이 딸 가진 부모들을 경계(警戒)시키고 있다.

> 향랑의 부모가 이 의(義)를 알지 못하여 그 남편이 과연 불례(不禮)했으니 이 이치의 일정함이 괴이할 바 없음이요, 향랑이 부모의 뜻을 중히 여김으로 그 명지현철(明智賢哲)함에도 불구하고 침몰되어 빠져 죽음을 면치 못했으니 비탄할 일이다. 후에 부모된 자들로서 이를 거울삼아 경계하지 못하고 억지로 시집을 보내려는 자들은 일찌감치 물귀신을 찾음만 같지 못할 것이다.

이와 같이 <지작기>의 택서담론은 부자 사위를 강력히 배격하고 현자 사위를 얻어야 한다는 것을 수미쌍관(首尾雙關)의 수사적 장치까지 동원해가며 시종일관 강조하고 있다. 그는 이것을 '차의(此義)' '차리(此理)'로 지칭해 가면서 확고부동의 기준이나 원리처럼 계속하여 반복적으로 환기하고 있다. 이로 볼 때 <삼한습유>의 가장 중요한 창작 동기 가운데 하나는 택서훈(擇壻訓)의 제시라 할 수 있겠고, 이는 김소행으로 대표되는 향촌 한사층의 현실인식의 한 단면이라고 할 수 있는 셈이다. 부에 대한 혐오에 가까울 정도의 부정적 인식, 양반 지식인으로서의 교양이며 예, 덕성, 재능 등에 관한 꼿꼿한 자존심; 이것이 이 작품에서 '향랑'이라는 여주인공을 통하여 김소행이 형상적으로 드러내 보이는 내심의 실체였다고 해도 과언이 아니다.

여러 논자들이 거듭 지적하고 있는 바와 같이 <삼한습유>의 향랑은 1702년 선산에서 오태강 물에 투신했던 양인(良人) 박자갑의 딸이 아니다. <삼한습유>의 향랑은, 비록 넉넉지 못한 형편에 어려운 곡절을 많이 겪어 나온 가정이긴 하지만 그래도 반가(班家)의 교양과 체통이 반듯하게 서 있는 집안에서 모든 범절과 행실을 익힌 비범한 규수로 설정이 되어 있다. 가난하지만 높은 자긍심을 가지고 살았던 일대의 선비 김소행 자신이 애지중지 길러낸 따님에 다름 아닌 그런 형상이다. 재덕과 교양에 용모까지를 겸비하고 '부음(富淫)한 부가(夫家)를 여지없이 공박하고 성토하는 향랑은 '벙어리 삼년 귀머거리 삼년'이라는 새며느리 형상에서는 까마득히 멀고, 오히려 <지작기>의 택서담론을 대변하는 변사(辯士)에 가깝다. <삼한습유>의 텍스트 속에 구현된 그 대변의 실상부터 우선적으로 살펴보면 다음과 같다. 재자(才者)와 부자(富者) 사이에서 택서(擇壻)를 망설이는 아비가 자신의 의견을 물었을 때 향랑은 몹시 부끄럽고 황송해 하면서도 다음과 같이 또렷한 주장을 펴고 있다.

> 부모님의 남은 가르침을 받들어 경사(經史)에 조금이나마 통하니 거칠게나마 대의를 아나이다. 부녀된 사람은 남에게 복종하여 사나니 집에서는 아버지를 좇고 집을 떠나서는 남편을 따른답니다. 대인께서 내리 물어 주시니 어찌 일시적인 부끄러움 때문에 제 한 몸의 대계(大計)를 그르칠 수가 있겠습니까? 대저 부부가 있은 연후에 부자가 있나니 부부란 만화(萬化)의 근원이요 생민(生民)의 처음입니다. 그러기에 건도(乾道)는 남자를 이루고 곤도(坤道)는 여자를 이루어서 덮어 기름과 받들어 따름으로 가도(家道)가 정해진다 하였고, 주역에도 뇌풍항(雷風恒)의 괘가 있으니 항(恒)이란 것은 박후(博厚)하고 유구(悠久)함으로 성시(成始)하고 성종(成終)한다 하였습니다. 사람의 현부(賢否)란 빈부(貧富)에 있는 것이 아니기 때문에 덕휘(德輝)의 거안제미(擧案齊眉)와 소군(少君)의 제옹출급(提甕出汲)을 세상이 일컫기를 어진 배필엔 가난을 염려할 것이 없다 한 것입니다. 혼인에 정호지락(靜好之樂)을 구함은 다복을 스스로 구하는 데 있나니 실로 절행이 없이 가축처럼 길리운다면 시종 스스로 보존하기도 어려울 뿐더러 남들도 다 천히 여깁니다. 남편이 부재(不才)함은 여자의 불행이니 <종풍(終風)>의 시(詩)가 거울이 될 만합니다.

원문으로 190여 자에 이르는 이 변론 대목은 경사(經史)의 전고(典故)들에 근거를 두고 부자 신랑을 거부하고 어진 신랑을 취하려는 논리를 분명히 하고 있다. 이는 이미 그 어미가 장장 400여 자에 달하는 변론을 통해

어진 신랑이란 허울뿐이기 쉽고 재물이 있어야만 된다는 경험적 현실논리를 설파한 후의 응대(應對)여서 더욱 놀라운 바가 있다.[9] 이러한 불꽃 튀는 논쟁 판의 분위기로 인하여 사회자의 입장에 있는 가장은 아내와 딸 사이 극한대립의 와중에 속수무책이 되고 만다. “갑자기 낯빛을 바꾸고 그 어미를 물끄러미 바라보았다(愀然變色 熟視其母)”는 묘사는, 딸의 정연한 반박 논리 앞에서 당황하고 있는 아비의 이러한 곤경을 여실히 드러내 주고 있다. 그 어미는 당황하고 화를 내면서 ‘네가 부모를 잘 만나서…’로 화두를 잡아 다시 290여 자의 재반론을 편다. ‘배가 고파도 밥을 얻을 수가 없고 살이 에일지라도 걸칠 옷이 없는’ 절대빈곤의 지경에서는 모든 관념적인 예(禮)며 애정(愛情)이 설 자리가 없음을 통박하는 이 어미의 호소는 체험적 진정성이 배어 있는 듯 날카롭고도 절실한 데가 있다. 마침내 이 어미는 자기 진정을 이해하지 못하고 반론을 펴는 딸에게 모녀의 의를 끊자고 최후통첩을 한 후 가슴을 치며 통곡을 한다(椎胸大哭). 가난한 집에 시집을 가는 것은 물불 속으로 뛰어 드는 것보다도 위험한 것이라 인식하고 있기 때문이다. 뜻하지 않은 이 ‘아이고댁 신세자탄’에 밀려 향랑은 어미를 위로하면서 자기 주장을 굽히고 만다.[10]

이렇게 우려(憂慮) 속에 시발된 혼인은 신랑의 무례와 시어미의 질시

---

9) 어미는 開口 劈頭에 “天下之惡 莫甚於貧”이라 전제를 해두고 조목 조목 그 이유를 열거하고 있는데, 체험적 실감이 배어있는 현실주의 논리라 할 수 있다. 그는 가난 때문에 수모를 당한 수많은 역사인물들을 열거하고, 子路와 太史公의 말을 이끌어 어질다는 東家之子의 곤경과 한계를 西家之子의 富가 줄 수 있는 현실적인 가능성에 비겨 논한 후에, ‘어질기만 하면 후일에 부귀케 될 수도 있다’는 것이 헛된 기대일 뿐임을 강조하고 딸을 결코 ‘弱國之大夫’ 신세로 만들 수 없다고 완강히 배수진을 치고 있다. 이는 가난에 찌들리고 가난살이에 물리고 가난고생에 데어버린 향촌사족층 아내의 뼈저린 외침일 것으로 보인다.

10) 明日 당장 富家 쪽으로 통첩하기로 결정이 된 그 불면의 밤에 향랑은 병풍의 원앙을 보면서 고시 한 편을 짓는데, 특히 그 마지막 두 구절 “豈有他故兮 哀余時之不當, 假毛羽於丹青兮 羨禽鳥之翱翔”이 눈물겨운 바가 있다. 모든 것을 때를 만나지 못한 운명에 돌리고 병풍의 새처럼 날개를 얻어 도피해 버리고 싶다고 하소연하고 있는데, 원치 않는 시집으로 내몰리는 처녀의 심정이 대개 이와 같으리라 여겨진다.

모욕 속에서 그 갈등의 골이 점점 더 깊어져 간다. 시어미는 첫 대면에서 복식이며 기명이 없음을 이유로 노기를 띠고 사당 참배를 시키지 않은 채, '신부의 이름(새애기)'으로 호칭하지를 않고 '가난뱅이집 딸내미(貧家女)'라 부른다. "내 집의 이만한 부라면 어디서 아리따운 며느리를 얻지 못하겠는가? 폐백을 이리 터무니없이 하여 큰 창피를 끼치다니 진작 이럴 줄을 알았으면 누가 인물만 보고 취했겠는가?" 하고 공언하는 것은 시어미의 가치관이 어디에 있는가를 단적으로 증언해 주고 있다. 여기서 우리는 친정어미의 '선부(羨富) 저자세(低姿勢)'와 시어미의 '시부(恃富) 고자세(高姿勢)'가 기묘하게 맞물려 있는 양상을 보게 된다. 부에 대한 선망과 부를 가진 자의 콧대 높은 잣세; 이것은 한편으로 작가 김소행 자신의 택서론(擇壻論)을 위한 전략적 배치로 이해될 수도 있지만, 다른 한편으로는 김소행 당대의 부녀들 사이에 번지고 있는 인식이며 가치관의 현주소를 그대로 반영하고 있는 현상으로도 이해된다. 그리고 이러한 중년 부녀의 공식구화(公式句化)한 담론은 작가 김소행의 뇌리 속에 깊은 각인(刻印)을 남기고 있다가 소설 속의 대화나 변론으로 자연스럽게 현현되어 나온 것이라 할 수 있다. 여기 동원되고 있는 부녀들의 말씨나 행태가 비록 한문으로 표현되고 있음에도 불구하고 천연 그대로의 생생한 육성과 실경으로 다가오고 있다는 점이 이러한 사실을 뒷받침하고 있기 때문이다.[11] 아마도 김소행 자신이 가난의 굴레 속에서 갈수록 목소리가 거세지고 있는 자기 계층 아내들의 행태를 일상의 현실로 수용할 수밖에는 없는 단계에 들어서고 있는 징표라 할 수 있겠다.

이렇게 삐걱거리며 출발한 부가(富家) 시집살이는 향랑이 아무리 예로서 몸을 가누고 행동거지를 바로 해도 도리어 혐오와 반목의 골을 깊게

11) 이러한 특징은 조혜란이 적실히 잘 잡아 지적한 바 있다. 조혜란, 「삼한습유 연구」, 이화여대 박사논문, 1993, 160~172면. "향랑의 어머니와 시어머니에 대한 묘사와 그들의 대사는 마치 말을 옮겨 적어 놓은 듯이 자연스럽고도 실감나게 표현되고 있다." 161면.

할 뿐 개선의 계기를 얻지 못한다.[12)] 그러다가 하루는 남편이 대낮에 술이 취해서 광패(狂悖)히 내당으로 들어와 동침을 요구했을 때 향랑은 이를 단호히 거부하며 바른 말, 쌓인 말을 쏟아 놓는다. 이에 사내는 격분하고 시어미가 맞장구를 쳐서 며느리를 성토하고 숨겨온 정인(情人)이 있는 것이라 모함까지 하여 막다른 골목으로 몬다. 이 때 이루어지는 시어미와 향랑 사이의 말 겨룸이 매우 흥미로운데, 여기서 우리는 향랑의 인물형상이 지니는 사회사적인 의미를 더욱 분명하게 포착해 낼 수가 있다. 입에 게거품을 물고 눈에 불을 쓰며 지팡이를 탕탕 쳐 대는 시어미에게 보이는 향랑의 반응을 먼저 보기로 한다.

> 그녀는 물러나와 뜰에 서서 참아 똑바로 마주 보지를 못하고, 시어미의 기세가 점점 더 급박해지는 것을 괴로이 지켜보다가 말하지 않을 수 없어 몸은 대문을 향하고 얼굴만 돌려서 한숨을 쉬고 웃으며 이르기를 "죄를 덮어씌우시려면 무슨 말인들 못하시겠어요? 가난이 죄라면 전들 어쩌겠어요? 그 실정(實情) 밖의 말씀은 규중 여자로서 감히 들을 수도 없으니, <용풍(鄘風)>에 읊었듯이 '이르려 들면 도리어 말이 추해지고, 되뇐다면 오히려 말이 욕되다'는 격이네요. 죽음이 있을 따름 어찌 감히 비례지언(非禮之言)으로 제 혀를 더럽히겠어요?"

한 수 아래의 사람을 지도하거나 훈계하는 투에 가깝다. 이 광란의 와중에서도 흐트러지지 않은 모습으로 조리정연하게 따지고 드는 며느리는 마침내 이 단순한 시어미를 광란의 지경으로 몰고 간다.

---

12) 그 구체적인 서술의 양상은 다음과 같다.
"다만 공경히 婦道 지키기를 마음에 두고, 쓰설이며 난방 살피기를 거르지 않고, 좋은 음식 극히 맛있게 만들어 내기를 날로 더욱 힘써 세월을 보내매, 참을 인자를 살 길로 여기며 몇 개월을 보냈으나, 남편은 狂悖함이 더욱 심해지고 시어미까지 그것을 북돋워서 두 사람의 怒가 번갈아 공격하더니 危辱이 한꺼번에 이르러 부엌 일마저 간여치 못하게 하고…"

> 시어미 더욱 화가 나서 기둥을 차고는 고꾸라지며 느린 소리로 '아아…' 빠른 소리로 '호오…!' 짧은 소리로 '으윽…!' 긴 소리로 '우우…' 하니, 목소리가 언 듯 미끌어지다가 혓소리가 선뜻 나오며 중언부언하다가는 소리가 얽혔다 풀렸다 하면서 곰이 포효하듯 여우가 울듯, "이년! 이년! 시에미를 능멸하고 남편을 속이는 년이 예의를 들먹이다니 네 필시 저자 거리에 어울하게 매달린 숙손통의 후신이렸다! 내 네년 볼 때마다 심장과 간담이 땅에 떨어진 적이 한두 번이 아니다! 오늘 이처럼 내게 무례하니, 천한 여편네가 어찌 감히 예(禮)도 알고 의(義)도 알고 주둥이 날카롭고 혓바닥 긴 경국(傾國) 경성(傾城)의 염처(艶妻) 철부(哲婦)의 시어미 노릇을 한단 말이냐!" 하고는 즉시 아들을 명하여 가마를 메워 돌려보내라 일렀다.

이렇게 모질게 내침을 당하지만 향랑은 당(堂)에 올라 그 실성한 시어미 앞에 재배(再拜)를 하고 온유한 음성으로 정중한 하직 인사와 축원의 말까지를 다 갖추고 나서야, 비로소 가마에 오른다. 박절하게 내침을 당한다는 점에서는 최초의 <향랑전>이나 여타의 <향랑전>과 다름이 없지만 쫓겨 가는 향랑의 형상은 판이하게 다름을 알 수 있다. <삼한습유> 이 대목에서의 향랑은 돈만 알고 예와 덕을 모르는 시어미와 그 아들을 도덕적으로 심판하고 징치하는 위치에 있고, 모든 대결의 국면에서 항상 한 수 위의 경지를 표상하고 있다. 그리하여 문면에 명시된 것은 없지만, 향랑의 가문은 문한(文翰)의 전통이 이어져 온 전통 사족에 가까워 보이고 시가의 경우는 부를 토대로 신분상승을 이룬 졸부의 경우인 것처럼 보이기까지 한다. 이는 아마도 재부와 신분 사이, 재물과 덕성 사이, 의식(衣食)과 교양 사이에서 신분, 덕성, 교양의 쪽을 더 중시하는 김소행의 관점이 서술의 실제를 지배하고 있기 때문일 것으로 보인다. 그런 측면에서 본다면 <삼한습유>의 향랑은 리트머스 시험지와도 같은 존재라 할 수 있다. 19세기 초반의 전형적인 빈궁 · 불우한 향촌사족층이었던 작가 김소행이 자기가 견지해 온 택서론을 입증해 내기 위하여 부유한 시가에 투입시켜

"부음(富淫)"의 실체가 어떠한 것인가를 드러낸 후에 다시 가난한 친가로 귀환시킨 존재라 할 수 있는 셈이다.

3) <복선화음가(福善禍淫歌)> 주인공의 경우

<복선화음가>는 <계녀가>의 변형 가운데서도 그 변형의 정도가 가장 먼 지점에까지 나아간 여성가사의 하나로서 다양한 이본군을 거느리고 있는 작품이다. <계녀가>의 일반적인 전형은 서사(序詞)에 이어 사구고(事舅姑)-사군자(事君子)-목친척(睦親戚)-봉제사(奉祭祀)-접빈객(接賓客)-태교(台敎)-육아(育兒)-어노비(御奴婢)-치산(治産)-출입(出入)-항심(恒心)의 11항목을 차례로 서술하고 마지막에 결사(結詞)를 두어 마치는 구조임에 비해, <복선화음가>의 경우는 제9항목에 해당하는 치산(治産)만을 따로 떼어 도드라지게 확대하고 여기에 초점을 두어 딸을 훈계하는 구조를 지니고 있다. 물론 이 치산(治産)에 곁들여 대개 사구고(事舅姑)와 사군자(事君子)를 교훈하고 있지만 치산(治産) 자체가 서술의 중심이자 서술 분량의 거의 전부를 점하고 있는 형국이다. 이본에 따라 편차가 매우 크지만, 대개가 공통적으로 주인공의 일대기를 뼈대로 삼아 이야기를 풀어내고 있다. 그리고 주인공인 여성은 대개가 경화벌열(京華閥閱)로 추정되는 김익주의 손녀로 설정이 되어 있는데, 금지옥엽(金枝玉葉)으로 자라난 이 여성 주인공이 이러 저러한 계기로 강호한사(江湖寒士) 집에 출가하여 겪는 시집살이의 간고함을 서술한 뒤에, 후속하여 발분(發奮)하여 치산에 힘써 성공한 행적을 서술하고, 이어서 시집가는 딸에게 시집살이 고생을 잘 감내하라 당부하는 내용이다.

이 작품의 구조는 서영숙에 의해 계녀형(戒女型)과 전기형(傳記型)으로 대별될 수 있음이 밝혀졌다.[13] 최근 이본현상을 중심으로 이 작품의 소통

---

13) 서영숙, 「복선화음가류 가사의 서술구조와 의미」, 『한국여성가사연구』, 국학자료원, 1996.

실태를 집중적으로 살핀 바 있는 한 연구자에 의하여 좀더 정치한 유형론의 필요성이 제기된 바가 있긴 하지만,[14] 서영숙의 이 구도는 <복선화음가> 이본현상의 두 극점을 현상하고 있는 것이어서 <계녀가>변형의 프론티어를 파악하는 데에는 여전히 중요한 기준이 되어 줄 것으로 보인다.

그동안 작품의 주제나 이데올로기적 성격을 둘러싸고는 크게 두 가지 견해가 맞서 있는 형국이다. 하나는 이 작품이 여성들의 도덕성에 낭만적인 보상을 안기는 형태일 뿐 가부장제적 유가이념의 강고한 틀을 그대로 강제하고 있다는 면에서 여전히 여성억압적으로 작용한 것임을 강조하는 견해가 있다.[15] 그리고 다른 하나는 가사의 장르운동에 비추어 이 작품의 진보적 의의를 인정하거나,[16] 계녀가의 전통윤리를 외피화(外皮化)해 두고 텍스트의 내부나 이면이나 행간 속에 여성들 자신의 욕망이나 꿈을 다양하게 내장하고 있다는 점에서 그 진보적인 의의를 찾는 견해이다.[17] 그리고 최근에는 이 작품의 대중적인 소통에 따른 교양물화 양상을 주목하고 "계녀가류 가사는 이념적 세뇌 기능을 수행했다는 혐의를 받기 쉽지만 작품 소통의 실질은 이와 달리 고난을 헤쳐 나온 여성의 자긍이나 올바른 행실에 관한 품위 있는 교양의식이 잔잔하게 깔려 있다"고 다소 중립적인 견해를 제출하는 연구자도 있는가 하면,[18] 이 가사가 안동지역 사족층 남성의 여성 수탈을 위한 음험한 기도(企圖)라고 혹평하는 연구자도 있다.[19]

---

14) 성무경, 「복선화음가류 가사의 이본현황과 텍스트 소통」, 『신발굴 자료를 통해 본 가사문학의 재인식(2002년 민족문학사학회 공개학술발표회 자료집)』, 2002.12.

15) 장정수, 「복선화음가 연구–여성형상과 치산의 의미를 중심으로」, 『19세기 시가문학의 탐구』, 고려대학교 고전문학 한문학 연구회, 집문당, 1995.

16) 서영숙, 「복선화음가류 가사의 서술구조와 의미」, 『한국여성가사연구』, 국학자료원, 1996.

17) 이동연, 「조선후기 여성치산과 <복선화음가>」, 『한국고전여성문학연구』, 제4집, 한국고전여성문학회, 2002.6.

18) 성무경, 「복선화음가류 가사의 이본현황과 텍스트 소통」, 『신발굴 자료를 통해 본 가사문학의 재인식(2002년 민족문학사학회 공개학술발표회 자료집)』, 2002.12.

19) 이형래, 「복선화음가 연구」, 부산대 석사논문, 2000.

그러나 필자는 이데올로기 분석에 앞서 <복선화음가>가 여성가사 전체의 스펙트럼에서 어느 위치에 놓이는가를 면밀히 살피는 것이 선행될 필요가 있다고 생각한다. 200여년 규방가사의 통시적 전개 속에서 <복선화음가>적인 변이가 가지는 의미; 곧 그 초기적 산출인 여범적(女範的)인 전형계녀가(典型誡女歌)로부터 계녀형 <복선화음가>로 변이되고, 다시 또 계녀형 <복선화음가>에서 전기형 <복선화음가>로 변이를 이루면서 확장적으로 뻗어나가는 과정 속에 작용하는 추동력(推動力)의 실체를 규명하는 작업이 좀더 정치(精緻)하게 이루어질 필요가 있을 것이다.

본고에서는 이러한 작업으로 나아가는 징검다리로 <복선화음가>의 화자인 김씨부인의 자전적(自傳的) 술회(述懷) 부분에만 초점을 맞추어 이 작품을 분석해 보기로 한다. 이 자전적 술회 부분은 '넉넉한 친정에서의 호강–생존의 벼랑에 내몰린 궁핍한 시가살이–극한상황에서의 발분 치산–치부와 문호 회복'의 큰 틀로 이루어져 있으며, 이 궁핍과 그 회복을 증언하기 위한 친정 오라버니의 등장이나 시아버지를 비롯한 시댁 식구들의 반응 등이 중간 중간에 끼어들고 있다.

여기서 주목을 요하는 것은 체면을 떨치고 치산에 발 벗고 나서는 대목이다. 혼수 저당도 바닥이 나고 친정집의 도움도 끊어져 갈 즈음의 막다른 골목에서 발하는 주인공의 독백이다.

62 親家의 書辭에도 서러운 事緣 부질없다
63 신신찮은 달란 소리 한번 두 번 아니여든
64 번번히 어찌하리 자식 된 이내 마암
65 父母를 조르기난 뉘 죄라 하잔말가
66 雪梅를 급히 불러 동녘 집에 보냈더니
67 돌아와 하난 말이 먼저 꾼 쌀 아니 갚고
68 廉恥없이 또 왔나냐 두말 말고 바삐 가라
69 한심하다 이내 몸이 錦衣玉食 쌓였을 제

70 錢穀을 몰랐더니 一朝에 貧賤하니
71 이대도록 되얐난가 耳目口鼻 같이 있고
72 手足이 성성하니 제 힘써 治産하면
73 어내 누가 是非하리 저런 욕을 免하리라
74 분한 마암 깨쳐 먹고 治産凡節 힘쓰리라[20)]

의식(衣食)조차 해결되지 않는 극한 상황 속에서 김씨부인은 체면을 벗어던지고 치산에 발을 벗고 나선다. 이 自覺 대목은 문맥의 결을 따라 "금의옥식(錦衣玉食) 쌓였을 제/ 전곡(錢穀)을 몰랐더니// 일조(一朝)에 빈천(貧賤)하니/ 이대도록 되얐난가// 이목구비(耳目口鼻) 같이 있고/ 수족(手足)이 성성하니// 제 힘써 치산(治産)하면/ 어내 누가 시비(是非)하리// 저런 욕을 면(免)하리라/ 분한 마암 깨쳐 먹고"로 끊어 읽는 것이 훨씬 이해에 도움이 된다. 이 대목을 통하여 우리는 향촌사족층 여성들이 전형계녀가가 규정하고 있는 '치산 규범의 벽'을 깨고 생업 활동 및 매매 활동에 직접 나서는 한 계기를 생생히 목도하게 된다.[21)] 이것은 오늘날의 연구자들에 의하여 "적극적 치산"으로 명명된 바가 있긴 하지만 당대의 관습으로 볼 때는 금제(禁制)의 벽을 넘는 행위라 할 수 있다. 유배지의 다산 정약용은 고향 마석에 있는 아들들에게 아무리 궁핍하다 할지라도 생업 활동에 직접 종사하여 사대부의 체신을 잃지 말 것을 간곡히 당부한 바가 있

20) 작품 인용은 비교적 규정하게 필사되어 있는 <紅閨勸奬歌>를 대본으로 삼는다. 장편가사이기 때문에 구절의 앞에 숫자를 붙여 표시하였으나, 산문성을 띤 진술들 곳곳에 개입하기 때문에 분단이 정연한 대구 구성을 이루지 못하게 되어 있는 대목도 더러 있다.

21) 전형계녀가의 '치산' 조에서는 부녀의 치산이란 근검 절용일 뿐임을 강조하고 낭비와 사치를 경계하고 있다. 낭비욕과 사치욕을 버리고 조신하게 살림을 한다면 생활의 안정은 물론 심성 수양의 효용이 있음을 가르치는데, 전형계녀가 산출의 단계에서는 '치산'의 규범이 이렇게 욕망의 억제 쪽에 두어져 있음이 확인된다. 理財며 殖利 등 적극적인 치산행위를 타기하거나 경계하고, 욕망의 억제를 통한 恒心을 강조한다는 점에서 '소극적 치산' 혹은 '물욕 금제의 규범'이라 할 수 있다.

다. 이를 통해 볼 때 사족층의 며느리가 농경이며 매매에 직접 나서는 것은 커다란 모험이요 파격임이 분명하다.

이러한 파격의 허용에는 생존의 벼랑에 몰리는 극한상황 외에 시댁 식구들의 무능이 한 몫을 한 것으로 되어 있으니, "천황(天皇)씨 서방님은/ 글 외에 무얼 알며// 연만(年晩)하신 시부모(媤父母)난/ 다만 망령(妄靈) 뿐이로다" 하는 대목이 바로 그것이다. 그리하여 화자는 강구할 수 있는 모든 수단을 동원하여 돈과 재산을 불리고 살림을 늘려 간다.

75 金富者 李富者난 씨가 근본 부자리요
76 밤낮없이 힘써 벌면 낸들 아니 그러할까
77 五色唐絲 五色 실을 줄줄이 자아 내여
78 육황기 큰 베틀에 匹匹히 끊어 내니
79 翰林 注書 朝服이며 兵使 水使 戎服이며
80 綠衣紅裳 處女治粧 靑絲幅巾 少年 衣服
81 어린 아해 色옷이며 팔십 노인 핫옷이며
82 鴛鴦衾 繡놓기와 鳳凰緞 紋采 놓기
83 낮이면 두 匹이요 밤이면 다섯 가지
84 뽕을 따 누에치며 田畓 얻어 농사하기
85 때를 좇아 힘써 하니 家産이 稍成이라
86 고은 衣服 던져두고 몽당치마 둘러 입고
87 가지 외 굵게 길러 東市에 팔라 하며
88 닭을 치며 개를 쳐서 市場에 팔아 오며
89 저녁에 불을 써서 새벽밥을 이워 하고
90 알알이 하여 먹고 푼푼이 모아 내니
91 兩이 모여 관이 되며 관이 모여 백이 된다
92 앞들에 논을 사고 뒷들에 밭을 사고
93 울을 헐고 담을 싸며 띠를 걷고 기와이고

94 가마솥이 죽죽이요 廚廳하님 雙雙이라

온갖 길쌈 외에 양잠과 영농, 부업으로서의 채전 가꾸기가 다 동원된 것이라 할 수 있다. 여기서 온갖 길쌈의 열거는 그 실현불가능의 허구성을 드러낸 것이라기보다는 판소리나 사설시조 등에 보이는 장면극대화 원리의 구현으로 볼 필요가 있다. 현실 돌파를 지향하는 이 대목에 장면극대화가 동원되는 것은 어희(語戱)를 통한 신명의 고조 외에 새로 열리는 치부(致富)의 가능성을 좀더 고무적(鼓舞的)으로 환기(喚起)시키는 효과를 노린 것이라 할 수 있을 것이다. 그리고 이러한 치산 행위는 "고은 의복(衣服) 던져두고 몽당치마 둘러 입고"로 묘사하고 있는 바와 같이 체면을 벗어던진 적극적인 것이었다. 이러한 적극적 치산의 결과 부자가 되어 경제력을 토대로 남편과 자식들을 출세시키고 가문을 회복한다.

이후의 구도는 이본에 따라 참으로 다양하여 1차 계녀훈으로 매듭을 짓는 경우에서, 1차 계녀훈 뒤에 괴똥어미 사적을 덧붙이고 다시 2차 계녀훈을 첨가하는 경우, 계녀훈 없이 바로 괴똥어미 사적을 자신의 행적에 덧붙이어 병렬하고 나서 마지막에 계녀훈을 두는 경우 등등 편차가 심하다. 그런데 마지막에 붙는 계녀 사설의 끝 대목은 대개 울먹이는 어조에 가까울 정도로 교술로부터 서정으로의 급한 경사를 보이는 경우가 많다.

244 딸아 딸아 아기 딸아 시집살이 조심하라
245 어미 行實 본을 받아 괴똥어미 警戒하라
246 딸아 딸아 아기 딸아 어미 마음 심란하다
247 女子의 有行에 父母兄弟 멀었으니
248 明春 三月 봄이 되면 너를 다시 만나리라

'딸아 딸아'의 연속되는 반복을 통해 서글픔이 더욱 고조되고 있다. 주인공은 친정과 시가 사이 살림 형편의 낙차(落差)가 컸던 자신의 출가 경험을 어린 딸에게 들려줌으로써 그 용기를 북돋우고, 경우에 따라서는 너도 나처럼 치산의 주역이 되어야 할 것을 일깨우고 있다. 가난한 반가(班家)에 시집을 가서 가난을 극복하고 굳건히 서는 도리, 몰락의 길로 내몰리는 시집 가문의 구출과 재건; 이것이 바로 <복선화음가>의 주제적 관심사라 할 수 있다.

3. 서사에 투영된 향촌사족층의 삶과 여성형상

이상에서 우리는 경사(京師)의 벌열가에서 빈궁한 향촌사족 가문에 시집온 윤씨의 사례와, 가난한 향촌사족 가문에서 호부가(豪富家)에 시집온 <삼한습유>의 주인공 향랑의 사례, 그리고 역시 경사(京師)의 벌열가에서 빈궁한 향촌사족 가문에 시집온 <복선화음가>의 주인공 김씨의 사례를 살펴보았다. 윤씨의 경우는 가난한 시가(媤家) 고달픈 시집살이의 끄트머리에서 젊은 나이에 기진맥진 생을 마감한 경우이고, <삼한습유> 향랑의 경우는 이와는 대조적으로 교양 없는 부가(富家)의 시집살이 속에서 만신창이가 되어 쫓겨난 경우라면, <복선화음가>의 김씨는 적극적 치산을 통하여 가난한 시집을 빈궁의 나락에서 건져내고 가문을 재건한 경우다.

<망실안인윤씨행장>의 윤씨와 <복선화음가>의 김씨는 시대는 좀 다를지라도 근본적으로는 동일한 태(胎)에서 나온 쌍생아라 할 수 있다. 이들은 공통으로 경화의 벌열가문을 친정으로 하고 가난한 향촌사족의 가정을 시집으로 삼게 된 여인이다. 산림학자의 청명(淸名)을 좇은 혼인이란 점도 같다. 그러나 이들의 운명은 서로 상반될 정도로 판이하게 다르게 그려져 있는데, 개연적(蓋然的)으로는 윤씨의 운명이나 그 변주(變奏)에 머물 수밖에 없는 것이 일상의 실태였을 것이다. 이것이 전통적 계녀의 규범을 따르는 이의 궤도일 것인데, <복선화음가>의 주인공은 여기서 한 걸음 더 내어 딛음으로써 새로운 운명을 개척한 것이라 할 수 있다. 다시 말

하여 18세기 초반 충청도의 향촌사족 이간의 집에서 시집을 살았던 윤씨 부인의 경우는 전형계녀가의 '치산' 조에서 규정하고 있는 바와 같이 근검, 절용, 극기적 자기 억제를 통하여 가난한 시집살이를 버겁게 감내해 나갔던 데 비해, <복선화음가>의 김씨는 이러한 극기적 근검 절용이 결정적인 한계에 봉착한 단계에서 스스로 몽당치마를 두르고 생업 현장에 투신함으로 자가(自家) 신운명(新運命)을 개척해 나갔던 셈이다.

<삼한습유> 향랑의 경우는 지나치게 관념적이고 규범적인 인물로 설정이 되어 있는데, 이는 부음(富淫)한 부가(夫家)를 폭로, 정죄, 심판하기 위한 서사 전략에 따라 설정된 인물형이라 할 수 있다. 이러한 여인형은 현실태라기보다는 이념을 대변하는 이념태를 그 극단의 형태로까지 밀고 간 경우라고 할 수 있다. 뛰어난 재능과 소양과 문장력을 지니고서도 서손(庶孫)의 멍에를 지고 향곡(鄕曲)에 처박혀 살아야 했던 작가 김소행 자신의 현실적 수모와 분만을 역방향으로 투영한 것이 바로 <삼한습유>의 세계요 향랑의 형상이라 할 수 있을 것이다. 김소행이며 그의 따님이 현실적으로 경험해야 했던 것은 오히려 향랑의 어머니나 시어머니에 의하여 설파되고 있는 바와 같이 재부(財富)의 위력 앞에서 한없이 초래해져 가는 가난한 향촌사족의 교양과 범절, 체면과 위신이었을 것이다.

이 작품은 <지작기>의 택서 담론을 통해서나 본 서사를 통해서 사족적인 교양을 결여한 부가(富家)와의 혼인이 어떤 파국(破局)을 예비하고 있는가를 강조하고 있지만, 이를 뒤집어 그 이면적 현실을 생각해 본다면 이미 사대부 계층의 교양과 이념을 받쳐줄 물질적 기반이 없는 향촌사족층 가정 내부의 막다른 골목을 드러내 보인 것이라고 할 수 있다. 반벌(班閥)이 있는 혼처의 가난과 교양을 결여한 혼처의 부유함이 선택의 갈등을 만들어내는 정황, 가난에 신물이 난 아내의 반란에 밀려 부가(富家)로 딸을 내어 주고야 마는 과정이 이미 19세기 향촌사족층이 당면한 삶의 현실을 반영한 것으로 볼 수 있기 때문이다.

이상에서 정리한 바와 같이 이들 작품은 공통적으로 반가(班家)의 체통이며 덕성 교양의 문제를 재부(財富) 내지 물적 기초의 문제와 결부시켜 다루고 있다. 이들 두 측면은 조화롭게 양립(兩立)할 수도 있고, 서로 갈등을 일으키며 반립(反立)할 수도 있는데, 관직에서도 생업활동에서도 먼 거리를 두고 살아야만 했던 향촌사족층의 경우는 이 양자가 상호 갈등을 일으키거나 동반 하락하는 추세 속에 있었다. <윤씨행장>이며 <삼한습유>, <복선화음가>는 모두가 이러한 추세 속에 놓인 향촌사족층 가문의 시대적 고민을 담고 있는 글들이다. 윤씨의 경우가 가난하나 덕성이 있는 쪽을 택한 결혼이었다면 향랑의 경우는 교양을 갖추지 못한 재부 쪽으로 기운 결혼이었다. 어느 쪽이나 비극으로 귀결되고 있는데, 이것이 현실의 맨 얼굴에 가까운 형태라 할 수 있을 것이다. 그러나 <복선화음가>의 경우만이 행복한 결말에 이르고 있는데, 그 변인의 동력은 적극적인 여성 치산이었다. 이 작품이 다양한 이본을 산출하며 널리 읽힌 이유도, 전형계녀가의 고식적 규범을 뛰어 넘어 향촌사족층 가정이 당면한 현실적 질곡을 정면으로 문제 삼고, 다소 환상적인 측면이 있긴 하지만 그것을 돌파해 나가는 전망을 열어젖히고 있었기 때문인 것으로 보인다.

원래 사대부로 일컬어지는 사족층이란 "책을 읽는 이를 일러 사(士)라 하고 정치에 종사하는 이를 일러 대부(大夫)라 한다"[22]는 개념 규정이 함의하는 바와 같이 독서를 통하여 준비를 하고 기회가 주어지면 벼슬에 나아가거나 물러나와 다시 독서인으로 돌아가는 계층이었다. 독서와 종정을 통하여 살아야 할 계층이었지만 조선후기 경향분기 이후의 향촌사족층은 이러한 사대부적 개념에서는 이미 멀어져 가는 계층이었다. 향촌사족층 부녀의 삶 또한 이러한 큰 틀의 제약 속에서 조건지워진 것이라 할 수 있는데, 전형계녀가가 17~18세기 경 향촌사족층 부녀의 삶의 조건을 반영한 것이라면 <복선화음가>를 위시한 변형계녀가는 19세기적 삶의 현실을 반영하여 산출된 것이라고 할 수 있다.

22) "讀書曰士 從政曰大夫"

결국 이들 세 편의 시집살이 서사를 통하여 확인할 수 있는 것은 향촌사족층 부녀들이 시대가 내려올수록 점점 더 사족의 체면에 붙들려 있을 수가 없게 되어가는 현실적 조건 속에 놓이게 된다는 사실이다. 스스로 발분(發奮)하여 몽당치마를 두르고 생업 전선에 뛰어드는 <복선화음가>의 김씨는 이러한 현실을 간파한 19세기 향촌사족층 여성의 자각과 결단을 형상적으로 드러낸 것이라 할 수 있을 것이다.

참고문헌

魏伯珪, 『存齋全書』 25권 상 · 하 2질(경인문화사 영인본), <自悔歌>.

<紅閨勸奬歌>를 비롯한 <복선화음가> 이본들.

李柬, <亡室安人尹氏行狀>, 『巍巖遺稿』 권16, 한국역대문집총간 190.

金紹行, <三韓拾遺>, (필사본, 서울대도서관 소장본).

金雲淳 著, 金碩鎭 譯, 『道軒遺稿』, 대전, 1996.

宋曾憲, 『後菴文集』(한국역대문집총서 449, 경인문화사) 卷之十 <皇考府君行狀>.

강진옥, 「여성 서사민요 화자의 존재양상과 창자집단의 향유의식」, 『한국고전여성문학연구』 제4집, 한국고전여성문학회, 2002.6.

권순회, 「초당문답가의 이본양상과 주제적 의미」, 『19세기 시가문학의 탐구』, 고려대학교 고전문학 한문학 연구회, 집문당, 1995.

김석회, 『존재 위백규 문학 연구』, 이회문화사, 1995.

박일용, 「삼한습유를 통해서 본 김소행의 작가의식」, 『한국학보』 제42집, 일지사, 1986 봄.

박일용, 「조선후기 전과 소설을 통해서 본 사실과 허구, 그리고 소설적 진실」, 『중국소설논총』 13집, 중국소설학회, 2001.12.

서영숙, 「복선화음가류 가사의 서술구조와 의미」, 『한국여성가사연구』, 국학자료원, 1996.

성무경, 「복선화음가류 가사의 이본현황과 텍스트 소통」, 『신발굴 자료를 통해

본 가사문학의 재인식』(2002년 민족문학사학회 공개학술발표회 자료집), 2002.12.
이동연, 「조선후기 여성치산과 <복선화음가>」, 『한국고전여성문학연구』 제4집, 한국고전여성문학회, 2002.6.
이상경, 「근대소설과 구여성」, 『민족문학사연구』 제19호, 민족문학사학회, 2001.12.
이형래, 「복선화음가 연구」, 부산대 석사논문, 2000.
장정수, 「복선화음가 연구-여성형상과 치산의 의미를 중심으로」, 『19세기 시가문학의 탐구』, 고려대학교 고전문학 한문학 연구회, 집문당, 1995.
장효현, 「삼한습유에 나타난 열녀의 형상」, 『조선시대의 열녀담론』, 한국고전여성문학회, 월인, 2002.6.
정출헌, 「<향랑전>을 통해 본 열녀 탄생의 메카니즘」, 『조선시대의 열녀담론』, 한국고전여성문학회, 월인, 2002.6.
조혜란, 「삼한습유 연구」, 이화여대 박사논문, 1993.

제 3 부

가족 안/밖의 경계에 선 여성

서녀(庶女)-가족 속의 경계인, 역사 속의 주변인*

김경미**

1. 들어가는 말

서녀(庶女)는 조선시대 양반의 첩이 낳은 딸을 말한다. 서녀는 사대부의 첩 자녀를 일컫는 서얼(庶孼)로 통칭되기도 하는데, 조선후기 서얼통청운동을 한 주체로서 역사 속에 그 존재를 드러낸 서자와 달리 역사 속에 더욱 깊이 묻혀 있는 존재들이다. 서얼이란 명칭은 양인 출신의 첩에게서 태어난 서자(庶子)와 천인 출신의 첩에게서 태어난 얼자(孽子)를 합친 것으로[1], 천인 출신의 첩에게서 태어난 얼자녀의 경우에는 어머니의 신분을 따라가게 되어 있는 법에 따라 노비가 되었다. 이들은 양반 가문에서 출생했으나 온전한 양반 대접을 받지 못하고, 사회적으로도 주요 관직에 나가지 못한 채 평생을 차별 속에서 살아야 했다. 뿐만 아니라 그 자녀들도 계속 서얼 신분을 벗어나지 못했다. 이처럼 처 외에도 첩을 둘 수 있었던 남성 중심적 혼인제도의 모순이 낳은 서얼은 가족 속의 경계인으로, 역사 속의 주변인으로 존재했다.

그러나 같은 첩의 자녀라도 서자와 얼자의 신분이 달랐고, 서자와 서녀

---

* 이 글은 『여/성이론』 15호에 수록된 글이다.

** 이화여자대학교 교수

1) 『경국대전(經國大典)』주해(註解)183에 의하면, 정처(正妻)에서 낳은 소산을 적(嫡)이라 하고 첩(妾)에서 낳은 소산을 서얼(庶孽)이라 하였는데 첩이 낳은 자녀 중에도 양첩이 낳은 자녀를 서(庶), 천첩이 낳은 자녀를 얼(孽)이라 하였다.

는 같은 신분에 속했으되 남/녀의 위계가 뚜렷했던 조선사회의 특성상 다른 조건에 처했다. 서자는 집단화하여 자신들의 목소리를 내고 자신들의 입지를 개선하기 위해 정치적인 운동을 할 수 있었으며, 문사집단으로 적극적인 자기표현이 가능했다. 서얼문제는 조선시대에 정치, 사회문제로 부각되었지만 엄밀하게 이는 서/자, 즉 남자들의 문제로서만 부각된 것이었으며, 그 근본적인 원인이라 할 처첩제도는 부각되지 못했고, 서녀의 존재도 부각되지 못했다. 서녀들의 삶은 서얼 전체의 삶 속에 묻혀버린 채 드러나지 않고 있어, 이들이 어떻게 존재했는지 그 존재 양상조차 알기 어렵다.

최근 들어 몇몇 서녀 시인의 존재로 말미암아 서녀가 연구의 일단에 오르기는 했으나[2] 서자에 주어졌던 관심에 비하면 서녀는 연구에서도 역시 지나칠 정도로 소외되어 왔다. 조선시대 여성에 대한 연구는 양반여성 가운데 여성 시인, 학자 등 두드러진 여성인물이나, 아니면 기녀(妓女)의 존재 양상이나 문학 세계를 중심으로 이루어졌다. 근래에 들어서야 첩이나 과부 등 주변적 인물들이 연구되면서[3] 조선시대 여성들이 어떻게 존재했는지, 여성들의 위계화가 어떻게 이루어졌는지, 조선의 유교적 가부장제가 어떻게 지속 가능했는지 그 일면이 드러나고 있다. 서녀에 대한 관심도 기본적으로 이러한 주변적 여성에 대한 관심과 같이 한다.

이 글은 역사 속에서 그 존재를 드러내지 못했고 또 현재 연구에서도 관심의 대상이 되지 못하고 있는 서녀에 주목하고자 한다. 첩 또는 서얼은 처첩을 허용한 조선 유교 가부장제의 구조적 산물임에도 이들에게는 가족이나 사회의 차별적 대우뿐만 아니라 떳떳치 못한 존재, 정상적인 가족 질서를 어지럽히는 존재라는 인식이 따라다니기도 했다. 유교 가부장제는

---

2) 김미란, 「19세기 전반기 기녀, 서녀 시인들의 문학사적 위치」, 『문학과 사회집단』, 한국고전문학회편, 집문당, 1995.

3) 정지영, 「조선 후기의 첩과 가족 질서」, 『사회와 역사』 65, 한국사회사학회, 2004/ 길태숙, 「민요에 나타난 첩의 위상」, 『여성문학연구』 13호, 한국여성문학학회, 2005.

이처럼 구조적 모순을 개인에게 전가함으로써 체제를 유지해 왔다. 따라서 이들을 되살려내는 일은 비단 이들이 존재했음을 가시화하는 데 그치지 않는다. 이들을 되살려내는 일은 오늘날에도 지속되고 있는 가부장제가 안고 있는 모순이 누구에게 전가되고 있는지, 그 결과 누가 가부장제의 특권을 누리게 되는지, 보다 근본적으로 가부장제가 구도하고 있는 사회가 여성을 어떻게 차별하고 배제하는지, 그리고 그간의 역사 서술이 또한 이들을 어떻게 배제해 왔는가를 보게 해준다는 점에서 만만치 않은 문제의식을 던져준다.

2. 서녀의 신분적 위치

서녀가 사회적 신분으로서 독자적인 범주로 성립된 것은 중종 대에 들어와 처첩분간이 일단락된 16세기 이후의 일이다.[4] 이전에는 서녀나 서자의 신분이 유동적이어서 서자와 적자 사이에서 신분이 변동하는 경우도 종종 있었다. 서녀의 경우, 그 신분이 중요해지는 것은 혼인 때인데 중종 대까지는 아직 뚜렷하게 위계화가 이루어지지는 않았던 것으로 보인다. 적녀와 서녀의 혼인을 둘러싼 문제를 기록하고 있는 중종 13년 실록의 사건은 그 좋은 예를 보여준다. 희제수(稀蹄守)에게 적녀와 서녀가 있었는데, 서녀는 호조정랑 윤계에게 시집보내기로 하고, 적녀는 진사 강은에게 시집보내기로 되어 있었다. 그런데 서녀가 시집가기로 된 윤계가 과거에 급제하자 적녀를 윤계에게 시집보낸 것이다. 이것은 윤계가 과거에 급제한 뒤 첩사위가 되는 것을 부끄럽게 여겨서 적녀를 시집보내라고 했기 때문이다. 이에 본래 적녀가 시집가기로 한 강은에게 서녀를 보내려고 하자 강은이 이 일을 헌부에 고발해서 사위가 되지 않았다. 결국 희제수와 윤계

4) 배재홍, 「조선전기 처첩분간과 서얼」, 『대구사학』 41호, 대구사학회, 27면.

는 파면당하고, 윤계는 아내와 이혼하게 되었다. 이 사건에 대해 헌부는 이미 정해진 혼약을 어기고 부부의 의를 사사롭게 고쳤으며, 남의 아내를 빼앗은 것은 예에 어긋난다고 판결하였다. 이 사건은 적서의 문제에 대한 두 집안의 다른 태도를 보여준다. 희제수의 경우, 사위를 같은 신분에서 정했다는 점에서는 아직 서녀와 적녀의 위계를 뚜렷하게 두지 않았던 것을 알 수 있다. 그러나 윤계의 경우 이미 혼정한 곳을 바꾸면서까지 적녀를 아내로 맞이하려는 했다는 점에서 적녀와 서녀의 위계를 뚜렷이 인식한 것이 드러난다. 이 사건을 통해 적녀와 서녀에 대한 인식이 아직은 고정적이지 않고 유동적임을 알 수 있다. 그러나 중종 대를 지나면서 서녀는 점차 적녀의 하위 신분으로 확고하게 자리를 잡아가는 것으로 보인다. 이러한 위계는 첩의 지위가 처와 확실하게 구분되는 처첩분간과 함께 이루어졌다.

조선시대의 양반남성들은 혼인으로 맺은 처 외에 첩을 두고, 첩도 양인 출신 첩과 천인 출신 첩으로 나누어 여성들 사이의 위계를 나누었다. 그런데 처와 첩을 구별하는 처첩분간은 조선전기에 들어서도 정확하게 이루어지지 않았다. 처첩분간은 처를 두 명이상 두는 것은 '두 처를 두지 않는다(禮無二嫡)'는 유교적인 혼인 형태에 어긋난다는 취지 하에 유교윤리의 보급을 위해 조선중기에 정착되었다. 처첩분간에 대한 논의는 성종 대에 가장 많이 이루어지고 중종 대에 들어서는 거의 사라지는데 이는 유교적인 혼인 형태가 어느 정도 자리를 잡은 결과로 이해된다. 조정에서 처첩을 분간할 때 가장 기본적인 기준은 육례(六禮)로 구성되어 있는 유교적인 혼인을 했는가의 여부와 여자의 신분이었다. 따라서 육례를 거쳤으면 처로, 거치지 않았으면 첩으로 판결되었으며, 양반 사족의 딸은 후취(後娶)라도 육례를 거쳤는가에 관계없이 대부분 첩이 아니라 후처로 판결되었다.[5] 특히 여자가 첩의 딸일 경우에는 거의 대부분 첩으로 규정되었고, 합법적인

5) 배재홍, 앞 글, 17~8면.

이혼도 가능하였다.[6] 뿐만 아니라 양반 사족의 딸은 첩으로 들이지 못하게 하였다. 여자 신분의 귀천으로 처첩을 분간함에 따라 소실(小室), 측실(側室), 별실(別室), 부실(副室) 등으로 불린 첩은 곧 천하다는 인식이 성립되었다. 이는 양반들이 자신들의 지위와 권익을 보호하기 위해 신분 내 혼인을 지향한 결과로서 처첩 분간이 철저하게 양반 위주로 이루어진 것을 보여준다.

이 같은 처첩분간으로 인해 첩은 적처에 비해 가족 내부에서의 위치가 매우 취약하였는데, 그 단적인 예가 자식에 대한 차별로 드러났다. 첩이나 서얼의 지위도 시대에 따라 달랐다. 조선 초기에는 적자가 없을 경우 양인 출신 첩의 아들이 그 자리를 대신할 수 있었지만, 중기로 접어들어 장자 중심의 상속 제도인 종법(宗法) 제도가 강화됨에 따라 적자가 없으면 양자를 들여 가문을 잇게 했다. 그럼에도 첩을 들일 때는 흔히 후사를 잇기 위한 것이라고 정당화했는데 그것은 명분이었을 뿐 실제로 축첩과 가계 계승은 별 관련이 없었다.[7]

처와 첩에 대한 차별은 처와 첩 사이 즉 여성들 사이를 위계화하면서 경쟁 관계로 만들었다. 첩은 불안정한 위치에서 불안한 삶을 유지했던 한편, 처는 안정된 위치에서 불안한 삶을 유지했다. 만약에 처가 불안을 표현하면 그것은 여성의 부덕인 '투기'로 간주되고, 남성 가장은 투기하는 부인을 집에서 쫓아낼 수도 있었다.[8] 17세기 이래 조선 사회에 사상적, 정

---

6) 태종대에 서얼은 서얼층과 혼인하게 하고 양반과는 혼인하지 못하게 하였기 때문이다. 또 성종은 1484년 5월에 부마 및 조정의 관리가 사족녀의 딸을 첩으로 삼는 것을 금하였다. 배재홍, 위 글, 20~21면.

7) 황수연, 「조선후기 첩과 아내-은폐된 갈등과 전략적 화해」, 『한국고전여성문학연구』12집, 한국고전여성문학회, 2006, 354~5면. 이만부, 조관빈 등이 후사를 잇기 위해 첩을 두었다고 하였으나 이만부는 동생의 둘째 아들을 양자로 들였고, 조관빈 역시 동생의 아들을 양자로 들여 가계를 이었다고 한다.

8) 조선왕조실록에 나타난 바에 의하면 16세기까지 처가 첩이나 남편과 관계를 맺은 여자들을 구타하거나 죽게 한 양반 여성의 예가 적지 않게 보인다. 그러나 실제로 집에서 쫓아낸 예는 많이 보이지 않는다. 그러나 이를 통해 처가 첩을 어떻게 대했는가를 잘 볼 수 있다. 이에 대해서는 김경미, 「투기, 남성 욕망의 공모」(『여성

치적으로 큰 영향을 미친 우암 송시열이 시집가는 딸에게 "일백 첩을 두어도 봐주고, 첩을 아무리 사랑하여도 노기 두지 말고 더욱 공경"(<우암계녀서>)하라고 가르칠 정도로 투기는 부덕이었다. 그러나 그것은 첩을 보호하기 위한 것이 아니라 당연히 남성 가장을 중심으로 한 가족 질서를 보호, 유지하기 위한 것이었다. 그나마 남편이 죽으면 첩의 지위는 더욱 불안했다. 다음은 19세기의 예지만 첩의 불안한 지위를 단적으로 보여준다.

> 김경혜 여사는 거문고와 바둑을 잘하고 시화에도 뛰어났으니 바로 고인이 된 서어(西漁) 권상서가 아끼는 첩실이었다.[9] 서어가 죽은 뒤 영락하여 세상에 떠돌았다. 다시 한 무인이 거두어 주었으나 그것은 그녀의 뜻이 아니었다. 요즘 사람들이 그녀의 시 몇 편을 외워 전하는데 모두 스스로를 애도하는 것이었다.(金景惠女史, 善琴棋, 工詩畫, 卽故權西漁尙書寵姬也. 自哭西漁, 流落人間, 復爲一武弁所收, 然非其志也. 近人誦傳其詩數篇, 皆自悼之作.)

19세기의 문인인 자하 신위(1769~1847)가 남긴 이 글은 정3품 벼슬 정도에 해당하는 상서의 첩이었다가 상서가 죽은 뒤 영락해서 떠돌다 한 이름 없는 무인의 첩이 된 여성의 불안한 삶을 전해주고 있다. 그 이후 이 여성이 어떻게 되었는지는 알 수 없지만, 첩이라는 위치는 이렇게 보장받을 수 없는 것이었다. 물론 첩에도 출신에 따라, 자식을 낳았는가의 여부에 따라 위계가 나뉘었다. 그러나 궁극적으로는 남편이 죽으면 자리를 찾기 어려운 위치였다. 남편이 살아 있을 때라도 잘못이 있으면 바로 이혼당하기도 했다. 16세기에 살았던 여성시인 이옥봉은 남편인 조원의 눈에 어긋나서 쫓겨난 경우이다. 이 불안한 위치의 첩에게서 태어난 존재들이 바

이론』 8, 여성문화이론연구소, 2003)에서 다룬 바 있다.

9) 원문에 寵姬라고 되어 있는데, 총희는 특별히 사랑하는 여자라는 뜻이다. 그러나 권상서가 죽은 뒤에 다른 사람이 거두어 주었다고 한 문맥을 고려하여 단순히 사랑한 여자라는 뜻 이상으로 보고 첩실의 의미로 파악하였다.

로 서얼이다. 그런데 이 서얼들도 남자인가, 여자인가에 따라, 어머니가 양반 출신인가, 천민 출신인가에 따라 신분이 달라졌다.

서얼은 모계가 정당한 적자와 구별되어 차별적 대우를 받았다. 이들에 대한 차별은 여러 가지로 행해졌지만, 대표적으로 봉작(封爵)에서 제외되고, 재산 상속에서 차별을 받았으며, 과거 응시 기회를 제한받았다. 봉작의 경우, 양반 부인들은 남편의 관직에 따라 정경부인, 정부인 등과 같은 관작을 받게 되어 있었는데 이는 정처에만 해당되었다. 재산 상속의 경우, 재산을 균분상속을 한 것으로 알려진 조선전기의 경우 서얼도 재산 상속을 받도록 되어 있었지만, 서자녀의 경우 적자녀의 7분의 1을 받고, 얼자녀의 경우 10분의 1을 받았다.[10] 또 서얼들은 문과, 생원, 진사시에 응시하지 못하게 되어 있었으며,[11] 자동적으로 대간(臺諫:사헌부, 사간원), 정조(政曹:이조, 병조), 홍문관, 춘추관 등 청요직(淸要職)에 나아가지 못했다. 이러한 적서 차별은 고려 때까지는 없던 것으로 태종에서 명종 대에 걸치면서 법적으로 완성되었는데 청요직에 임명하지 않는 것을 '서얼 금고법(庶孼禁錮法)'이라 한다.

서얼 금고법은 한정된 관직 임용을 기득권자들이 독점하기 위한 성격이 짙었다. 그러나 서얼의 수가 지속적으로 증가하면서 서얼들은 집단화되었고, 서얼들이 중심이 되어 서얼들도 요직에 오를 수 있게 해달라는 서얼 통청 운동을 벌였다.[12] 그 결과 명목상으로는 서얼도 청요직에 오를 수 있다고 했으나 기득권자들의 반발로 실제로는 제약을 두었다. 서얼 제도는 조선시대 내내 존재했고, 서얼들에 대한 실질적이고 관습적인 차별도 계속되었던 것이다.[13] 이처럼 서얼들의 운동이 직접적인 결과를 가져

---

10) 『경국대전』, 형전(刑典), 사천조(私賤條).
11) 『경국대전』, 예전(禮典), 제과조(諸科條)에는 "서얼자손은 문과, 생원, 진사시에 응시하지 못한다."고 명시되어 있다.
12) 서얼통청운동은 임란을 전후해서 시작되었는데 18세기 전반인 숙종, 영조 연간에 이르러 가속화되었다.
13) 국사편찬위원회 편, 『한국사』 34, 탐구당, 1995, 56~64면.

오지는 못했지만, 이를 통해 서얼 문제는 중요한 사회문제로 부각될 수 있었다. 자신들이 주체가 되어 집단적인 정치운동을 벌였던 서얼들은 17세기 말에서 18세기 초에 이르러 본격적인 문사 집단이 되어 학문을 업으로 삼고 문명(文名)을 날리게 되면서 조선통신사행에 제술관과 서기로 임명되기에 이른다. 이는 문학사에서 있어서도 새로운 문학 집단의 출현이라는 점에서 중요한 의미를 갖는다.[14)]

집단을 이루어 정치적인 운동을 하고 문예 활동을 할 수 있었던 서자들에 비하면 서녀들은 그야말로 보이지 않는 존재들이었다. 상황이 이러하다 보니 후대의 연구자들도 서얼문제라고 하면 으레 서얼금고법이나 서얼통청운동에만 초점을 맞추고 있다. 이는 서얼문제 자체를 남성들의 시각에서만 보는 것으로, 같은 서얼이지만 전혀 다른 조건에 처해 있었던 서/얼녀를 다시 소외시키는 결과를 낳았다.

모든 신분에서 남성과 여성은 동일한 조건에 놓이지 못 했던 가부장제 사회에서 양반 남성이 어떤 신분의 여자와 관계를 맺는가에 따라 적(嫡)/서(庶)/얼(孼)의 차등적 위계가 만들어지고 여기에 다시 남자와 여자의 위계화가 작동하여 양반 내부의 여성들은 적녀/서녀/얼녀의 차등적 위계로 나누어졌다. 이 위계대로 보면 같은 양반의 자손이라도 적자/적녀/서자/서녀의 위계로 나뉘어진다. 그러나 적녀이든 서녀이든 기본적으로 조선시대 여성들이 받았던 공간 및 활동 범위에 제한이 있었고, 한문이 아닌 언문의 사용이라는 언어 사용 상의 제한이 있었다. 양반여성이라 할지라도 언문 사용, 규방공간으로의 제한, 활동 영역의 제한이라는 측면에서 보면 양반 남성들과 분명히 다른 조건 속에 있었다. 서녀는 같은 신분에 속하는 서자보다도 하위에 속하는 제4의 지위에 속한다고 할 수 있다. 무엇보다도 서녀들은 서자들과 같은 문사들로 활동할 수 있는 기회가 거의 주어지지 않았고, 당연히 집단적으로 자신들의 목소리를 낼 수 있는 기회도 없었다.

---

14) 김경숙, 『조선 후기 서얼문학 연구』, 소명출판사, 2005, 15면.

이러한 신분적 위치에 놓인 서녀의 존재는 가족에게 어떻게 받아들여졌을까? 일찍 죽은 서녀를 위해 쓴 글에서 조관빈(1691~1757)은 사랑하지 않는 것은 아니지만 '집안에는 보탬이 되지 않는 존재'로 못 박고 있다.

> 딸은 아들보다 못하고 얼자는 적자만 못한데
> 너는 얼녀에 딸이니 집안에 무슨 보탬이 될까.
> 그러나 나는 정을 쏟은 것이 도타웠으니
> 늘그막에 얻은 데다 또한 골육이어서지.
> 눈 같이 희고 구슬같이 어여뻤으나
> 아들 아닌 것이 한스럽고 적자 아닌 것이 애석했지.
> (女不如男, 孽子如嫡, 爾乃蘖女, 在家何益, 然我於爾, 鍾情也篤, 晩年所得, 亦言骨肉, 皎如氷雪, 美似珠玉, 非男可恨, 非嫡可惜)[15)]

위 예문은 조관빈이 태어나서 스무 달 만에 죽은 서녀를 위해 지은 애사의 내용으로 아들/딸, 적자/서얼의 위계에서 얼녀가 가장 하위에 위치한다는 것을 분명히 한 뒤 집안에 도움이 되지 않는다고 주저 없이 이야기하고 있다. 늘그막에 낳은 딸이 사랑스럽기는 하나 측실(側室)에서 난 딸은 무익하다는 것이다. 정실에게서 난 딸이라면 혼인을 통해 다른 가문과의 연대를 꾀하거나, 가문의 힘을 과시 또는 확장할 수도 있겠지만, 서녀의 경우 양반 집안에 시집보낸다고 해도 첩의 위치에 머물고 말 것이고, 앞서도 보았지만 첩의 위치란 유교 가부장제가 정한 위계에 의해 언제나 정처의 하위에 머무는 것이니 가문의 힘을 유지, 확장하는 것에는 별다른 영향력을 미치지 못할 것은 당연한 이치이다.[16)]

---

15) 趙觀彬, <側出女母愛哀辭>, 『悔軒集』 권16, 『韓國文集叢刊』 211, 486~487면.
16) 물론 현실적인 측면에서 쓸모없는 존재로 여겨지기는 했지만, 육친의 정이 없을 수는 없었고, 이런 것들이 표현된 글들도 더러 남아 있다. 송시열이 서녀를 위해 쓴 제문에는 어려서부터 제대로 가르칠 겨를도 없이 키웠지만, 스스로 읽고 쓸 줄 알고 『소학』을 즐겨 읽으며 성장한 딸을 기특해 하고, 남긴 자녀들을 친외손녀와

여기서 유교적 가족의 의미에 대해 다시 생각해 볼 필요가 있다. 유교 전통의 가족은 혈연이 주는 편안함과 안정감을 주는 정서적 공동체이기보다 가족이나 가문의 정체성을 유지하고 계승하기 위한 책임과 의무의 공동체라 할 수 있다. 혈통 또는 혈연은 좁은 범위의 부모와 그의 생물학적 자식에서 더 넓은 범주의 동성(同姓) 친족으로 확대될 수도 있으며, 아들의 자손은 혈통개념에 포함되지만 딸의 자손은 배제하는 등의 다양한 방식으로 해석되고 있다. 이렇게 볼 때 유교 가족은 혈통과 혈연을 전제 조건으로 하지만, '자연적(생물학적)'이기보다 오히려 사회적인 성격이 강하다고 할 수 있다.[17] 따라서 가족 내부의 개개인들도 가문의 이익이 되는가의 여부에 따라 역할과 지위가 달랐던 것이다. 이런 성격을 지닌 가족 구조 속에서 서녀의 존재 의미는 미약할 수밖에 없었다.

이처럼 미약한 존재였지만, 아니 미약한 존재였기 때문에 서녀는 종종 가문이나 국가의 활용대상이 되기도 했는데, 그 예를 다음 실록의 기사가 전해준다.

> 상이 대신과 비국의 당상을 인견하여 시녀, 결혼 등의 일을 의논하였다. 대신이 아뢰기를, "시녀는 각 고을과 각 관사의 종 가운데에서 자색(姿色)이 있는 자를 가려 한 도(道)에서 한 사람으로 모두 여덟 사람을, 결혼은 바야흐로 재상 반열에 있는 자를 시켜 그 서녀(庶女) 또는 하인의 자식을 자기 딸로 삼아 모두 다섯 사람을 짐을 꾸려 기다리게 하고 우선 역관(譯官)을 시켜 그 뜻을 넌지시 알아보게 하고서 처치하는 것이 마땅하겠습니다."하니, 상이 그리 하라고 하였다.[18]

다름없이 키우겠다고 다짐해 주고 있다.

17) 이숙인, 「현대사회 가족문화-가족주의에서 가족관계로」, 『여성이론』 13, 여성이론연구소, 2005.

18) 인조15년(1637), 11월 24일, 조선왕조실록 CD.

위 예문은 병자호란 이후 청에서 시녀나 결혼할 여성을 요구해 오자 시녀로는 각 고을이나 관사의 여종을, 결혼할 여성으로는 재상 반열에 있는 사람의 서녀나 하인의 자식을 보낼 것을 제안하고 왕이 이를 허락하는 내용이다. 이후 비국이 결혼할 여자 여섯 사람을 뽑아 아뢰었는데, '첩 손녀를 고친 양녀라 한 우의정 신경진의 양녀(8세), 전 판서 이명의 첩의 딸(8세), 공조판서 이시백의 양녀(8세), 전 첨지 이후근의 첩의 딸(12세), 전 판서 심기원의 첩의 딸(11세), 평안병사 이시영의 첩의 딸'이 그들이다. 본래는 종실의 딸도 한 사람 포함되어 있었는데 임금이 명하여 빼게 하였다.[19)]이들의 나이가 어린 것은 나이가 들 동안 기다리게 하면 결혼이 저절로 늦추어질 것이라는 이유에서였다.[20)] 효종 때는 시녀를 보내라는 청의 요구에 대해 비국은 사대부의 서녀로 숫자를 채워 보내기까지 하면 청나라 사람들이 적서의 구별을 모르기 때문에 뒷날 폐해가 생길 것이니 한 사람을 뽑아 첫머리에 아름답게 보일 거리로 삼고 그 나머지는 창기(娼妓)나 천한 여자를 단장해 보내자는 제안을 한다. 이에 대해 효종은 부끄럽고 두렵다고 하면서도 이를 허락하고 있다. 이 예는 국가가 종실의 딸이나 양반의 적녀들을 보호하기 위해 서녀, 창기, 천민 여자 등 주변적 존재들을 활용한 예를 보여준다. 그럼에도 이 여성들은 국가를 위해 희생한 존재가 아니라 국가의 수치로 여겨졌고, 잊혀진 존재가 되었다.

국가가 나서서 활용한 경우 외에도 집안에서 활용된 예도 적지 않았을 것으로 보인다. 서녀를 바쳐 관직을 따내려 한 예가 실록에 등장하기도 하는데[21)] 이처럼 서녀라는 존재는 같은 양반 가족의 일원이면서도 전적인 가문의 보호 속에 놓이지도 국가의 보호 속에 놓이지도 못 했다. 또 신분이동의 폭은 커서 양반의 첩이 되거나, 서자의 처가 되거나, 기녀가 됨으

19) 인조15년(1637), 11월 27일, 조선왕조실록 CD.
20) 인조15년(1637), 11월 26일, 조선왕조실록 CD.
21) "최진추는 본래 이희지의 압객(狎客)으로 그 서녀를 바쳐 이관명의 서부로 삼고는 이를 인연하여 교분을 맺어 큰 고을에 임명될 것을 도모하였습니다." 경종 2년(1721), 5월 2일, 조선왕조실록 CD.

로써 서얼을 다시 재생산하는 위치에 놓이게 되었다. 조선의 유교 가부장제는 양반 남성을 신분제의 정점에 두고 그 아래로 서얼, 중인, 양인, 천인으로 구분함으로써 양반이 철저하게 신분 내 혼인을 통해 자신들의 특권을 지켜나갈 수 있게 구조화해 나갔다. 이러한 구조 속에서 서녀는 가족의 이익에 따라 언제든 활용되거나 배제되었던 것으로 보인다. 이것은 서녀의 신분적 위치를 가족의 경계에 둠으로써 가능한 것이었다.

3. 서녀의 재생산

양반층 서자녀의 수가 적자녀의 숫자에 비해 얼마나 되는지 계량하기는 어렵다. 족보에 서자녀가 기록되어 있기는 하지만 온전한 형태는 아니기 때문이다. 그러나 현재 남은 족보들에 의하면 그 수가 적자의 1/3정도나 된다고 한다.[22] 이 많은 서자녀들은 처첩제도가 존재하는 한 계속 나올 수밖에 없었다. 첩이 존재하는 한 서자녀는 태어날 수밖에 없고, 이 서자녀들이 양반과는 혼인할 수 없으므로 다시 서자녀들과 혼인해서 계속 서자녀가 태어나게 되는 구조가 지속될 수밖에 없는 것이다. 따라서 양반의 수는 일정하게 유지함으로써 그 기득권을 유지하면서 양반남성들은 성적 자유를 누릴 수 있었다. 게다가 서녀들은 계속 재생산되고 있었기 때문에 첩을 들일 수 있는 상대도 없지 않았다.

조선시대의 다른 여성들과 마찬가지로 서녀들의 삶도 주로 혼인을 통해 결정되었다. 문제는 서녀들이 혼인할 수 있는 대상이 제한되어 있었다

22) 전주이씨 장천공파 족보와 함양박씨 정랑공파의 족보를 대상으로 조선후기와 일제시대의 인구변동을 살핀 논문에 의하면 족보에 기재된 인원의 약 1/3 정도가 서손이라고 하나 이것도 기재된 경우에 해당한다. 서손의 출생과 사망 연도에 대한 기록이 적손에 비하여 부실하다고 한 점으로 미루어 실제 수는 이보다 더 많을 수도 있을 것으로 짐작된다. 박희진, 차명수, 조선후기와 일제시대의 인구변동, 『수량경제사로 다시 본 조선후기』(이영훈편), 서울대학교출판부, 2004, 10~11면.

는 것이다. 서녀들이 혼인할 수 있는 대상은 주로 서자였으며, 양반일 경우 첩으로 가야 했다. 족보에는 측실의 자녀가 기재되어 있기는 하지만 측실의 신분을 밝힌 경우가 드물고, 서자나 서녀의 배우자 신분이 기재되어 있는 경우가 드물다. 그러나 다음과 같은 기록은 서녀들의 행방을 알 수 있게 해 준다.

> 아버지에게는 딸 하나와 아들 여섯이 있었다. 딸은 선비 박세후에게 시집갔고 큰아들은 증이고 둘째는 추로 모두 추천으로 벼슬에 올랐다. 추는 현감을 지냈고 셋째는 녹성(祿星)인데 세 살 때 강화도에서 죽었다. 발(撥), 졸(拙), 읍(挹)은 첩인 김씨에게서 태어났다. 발과 졸은 모두 진사이다. 박세후는 일찍 죽었고 양자의 이름은 응교를 지낸 박태보이다. 증은 좌윤 권시(權諰)의 딸과 혼인하여 딸 하나와 아들 둘을 두었다. 아들은 생원 행교과 충교이고 딸은 임진영(任震英)에게 시집갔다. 추는 군수 조진양(趙進陽)의 딸과 혼인하여 아들 둘을 낳았는데 자교, 가교이며 재취로 선비 이유(李柳)의 딸을 얻었다. 발은 참의 유겸(有謙)의 서녀와 혼인하여 아들 셋 딸 둘을 낳았는데 아들은 건교(尹健教), 후교(尹厚教)이며 사위는 이순상(李舜相)이고 나머지는 어리다. 발은 이제(李濟)의 딸과 혼인하였고 아들 셋을 낳았는데 민교(尹敏教)이고 나머지는 어리다. 읍은 좌랑 박유연(朴由淵)의 서녀와 혼인하여 딸 셋과 아들 하나를 낳았는데 모두 어리다. 남녀 합하여 증손이 십여 명이다.(府君有一女六男. 女適士人朴世垕, 男長曰拯, 次曰推, 俱以薦登仕. 推縣監, 次曰祿星, 生三歲, 死於江都. 曰撥·拙·挹, 側室金氏出也. 撥·拙, 俱進士. 朴早歿, 繼子曰泰輔, 應教. 拯娶左尹權諰女, 生一女二男. 男曰行教, 生員, 曰忠教, 女適任震英. 推娶郡守趙進陽女, 生二男, 曰自教·可教, 再娶士人李柳女. 撥娶參議李有謙庶女, 生三男二女, 男曰健教·厚教, 壻曰李舜相, 餘幼. 拙娶李濟女, 生三男, 敏教, 餘幼. 挹娶佐郎朴由淵庶女, 生三女一男, 皆幼. 曾孫男女十餘人.)[23]

23) 윤증, <선고비묘지(先考妣墓誌)>, 『明齋遺稿』 권37.

위 예문은 윤증(1629~1714)이 쓴 부모 묘지의 일부분으로 17세기를 대표하는 윤씨 가문에서 서자녀들의 혼인이 어떻게 이루어졌는지를 보여준다. 위 자료에 의하면 윤선거에게는 서자가 세 명이 있었는데 둘은 서녀와 결혼했고 하나는 서녀와 결혼하지 않은 것을 알 수 있다. 서녀일 경우 반드시 그것을 밝히고 있기 때문에 이제의 딸이 서녀가 아닌 것을 알 수 있다. 그러나 그렇다고 반드시 양반이라고 할 수도 없는 것이 이제(李濟)가 서자였을 가능성도 있기 때문이다. 다음은 숙종조의 대신을 지낸 이관징(1618~1695)의 서녀에 대한 이야기로, 양반과 기생 사이에서 난 딸이 속량이 되어 서울에 있는 본가에서 자라다가 서자에게 시집간 예를 보여준다.

> 서고모의 성은 이씨이고 본관은 연안이며, 그 어머니는 평양(平壤)의 기생이었다. 고모 자매 두 사람을 낳았는데 고모는 그 둘째이시다. 13살에 속량이 되어 서울 집으로 와서 자라 15살에 홍우주(洪宇疇)의 아내가 되었다. 홍우주는 홍하명(洪夏命)의 측실에게서 난 아들로 홍하명은 당시 북도의 병마절도사로 있었다. 시집간 지 19년만인 경진년 [1640] 에 남편이 숙환으로 일어나지 못했다. 임종한 뒤 고모는 항아리 속에 있던 염수(鹽水)를 찾아 모두 마셔버리니 독이 퍼져 몸이 부어오르고 기운이 막혔다. 옆에 있던 사람들이 단 것을 부어 넣어 소생시켜 같은 날에 죽지 못하게 되자 이를 몹시 애통해 하다가 감시가 소홀해진 틈을 타 이틀 뒤에 자결하니 살려내지 못하였다. 염을 한 뒤에 하실(下室)에 함께 모셨다. 애통하다! 고모는 성품이 유순하고 곧았으며 천한 사람의 태가 없었다. 그러나 행동이 느리고 느슨했으며 부지런하지 않았다.(庶姑姓李氏, 籍延安, 其母箕都妓也. 擧姑姊妹二人, 姑其次也. 十三贖賤, 至京養于家, 十五, 適洪宇疇爲妻. 宇疇, 夏明側室子, 夏明方爲北道兵馬節度使者. 嫁之十九年庚辰, 其夫以宿疾不起. 旣屬纊, 姑索瓮裏鹽水, 盡飲之, 毒內攻, 鼓脹氣塞. 傍人投以甘物得甦, 姑不得同日死, 故於是大哀痛, 乘弛防, 後二日, 自決不及救. 斂遷, 同殯于下室. 痛哉! 姑和柔貞順, 無賤人態, 然而緩弛制行不孜孜.)[24]

위 예문에 등장하는 연안 이씨는 이관징의 손자인 이만부(1664~1732)에게는 서고모가 된다. 이씨는 평양 기생의 딸로 13살에 속량이 되어 서울에 와서 2년간 지내다가 15살에 홍하명의 서자인 홍우주에게 시집갔다. 이 경우는 기생의 딸이 양반의 서녀로 인정되어 본가로 들어간 경우이다. 이씨는 시집간 뒤 시집의 인정을 받았고, 남편이 죽은 뒤 따라 죽음으로써 양반 가문의 일원으로 완전히 인정을 받은 것으로 보인다. 그럼에도 이만부가 서고모를 평가하면서 유순하고 곧았으나 "천한 태"가 없었고, 부지런하지 않았다고 쓰고 있다. 이는 보통 양반 여성의 행장이나 제문에서는 찾아보기 어려운 표현으로, 기녀의 딸이라는 이씨의 출신에 대한 편견이 일정하게 작용한 결과로 짐작된다.

이렇게 같은 신분인 서자에게 시집가는 것 외에 가장 많았던 것이 양반의 첩으로 가는 경우였던 것으로 보인다. 바로 이 지점에서 서자와 달리 혼인구조 속에서 다시 첩으로 재생산되는 서녀의 신분적 특성이 드러난다. 족보에 일일이 그 배우자가 기재되어 있지는 않기 때문에 전반적인 면모를 알 수는 없지만, 몇 가지 예를 통해 이를 확인할 수 있다. 율곡 이이에게도 서녀가 있었는데 율곡은 이 딸을 17세기를 대표하는 예학자인 사계 김장생(1548~1631)의 아들 김집(1574~1656)의 첩으로 보냈다. 이는 족보뿐만 아니라 김집의 묘지명에도 기록되어 있는데, 율곡의 서녀는 김집의 정부인이 병이 있어 집안 살림을 도맡아 할 정도였다고 한다.[25] 수많은 노동과 제약이 따르긴 했지만 조선시대에는 가정 살림을 맡는 것은 정부인이 갖는 권한 중의 하나였다. 부인이 죽은 뒤 새로 결혼하지 않고 첩을 들여 집안 살림을 맡게 하는 경우는 있었지만 정부인이 있는데 첩이 살림을 맡는 경우는 많지 않았을 것으로 보인다. 율곡의 서녀는 본부인이 병들었다는 특수한 상황이기는 해도 아버지의 후광이 작용해서 첩으로서

---

24) 이만부(李萬敷), <서고모홍부광기(庶姑洪婦壙記)>, 『息山集』 권21, 「한국문집총간」 178, 439면.

25) 송시열, 『송자대전』 182권.

살림을 맡을 수 있었던 것으로 보인다.

서녀들 가운데는 시재가 뛰어나서 시인으로 이름을 날린 경우도 있는데 그것이 가능했던 것은 서자보다는 양반의 첩을 선택했기 때문인 것으로 보인다. 판서를 지낸 유진동의 서누이로 시와 글씨, 그림에 고루 뛰어났던 유씨, 16세기의 여성 시인으로 허난설헌과 비견되는 이옥봉(1550~1600), 19세기의 시인 박죽서(1817~1851) 등은 모두 양반의 서녀로 양반의 첩이 되어 자신의 시 창작을 이어갈 수 있었던 경우이다. 이옥봉은 같은 서자의 아내가 되기를 거부하고, 진심으로 존경할 수 있고, 자신의 시를 알아줄 사람에게 가겠다고 하고 조원(1544~1595)을 선택해서 그 첩이 되기로 했다. 그러나 물론 모든 양반남성이 첩을 맞는 것을 즐겨했던 것은 아니다. 조원은 자신의 딸을 첩으로 받아달라는 이옥봉의 아버지의 청을 일언지하에 거절했다가 장인인 이준민의 청으로 마지못해 첩으로 받아들였다.

물론 이렇게 알려진 경우 외에도 양반의 첩으로 가는 경우가 많았을 것이다. 위 예들은 조선시대 처첩제도가 양반남성들의 공모에 의해 지속되었음을 확실하게 보여준다. 이옥봉의 예에서 보듯, 조원이 첩을 들일 것을 거절하자 장인이 첩을 들일 것을 권유한다. 이것을 어떻게 설명해야 할까? 같은 남자로서 권유하는 것으로 받아들여야 할까? 그것보다는 경제적 형편이 허락된다면 첩을 들일 수 있었던 양반남성들의 입장에서 그 제도를 유지시키기 위해 서자녀를 교환한 관행을 받아들이도록 권유하는 것이 아니었을까? 처첩제도로 인해 첩을 둘 수 있었고, 그 사이에서 서얼이 계속 생산되는 상황에서 양반들이 자신들의 특권을 유지하기 위해서는 제도적으로 양반의 숫자를 제한할 수밖에 없었다. 결국 계속 재생산되는 서자녀를 서며느리나 서사위, 또는 첩으로 서로 교환함으로써 양반들은 처 외에도 첩을 둘 수 있는 처첩제도를 유지할 수 있었다. 그 결과로 조선의 유교 가부장제는 남성 중심적으로 유지될 수 있었다. 즉 가문의 연대를 꾀할 수 있었던 혼인제도를 통해 들어온 적처의 위치를 보호하고, 적자녀를 통해 혈통을 유지하는 한편 첩을 통해 양반남성들의 성적 욕망을 충족시킬 수 있었던 것이다.

양반여성들 역시 처첩의 분간이나 적서차별을 통해 자신들의 특권적 위치를 유지할 수 있었다. 반면 첩이나 서녀들은 양반가문의 주변적 존재로 존재하면서 양반남성들의 욕망을 채워주거나 아니면 집안에 노동력을 제공함으로써 존재할 수 있었다. 한 남자를 중심으로 한 처와 첩의 공존이 가져올 불안에 대해 '투기'를 부덕으로 규정해서 제도적으로 막고, 여기서 나올 수 있는 적처의 불만을 첩과 그 자녀에 대한 철저한 차별로 무마했다. 결국 처는 정숙한 부인의 위치에서 존경받게 하고 그 아들로 가문을 잇게 하는 한편, 첩은 성적 대상으로 위치 짓고 그 자녀는 차별함으로써 조선의 가족이 유지될 수 있었던 것이다. 이러한 혼인제도, 가족제도를 근간으로 하는 조선의 유교 가부장제는 누구를 희생양으로 삼음으로써 유지될 수 있었는가? 그리고 그 제도의 정점에 누구의 욕망이 자리하고 있었는가? 재론할 필요도 없이 그 정점에는 여성의 신분에 따라 처와 첩을 구분하고, 그 사이에서 난 서녀가 다시 첩이 되는 재생산 구조를 활용한 양반 남성의 욕망이 자리하고 있었다.

4. 서녀의 자의식, 모순된 정체성

서녀는 양반이되 양반이 아닌 반쪽 양반이기는 하나 양반 집안의 문화를 호흡하며 성장한 존재들이다. 그러기에 이들은 부계혈통에 대한 자부심을 가지는 한편으로 첩의 자식으로서의 소외감을 동시에 가질 수밖에 없는 위치에 있었다. 보통 서녀나 서자가 죽은 뒤에는 묘지명이나 제문을 써주지 않았던 관행과 달리 서녀가 죽은 뒤 제문을 써 준 송시열은 죽은 서녀에 대해 '집안사람들의 말을 많이 들을 위치였지만 전혀 그런 말을 안 듣게 처신하였으며, 시집가서도 어질게 처신'한 데 대해 칭찬하고 있다. 우회적으로 표현하고 있기는 하나 이 언급은 서녀의 위치가 얼마나 이중적이었던가를 생각하게 한다. 가족 내부에서는 첩의 딸이라는 경계인으로서 감시의 시선을 받는 한편, 가족 외부 즉 다른 가문으로 시집가서는 은진 송씨 가문의 일원으로서 바라보는 시선을 받아야 했기 때문이다. 즉 서녀는 내부에서는 확고한 인정을 받지도 확실한 보장을 받지도 못하는 위치에 있으면서 외부에서는 다시 송씨 가문 내부인의 위치에 처하게 되는 모순된 위치에 처했다. 동시에 사회적 신분이 서녀였기 때문에 시집이라는 다른 사회에서는 또 새로운 위계화에 놓이게 되었다. 이처럼 가족 내부에서는 경계인으로서 가족 외부에서는 다시 가족 내부인으로 인정되는 이 모순된 정체성이 바로 서녀의 정체성이었던 것이다. 이러한 서녀의 정체성을 보여주는 것은 그나마 이들이 남긴 문학작품들을 통해서이다.

서녀들 가운데는 이옥봉, 박죽서 등의 서녀 출신 시인들에서 보듯이 교육받을 기회를 가졌을 뿐만 아니라 시로 이름을 날린 서녀들도 있었다. 드문 경우이기는 하지만 18세기의 시인 김호연재의 친정인 김성달(金盛達)의 집안에서는 소실인 울산 이씨, 서녀들까지 모여 시회를 벌이기도 했던 것으로 보이며, 소실과 서녀들의 시를 모은 시집이 <우진(宇珍)>이라는 이름으로 남아 있기도 하다. 이처럼 양반 가족의 일원으로 교육까지 받았던 이들 서녀들은 경계에 서 있는 자신들의 정체성에 대해 모순된 감정을 가질 수밖에 없었다. 이것은 서얼문사들의 경우에도 역시 마찬가지였다.

그러나 서얼문사라는 말에서도 보듯이 이들은 집단을 이루어 자신들의 권익을 주장하는 목소리를 뚜렷이 내고 정치적인 운동을 했다는 점에서 서녀들과 차이가 있다. 이러한 차이는 당연히 조선사회가 남성 중심 사회였다는 데서 기인한다. 그럼에도 이들 역시 가족의 경계에 놓인 존재로서 모순된 정체성을 갖고 있었다. 서얼들은 양반 가문에서 태어나 양반이 아니라고 인식되고 대우받았다. 실제로 서얼들은 지배층으로부터 소외된 계층이었다. 그러나 서얼들은 자신들도 양반이라는 의식을 갖고 있었다. 서얼들이 벌인 통청 운동도 따지고 보면 지배층에 편입되고자 하는 성격이 강했다. 따라서 이들의 의식은 기본적으로 상층 지향적이라 할 수 있다. 그러나 지배층은 결코 이들에게 쉽게 자리를 허용하지 않았다. 통청 운동의 결과 제도적인 개선이 일정하게 이루어지기는 했으나 이들에게 주어진 관직은 미관말직에 불과했고, 그나마도 너무 적은 수였다. 서얼들은 곧 이상과 현실의 괴리를 깨닫게 되었고, 벼슬을 하지 못한 서얼들은 가난에 시달렸다. 서얼들은 문예의 우수성으로 자신들의 한계를 넘어서려고 했지만 이에 대한 현실적인 보상도 미미했다. 따라서 이들은 끊임없이 자신들의 신분적 열세를 의식할 수밖에 없었던 것으로 보인다. 이런 점에서 서얼들은 상층 지향적 의식과 상층 비판적 의식을 동시에 지녔으며, 이로 인해 몰락양반이나 중인과도 다른 의식을 지니게 된 것으로 평가된다.[26) 이처럼 서얼문사 집단은 지배집단 내부의 타자로 존재하면서 이중적인 의식 속에 존재해 왔다. 그러나 남성들의 경우 시문을 남기고, 시인으로 인정받았으며, 『규사(葵史)』라고 하여 자신들의 역사를 정리할 정도로 자의식을 갖기도 했다.

남성 서얼집단처럼 집단화되지도 못하고 자신들의 목소리를 적극적으로 내지도 못했던 서녀들은 어떤 자의식을 지니고 있었을까? 실제로 서녀들의 자의식을 찾아볼 수 있는 자료는 많지 않다. 서얼문사들과 달리 역사의 전면에 부각된 서녀를 찾기도 어렵다. 이옥봉이나 박죽서 등과 같은 서녀 시인들이 있기는 하나 여성 시인들 자체가 그 존재감을 가지지 못하고 있는 상황에서 이들 서녀 시인들 역시 문학사에서 한 흐름으로 받아들여지고 있지도 못하다. 그러나 양반 서녀로서 자신의 목소리를 낸 이옥봉이나 박죽서 등을 통해 그 자의식의 일단을 찾아볼 수 있다.

양반의 서녀로 태어나 양반의 첩이 된 이옥봉이나 박죽서의 경우, 서얼 출신의 시인들과 마찬가지로 양반으로서, 시인으로서의 자부심과 동시에 좌절감을 동시에 가진 것으로 평가된다.[27) 이옥봉은 옥천군수를 지낸 이

26) 김경숙, 앞 책, 373~74면.
27) 이혜순 외, 『한국고전여성작가연구』, 태학사, 1999, 67~69면.

봉의 서녀로 자신의 시를 알아줄 사람의 첩이 되고자 했다. 자신의 시에 대한 자부심과 서녀라는 신분적 위치에서 오는 어쩔 수 없는 열패감에서 온 선택이었을 것이다. 박죽서도 양반가 여성에게서 볼 수 있는 가문에 대한 자부심과 시에 대한 열망과 동시에 자신의 시를 알아줄 사람이 없다는 결핍감을 동시에 보여준다. 박죽서는 동생과 삼촌이 과거에 합격했다는 말을 듣고 축하하는 시에서도 "붕새가 바람 차고 나니 천하가 다 울리고, 용문에 뛰어오르니 온 집안이 영화롭다(鵬路搏飛四海動, 龍門踴躍一家榮)" 고 하고, "원컨대 숙공을 이어받아 부귀장수 함께 하고, 자손 번창하여 해마다 두루 형통하길(願繼肅公同貴壽, 螽斯詵詵歲俱亨)"[28]이라고 가문의 번영을 기원하고 있다. "초목도 오히려 날씨 따뜻한 줄 알거늘, 천한 마음에도 가문의 형통을 한없이 기뻐하네(草木猶知天氣暖, 賤心何限喜門亨)"[29]라는 시구 속의 '천한 마음'과 '가문의 형통'이라는 대비를 통해 서녀라는 가족 내 위치와 가문에 대한 자부를 보여준다. 이러한 면모는 자신이 쓴 시를 누가 읽고 알아줄 것인지 탄식하는 면과 맞물리면서 죽서가 처했던 모순의 지점을 보여준다.

이옥봉이나 박죽서가 처했던 경계인으로서의 위치는 안과 밖 모두에서 타자화되는 경험을 갖게 한다. 비단 서녀뿐만이 아니라 첩이나 기녀도 위치에 놓여 있었다. 박죽서가 금원, 운초 등 당시 양반들의 첩들이 주축이 된 삼호정시회에 참여한 것도 자신의 정체성에 대한 자각과 고민을 이들과 공유했기 때문일 것이다. 주변인으로서의 열패감과 시적 재능에 대한 자부심, 당대 상층 문인들과의 교류에서 오는 문화적 충족감이 얽혀서 만들어낸 삼호정시회는 가족의 경계에 놓여 있던 이들 여성들이 역사 속의 주변인의 위치에서 벗어나 조금씩 목소리를 찾아가는 과정을 보여준다.

---

28) 박죽서, <奉呈賀季氏及第>, 허미자, 『한국여성시문전집』 5권.
29) 박죽서, <奉季叔賀及第>, 위 책.

5. 나가는 말

서얼은 조선시대의 불평등한 혼인 관계에서 기인한다. 조선사회는 중혼 제도를 바로잡는다는 명목 하에 처와 첩을 나누고 그 위계를 분명히 하였다. 처와 첩의 위계화에서 비롯된 차별은 혼례, 가족 내에서의 대우, 상속 문제 등 전반에 걸쳐 나타났다. 그 중에서도 가장 큰 차별은 첩의 자녀인 서얼에 대한 차별이었다. 조선 사회는 기본적으로 남녀를 구분하여 서로 넘나들 수 없는 경계를 만들어 놓고, 양반, 중인, 상민, 천민[30)]으로 신분을 나누었다. 첩은 모든 신분의 남자들이 다 둘 수 있었지만 서얼은 양반 첩의 자녀를 일컫기 때문에 서얼 문제는 상속, 제사, 관직 등 현실적인 문제와 관련하여 제기되었고 결국 양반 사회의 문제로 집중된다. 그러나 조선 사회의 신분 차별의 결과로 서얼 집단을 유달리 부각시키는 것은 다른 차별을 보이지 않게 할 수도 있다. 뿐만 아니라 서얼이라 통칭하면서 서녀의 문제는 채 부각되지도 못했다.

이 글은 역사 속에서 그 존재를 드러내지 못했고 또 현재 연구에서도 관심의 대상이 되지 못하고 있는 서녀에 주목하였다. 앞서 살펴보았듯이 서녀의 존재는 양반 가족 구성원 가운데 가장 취약한 처지에 놓여 있었다. 경우에 따라 공부를 해서 한시를 지을 정도까지 되기도 하고 비교적 차별 없는 성장기를 보낼 수도 있었지만, 사회의 시선은 언제나 적/서의 경계를 분명하게 나누었다. 조선시대 양반 남성들은 처와 함께 첩을 두고, 그러면서도 가족의 질서는 유지해야 했던 모순을 '위계화'를 통해 해결하려 했다. 처첩의 위계나 적서차별은 처첩제도를 허용한 조선 유교 가부장제의 구조적 산물임에도 조선 유교 가부장제는 이들에게 신분적 낙인을 찍어 이들을 차별하는 근거로 삼았다. 다시 말해 구조적 모순을 개인에게 전가

30) 조선시대의 신분구조에 대해서는 양 · 천 이분 구조, 양반, 상민, 천민 삼분 구조, 양반, 중인, 상민, 천민 사분 구조로 보는 입장들이 있다. 조선 중기 이후 중인들의 존재가 부각되는 것을 고려하여 사분 구조로 보았다.

함으로써 체제를 유지해 왔던 것이다. 양반 여성은 절대로 첩이 될 수 없다고 하여 양반 여성은 보호하는 한편, 첩은 천하다는 인식을 만들어 놓고, 그 자녀 역시 천하게 여기는 인식을 만들었다. 이렇게 처와 적자녀를 철저히 보호한 것은 첩이나 서얼에 대한 처와 적자녀의 불만을 무마하기 위한 것이면서 동시에 부계 혈통 중심의 가문을 지키기 위한 것이었다. 이러한 예는 재가한 여성의 자녀에게는 청요직에 나아가지 못하게 하는 것에서도 볼 수 있다. 부계 혈통의 가문을 지키기 위해 조선 유교 가부장제는 여성을 구분하고, 차별했으며 특히 여성의 섹슈얼리티를 통제하였다. 이 구조 속에서 양반 남성은 특권적 지위를 누릴 수 있었다. 양반 여성들 역시 이 구조를 묵인하고 때로는 동조하면서 부분적으로 특권적 지위를 누렸던 것으로 보인다.

따라서 서녀를 되살려내는 일은 비단 이들의 존재를 가시화한다는 의미 이상을 갖는다. 서녀라는 존재의 부각은 오히려 지금 여기서 계속되고 있는 여성에 대한 차별과 배제, 낙인과 오명의 구조를 통해 누가 주변화되고 있는가를 보게 하고, 그 구조에 편승하고 있는 여성은 또 누구인가를 성찰하게 해주기 때문이다. 또 하나 서녀를 되살려내는 일은 조선 유교 가부장제 사회의 가족제도가 갖는 폭력적인 면을 보게 해준다. 서녀 혹은 서자의 눈을 통해서 볼 때 조선시대의 이러한 유교적 가족 제도는 얼마나 모순되고 폭력적인 것인가? 이들이 파악한 가족, 이들이 체험한 현실에 대한 이해를 제쳐두고 조선 사회를 이해하고 전통시대의 가족을 미화할 수 있을 것인가? 따라서 경계에 선 존재들을 통해 조선시대의 가족, 사회의 성격을 보다 구체적으로 해명해 낼 필요가 있다. 그럴 때 조선시대의 가족은 전혀 다른 모습으로 파악될 수도 있을 것이기 때문이다. 흔히 여성, 그중에서도 특히 주변적 여성에 대한 자료는 매우 빈약하게 남아 있다. 이는 그간의 역사 기술이 이들을 얼마나 소홀히 대했는가를 보여준다. 그렇다고 자료의 부족을 탓하고만 있을 것인가? 자료가 없다면 그 자료가 없는 의미까지 심문하고, 상상의 공간에서나마 이들을 되살리는 것이 우리의 책무가 아니겠는가?

참고문헌

『經國大典』

조선왕조실록 CD

尹拯, <先考妣墓誌>, 『明齋遺稿』 권37.

李萬敷, <庶姑洪婦壙記>, 『息山集』 권21.

宋時烈, 『宋子大典』 권182.

박죽서, <奉呈賀季氏及第>, 허미자, 『한국여성시문전집』 5권.

박죽서, <奉季叔賀及第>, 허미자, 『한국여성시문전집』 5권.

趙觀彬, <側出女母愛哀辭>, 『悔軒集』 권16.

국사편찬위원회 편, 『한국사』 34, 탐구당, 1995.

길태숙, 「민요에 나타난 첩의 위상」, 『여성문학연구』 13, 한국여성문학학회, 2005.

김경미, 「투기, 남성 욕망의 공모」, 『여성이론』 8, 여성문화이론연구소, 2003.

김경숙, 『조선 후기 서얼문학 연구』, 소명출판사, 2005.

김미란, 「19세기 전반기 기녀, 서녀 시인들의 문학사적 위치」, 『문학과 사회집단』, 한국고전문학회 편, 집문당, 1995.

박희진 · 차명수, 「조선후기와 일제시대의 인구변동」, 『수량경제사로 다시 본 조선후기』, 이영훈 편, 서울대학교출판부, 2004.

배재홍, 「조선전기 처첩분간과 서얼」, 『대구사학』 41, 대구사학회, 1991.

이혜순 외, 『한국고전여성작가연구』, 태학사, 1999.

정지영, 「조선 후기의 첩과 가족 질서」, 『사회와 역사』 65, 한국사회사학회, 2004.

황수연, 「조선후기 첩과 아내-은폐된 갈등과 전략적 화해」, 『한국고전여성문학연구』 12, 한국고전여성문학회, 2006.

조선후기 첩과 아내-은폐된 갈등과 전략적 화해

황수연*

1. 들어가는 말

조선은 처첩제를 동반한 일부일처제(一夫一妻制) 사회였기에 첩[1]은 조선왕조 전 시기에 왕족, 양반, 평민 등 거의 모든 신분에 걸쳐 존재하였다. 왕족은 권력의 집중을 막기 위해, 양반은 후손을 잇기 위해, 평민은 노동력을 확보하기 위해 첩이 필요하다고 표면적인 이유를 내세웠지만, 남성의 생물학적 욕망을 충족시키기 위한 이유가 공통적으로 내재되어 있음을 부인할 수 없다.

어느 신분을 막론하고 정처에게 첩은 인정하기 어려운 존재였겠지만, 조선후기에 집중적으로 성에 대한 규제를 받던 사족 여성들이 남편의 축첩을 수용하기는 더욱 힘들었을 것으로 보인다. 주지하다시피 가정의 통제를 통해 사회적 기강과 질서를 바로 잡는 정책을 시행하던 조선 사회는 후기로 갈수록 사족 여성들의 성을 감시하고 통제하였다. 정절에 대한 강

---

* 연세대학교 강사

1) 조선조 첩에 관한 연구 성과는 다음과 같다. 박무영, 「남편의 '잉첩'과 아내의 '적국'」, 『문헌과 해석』 18호, 태학사, 2002; 정지영, 「조선후기 첩과 가족질서-가부장제와 여성의 위계」, 『사회와 역사』 65호, 한국사회사학회, 2004; 조은·조성윤, 「한말 서울지역 첩의 존재양식-한성부 호적을 중심으로」, 『사회와 역사』 65호, 한국사회사학회, 2004; 이성임, 「조선중기 양반의 성관념과 그 표출양상」, 『조선시대 사회의 모습』, 집문당, 2003; 길태숙, 「민요에 나타난 첩의 위상」, 『여성문학 연구』 13, 한국여성문학학회, 2005.

조와 내외법의 시행, 간통에 대한 처벌의 강화[2] 등은 특히 사족 여성을 규제하기 위해 만들어진 사회적 제약이며 법률이었다.[3]

17세기에 들어서면서 혼인제가 변화하고 종법제가 실행되면서 사족 여성이 일반적으로 담당해야 했던 시구고(侍舅姑), 봉제사(奉祭祀), 접빈객(接賓客) 등의 임무와 책임은 막중했지만 여성들이 납득할 수 없는 것은 아니었다. 그러나 축첩의 용인과 투기의 금지는 유교 사회에서 근원적인 모순과 갈등을 내포하고 있었다. 이러한 처첩제가 갖고 있는 내재적 모순이나 갈등과 상관없이 조선후기에 축첩 현상은 끊이지 않았을 뿐만 아니라 나아가 사족 여성들이 남편의 축첩을 권장하는 모습을 보이기도 한다.

한편, 이미 아내가 있는 남성의 또 다른 아내이자 정처의 자식과는 차별되는 위치에 있는 자식을 낳은 어머니이기도 한 여성은 첩, 소실(小室), 측실(側室)이라 불리며 가족의 변방에 놓일 수밖에 없었다. 사대부 집안의 첩에게 요구되었던 임무와 책임, 그리고 권리가 무엇이었는지에 대한 고찰은 조선후기 가족의 실상을 파악하는 하나의 단서가 된다.

자신의 아내나 어머니 혹은 여성 친지를 대상으로 한 글을 남긴 사대부 남성들은 여성의 생활을 다루면서 첩과 여성의 관계, 혹은 축첩 생활에 대해 부분적이고 단편적인 기록을 남겨 놓고 있다. 본고는 17세기와 18세기의 첩을 둘러싼 담론[4]을 통해 남성들의 첩에 대한 인식, 첩이 놓였던 위치, 사족여성들의 첩에 대한 태도, 처첩의 관계 등을 살펴보고자 한다.

---

2) 장병인, 「조선 중·후기 간통에 대한 규제의 강화」, 『한국사 연구』 121.
3) 일상생활에서 시행되던 부녀 상사 금지, 음사 금지, 복장 규제, 내외법의 시행 등도 당시의 위정자들이 지향했던 여성의 유교적 윤리 규범의 확립을 위한 조치들이다. 한국고문서학회 엮음, 『조선시대 생활사』, 역사비평사, 1996, 121면.
4) 남성들이 여성을 대상으로 하여 쓴 묘지명, 묘갈, 제문, 행장, 규훈서 등의 글을 대상으로 한다.

2. 남성의 첩에 대한 인식: 축첩의 정당화

> ① 지난 날 후사를 이어줄 사람을 구하다가 자네의 성품이 훌륭하다는 이야기를 듣고, 거의 반년을 애태워 자네 부모님께 겨우 승낙을 받았네.[5]

> ② 중년에 여러 차례 자식의 죽음을 당하니 사람으로서 감당할 수 있는 것이 아니었지만 공인은 꼭 먼저 스스로 슬픔을 억누르고 나를 위로해 주었다. 정해년 [1707]에 자식들을 잃은 뒤, 후사를 이을 희망이 끊어지니 내가 공인이 꺼리지 않을 것을 알고 첩을 골라 들였다.[6]

위의 두 예문은 사족 남성이 축첩하는 이유의 하나가 후사를 잇기 위한 것이었음을 표방하고 있다.

첫 번째 예문의 발언자는 이시발(李時發)인데, 그는 후사를 잇기 위해 반년이나 애태우다 첩을 얻었다고 하였다. 이시발은 첩이 죽자 제문을 작성했는데 이후의 제문을 좀 더 살펴보면 “정인이 된 뒤 자네의 행실을 보니, 과연 총명하고 영특한 재주와 단정하고 정숙한 자질이 보통 규수에 비할 바가 아니었네. 부모를 공경하고 지아비에게 정성을 다하며 형제간에 우애 있는 것은 모두 다 천성에서 우러나온 것이었네. 그 밖에 문사에 해박한 것, 거문고와 바둑에 능한 것, 자수나 서화에 뛰어난 것들은 그 밖의 일이라 할 수 있었지. 그러니 내가 자네에게 각별한 정을 쏟은 것은 그 훌륭한 재색 때문만은 아니었다네.”[7]라고 하여 첩과 돈독한 관계를 형성했

---

5) “昔余之求嗣卜姓也, 聞汝有美質, 寤寐反側殆半歲焉, 果得汝之爺孃許汝歸我.” 이시발, <祭側室文>, 『碧梧遺稿』 권5, 『韓國文集叢刊』 74, 472면.

6) “中年累遭慘慽, 有非人理所堪, 恭人必先自抑悲, 以寬不佞. 丁亥, 喪子女, 嗣續望斷, 不佞知恭人不以爲嫌, 卜媵女.” 이만부, <亡室恭人豐山柳氏墓誌>, 『息山集』 권21, 『韓國文集叢刊』 178, 442면.

7) “自定情以來, 觀汝志行, 其聰明穎悟之才, 端靜淸淑之資, 果非尋常閨秀之比. 所以愛敬于親, 盡誠于所夫, 友于兄弟者, 無非得於天性. 而至其博文史, 精琴棋, 工刺繡, 解書畫, 乃其餘事之能. 余之情鍾特甚者, 豈徒爲才色之美而已.” 이시발,

음을 표명하고 있다.

이시발은 10년 동안 각 지방의 지방관으로 부임할 때 항상 첩을 데리고 다니며 함께 생활을 했다. 이시발은 "아! 10년간의 우리 행복은 눈 깜짝할 사이였는데, 사별의 슬픔은 끝이 없네그려. 행복한 순간은 어찌 이리도 짧고, 슬픔은 어찌 이리도 길단 말인가?"[8]라고 하며 첩을 잃은 슬픔을 간절히 토로하고 있는데, 이 글은 첩을 통해 애정을 충족했던 사대부 남성의 감정을 솔직하게 드러내고 있다.[9]

이시발은 1587년인 19세에 민경남의 딸 여흥 민씨와 결혼하여 1남 3녀를 두었고 여흥 민씨가 1609년에 죽자 1611년에 신응개의 딸과 재혼하여 2남 1녀를 두었다. 측실과의 사이에는 3남 1녀를 두었다. 축첩한 시기가 언제인지 정확하지는 않지만 후사문제로 고민할 상황에 있었던 것으로 보이지는 않는다.

두 번째 예문의 작자는 이만부(李萬敷)이다. 이만부는 후사를 이을 희망이 끊어지자 아내가 첩을 두는 것을 "꺼려하지 않을 것을 알고" 첩을 얻었다. 이만부의 첩은 5명의 아들을 낳았으나 이만부는 동생 이만유의 둘째 아들 지백을 양자로 들여 가계를 계승했다. 후사를 잇기 위해 첩을 두었다는 이만부의 언급 역시 신뢰하기 어렵다.

이 외에 "부인은 자녀가 없었는데 남편 승선군에게 첩을 구하여 후사를 구하도록 권했다."[10]라는 등의 언급에서는 남성 자신의 의지가 아니라 아내의 적극적인 권유로 첩을 들인다고 함으로써 남성의 축첩을 더욱 정당화하고 있음을 볼 수 있다.

<祭側室文>, 『碧梧遺稿』 권5, 『韓國文集叢刊』 74, 472면.

8) "嗚呼! 十年之懽愛, 曾不能以一瞬, 而死別之悲, 長爲百年之慟. 懽何其短, 慟何其長?" 이시발, <祭側室文>, 『碧梧遺稿』 권5, 『韓國文集叢刊』 74, 472면.

9) 이시발은 본부인을 위하여 아무런 글도 남기고 있지 않으나 첩을 위하여 두 편의 제문을 지어주었다.

10) "夫人無子女, 勸承宣君卜妾以求嗣." 宋浚吉, <淑夫人衿川姜氏墓誌銘 幷書>, 『同春堂集』 권18, 『韓國文集叢刊』 107, 160면.

양반 남성들은 축첩의 이유를 후사를 잇기 위한 것으로 표방하고 정당화하고 있지만 첩의 자식은 사회의 시선 및 상속 등의 경제 문제에서 오히려 부담스러운 존재였다.

> 할아버지께서 측실(側室)에게서 아들 넷을 두셨다. 장남은 아내를 얻어 집안을 꾸렸으나 아래로 세 사람은 별다른 생계거리가 없었기에 (할아버지께서) 내 아버지와 형제분들에게 명하여 각각 한 사람씩 돕도록 하셨다. 아버지가 돌아가시자 어머니는 노비를 주어 나무하고 물 긷는 일을 돕도록 하고, 종이 죽으면 또 종을 보내 주셨다. 또 백 이랑의 밭을 주어 먹고 사는 밑천으로 삼게 하며 "돌아가신 시아버님께서 사랑하시고, 떠난 남편이 돕던 사람이니 감히 잊어버릴 수가 없구나."라고 하셨다.[11)]

위의 일화는 미망인이 된 며느리가 시아버지의 첩의 자식들을 경제적으로 돕는 사실에 대해 이야기하고 있다. 이 글은 여성을 미화하기 위해 서형제에게 덕행을 베푸는 모습을 부각하고 있지만 경제적으로 자립하지 못한 서형제에 대한 경제적 부담이 있었음을 살펴볼 수 있다.

조관빈은 첩에게서 낳은 자식을 향한 발화에서 "사람들은 귀천을 말하지만 내게는 사랑스런 아들이라네."[12)] 라거나 "딸은 아들보다 못하고 서자는 적자만 못하다 하는데 너는 서출에 딸이니 집안에 무슨 보탬이 될까. 하지만 나는 너에게 쏟은 정이 두터웠으니 만년에 얻었고 또한 부모자식 사이였기 때문이다. 희기는 빙설 같고 예쁘기는 주옥같으나 아들이 아님이 한스럽고 적자가 아님이 애석했지."[13)] 라고 하여 첩의 자식, 즉 서자에

---

11) "王父有側室子四人. 其長者, 賴婦有家, 而次三人, 不別治生, 命先君兄弟, 各卹一人. 及先君沒, 先妣與之奴婢, 以助薪水, 奴亡, 又與之奴. 加田百畝, 以資其食曰: "先舅之所戀, 亡夫之所恤, 不敢忘也."." 金柱臣, <先妣行狀>, 『壽谷集』 권7, 『韓國文集叢刊』 176, 211~215면.

12) "人言貴賤, 吾愛吾子." 趙觀彬, <祭崔娘文>, 『悔軒集』 권16, 『韓國文集叢刊』 211, 479면.

대해 아버지로서 개인적인 애정이야 있었지만 사람들에게 떳떳이 인정받지 못한 관계였음을 드러내고 있다.

조선 사회에서 첩의 자손은 천하기 때문에 차별을 받아야 한다는 인식이 강화되어, 점차로 서얼 차대가 강화되었다.[14] 실제로 조관빈은 첩의 자식을 두고 "어떤 이는 집안 누이에게 맡기라 하고, 어떤 이는 마을 노파에게 주라 한다."[15]라는 말을 듣기도 한다.

조관빈의 아내도 후사를 위해 첩을 들일 것을 남편에게 권유하였다. 조관빈은 첩에게 낳은 자식이 있었으나 이만부와 마찬가지로 동생의 자식 중에서 입후하였다.

후사를 잇는다는 것은 가계계승을 의미하는데 첩의 자식과 가계 계승의 문제는 그리 밀접한 관련이 있지 않았다. 양반 집안에서는 적장자 확보가 절대적으로 중요하여 장자에게 아들이 없는 경우 입후자의 기준을 세우는 문제를 놓고 조정에서는 오랫동안 많은 논란이 있었다. 『경국대전』 봉사조에는 "적장자에게 후사가 없으면 중자 즉 지차아들들이 제사를 받들고, 중자에게도 후사가 없으면 처첩의 아들이 받든다."로 되어있다. 이것은 적서차별의 원칙에서 혈맥의 친소를 따져 제사권을 상속시켜야 한다는 사회통념의 반영으로 결정된 것이었다. 그러나 성종대에 와서는 이에 대해 적서차별을 강조하는 입장과 친생자를 강조하는 입장 사이에 많은 논란이 일어 첩자의 승중권보다 같은 종족에서 입후자를 세우는 것을 우선으로 삼게 되었다. 즉 적서차별을 앞세워 서자를 제사상속권에서 소외시켰다.[16]

---

13) "女不如男, 孽子如嫡, 爾乃蘗女, 在家何益? 然我於爾, 鍾情也篤, 晩年所得, 亦言骨肉. 皎如氷雪, 美似珠玉, 非男可恨, 非嫡可惜." 趙觀彬, <側出女母愛哀辭>, 『悔軒集』 권16, 『韓國文集叢刊』 211, 486~487면.

14) 박천규, 「조선 초기 서얼의 사회적 지위」, 『사학연구』 30호, 한국사학회, 1980, 8면.

15) "或託家姊, 或寄村嫗." 趙觀彬, <祭崔娘文>, 『悔軒集』 권16, 『韓國文集叢刊』 211, 479면.

16) 이이효제, 『조선조 사회와 가족』, 한울아카데미, 2003, 117면.

이처럼 남성들은 후손을 얻기 위한 바람으로 첩의 존재를 설명하거나 여성의 발화를 통해 그것을 정당화하였지만 실상은 다른 경우가 많았다.[17] 첩은 자식을 의도하고서 설정된 존재라기보다 남성의 생물학적 욕망을 위해 필요한 대상이었다고 보는 것이 사실에 가깝다. 양반 남성들은 가문이 중시되어 결합된 정치 혼인의 문제와 불만을 애정 혼인을 통해 충족시키고자 하였고 그것을 정당화하고 유지하기 위한 명분으로 '후손'을 내세웠던 것이다.

3. 첩이 놓인 자리

첩은 妾이라는 명칭 외에 측실(側室), 부실(副室), 소실(小室) 등으로 불리기도 하였다.[18] 사대부 남성의 첩이 되는 여성의 신분은 양민, 기녀, 종 등이었는데 이들의 신분에 따라 양첩과 천첩 사이에 뚜렷한 구별이 있었다. 하지만 이 글에서는 자료의 한계로 인해 첩의 다양한 존재 위상을 밝히지는 못한다. 다만 사대부 집안의 가족에 의해 놓여진 첩의 자리를 읽어 보고자 한다.

박윤원은 첩을 경계하는 글 <계측실문(戒側室文)>과 일반 여성을 경계하는 글<여계(女誡)>를 나란히 문집에 싣고 있다. 두 글을 통해 처첩 간에 서로 다르게 부과되었던 기대를 확인할 수 있다.

<계측실문(戒側室文)>은 "예를 갖추어 장가들면 처(妻)라 하고 사사롭게 맺어졌으면 첩(妾)이라고 함은 귀천의 구별이며, 처를 정실(正室)이라 하고 첩을 '측실(側室)'이라 함은 적서(嫡庶)의 차등이다. 명분은 지극히

17) 만약 사대부 가문에서 서자가 가계상속자가 된 경우 그 집안은 영구히 관록과 세도에서 제외되고 몰락하는 비운을 맞았다. 이이효제, 앞의 책, 108~109면.

18) 첩과 측실, 부실, 소실이라는 명칭 사이에 어떠한 구별이 있었는지는 알 수 없다. 다만 첩에 대해 이처럼 다양한 명칭이 있었던 사실을 통해 가정에서 첩이 차지했던 위치와 역할이 단순하지 않았음을 확인할 수 있다.

엄하니 어지럽혀서는 안 된다."라고 하여 정처와 첩의 관계를 명확하게 구별하는 것에서 시작한다.[19]

박윤원(1734~1799)은 1792년과 1798년에 학행으로 천거되었지만 곧 사퇴하거나 거절하고 가난한 집안 형편에도 불구하고 끝까지 벼슬하지 않으면서 경전의 훈고와 성리학에 몰두한 유학자였다. 그는 금창협(金昌協)·이재(李縡)·김원행의 학통을 계승한 적전(嫡傳)이며, 그것을 다시 홍직필(洪直弼)에게 전수하여 신응조(申應朝)·임헌회(任憲晦)·조병덕(趙秉德) 등으로 이어지는 조선 후기 성리학의 중요한 학파를 형성하였다.

박윤원은 처(妻)와 첩(妾)의 "명분은 지극히 엄하니 어지럽혀서는 안 된다."고 전제하며 첩이 남편을 비롯하여 본처, 본처의 자식, 부모에 대해 갖추어야 할 태도와 행동 지침을 제시하고 있다. 첩은 남편을 '군(君)'으로, 남편의 본처를 '여군(女君)'이라 부르며, 남편에게는 군신관계로 남편의 본처에게는 며느리와 시어머니의 관계로 대우할 것을 요구받는다. 본처가 죽은 후에는 맏며느리의 명령을 따라 행동할 것을 요구받기도 한다. 작가는 "네가 현명한 첩이 되고픈가! 네가 악한 첩이 되고픈가! 네가 그것을 생각해 볼지어다."라고 하여 판단을 첩에게 맡기는 것처럼 말하고 있으나 사실상 '천한' 첩에게 결정권이 있었던 것은 아니었다. 그런가하면 집안의 부녀자를 경계하기 위해 지어진 것으로 보이는 <여계(女誡)>[20]는 "여자의 선악에 시댁의 흥망이 매여 있고, 친정의 영욕이 달려 있다. 한 몸으로서 두 집안이 관계되는 바이니 어찌 삼가지 않겠는가!"라고 라고 하여 친정과 시댁의 양쪽 집안에서 사족 여성의 역할이 중요함을 말하고 있다.

박윤원의 두 글에서 첩에게는 국가의 '왕(君)'으로, 부인에게는 '하늘(天)'로 군림했던 가부장의 실상을 확인할 수 있다.[21] 박윤원의 글을 통해

---

19) 朴胤源, <戒側室文>, 『近齋集』 권23, 『韓國文集叢刊』 250, 454면.
20) 朴胤源, <女誡>, 『近齋集』 권23, 『韓國文集叢刊』 250, 454면.
21) 황수연, 「여성에 대한 기대와 경계-조선조 민간 규훈서를 중심으로」, 열상고전문학회 발표요지, 2004.10.

처와 첩의 위치를 공고히 정함으로써 처의 위상을 보장하고 있는 듯한 언급을 읽을 수도 있다. 하지만 처의 지위를 보장한 것은 아내를 존중하기 위해서라기보다 종법제가 규정한 처의 사회적 역할이 중요했기 때문이었다. 남성에게 있어서 처의 존재는 가족의 영속성을 보장해 주는 측면에서, 첩의 존재는 생물학적 욕구를 실현시켜 주는 측면에서 의미를 가진다고 할 수 있다.[22)]

그렇다면 같은 여성인 정처에게 첩은 어떠한 존재로 인식되었을까?

> ① 갑자년[1684] 봄에 어머니와 큰형님이 한 달 사이에 돌아가시니 유인이 몸을 해칠 정도로 몹시 슬퍼하였다. 제사를 돕는데 비록 채소나 보잘 것 없는 물건이나마 반드시 직접 칼을 잡았지 종이나 첩들에게 맡기지 않았고 곡을 하면 피눈물이 치마를 뚫고 자리를 적시며 삼년을 하루같이 보냈다.[23)]

> ② 을사년[1665]에 아버지께서 상중에 돌아가셨다. 그 때에 초상을 주관할 맏며느리가 없어 시신을 싸는 수의며 이불 등을 어머니께서 반드시 직접 스스로 처리하시고 노비나 첩에게 맡기지 않으셨다.[24)]

위의 예문에서 보듯이 첩은 노비와 동격으로 취급되곤 했으며[25)] 사대부 여성이 자신의 할 일을 남에게 미루지 않았다는 덕행을 칭송할 때 언급되곤 하였다. 17세기 이후 제사를 중시하는 풍조가 만연해졌는데 사대

---

22) 이숙인, 『동아시아 고대의 여성사상』, 여이연, 2005, 66면.

23) "甲子春, 慈堂伯兄奄違背於旬月, 孺人過毁甚戚. 助奠則雖菹菜庶品, 必躬執刀, 而不委婢妾, 哭泣則血淚穿裳濕筵, 三年如一日." 金柱臣, <亡妹墓誌>, 『壽谷集』 권5, 『韓國文集叢刊』 176, 174면.

24) "乙巳三月, 先君在練堊, 棄諸孤. 時無長子婦治凶事者, 凡附於身衣衾以上, 先妣必躬自整理, 不委婢妾." 金柱臣, <先妣行狀>, 『壽谷集』 권7, 『韓國文集叢刊』 176, 211~215면.

25) 그렇다고 하여 첩이 노비와 동일한 신분이었다고 말하는 것은 아니다. 이는 어디까지나 정처의 입장에서 첩을 대하는 태도에 국한하여 언급한 것이다.

부 여성이 제사 준비나 상례를 치를 때 자신이 직접 그 일을 주관하고 실행하였다는 측면을 부각하기 위해 그러한 일을 노비나 첩에게 시키지 않았다는 표현이 하나의 공식구처럼 쓰이는 예를 볼 수 있다. 이러한 경우 노비나 첩은 노동력을 제공하는 측면에서 동일한 신분을 가진 존재로 인식되고 있다. 첩은 노비와 마찬가지로 집안의 자질구레한 일을 도와야하는 임무가 주어졌지만 제사나 상례와 같은 경건하고 중요한 일에 있어서는 제외되었다.

이 밖에도 사대부 여성이 첩에게 어떠한 태도를 보였는가에 대한 서술들을 통해 사대부 여성의 주관적 판단과 행동에 의해서 첩의 위치와 삶의 조건이 정해졌던 것을 볼 수 있다. 물론 이러한 경우 예외 없이 정처인 사대부 여성이 첩에게 관대하게 대했다는 내용만이 보이지만 역으로 그러한 내용을 통해 첩이 놓였던 자리를 추정해 볼 수 있다.

> 할아버지께서 황해도 관찰사가 되셨을 때, 곁눈질한 기생이 있었는데, 할아버지의 관직이 바뀌어 돌아오실 때까지 기생이 절개를 혼자 지키고 있었다. 병자년[1696] 가을에 아버지께서 사마시에 합격하셨을 때, 기생이 곧바로 스스로 노비와 말을 마련하여 힘들게 변경에서 왔다. 당시에 마침 온 집안사람들이 대청 위에 모여 있었는데, 고모할머니이신 관찰사 부인 심씨께서 황해도 기생이 뵈러 왔다는 말을 들으시고는 노비에게 쫓아 내보내라고 명하시고는 바로 할아버지를 불러 질책하셨다. 할머니께서는 천천히 나아가시어 이렇게 아뢰었다.
>
> "저 사람이 좋은 뜻으로 멀리서 왔고 당연히 스스로 돌아갈 것인데, 꼭 이렇게 화내실 필요까지 있겠습니까?"
>
> 고모할머니께서는 그래도 화를 그치지 않으시고 자리를 떠나 바로 돌아가 버리셨다. 할머니께서는 여종들을 시켜 음식을 차려 잘 대접하게 했다.
>
> 기묘년[1699]에 할아버지가 돌아가신 뒤에는 그를 대접하는 도리를 예전에 비해 더욱 극진히 하여, 기생이 고향으로 돌아가 살았지만 할머니는 계속해서

> 편지로 안부를 물으셨고, 간혹 때때로 황해도에는 없는 것을 부쳐 보내주기도 하시어, 온 집안사람들이 그분의 덕에 감복했고, 기생 역시 마음속 깊이 새겨 은혜에 감사했다. 할머니께서 돌아가시게 되자 기생은 바로 부고를 듣고 서울로 올라와서 슬피 통곡하고 가슴 아파 하는 것이 우리 어머니가 슬퍼하시는 것과 다름이 없었다. 할머니의 어진 덕이 다른 사람의 마음 깊숙이 파고든 것이 이와 같은 것이었다.[26]

이 글[27]은 이덕수의 어머니인 청송 심씨 부인의 일화이다. 이덕수의 아버지 이징명(李徵明)은 황해도에서 임기를 수행할 때 기생첩[28]을 두고 살다 서울로 올라왔다. 이징명이 떠난 후 절개를 지키며 살고 있던 기생첩은 이징명의 아들인 이덕수가 사마시에 합격하여 집안의 잔치가 벌어지자 축하하기 위해 이징명의 집을 방문하였다. 갑작스런 기생첩의 방문에 이덕수의 고모는 화를 내며 종을 시켜 기생첩을 내쫓게 하고 동생인 이징명을 나무랐다. 그러나 이덕수의 어머니 심씨 부인은 관대함을 베풀어 기생첩을 받아들여 손님처럼 대접하였고 남편이 죽은 다음에도 편지를 왕래하며 선물을 보내주는 등 은혜를 베풀었다.

이산배에 의해 전해지는 심씨 부인의 일화는 남편의 첩을 받아들이고

---

26) "先王考爲海西伯, 有所眄妓, 及王考遞歸, 妓能以節自守. 丙子秋, 因家大人參司馬, 妓輒自備僕馬, 覲關上來. 時適一家男女聚會堂上, 祖姑沈觀察夫人, 聞海妓來現, 命僕逐出, 卽招先王考切責. 先祖妣徐進以告曰:"彼以好意遠來, 自當回去, 何必忿忿若此?"祖姑怒猶不止, 仍離席徑還. 先祖妣令婢輩, 設飯善待. 及遭己卯大喪後, 待遇之道, 尤加於前, 妓雖故居本鄕, 而先祖妣書問不絶, 或時以海土所無者寄送, 一家服其德, 而妓亦銘心感恩. 及先祖妣棄世, 妓卽聞訃上來, 哀號摧裂, 與余慈堂無異. 蓋先祖妣仁德之入人深, 有如此者." 李德壽, <先妣行錄>, 『西堂私載』 권12, 『韓國文集叢刊』 186, 559~565면.

27) 이 글은 이덕수의 문집에 실려 있지만 원작자는 이덕수의 아들 이산배이다.

28) 글에서 이 여성을 첩으로 지명하지는 않았다. 아마도 이 여성은 황해도의 官妓였던 것으로 보인다. 하지만 이징명이 황해도에서 임기를 마치고 떠난 후 황해도 관기가 절개를 지키며 살다가 서울로 찾아왔다는 문맥상의 내용으로 보아 잠시나마 황해도 관기가 이징명의 첩으로 살았음을 추측하는데 무리가 없을 듯하다.

은혜를 베풀 정도의 아량 있는 사대부 여성의 인격을 드러내기 위해 소개되었다. 그러나 이 글에서 가족의 구성원에게 내쫓김을 당할 정도로 입지가 불안했던 첩의 위치를 확인할 수 있다. 이처럼 첩은 정처인 사대부 여성의 인격과 대우에 따라 위치가 결정지워지는 존재였다.

이덕수의 어머니의 인격이 첩을 통해 드러났던 것처럼 다음 예문의 여성들 또한 첩과의 관계를 통해 그들의 품성이 미화되고 있다.

> ① 오직 당신이 김씨의 제사를 모시고 그 어머니 윤씨를 섬기던 일과[29] 첩을 대하던 도리는 비록 옛날에 '현숙한 부인의 행실'이라 일컬어진 것이라도 더할 것이 없을 것이오. 이것이 (우리 부부의) 의리가 더욱 중하고 정이 더욱 깊은 이유이며 한갓 사랑하기만 하던 사람들과는 같지 않은 까닭이라오.[30]

> ② 부인이 젊은 나이에 병이 들어 해가 지날수록 더욱 고질병이 되어 판서공은 늦게 첩을 얻었다. 부인을 위로하는 사람이 있으면, 부인이 정색을 하고, "나는 병이 들어 집안일을 돌볼 수 없습니다. 그러니 남편의 이번 일도 또한 늦은 것입니다."라고 말씀하시고, 그 사람을 대할 때에도 은혜롭게 하니 듣는 사람이 이르길, "이런 한결같은 마음은 어려운 것인데, 부인이 홀로 그렇게 하는구나!" 라고 했다.[31]

①은 이만부가 자신의 둘째 부인 류씨를 위해 지은 제문의 일부분이다.

---

29) 이만부의 처음 아내가 의성 김씨이고, 그 어머니가 윤씨이다. 류씨가 김씨의 제사를 지내고 딸을 잃은 그 친정 어머니 윤씨를 섬겼다.

30) "惟君所以奉金氏之祀, 事其母尹氏之節與夫所以畜媵女之道, 雖古稱賢婦之行, 恐無以過之. 此所以義益重情益深, 而與徒泥愛子不同也." 李萬敷, <祭亡室柳氏文>, 『息山集』 권19, 『韓國文集叢刊』 178, 419~420면.

31) "夫人少嬰疾, 歲益沉痼, 判書公晚卜姓. 或有爲夫人慼者, 則夫人正色曰: "吾病不能理梱, 夫子此擧亦晚矣." 待其人有恩, 聞者曰: "比恒情所難, 而夫人獨能之哉."." 李縡, <仲母贈貞敬夫人安東金氏墓誌>, 『陶菴集』 권46, 『韓國文集叢刊』 195, 462면.

이만부는 류씨가 첩을 대하던 도리를 통해 류씨가 현숙한 부인의 행실을 갖추었음을 증명하고 있다. ②는 이재가 중모(仲母)인 김씨를 위해 지은 묘지의 일부인데, 이재는 중모가 몸이 아픈 자신을 대신하여 첩을 들인 남편을 이해하며 첩을 은혜롭게 대할 정도로 한결같은 마음을 갖고 있었음을 인정하고 있다. 이러한 글들에서 첩은 사대부 여성의 덕성과 인격을 기리기 위해 필요한 수단으로 이용되고 있음을 볼 수 있다. 첩은 사대부 여성을 대상으로 한 글에서 이처럼 부분적으로 거론되는 경우가 많았지만 첩을 독립된 존재로 인정하고 그를 대상으로 한 글이 지어진 경우는 그리 흔히 발견되지 않는다.

이익은 후대에 첩을 제사지내는 것이 예법이 아니라고 설명하였다.[32] 그러나 첩이 자식을 낳았거나 집안을 위해 봉사한 공로가 있을 경우 집안의 후세에 의해 제사가 거행되는 경우가 드물지만 있었고, 첩을 위한 제문이나 묘표가 작성되기도 하였다. 조선후기에 많은 작가들이 다양한 여성을 자신의 글쓰기 대상으로 포용하는 문학적 분위기가 형성되는데 이러한 조건 역시 첩을 대상으로 한 글의 작성에 영향을 미쳤던 것으로 보인다. 예상되는 바처럼 정처에 비해 첩을 대상으로 한 글은 예외적이었다고 할 수 있을 정도로 그 수가 매우 적다.

> 참의공이 그의 아버지가 어짊을 듣고 그의 딸을 첩으로 들이니 삼가 건즐을 받들며 그 자손을 위해 재산을 마련하려 하지 않았다. 참의공이 돌아가시자 나의 돌아가신 할아버지 의정공께서 그를 섬기기를 공경하고 조심스럽게 하시며, 비록 다른 집에서 살아도 날마다 가 뵈었고, 맛있는 것 하나를 얻어도 '우리 작은 어머니'라고 말씀하셨다.[33]

32) "據禮'妾母不世祭, 於子祭於孫止.'.", "禮云, '妾祔於妾祖姑.', 朱子曰, '妾母不世祭, 則永無妾祖姑矣.'." 李瀷은 <庶子之子爲妾祖母服義>라는 글에서 예기의 구절과 주자의 말을 인용하며 첩에게 대대로 제사지내지 않는 근거를 설명하고 있다. 『星湖全集』 권44, 『韓國文集叢刊』 권199, 305~306면.

33) "參議公聞其賢卜焉, 小心奉巾櫛, 不肯爲子孫立産業. 參議公卒, 吾祖考議政公事

손자인 이재에 의해 작성되고 있는 이 글의 주인공은 황씨 부인이다. 작가는 첩이었던 증조 할머니가 증조 할아버지 이유겸을 섬기고 본인이 낳은 자손을 위해 재산을 따로 챙기지 않았던 사실을 객관적으로 서술하고 있지만 그러한 사실을 높이 평가하고 있는 주관적인 견해가 담겨 있음을 알 수 있다. 이러한 사실 때문에 여성은 사후에 자손들에게 섬김을 받고 '우리 작은 어머니'라고 불릴 정도로 인정을 받을 수 있었던 것이다. 황씨 부인의 아버지 황열(黃悅)은 대궐을 지키는 위장(衛將)인데 병자년의 난을 당했을 때 홀로 가묘에 들어가 7위의 신주를 메고 가서 병란을 피해 무사할 수 있었다.[34] 이유겸은 황씨 부인의 아버지가 이룬 이러한 공을 어질다고 여겨 그의 딸을 첩으로 삼았다. 황씨 부인의 가문 역시 부인이 대를 이어 기억되고 인정받는 데 일정한 역할을 했으리라 보인다.

이하곤은 김과의 소실로 들어갔던 남양 홍씨[35]의 묘표 <金母南陽洪氏墓表>[36]를 지었는데 이 글은 홍씨의 아들 김응운이 적모인 이숙인에게서 들은 행적을 바탕으로 작성되었다. 홍씨는 병자호란의 힘든 상황에서 가족들을 정성으로 봉양한 공을 세운 여성이었다. 이하곤은 "슬프다! 홍씨는 궁벽한 시골 아녀자로 본래 시(詩)와 예(禮)의 가르침이나 보모(保姆)의 가르침도 못 받았지만 공손히 윗사람을 섬기고 너그러이 아랫사람을 어루만졌으며 성실히 일을 처리할 수 있어서, 가문에 적합한 사람이었고 친척과 마을에는 훌륭하다고 알려졌으니 그의 덕성이 다른 사람보다 뛰어난 점이 있었다. 후세에 전한다 해도 무엇이 부끄러울 것인가?"[37]라고 하여 첩으로 살

之敬謹, 雖異室, 日往見, 得一味輒曰: '吾小母.'." 李縡, <曾祖考小室昌原黃氏墓誌>, 『陶菴集』 권46, 『韓國文集叢刊』 195, 466~467면.

34) "父悅以守闕衛將, 死於丙子難. 當難時獨能入家廟, 負七主而行, 避兵獲免, 參議公聞其賢卜焉." 李縡, <曾祖考小室昌原黃氏墓誌>, 『陶菴集』 권46, 『韓國文集叢刊』 195, 466~467면.

35) 남양 홍씨[1607~1657]는 홍이건(洪頤建)의 딸로, 19세에 김과의 소실로 들어가서 3남 1녀를 낳고 51세에 죽었다.

36) 李夏坤, <金母南陽洪氏墓表>, 『頭陀草』 권12, 『韓國文集叢刊』 191, 426~427면.

37) "噫! 洪氏以窮鄉一女子, 素無詩禮之教姆保之訓, 而能恭以事上, 惠以撫下, 誠以處

았던 홍씨 여성이 사대부 여성만큼 가르침을 받지는 못했지만 친척과 마을에서 인정을 받았던 만큼 덕성이 뛰어났다고 서술하고 있다. 그러나 "후세에 전한다 해도 무엇이 부끄러울 것인가?"라는 그의 단서에는 첩을 대상으로 하여 묘표를 짓는 자신의 입장을 변명하려는 의도가 담겨있는 듯 보인다.

아들이 없이 죽은 서모(庶母)의 장례를 주관했던 조관빈은 서모를 위해 제문을 지었는데 "아, 우리 서모는 여자 가운데 특별한 분이었다. 분수에 맞게 재능을 타고나 말씀마다 도량과 식견을 갖추었다. 우리 선친을 섬김에 의복과 음식 마련에 부지런하고 어린 아이들이 많았는데 정성스럽게 어루만지고 사랑하였으며 내가 병들어 연약함에 더 힘껏 보살펴 주었으니 한결같은 칭송이 친척들 사이에 자자했다."[38]라고 하여 서모가 식견과 도량을 갖춘 특별한 사람이었음을 이야기하고 자신이 아플 때 보살펴 주었던 사실과 친척들에게 칭송을 받았던 사실을 기술하고 있다. 이 글은 서모에 대한 글 가운데 보기 드물게 애정과 존경이 가득 담겨있는 것으로 생각된다.

첩이 남편의 적자나 손자 등의 가족 구성원에게 인정을 받고 그들을 통해 삶의 이력이 전해지기도 하였던 경우를 살펴볼 수 있었다. 그러나 누구나 인정할 수 있을 정도의 행실을 남겼거나 내세울만한 가문의 자식일 경우에 한정되었던 것으로 보인다.

대부분의 첩은 노동력을 착취당하는 노비와 동급으로 취급되기도 하였으며 정처인 사대부 여성의 인격과 대우에 따라 그의 처지가 규정되는 존재였다. 때로는 사대부 여성의 관대함과 너그러움 등의 부덕을 드러내기 위해 첩이라는 존재가 이용되기도 했지만 가족 구성원으로 인정받기 위해서는 일정한 자격이 요구되었고 특별한 공로가 있어야 했다. 첩으로 살던

事, 宜于家聞于姻親鄕里, 其德性盖有過人者矣. 雖傳諸後世, 又何愧乎?" 李夏坤, <金母南陽洪氏墓表>, 『頭陀草』 권12, 『韓國文集叢刊』 191, 426~427면.

38) "維我庶母, 女子之特. 分內才能, 言下量識. 事我先子, 勤於服食, 穉弱者多, 撫愛甚篤, 我則病脆, 護之尤力, 譽以一辭, 聽于諸族." 趙觀彬, <祭庶母梁氏文>, 『悔軒集』 권16, 『韓國文集叢刊』 211, 485~486면.

여성은 많았지만 후세에 그들의 삶이 인정받고 기록되어 전하는 경우는 많지 않았다.

4. 처/첩의 관계: 은폐된 갈등과 전략적 화해

1) 은폐된 갈등

양반 남성들은 처와 첩이 조화롭고 원만한 관계를 이루고 있다고 하거나, 첩을 시기하고 투기하지 않는 것을 부덕으로 칭송하는 방법으로 처와 첩의 관계를 설정한다. 남성들이 다룬 처/첩의 관계는 자신의 첩과 아내와의 관계, 아버지의 첩과 어머니의 관계, 아버지의 첩과 자신의 아내의 관계, 서녀와 서자를 대하는 어머니 등의 경우 등으로 다양하다. 그 가운데 몇 가지 경우를 살펴보기로 한다.

> ① 내게 두 명의 첩이 있었는데, 당신은 그들을 가까이하고 아껴 아무도 불만이 없었소. 두 사람이 아들을 하나씩 낳았을 때도 당신의 희색이 만면하여 "이 아이들은 당신 피붙이니, 내가 낳은 것과 무엇이 다르겠어요?"라고 하며 품에 안고 돌봐주었소. 그러다 한 아이가 여덟 살에 죽자, 애통해 하며 두 눈에 눈물 마를 날이 없었소. 이 때문에 병이 더해 마침내 손쓸 수 없게 된 거라오. 지나치게 슬퍼한 면이 없지는 않지만, 당신의 어진 성품이 남다르지 않다면 어찌 이렇게 할 수 있겠소?[39)]

> ② 선군에게는 측실이 있었는데 숙인이 도에 맞게 섬기며 조화롭게 해 사이가 없었고 서자매에게까지 미쳤다.[40)]

---

39) 채제공, <제망실정경부인권씨문>, 유미림 · 강여진 · 하승현 옮김, 『빈 방에 달빛 들면』, 학고재, 162면에서 재인용.

③ 아버지는 측실에게서 자녀를 두셨는데, 어머니는 특히 매우 신경 쓰시고 사랑해주셨으며 서녀(庶女)가 시집갈 때 그 아이 때문에 슬퍼하시면서 자식들에게 말씀하셨다. "지금 너희 동기의 혼인이 모두 끝났다. 나 혼자 이것을 보게 되니 슬프구나."[41]

④ 부녀자들이 투기하지 않는 사람이 드문데, 어머니는 서모(庶母)를 대하실 때 매우 인정스럽게 하셨고, 서제(庶弟)인 진선(眞善)이 태어나자 "夫子의 피붙이는 이 아이뿐이야."라고 하시며 어루만져 사랑하시기를 매우 지극히 하셨다.[42]

위의 예문은 모두 정처가 첩과는 조화로운 관계를 유지하며 첩이 낳은 자식들을 친자식처럼 돌보고 양육하는 모습을 다루고 있다. 축첩의 이유가 후손을 얻기 위해 정당화된다고 생각했던 것만큼 첩의 자식을 대하는 처의 태도 역시 아무런 갈등이 없는 것으로 서술되고 있다.

①에서 채제공은 아내가 두 명의 첩을 가까이 하고 아껴 모두 아무 불만이 없었고 첩이 각각 아이들을 낳았을 때 기뻐했으며 한 아이가 죽자 그것 때문에 몸이 상할 정도로 슬퍼했다고 하면서 그것은 부인의 남다른 어진 성품 때문이라고 평가한다.

②~④는 아버지의 첩, 즉 서모를 대하는 어머니의 태도를 아들의 입장에서 평가한 것인데, 공통적으로 첩이 낳은 자식은 남편의 피붙이이기 때문에 친자식과 다름없이 양육하며 사랑하는 모습으로 그려진다.

40) "先君有貳室, 淑人事之得其道, 和洽無間, 推而及於庶弟妹." 金壽增, <亡室淑人曹氏行狀>, 『谷雲集』 권6, 『韓國文集叢刊』 125, 245~247면.

41) "先君側室有子女, 先妣撫愛特甚, 及庶女將嫁, 爲之愴然, 語諸子曰: "今汝同氣婚嫁畢矣, 獨我見之, 悲夫."" 趙泰億, <先妣贈貞敬夫人南原尹氏墓誌>, 『謙齋集』 권36, 『韓國文集叢刊』 190, 90~91면.

42) "婦人鮮不妬, 而先妣遇庶母極有恩, 庶弟眞善生, 乃曰: "夫子血屬, 只此兒耳." 撫愛至篤." 趙泰億, <贈貞夫人星州李氏墓誌銘>, 『謙齋集』 권36, 『韓國文集叢刊』 190, 82~83면.

일반적으로 처/첩의 관계에 대한 서술은 처와 첩의 관계보다는 첩의 자식에 대한 처의 배려가 더 구체적으로 서술되는 경향을 보인다. 첩은 남편의 애정을 빼앗는 존재이지만 첩의 자식은 남편의 자식이기도 하기 때문에 자신의 친자식과 다름없이 대해야 하고 그것을 미화하는 남성들의 태도는 아내로서의 성적 섹슈얼리티는 거세되었지만 어머니로서의 역할은 수행하기를 바라는 남성의 요구가 반영된 것으로 보인다.

그런가 하면 여성이 스스로 도덕적으로 재무장하여 첩을 관대하게 포용하거나 투기하지 않는 여성으로 서술되기도 한다.

> ① 좌우의 잉첩과 시첩들을 항상 너그럽게 대하고 조금도 미워하는 마음이 없어 여러 첩들도 감동하고 기뻐하여 서로 친하게 사랑하기를 마치 모녀지간 같이 하였다.[43]

> ② 형님이 일찍이 내게 소실을 다른 곳으로 옮겨 새신부와 같은 곳에 거하지 않게 하라고 시킨 일이 있었다. 내가 이 말을 전했는데, 부인은 그 어머니를 만나서 "나 때문에 죄 없는 사람을 내보낸다면 너무 불쌍해요. 꼭 그럴 필요는 없습니다."라고 하였다.[44]

> ③ 내게 첩이 하나 있어 한 집 안에 두었는데, 부인이 일찍이 그를 잘 봐서 데려다 좌우에 두고 일을 시켰다. 잘 못하는 것이 있으면 지성으로 타이르고 가르치며 온화한 기운을 잃지 않았다. 다른 부인들이 간혹 너무 무심한 것 아니냐고 충고하기도 했는데, 그러면 문득 웃으며 이렇게 말했다. "투기하는 것

43) "左右媵侍, 常蒙假貸, 絶纖毫惎間意, 衆妾亦皆感悅, 交相親愛, 若母子然." 李玄逸, <禦侮將軍都摠府經歷朴府君夫人李氏墓誌銘>, 『葛庵集』 권25, 『韓國文集叢刊』 127, 290면.

44) "伯氏嘗勸余以別置小室, 不使與新夫人同居. 余傳此說, 夫人私語其母氏曰: "緣我而出送無罪人, 不祥甚矣. 不必如此"." 趙觀彬, <亡室貞夫人慶州李氏行狀>, 『悔軒集』 권19, 『韓國文集叢刊』 211, 534~535면.

은 나쁜 습성이니, 나는 이를 수치로 여깁니다."[45]

④ 종과 첩을 대할 때에는 반드시 은혜로운 마음으로 하며 항상 말하길, "내 평생 칭찬할 만한 것이 없으나 일찍이 투기는 부인의 행실이 박한 것임을 알아 일찍이 이것으로 군자에게 과실을 입은 적이 없습니다."라고 하였다.[46]

①은 이현일이 장모의 묘지명을 쓰면서 장모가 첩들과 모녀지간처럼 화목하게 지냈다고 서술한 내용의 일부분이다. 이현일은 이 부분을 집중적으로 부각하여 "질투하고 투기하여 총애를 독차지하려는 것은 부덕이 아니라네. 만일 암탉이 새벽에 운다면 집안이 망하게 되는 법. 정숙하구나! 부인이여. 타고난 바탕이 은혜롭고 순수하였네. 순함으로 덕을 삼고 너그러움으로 어짐을 삼았네. 효성스럽고 삼가며 화평하고 한결같아 시부모를 이에 섬기고 아랫사람에게 은혜를 내리니 잉첩들이 기뻐하고 만족하였네."[47]라는 내용으로 명을 작성하면서 자신의 처첩간의 관계에 대한 견해를 첨가하기도 하였다. 이현일은 장모가 장인의 첩들과 조화롭게 지낼 수 있었던 것은 장모가 순하고 너그러운 성품을 가졌기 때문이라고 평가하고 있다.

②는 조관빈이 두 번째 부인에게 써준 행장의 한 대목이다. 조관빈은 새로 부인을 맞이하면서 여전히 첩을 한 집에 두고 있다가 형에게 첩을

---

45) "余有賤畜, 置諸一室之內, 夫人嘗善視之, 使之左右服事. 有不能者, 則諄諄教戒, 和氣藹然. 他夫人或譏之以太無心, 則輒笑曰: "妬是惡習, 我所深耻者也."." 趙觀彬, <亡室貞夫人昌原兪氏行狀>, 『悔軒集』 권19, 『韓國文集叢刊』 211, 532~534면.

46) "待僕妾, 必有恩意, 嘗曰: "吾平生無可稱者, 而早知妬忌是婦人之薄行, 故未嘗以此見過於君子."." 鄭澔, <亡室貞夫人江陵崔氏墓誌銘>, 『丈巖集』 권14, 『韓國文集叢刊』 157, 351~352면.

47) "嫉妬專寵, 乃非婦德. 如牝晨司, 致家之索. 淑哉夫人, 天資惠純. 順其爲德, 裕其爲仁. 孝謹和壹, 尊嫜是恊. 逮下恩至, 媵侍歡洽." 李玄逸, <禦侮將軍都摠府經歷朴府君夫人李氏墓誌銘>, 『葛庵集』 권25, 『韓國文集叢刊』 127, 290면.

집에서 내보라는 충고를 들었는데 아내 스스로가 그럴 필요성을 느끼지 못할뿐더러 적극적으로 만류하여 한 집에 첩을 둔 일을 언급하며 합리화하고 있다.

③은 조관빈의 첫 번째 아내의 행장의 일부분이고 ④는 정호가 지은 자신의 아내의 묘지명의 일부분이다. 두 작가는 여성들 스스로가 투기를 수치로 알거나 행실이 박한 것으로 여기고 있다고 서술하고 있는데, 이러한 내용이 여성의 자발적 발화로 인용되고 있어 마치 여성들이 도덕적으로 자신들을 단속하고 있는 것처럼 보이게 한다.

이처럼 처와 첩이 아주 조화롭고 갈등 없는 사이임을 담론화하고 때로는 그것을 여성의 입을 통해 부덕으로 인정하게 하는 언급이 많은데 양반 남성은 이러한 방법으로 가정에서 일어나는 축첩으로 인한 문제를 덮으려 하였던 것으로 보인다. 양반 남성은 축첩으로 인한 근원적인 갈등과 모순을 해소하기 위해 처/첩의 갈등을 은폐하거나, 여성 스스로 첩을 인정하고 첩을 대하는 태도에 대해 스스로 고민하도록 하였다.

처와 첩이 조화로운 관계임을 담론화하는 양반 남성들의 시각은 소설이나 민요 등의 문학작품에서 쉽게 볼 수 있는 처첩의 대립과 심각한 갈등과는 전혀 다른 양상을 보여 준다.[48] 하지만 가해자는 뒤로 물러난 채 피해자끼리 갈등과 분쟁을 일삼는 모습으로 형상화된 문학 작품이나, 처첩의 갈등을 은폐하고 심지어 부덕으로 승화하는 언급 모두 남성들이 축첩의 모순과 갈등을 비껴가는 방법이었다는 점에 있어서는 다르지 않다.

48) 강진옥은 첩을 주제로 한 서사민요에서 여성 인물이 보여주는 양면적 심리 상태는 축첩이 당연시되던 사회적 분위기에서 자연스럽게 일어나는 본능적 감정과 투기를 백안시하던 여성 윤리관 사이의 갈등의 소산으로 보인다고 하며 정처의 마음속에 엄연히 자리하는 애증적 갈등이 드러남을 밝혔다. 「서사민요에 나타나는 여성인물의 현실대응 양상과 그 의미」, 『구비문학과 여성』, 한국구비문학회 편, 박이정, 2000, 104면.

2) 전략적 화해

여성의 유교적 이념의 교화에 앞장섰던 송시열은 "주부공의 첩과 거기서 낳은 자녀들을 어루만지고 사랑하며 키웠는데 시기하거나 질투하지 않았으니 이는 부인으로서는 더욱 하기 어려운 일이다."[49], "공이 진주에 있을 때 눈길을 준 사람이 있었는데 곧고 신실함으로 자신을 지키는 사람이었다. 하루는 스스로 집으로 찾아왔는데 공이 사양하고 돌려보냈다. 영인이 이를 알고는 곧바로 사람을 보내 돌아오게 해서 첩으로 집안일을 하게 했다. 그리고 아버지에게 말해서 종의 신분에서 빼 주었다. 이는 이남(주남과 소남) 이후에는 드물게 있는 일이다."[50] 라고 하여 투기하지 않는 일이 어려운 일이고 매우 드문 일임을 인정하였다. 하지만 조선후기에 가면 여성들 스스로 처첩제에 대한 남성 중심적 생각을 갖고 여성에게 강요되었던 규범을 내면화하는 듯한 발언을 볼 수 있다. 처첩제에 대한 근본적인 문제는 도외시하고 처첩의 문제를 여성 수양의 문제로 치환하거나 때로는 축첩을 권장하는 언급이 여성에 의해 이루어지는 상황이 발생한 것이다.

"어머님은 일찍이 '여자의 천한 행실은 질투하는 것보다 지나친 것이 없다.'라고 하시며 매번 세속 부인들의 투기하는 마음을 부끄럽게 여기셨다."[51]는 등의 언급은 여성이 투기의 문제점을 직접 거론하고 경계하는 모습을 보여준다. 이러한 언급을 액면 그대로 받아들인다면 여성들 스스로가 처첩제에 대해 남성의 욕구를 묵인하고 수용하는 방법을 택한 것으로 볼 수 있다. 하지만 여성을 대상으로 한 서술을 통해 남성들의 희망과

---

49) "主簿公妾御及其所生子女, 淑人撫愛養育, 無有忌嫉, 此尤婦人之所難也." 宋時烈, <淑人恩津宋氏行狀>, 『宋子大全』 권212, 『韓國文集叢刊』 115, 124면.

50) "公在晉時, 有一眄之人, 其人貞信自守. 一日自來詣館下, 公謝遣之. 令人覺之, 卽遣人追還, 使執掃灑. 又白大人, 圖所以脫其隷籍. 此二南之後所罕有也." 宋時烈, <令人白氏墓表陰記>, 『宋子大全』 권200, 『韓國文集叢刊』 115, 453면.

51) "嘗謂: "女子賤行, 無過於妬.", 每聞俗婦妬悍心恥之." 權斗經, <先妣孺人金氏言行記>, 『蒼雪齋集』 권16, 『韓國文集叢刊』 169, 290면.

요구를 반영한 면을 읽어야 함을 이 상황에서도 적응한다면, 이는 송시열이 첩을 대하는 정처의 어려움에 동의했던 최소한의 인정이 사라졌음을 보여주는 것이고 그렇다면 후기에 갈수록 축첩에 대한 태도가 정당화되는 쪽으로 경직되어 감을 알 수 있다.

김호연재는 당시에 요구되던 여성 규범을 거부하는 모습을 보여주지만,[52] 그 역시 처첩 문제의 갈등을 자기 수양과 인격의 문제로 축소시키고 있다.

처첩제라는 제도가 갖는 근본적인 문제점을 파악하지 못하고 첩에 대한 대립의식을 보이는 민요 향유층의 여성은 첩이 죽기를 바라거나 혹은 죽었다는 소식을 듣고 기뻐하기도 하면서 첩과 남편에게 받은 상처를 치유하고자 하였다.[53] 하지만 사족 여성이 첩이나 남편을 원망했던 모습은 보이지 않는다.

> 성품 또한 투기하지 않아 제가 종을 첩으로 두었는데 다른 종들과 똑같이 대했습니다. 우리 사촌 누나가 한번은 사사로이 이야기하다가 너무 무심한 것 아니냐고 놀리자 제 처는 듣고 웃기만 했습니다. 또 시험 삼아 이 종을 내보내라고 권하자 웃으면서 말하길, "이 종을 물리친다고 또 어찌 이런 종이 생기지 않겠습니까? 오직 저의 부도를 다할 뿐입니다."라고 하였습니다.[54]

"남자란 본래 새 사람을 좋아하는" 속성을 가진 존재임을 간파했던 김호연재와 마찬가지로 위의 여성도 축첩이 남성의 제거되지 않는 본능적 습성임을 알고 있기 때문에 오직 부도에 힘쓰고자 다짐할 뿐이다. 눈앞에 보이는 첩만 없으면 문제가 해결될 것이라고 단순하게 생각하는 향촌 여성과

52) 박무영, 앞의 논문, 145면.
53) 길태숙, 앞의 논문, 22면.
54) "性又不忌妬, 吾昵媵婢, 視之與他婢僕均. 吾從姊嘗與之燕語, 譏其太寬, 吾妻聞而恬然. 又試勸屛去此婢, 笑曰: "屛此婢, 豈無又如此婢者? 惟當盡吾婦道而已"." 金鎭圭, <弟婦令人張氏墓誌銘 幷序>, 『竹泉集』 권35, 『韓國文集叢刊』, 523~527면.

달리 사족 여성은 남성의 본능과 습성을 직시하였기에 이처럼 '무심하게' 부도를 다하는 데 전념하고자 한다. 처와 첩의 경중은 원래 다르다[55]고 하는 사회의 보편적 인식도 사대부 여성들이 자신의 감정을 절제하도록 하는 데 영향을 주었을 것으로 보인다.

> 일찍이 말씀하시길, "세상의 부녀자 가운데 혹 자식을 낳지 못하면서 남편이 첩을 두는 것을 싫어하는 사람이 있으니 정말 생각하지 못하는 것이 심하다. 자신의 사사로운 감정 때문에 시집의 혈속을 방해해서야 되겠느냐? 그리고 남자가 상처를 받는 것이 어찌 처와 첩 사이에 다른 게 있겠는가? 근래 부녀자들은 모두 첩에게 허물을 돌리고 자신의 몸을 다스릴 줄은 알지 못하니 가소롭다."라고 하셨다. 또 말씀하시길, "일가의 정승과 대감이 모든 일은 사리에 맞으면서 다만 부인의 뜻을 거스르기 싫어 종신토록 축첩하지 않아 자식이 드무니 진실로 탄식할만하다. 대저 남자가 부인에게 이끌려 초탈하지 못하면 또한 모자른 남자라 할 만하다."라고 하셨다.[56]

이 글은 윤광호(1753~1821)가 지은 <선비정부인박씨유사(先妣貞夫人朴氏遺事)> 가운데 일부분이다.[57]

"투기는 아녀자의 상정이다. 그러나 만일 너무 지나쳐서 혼란을 일으키게 되면 그 남편을 어느 지경에 처하게 하겠느냐?"[58]라는 말에 이어지는

---

55) "人於妻妾, 輕重固異."『悔軒集』, 趙觀彬, <祭崔娘文>,『韓國文集叢刊』211, 479면.

56) "嘗曰: "世之婦女或不能生産而惡其夫之卜妾者, 誠不思之甚也. 欲以一己私心, 敢妨夫家血屬可乎? 且男子受傷, 豈有妻妾之異哉? 近來婦女皆歸咎於妾而不自知齊明其身, 吁可笑也." 又曰: "一家政丞大監, 白事可稱, 而但不欲忤其夫人之志, 終身不蓄妾, 而子姓鮮少, 良可歎也. 大抵男子拘牽於婦人, 超脫不得, 則亦可謂劣丈夫矣."." 윤광호, <先妣貞夫人朴氏遺事>,『念齋集』, 연대도서관.

57) 이 책에 대한 해제는『고서해제』II(연세대학교 국학연구원 편, 2004, 82면)에 전한다. 작품은 연세대도서관 소장.

58) "妬忌是婦女之常情, 而如或太過至於駭, 擧則置其夫於何地也?" 尹光浩, <先妣貞夫人朴氏遺事>,『念齋集』, 연대도서관.

위 부분은 부녀자를 가르치는 항목에 실린 글인데, 이 여성은 축첩이 시집의 혈속을 위해서 필요하며 심지어 부인의 눈치를 보고 축첩하지 않아 자식을 적게 두는 것은 열장부라고 비난하며 축첩을 적극 권장하고 있다.

이 여성의 발언은 비슷한 시기에 강정일당이 "부인의 질투는 심하게는 남의 집안을 망치고 남의 대를 끊어지게까지 합니다. 이것은 의리를 모를 뿐만 아니라, 이해도 모르는 사람입니다. 남편의 아들은 곧 자기의 아들이니 만약 자손이 많이 불어난다면 그 얼마나 좋은 일입니까?"라고 하며 남편이 『여계』를 짓는데 투기장을 편입할 것을 권하는 내용과 매우 흡사하다.[59]

여성들의 이러한 발언은 남성들이 후손을 잇기 위해 축첩을 정당화하려고 했던 노력이 효과를 거두고 남성들의 그러한 관점이 보편적으로 인정되는 상황을 보여준다.

축첩은 정치 혼인에 대한 욕구 불만을 충족하기 위해 남성들이 만들어낸 관습이었지만 남성들은 그것의 정당성을 후손의 계승 혹은 번영에서 찾았고 여성들은 이러한 것을 이해하고 받아들이는 존재로 상정되었다. 그런데 강정일당과 윤광호의 어머니 박씨 부인에 와서는 남성보다 더 강력한 어조로 축첩의 정당성을 주장하고 심지어 부녀자들에게 그러한 것을 가르쳐야 할 필요성을 제기하도록 한다. 이 여성들은 정말 축첩이 자손의 번성을 위해 필요하다고 생각한 것인가? 때로 여성들이 남성들보다 더욱 남성중심적인 생각을 갖고 가부장적인 권력을 행사하기도 하는데 이 경우에 역시 그렇게 이해해야 하는 것일까? 혹 남성이 자손의 번성을 위해 어쩔 수 없이 첩이 필요하다고 한 주장에 타협함으로써 아내로서의 위치를 확고히 지키려고 했던 것은 아닐까?

여성의 투기가 칠거(七去)의 하나에 해당하지만 사실 칠거(七去)에 대한 언급은 명분론적 성격이 적지 않았다.[60] 그렇다면 그것을 몰랐을 리 없는

---

59) "婦人之嫉妬, 甚者至於亡人家而絶人嗣. 此不惟不識義理, 亦不知利害也. 夫之子則己之子, 若子姓蕃衍, 則爲幸何如哉?" 강정일당, <尺牘>, 『靜一堂遺稿』, 성남문화원.

사족 여성이 스스로 투기를 금기하고 현실에 순응했던 이유는 또 무엇일까? 아무리 무기력한 상황에 놓여있다고 하더라도 사람은 자기의 존재 이유를 찾으려고 한다. 여성들은 당대의 사회 구조에서 회피할 수 없는 축첩의 문제를 자신의 도덕적 재무장을 통해 해결하려고 하였다. 정지영은 "여성이 애정과 성적 욕망을 철저하게 누르고 도덕적 주체가 될 때만이 첩이라는 침입자에게 지지 않을 수 있다."라고 하며 이것을 여성들이 축첩에 대응하는 전략이라고 보았다.[61]

> 홍군이 일찍이 한 명의 여종을 가까이 하였는데 누나는 한 번도 직접 마주하지 않으며 그 종을 옛날과 다름없이 대했다. 여종 또한 그 뜻에 감동해 삼가 부지런히 일하였다. 홍군이 탄식하며 말하길, "같이 산 지 수십 년인데 아직도 그 덕성이 이와 같음을 알지 못했다. 나는 천한 장부이다."라고 하였다.[62]

아내의 높은 도덕적 태도로 인해 스스로를 천부(賤夫)라고 한 남성의 발언을 사대부가 도덕적 타락으로부터 스스로를 보호하기 위해 최소한의 규범을 지키려고 했다거나 혹은 잘못에 대한 반성이라고 볼 수 있을지에 대해서는 확신이 서지 않는다. 하지만 여성들이 자신의 생물학적 욕구를 가부장적 요구로 포장하여 정당화한 남성들의 우위에 서서 도덕적으로 규제하는 것 또한 여성이 살아가는 하나의 전략적 방법이라고 볼 수 있을 것이다. 여성들은 타협과 화해를 통해 처첩제의 틈을 비집고 자신의 위치를 확보하고자 나름대로의 전략을 구축했던 것이다.

---

60) 장병인, 『조선전기 혼인제와 성차별』, 일지사, 1997.

61) 정지영, 앞의 논문, 24면.

62) "洪君嘗近一婢子, 姊氏不一見言面, 遇其婢如故. 婢亦感其意, 服役惟謹. 洪君歎曰: "同居數十年, 猶不知其德性如此, 我則淺之爲丈夫也."." 李栽, <洪氏姊墓誌>, 『密菴集』, 권 18, 『韓國文集叢刊』 173, 380면.

5. 맺는 말

17세기 이후 가족의 통제를 통해 국가의 기강을 바로 잡으려했던 조선 사회에서 가족의 구성원은 매우 중요했다. 사대부 남성들은 정치 혼인을 통해 그들의 정치적 입장과 학문적 입장을 구축하였고 여성의 행실은 가족의 체면을 살리고 유지하는데 결정적인 역할을 하였다. 사족 여성에 대한 경계와 규제는 유교사회 건설이라는 미명 아래 그 명분이 유지되었다. 그러나 사대부 남성의 축첩은 그들이 지향하는 유교사회와 상반되는 지점에 있었다. 사대부 남성들은 축첩의 모순을 정당화하는 명분 또한 유교사회의 이슈에서 찾으려 하였는데 그것은 바로 가문의 대를 잇는 후손의 생산과 번영이었다. 하지만 그들이 내세운 명분은 사실과 다른 경우가 많았다. 축첩은 후손을 계승하기 위해 필요한 존재가 아니라 정치 혼인을 통한 문제와 불만을 해결하고자 하는 남성의 생물학적 욕망의 결과였다.

남편의 또 다른 아내이면서 남편의 자식을 생산한 경우 어머니가 되지만 작은 어머니, 소실, 측실 등이라 불리며 가족의 변방에 놓였던 첩은 남편의 정처에게, 정처의 자식들에게 이중 삼중으로 타자화된 존재였다. 그들은 때로는 노비와 동격으로 취급되며 노동력을 제공해야 하는 입장에 있었으며 정처를 비롯한 가족에 의해 받아들여지거나 혹은 거부당하는 존재들이었다. 남성들은 사대부 여성의 인격을 드러내기 위해 첩의 존재를 거론했으나 첩을 개인적인 인격체로 인정하고 그들의 삶을 남기는데 적극적이지는 않았다. 첩의 의무와 책임은 가볍지 않았지만 그들에게 영속적인 권리는 주어지지 않았다.

남성들은 처와 첩이 조화롭고 원만한 관계를 유지한다고 하며 처와 첩의 근원적인 갈등을 애써 무시하려고 하였다. 나아가 처와 첩 모두에게 투기를 금지할 것을 요구하였고 정처가 첩의 자식에게 어머니의 역할을 수행해 줄 것을 기대하기도 하였다. 사대부 여성인 정처는 생물학적 욕구를 가부장적 요구로 포장하여 정당화한 남성들의 우위에 서서 그들을 도덕적으로 규제하였다. 남성들은 처첩의 갈등을 은폐시켰고 정처는 전략적으로 타협하고 화해하는 방법으로 자신의 위치를 확보하였다.

본고는 사대부 남성의 첩에 대한 인식과 첩이 놓였던 자리, 처첩의 관계 등을 통해 조선후기 사대부 가족에 존재했던 첩의 일면을 다루었다. 하지만 첩은 남편과 정처뿐만 아니라 자식, 부모, 며느리 등과 다양하게 가족 관계를 맺었기 때문에 서자, 서녀, 서모, 서시어머니 등과의 관계에서 두루 조명되어야 첩의 위치가 보다 선명하게 드러날 것이다. 또한 첩은 거의 모든 신분에 걸쳐 존재했기 때문에 다른 신분의 첩과 비교하는 작업도 수반되어야 할 것이다.

참고문헌

李時發, 『碧梧遺稿』, 『韓國文集叢刊』 74.
宋浚吉, 『同春堂集』, 『韓國文集叢刊』 107.
宋時烈, 『宋子大全』, 『韓國文集叢刊』 115.
金壽增, 『谷雲集』, 『韓國文集叢刊』 125.
李玄逸, 『葛庵集』, 『韓國文集叢刊』 127.
鄭澔, 『丈巖集』, 『韓國文集叢刊』 157.
權斗經, 『蒼雪齋集』, 『韓國文集叢刊』 169.
李栽, 『密菴集』, 『韓國文集叢刊』 173.
金鎭圭, 『竹泉集』, 『韓國文集叢刊』 174.
金柱臣, 『壽谷集』, 『韓國文集叢刊』 176.
李萬敷, 『息山集』 『韓國文集叢刊』 178.
李德壽, 『西堂私載』, 『韓國文集叢刊』 186.
趙泰億, 『謙齋集』, 『韓國文集叢刊』 190.
李夏坤, 『頭陀草』, 『韓國文集叢刊』 191.
李縡, 『陶菴集』, 『韓國文集叢刊』 195.
李瀷, 『星湖全集』, 『韓國文集叢刊』 199.

趙觀彬, 『悔軒集』, 『韓國文集叢刊』 211.
朴胤源, 『近齋集』, 『韓國文集叢刊』 250.
尹光浩, 『念齋集』, 연세대학교 도서관.
姜靜一堂, 『靜一堂遺稿』, 성남문화원.

강진옥, 「서사민요에 나타나는 여성인물의 현실대응 양상과 그 의미」, 한국구비문학회 편, 『구비문학과 여성』, 박이정, 2000.
길태숙, 「민요에 나타난 첩의 위상」, 『여성문학 연구』13, 한국여성문학학회, 2005.
박무영, 「남편의 '잉첩'과 아내의 '적국'」, 『문헌과 해석』 18호, 태학사, 2002.
박천규, 「조선 초기 서얼의 사회적 지위」, 『사학연구』 30호, 한국사학회, 1980.
연세대학교 국학연구원 편, 『고서해제』 II, 평민사, 2004.
유미림·강여진·하승현 옮김, 『빈 방에 달빛 들면』, 학고재, 2005.
이성임, 「조선중기 양반의 성관념과 그 표출양상」, 『조선시대 사회의 모습』, 집문당, 2003.
이숙인, 『동아시아 고대의 여성사상』, 여이연, 2005.
이이효제, 『조선조 사회와 가족』, 한울아카데미, 2003.
장병인, 「조선 중후기 간통에 대한 규제의 강화」, 『한국사 연구』 121.
, 『조선전기 혼인제와 성차별』, 일지사, 1997.
정지영, 『조선후기 첩과 가족질서-가부장제와 여성의 위계』, 『사회와 역사』 65호, 한국사회사학회, 2004.
조은·조성윤, 「한말 서울지역 첩의 존재양식-한성부 호적을 중심으로」, 『사회와 역사』 65호, 한국사회사학회, 2004.
한국고문서학회 엮음, 『조선시대 생활사』, 역사비평사, 1996.
황수연, 「여성에 대한 기대와 경계-조선조 민간 규훈서를 중심으로」, 열상고전문학회 발표요지, 2004.

고소설 속 기녀의 정조의식과 가정 내 안주 문제

김종군*

1. 서론

고소설에서 기녀의 등장은 <주생전>의 배도(俳桃)가 처음인 것으로 보인다. 이후 고소설에는 다양한 기녀들이 등장하여 남주인공의 애정 대상이 되기도 하고, 풍류의 대상이 되기도 하며, 출세를 돕는 내조자가 되기도 한다. 그리고 양반층의 위선과 가식을 벗기는 폭로자의 역할을 수행하기도 한다. 조선시대 현실에서 신분이 낮았음에도 남성과의 교류가 비교적 자유로웠던 특수성 때문에 고소설에서 남성의 상대역으로 설정하기에 용이했던 결과라고 볼 수 있다.

그러나 작품에서 기녀의 모습은 남성의 노리갯감으로서 단편적으로 설정된 경우는 거의 없다. 어떤 경위가 되었던 결연을 맺은 남성에게 의탁하여 기녀의 삶을 접고 남성의 가정 내부로 진입하는 양상을 보이는 것이 현실과는 차이라고 할 수 있다. 그런데 이들이 남성과의 결연의 결과로 가정 내에서 지위를 갖게 되더라도 그 지위는 다양한 편차를 보인다. 위로는 춘향이와 같이 본처의 지위를 얻기도 하고, 비록 첩의 신분이지만 그에 비견할만한 위상을 가지는 옥단춘도 있고, 여전히 기생첩으로서의 지위를 유지하는 경우도 있다. 결말에서의 위상 차이를 남성에 대한 기여도에 따

* 건국대학교 강사

른 보상의 차등으로 보는 것은 단편적인 시각이라고 할 수 있다. 남성의 위선을 폭로하는 애랑과 같은 기녀를 제외하고는 모든 기녀들이 남성을 내조하는 역할을 충분히 해내고 있기 때문이다. 그러므로 기녀가 남성의 가정 내부에서 가지는 위상 차이는 내조에 대한 보상과 더불어 또 다른 요인이 작용한다고 할 수 있다.

남성과의 교류가 쉬운 기녀를 처나 첩으로 가정에 안주시키기 위해서는 우선적으로 해결해야 할 과제가 기녀의 정조문제이다. 남주인공과 결연을 맺은 후에는 말할 것도 없고, 결연 이전의 순결도 가정으로 진입하는 데는 장애요인이 될 수 있다. 사회적으로 출세한 남성의 기생첩인 경우는 유흥과 접빈객을 도와서 외간 남성과 자리를 함께 할 수 있지만, 가정 내부로 진입하여 처첩이 되는 경우는 정조가 고려될 수밖에 없는 처지이다.

그러므로 기녀결연서사[1]에서 기녀의 가정 내부 안주에는 남성에 대한 기여는 물론이고 여느 처첩과는 달리 정조의 문제가 걸림돌이 될 수 있는 것이다. 남성과의 교류가 자유로웠다는 특수성 때문에 막상 결연 후의 가정 내 공인 과정에서는 중첩된 멍에를 짊어질 수밖에 없었다고 할 수 있다.

기존의 논의에서 기녀에 대한 연구는 활발하게 이루어졌다. 기녀라는 독특한 신분에 주목한 단편적인 논문은 국문학 연구 초기부터 다양하게 등장하였고, 차츰 그 심도를 더하여 기녀에 의한 남성훼절소설 연구[2]가

---

1) 이 글에서는 고소설 가운데 기녀가 등장하여 남주인공과 결연을 맺는 이야기를 기녀결연서사라는 용어로 설정한다. <춘향전>과 <옥단춘전>과 같이 기녀와 일대일의 관계를 맺는 경우는 기녀형 애정소설, 기녀신분갈등형 애정소설 등의 용어로 사용할 수 있지만 <구운몽>이나 <옥루몽>에서는 다양한 신분의 여성과의 결연서사가 엮여 있어서 적절한 용어를 찾아야 한다. 그 가운데 기녀와의 결연에 해당하는 이야기만 추출해서 논의해야 하므로 두 경우를 아우를 수 있는 개념으로 기녀결연서사라는 용어를 사용한다.

2) 김종철, 「배비장전 유형의 소설 연구」, 『관악어문연구』 10집, 서울대 국어국문학과, 1985.
박일용, 「조선후기 훼절담의 변이양상과 그 사회적 의미」, 『조선시대의 애정소설』, 집문당, 1993.
여세주, 『남성훼절소설의 실상』, 국학자료원, 1995.

일군을 이루며 등장하였다. 여기에서의 기녀는 관장의 지시에 의해 가식으로 일관하는 남성의 욕망을 드러내는 기능을 수행하는 부차적 존재로서 주체적인 인물로 주목받지는 못한 측면이 있다.

소설에서 기녀의 주체적 역할에 주목한 연구는 기녀의 신분갈등과 애정갈등을 문제 삼은 것들이다. 박일용은 양반남성중심의 사회에서 인간적 욕구를 제대로 실현시키지 못하는 비천한 신분인 기녀의 상황과 그것을 극복하려는 의지가 주동적으로 부각된 '기녀신분갈등형 애정소설'을 유형화하여 <춘향전>과 <옥단춘전> <왕경룡전>계 작품들의 사회적 성격을 심도 있게 논의[3]하였다. 기녀등장소설에 대한 최근의 논의로 조광국을 주목할 수 있다. 여기서는 양반의 풍류의식과 기녀의 자의식 두 축으로 작품을 분석하여, 자의식의 세부항목으로 애정희구와 신분상승의식 외에 풍류주도, 실리추구의식을 부가하여 광범위한 논의[4]를 시도하였다.

이 두 논의는 기녀등장소설에서 애정희구의식과 신분상승의식을 핵심문제로 삼고 있어서, 본 연구에 시사하는 바가 크다. 그러나 소설에서 두 의식의 상호 작용의 결실은 기녀가 가정 내 안주하는 데에 있다. 이 부분은 기녀의 의지나 자의식을 넘어서서 사회의 공인과정으로 볼 수 있다. 이 과정에는 작품의 주인공인 기녀의 의지와 더불어 작가나 독자의 의식이 더 크게 작용한다고 볼 수 있다. 그래서 이글에서는 애정희구나 신분상승이라는 기녀 주체의 용어 대신 정조의식과 가정 내 안주라는 대상화된 용어를 사용하여, 특수한 신분의 기녀들이 가정 내부에 안주하는 과정에서 문제될 수 있는 정조의식과 가정 내 위상과의 관련성을 구명하고, 아울러 안주 후의 역할과 더불어 그 의미를 살피고자 한다.

---

3) 박일용, 『조선시대의 애정소설』, 집문당, 1993.
4) 조광국, 『기녀담 기녀등장소설 연구』, 월인, 2000.

2. 기녀결연서사의 두 축

고소설에 설정된 비중[5] 있는 기녀결연서사는 ①<주생전>의 배도와 주생의 결연, ②<구운몽>의 계섬월과 양소유의 결연 ③<옥루몽>의 강남홍과 양창곡의 결연, ④역시 <옥루몽>의 벽성선과 양창곡의 결연, ⑤<동선기>의 동선과 서문적의 결연, ⑥<춘향전>의 춘향과 이몽룡의 결연, ⑦<옥단춘전>의 옥단춘과 이혈룡의 결연, ⑧<이진사전>의 김경패와 이옥린의 결연, ⑨<청년회심곡>의 농월과 김진성의 결연, ⑩<부용상사곡>의 부용과 김유성의 결연, ⑪<유록전>의 유록과 정몽세의 결연, ⑫<월하선전>의 월하선과 황직경의 결연 등이다.

이들 결연서사들은 결연을 누가 적극적으로 주도하는가에 따라 그 결연의 의미가 차별된다. ①②③④⑦⑧의 경우는 기녀가 먼저 결연의지를 드러내든지, 서로 교감이 이루어진 후에 기녀가 적극적으로 남성에게 접근하는 경우이다. 이에 비해 ⑤⑥⑨⑩⑪⑫의 경우에는 풍류남아가 기녀를 먼저 인식[6]하고 적극적인 결연의사를 드러내어 맺어지는 경우이다.

두 경우 모두 기녀와 남주인공이 결연을 맺어 사랑을 키워 나가던 중 혼사장애를 만나서 고난을 당하고 각고의 노력으로 행복한 결합을 이루는 애정서사라는 점에서는 궤를 같이 한다. 다만 전자의 경우는 경제적으로 우위에 있는 기녀들이 궁지에 처한 남성을 후원하고 자신을 의탁하고자

---

5) 고소설에 설정된 기녀결연서사 가운데 작중 비중을 논하는 것은 이견이 있을 수 있다. 여기서는 기녀와의 결연사건이 작품 전체로 관류하는 기녀애정서사(기녀의 이름이 작품명이 되는 경우)와 기녀와의 결연사건이 다른 결연서사와 긴밀하게 연계되거나 기녀가 남성이 영웅적인 과업성취에 적극적으로 기여하는 경우로 한정한다. 그러므로 <동선기>에서 남성의 풍정 상대가 된 경경이나 설영의 경우나 <임호은전>의 미애와 같이 작중 의미가 축소된 경우는 논의 대상에서 제외하기로 한다.

6) <유록전>의 유록과 정몽세의 결연은 전춘연(餞春宴)에서 두 사람이 서로 추파를 주고받았으나 서로 용기를 내지 못한 것을 곁에서 지켜본 동료인 김선전관이 중매로 나선다. 유록에게 먼저 의지를 묻지만 직접적인 결연은 정몽세가 편지를 써서 전하도록 하므로 남성주도로 분류한다.

하는 의도가 전제되어 있다. 남성들은 현재의 처지가 궁핍하므로 비록 기녀에게 호감이 있더라도 감히 용기를 내지 못하는 상황으로 설정되어 있다. 다시 그 내면을 깊이 파고들면 배도의 경우는 주생에 대한 연정이 우선하였고, 벽성선의 경우 역시 강남홍이 죽은 줄 알고 슬퍼하는 양창곡에게 정서적으로 끌린 경우이다. 그 외의 경우는 모두 남성들의 시재나 출세 가능성을 감식하고 기녀들이 적극적으로 나선 경우이다. 결연 당시는 비록 내세울 것이 없는 처지이지만 기녀가 축적한 부를 가지고 남성을 후원하여 출세를 돕고, 그 결과 신분적으로 불안한 자신의 장래를 의탁하고자 하는 의도성이 잠재해 있다고 볼 수 있다.

그러므로 이들의 결연의지는 온당한 배우자를 찾는다는 의식보다는 노류장화의 미천한 신분에 처한 자신들을 구제해 줄 주군(主君)을 찾는 쪽으로 볼 수 있다. 결국 이 결연서사에서는 애정이 절대적인 요인으로 작용한다고는 볼 수 없다. 천하의 문사를 얻어 자신의 일신을 의탁하고자 하는 욕망이 깔린 결연서사이다. 이는 <만복사저포기>의 처녀귀나 <하생기우전>의 처녀귀가 자신들의 애욕을 해소하기 위해 불우한 남성을 유인하여 결연을 맺는 구조와 유사하다고 할 수 있다. 결국 이 기녀결연서사는 순수애정서사로 간주하기에는 다소 주저되는 감이 없지 않다.

이에 비해 남성 주도로 결연이 맺어지는 후자의 경우는 신분적으로나 경제적으로 우위에 있는 풍류남아가 아름다운 매력을 가진 기녀에게 호감을 가져 접근하여 결연을 맺고, 처음 풍정으로 알았던 감정이 점차 애정으로 발전하여 서로 연연해하는 순수애정서사라고 할 수 있다. 여기서 기녀는 남성이 쉽게 접근할 수 있는 노류장화의 형상이 아니다. 경제적으로도 자립한 경우이고, 사대부가의 규녀와 비등한 시재와 음률을 갖추었으며, 글을 읽어 당대의 윤리 의식으로 무장된 경우도 있다. 도도한 일면을 갖추어서 남성의 일방적인 욕망 표출에 쉽게 부응하지 않음으로써 남성을 더욱 애타도록 하여 단순한 호기심이나 욕정의 차원을 사랑의 감정으로 승화시키는 경우이다. 조선시대 전형적인 명기의 모습[7]을 갖추어 남성의 애정대상으로 설정된다.

고소설에 설정된 남녀결연서사는 배우자를 찾으려는 의도가 크게 부각된다. 특히 후기로 올수록 영웅적인 남성을 주인공으로 설정하여 영웅성을 부각하는 장치로써 많은 여성과의 결연사건을 설정하고 있다. 그리고 작품에 관류하는 주된 사건에 주목하여 영웅소설, 가정소설 등으로 유형화하고 있다. 남녀간 애정사건을 주로 다룬 애정소설의 경우는 대체로 일부일처의 결연이 작품에 설정된다. 이들의 결연은 남녀가 서로에게 호감을 가져서 연애를 벌이는 자유연애형이 대부분이다. 이러한 자유연애형 애정결연은 고소설의 초기에는 여성의 신분을 여염집 규녀로 설정하였다. <이생규장전>의 최랑이나 <주생전>의 선화, <위경천전>의 소숙방, <최척전>의 이옥영의 경우는 남성보다 처지가 나은 규녀 신분으로 부모의 허락 없이 혼전 교감[8)]을 이룬 경우이다.

그러나 고소설 후반부로 오면 규녀는 자유연애의 대상에서 배제되는 경향을 띠고 자유연애를 다룬 애정소설의 여주인공은 운영과 영영같은 궁녀이거나 기녀로 대체된다. 아마도 조선후기에 성윤리를 강화하는 가운데서 비롯된 서술 방식으로 보인다. 그러나 윤리성을 강조하는 장치때문에 궁녀결연서사는 결말을 비극으로 처리하기도 하였다. <운영전>에서는 운영과 김진사와의 애틋한 사랑까지는 인정하였지만 수성궁에서 도피하려는 과감함을 용납할 수 없었으므로 비극적인 결말로 처리한다. 그에 비해 영영은 김진사와의 하룻밤 동침으로 사랑을 가슴에 품었지만 주군인 회산군에게서 벗어나지 못하고 인고한 결과로 행복한 결합을 인정해 주고 있어 차이가 있다.

---

7) 박일용은, <청년회심곡>에서 윤리적으로 무장되어 있고, 물적으로 독립한 농월의 모습은 조선시대의 설화, 시, 소설 등에 나타나는 전형적인 명기의 그것으로 보았다.(박일용, 앞의 책, 324~325면 참조).

8) <최척전>에서 최척과 이옥영은 편지로써 서로의 감정을 확인하는 절차만 보이므로 정서적인 교감을 이루었다고 볼 수 있다. 나머지 세 작품에서는 남녀가 혼전에 과감하게 육체적인 교감을 이룬 경우이다.

결국 남녀결연서사의 서술 방식에서 윤리적 규제는 절대적으로 작용하였다고 볼 수 있다. 이러한 규제책은 기녀결연서사라고 예외일 수는 없다. 자유연애형 결연을 무리 없이 설정할 수 있는 기녀이므로 초반부 교감과 결연의 과정까지는 굳이 윤리적 규제를 가하지 않지만 결말부분에서 사회적으로 공인을 받아 남성의 가정으로 안주하는 과정에서는 기녀라는 신분과 자유분방한 성의식이 문제가 될 수 있는 것이다. 그러므로 행복한 가정 내 안주를 위한 과업으로 남성의 출세를 돕는 내조 사건을 부가하든지, 규녀의 행실에 상응하는 윤리적 덕목을 갖추도록 설정하는 것이다.

실제로 앞서 든 기녀결연서사에서 <춘향전>이나 <청년회심곡> <부용상사곡> <유록전> <월하선전>은 애정소설로 유형화할 수 있겠지만, 기녀의 내조사건을 주로 다룬 <옥단춘전> <동선기> <이진사전>을 애정소설로 유형화하는 데는 주저가 따른다. 이들 작품을 관류하는 사건은 남주인공과 기녀의 애정 갈등이 아니라 기녀들이 남성들의 출세를 적극적으로 돕든지, 위기에 처한 남성을 구조하는 역할을 수행하는 것으로 설정된다. 결국 기녀결연서사는 순수애정을 토대로 한 애정추구형과 기녀라는 신분의 특수성에서 기인한 주군찾기형(남성출세돕기형)의 두 가지 유형으로 설정할 수 있을 듯하다.

3. 정조의식과 가정 내의 지위

고소설에 나타나는 기녀결연서사의 결말부분에서 기녀의 지위는 춘향을 제외하고는 대체로 소실로 자리매김한다. 그러나 소실이라는 지위라고 해서 모두 동등한 위상을 가지는 것은 아니었다.

<주생전>의 배도는 안정된 결합을 이루기 전에 병사하였으므로 단정할 수는 없지만 <구운몽>의 계섬월의 경우는 가정 내부의 살림을 전담하는 첩이라고 볼 수 없다. 반란을 토벌하고 전쟁에 임하는 양소유와 빈번하

게 만나 동침을 하고, 결합을 이루어 가정 내부에 안주한 후에도 월왕과의 연회에도 참예하는 기생첩의 면모를 간직한다. 그에 비해 <이진사전>의 김경패나 <옥루몽>의 벽성선의 경우는 철저하게 가정 내의 살림을 담당할 첩으로 그려진다. 또 <옥단춘전>의 옥단춘이나 <옥루몽>의 강남홍, <동선기>의 동선, <월하선전>의 월하선의 경우는 본처가 되지는 못하지만 왕으로부터 가자를 받아 본처에 비견하는 첩으로 안주한다. 그리고 획기적으로 현실적인 신분제를 탈피하여 본처의 지위를 얻는 춘향이나 부용, 유록의 경우도 있다.

이들의 위상 차등은 남성에 대한 기녀의 기여도가 가장 크게 작용한 듯하다. 남성의 출세에 적극적으로 내조하였든지, 남복으로 출장하여 무공으로 남성을 도운 경우는 본처에 비견하는 첩의 지위를 얻게 되는 것을 보면 알 수 있다. 그러나 한편으로 춘향과 같이 남성의 애정대상이 되어 수절을 한 경우는 본처의 지위를 얻는 것을 보면 내조가 절대적인 기준이 아님도 알 수 있다.

영웅적인 남성의 본처 자질은 여성 집안의 문벌과 현숙함으로 대변되는 여성의 개인 품성으로 단면화되어 있다. 문벌은 신부의 배경으로써 경제적 능력과 윤리성을 보장해 주고, 현숙함에는 여성의 내외면적인 자질이 모두 포함되어 있다. 그러므로 굳이 하나하나의 항목을 따질 필요가 없는 것이다.

그러나 가정 내부로 안주할 기녀의 자질은 일일이 점검해야 한다. 먼저 근본이 되는 집안의 내력, 시재나 음률, 미모 등의 개인 자질, 남성을 후원할 경제력, 거기다가 중첩적으로 덧씌워지는 혐의가 정조에 대한 것이다. 규녀와의 결연에서는 결코 문제될 것이 없었던 항목을 기녀라는 특수한 처지이므로 해명해 내야 한다. 이렇듯 기녀에게는 복합적이고 다면적인 기준이 과도하게 부과되는 것이다.

결국은 기녀가 사회적으로 공인을 받아 집안에 안주하는 과정에서는 표면화되지 않더라도 그의 정조문제가 가장 미묘하게 작용하는 것으로 보인다. 이 점은 당사자인 기녀들이 상처로서 안고 있는 문제이므로 남성에 대해서 먼저 언급하는 경우가 작품에 드러난다. 곧 기녀결연서사에서 정조문제는 어쩔 수 없이 짚고 넘어가야 할 문제이고, 기녀들이 그에 대해 먼저 감지하고 있었으므로 다양한 방식으로 그 혐의를 해명하거나 설득시키고 있다. 그러므로 기녀의 가정 내 지위 획득의 기준은 정조의식이 최우선하고, 그 다음으로 내조와 같은 기여도가 될 수 있다.

1) 신분 인정으로 기생첩으로 안주

기녀결연서사의 초기 형태는 <주생전>의 배도와 <구운몽>의 계섬월의 결연에서 찾을 수 있다. 두 경우 모두 당대를 주름잡던 기녀가 안정을 찾지 못한 남성을 자신의 집으로 청하여 좋은 신붓감을 소개하겠다고 말하며 결연을 맺는다. 결연과정에서 자신의 내력을 말하고 남성에게 자신을 거두어 달라고 간절히 청한다. 그리고 스스로 기생첩의 신분으로 자리매김하여 불안정한 남성을 곁에서 섬긴다. 시쳇말로 기둥서방과 기생첩의 관계로 맺어진 사이라고 할 수 있다.

이들은 첫 만남에서 서로에게 호감을 가지지만 내세울 것이 없는 남성이 선뜻 용기를 내지 못하는 상황에서 기녀가 먼저 결연 의지를 내보인다. 그리고 두 사람이 첫 만남에서 의기투합하고 동침을 이룬다. 여기서 기녀와 남성의 결연은 기녀가 자신을 증여하는 형식이라고 할 수 있다.

이들의 결연과정과 결합과정을 다음과 같이 정리할 수 있다.

① 남성과 기녀가 첫 만남에서 서로 호감을 갖는다.
② 주저하는 남성에게 기녀가 자신의 집으로 청하고 좋은 배필을 소개하겠다고 한다.
③ 기녀가 내력을 말하고 평생을 의탁할 뜻을 전하고 동침한다.
④ 기생첩으로서 남성을 후원한다.

①의 인식과정에서 기녀는 당대를 주름잡는 매력적인 존재로 그려진다. '배도는 재주와 용모가 전당에서 가장 뛰어나 사람들이 배낭(俳娘)이라'고 불렀고, 계섬월 역시 '자색 가무가 동경(낙양)에서 으뜸일 뿐 아니라 고금의 글을 무불통지하고 더욱 글을 보는 안목이 묘하고 신통하므로 낙양의 모든 선비가 글 지어 물으면 평론과 조탁이 능란하여 털끝만큼도 손색이 없다'는 평을 듣는 뛰어난 자질을 가진 기녀들이다.

그러므로 남주인공인 주생이나 양소유는 걸출한 기녀들에게 자연스럽게 관심을 갖게 된다. 남주인공의 이러한 심리는 단순한 호기심 또는 욕정이라고 보아야 할 듯하다. 결연 후에 보이는 남성들의 모습에서 그 근거를 찾을 수 있다. 주생은 위승상댁 연회에 불려간 배도를 마중 나갔다가 배도와 동석한 위승상의 딸 선화를 보고 첫눈에 반해서 배도를 배신하게 된다. 그러므로 배도에게 가졌던 첫 마음이 진심에서 우러난 연정은 아니라고 보아야 한다. 양소유 역시 계섬월이 원하는 대로 동침을 이룬 후에 평생을 의탁하겠다는 말을 듣고 가난한 처지와 노모의 허락을 얻지 못할 것을 핑계로 첩으로 거둘 것도 사양한다.

②에서 보는 것과 같이 배도나 계섬월은 명성에 걸맞게 갖추어진 자신 소유의 집도 가진 능력 있는 기녀들이다. 그러므로 경제적인 덕을 입기 위해 남성을 원하는 것은 아니다. 오직 출세할 것으로 예견되는 남성에게 의탁하여 기녀의 삶을 접고자하는 의도가 주목적으로 그려진다. 배도는 어려서부터 전당지역에서 주생을 알고 지냈으므로 그 능력을 감지하고 있었고, 계섬월은 시회에서 이미 시를 통해 양소유의 능력을 감지하였다. 그러므로 과감하게 자신들의 미래를 던질 수 있었던 것이다.

그런데 문제가 되는 것은, 비록 출세를 이루지 못했지만 장래가 촉망되는 총각들에게 기녀로서 명성을 떨쳐온 자신들이 본처로 접근하는 것에 대해서는 자신이 없다는 점이다. 그래서 ③과 같이 자신들의 내력을 털어놓으며 본처로서의 자격이 없음을 실토한다. 배도는 그 '조상은 본래는 호족이었고, 할아버지인 모(某)는 천주시박사라는 벼슬을 하고 있었는데, 죄를 짓고 서인(庶人)으로 폐출'된 경우이고, 계섬월의 경우는 '부친이 일찍이 고을 아전이 되었으나 불행히 타향에서 죽어서' 운구할 경비 마련을 위해 계모가 창기에 팔아넘긴 처지라고 말한다. 곧, 태생이 천기배가 아니라는 것을 먼저 전제한다.

다음으로 자신들의 결함을 솔직하게 인정한다. 당대를 휘어잡던 기녀들이었으므로 지난 순결에 대해서는 장담하지 못하겠다는 것이다. 배도는 '비록 깨끗하게 순결을 지키고자 했으나, 이름이 이미 기적에 올라 부득이 사람들을 상대로 즐기며 놀아야만 했다'고 사실적으로 자신의 과거를 털어놓았고, 계섬월 역시 '욕을 참으며 설움을 머금고 몸과 마음을 굽혀 손님을 섬기었'다고 순결에 대해서는 담백하게 드러내고 있다. 결국 두 사람 모두 기녀로서의 실체를 순순히 인정하고 그 때문에 본처가 되겠다는 욕심은 접었다고 전제하고 있다.

그러므로 배도는 주생을 처음 보자마자 장가를 들었는지 묻고, 형편상 아직 배필을 찾지 못했다는 대답을 듣고 자기가 '마땅히 낭군을 위하여 아름다운 배필을 구해 드리겠다'고 장담한다. 계섬월 역시 노모와 가난을 핑계로 자신을 거둘 수 없다는 양소유에게 '명문의 규수에게 장가들어 어머님을 봉양토록 하'라고 권하고 장안 정경패를 본첫감으로 적극 천거하고 있다.

배도나 계섬월은 현실을 철저하게 인정하고 있으며 헛된 과욕도 부리지 않는 실리적인 성격으로 그려진다. 그리고 총각 신분으로 경험이 적은 남성들에게 자신들이 동침을 이룬 이후로는 정조를 지키겠다고 다짐을 주고, 남성에게는 자신을 절대 버리지 않을 것이라는 다짐을 요구한다. 청루에서 체득한 현실감각을 여실히 드러내고 있다.

> "……이제 낭군을 뵈니, 풍채와 거동이 빼어나고 활달하며 재주와 생각이 뛰어나십니다. 제가 비록 비천한 몸이지만 한 번 잠자리에 모신 후 영원히 건즐을 받들고자 합니다. 바라건대, 낭군께서는 훗날 입신하여 일찍 요로에 오

르십시오. 그래서 제 이름을 기적에서 빼내어 조상의 이름을 더럽히지 않게만 해주신다면, 저는 더 이상 소원이 없겠습니다. 그런 뒤에 저를 버리고 끝내 보지 않으시더라도 낭군의 은혜에 감사할 겨를도 없는데, 제가 어떻게 감히 낭군을 원망하겠습니까?"

배도는 말을 마치더니 눈물을 비오듯 흘렸다. 주생은 그 말에 크게 감동하여 배도의 허리를 끌어안고 소매로 눈물을 닦아주며 말했다.

"이것은 남자가 마땅히 맡아서 할 일이오. 설령 그대가 말을 하지 않더라도 내가 어찌 무정한 사람이겠소?"

배도는 눈물을 훔치고 정색을 하며 말했다.

"시경에 '아낙네 잘못 없는데, 사내는 달리 대하네.'라고 아르지 않았습니까? 낭군은 이익과 곽소옥의 사연을 알지 않습니까? 낭군이 만약 저를 멀리 버리시지 않을 것이라면, 원컨대 맹세의 글을 써 주십시오."[9)]

배도가 동침 전에 자신의 요구 사항을 말하고 불망기를 받아내는 장면이다. 여기에서 배도는 자신의 처지를 구구절절하게 말하며 순진한 주생의 동정심을 불러일으킨다. '당신을 보니 크게 될 인물로 보인다. 그래서 나는 당신에게 몸을 바쳐 영원히 섬기고자 한다. 출세하면 나를 기적에서 빼내줘라. 그리고 날 버려도 상관없다'는 논리이다. 이에 주생은 감동하여 눈물을 쏟으며 불망기를 쓰게 되고, 두 사람은 동침에 들어 사랑을 나눈다. 배도는 배신이 횡횡하는 청루의 삶을 잘 알고 있으므로 주생을 얼러서 자신의 잇속을 다 챙기고 동침하는 영악함을 내 보인다. 그에 비해 계섬월은 동침을 먼저 이루고 난 뒤에 애원조로 자신을 버리지 말고 종첩으로라도 삼아달라고 매달린다. 이 상황에서는 배도의 모습이 훨씬 사실적으로 그려지고 있어 <주생전>의 사실주의적 위상을 다시 한 번 엿볼 수 있게 한다.

9) <주생전>, 40~41면(이상구 역주, 『17세기애정전기소설』, 월인, 1999).

결국 두 사람 모두 이전까지의 행실에 대해서 인정하고 동침 이후로는 몸을 정결하게 하여 오직 한 남자만 섬기겠다고 맹세하며 자신의 평생을 의탁하고 있다. 그러나 이들의 실제 모습이 그러한지에 대해서는 의구심이 든다. 실상 배도는 주생과 동침하는 날에도 위승상댁 연회에 참석하기로 약속이 되어 있던 몸이었고, 비록 첫날밤이라 하루는 넘겼지만 이튿날부터는 거의 매일 야밤 연회에 참석하는 모습을 보인다. 물론 과부가 된 승상부인의 주관이므로 외간 남성의 출입이 없을 것으로 보이나 기녀의 업무를 버리지 못한 모습이다.

계섬월 역시 기녀의 업을 철폐했다고는 단정할 수 없다. 출정하는 양소유를 따라가 동침하기도 하며, 자신의 절친한 벗인 적경홍을 음주상태인 양소유에게 자신인 양 속여 동침하게 하는 괴이함도 보이고 있다. 그리고 삼인이 함께 동침하는 상황을 연출하기도 하며, 결합을 이루어 첩의 지위를 얻은 후에도 월왕과의 연회대회에 당당하게 나서 대결하는 모습을 보인다. 이는 <구운몽>의 특수한 여성 역할 분배[10]에서 기인한 것으로 볼 수 있다. 곧, 영웅적인 풍모의 양소유에게 계섬월과 적경홍은 대외활동에 필요한 연회를 담당하고 손님을 접대하는 기능이 부여된 것이다. 결국 가정 내에 안주하여 살림을 돕는 처지가 아니라 기생첩으로서 남편의 대외활동을 보좌하는 역할을 수행한다. 이러한 위상과 역할에 대해 스스로 인정하고 수용하는 모습으로 보아야 한다.

결국 배도나 계섬월의 경우는 자신들의 기녀로서의 전적(前跡)을 담담하게 인정하였고, 결연 후에는 한 남성을 주군으로 섬겨 그에게 의탁하였

---

10) <구운몽>에서 양소유에게 여덟 여인이 결합하는 양상을 김병국은 모성복합심리의 산물로 파악하였다(김병국, 「<구운몽>에 반영된 모성복합심리」, 『한국고전문학의 비평적 이해』, 서울대 출판부, 1995, 306~327면 참조). 이 여덟 여성들의 역할은, 정경패(제1부인)-가정사 총괄, 가춘운(종첩)-가정 살림 실무담당/ 난양공주(제2부인)-권위의 상징, 진채봉(잉첩)-첫사랑, 애정의 대상/ 계섬월(기생첩)-접빈객, 연회담당, 적경홍(기생첩)-연회담당, 성적 대상/ 심요연(자객첩)-신변보호, 전략참모, 백능파(용녀)-천재지변 극복 등으로 구분할 수 있다(김종군, 「고소설의 남녀결연서사 연구」, 건국대 박사학위논문, 2004, 40면).

지만 기생첩으로서의 위상에 만족하는 양상을 보이고 있다. 물론 배도의 경우는 자신을 배신하고 선화에게 정을 쏟는 주생을 원망하면서 죽었기 때문에 기생첩으로 만족하였다는 진단이 무리일 수도 있다. 그렇다 하더라도 두 기녀의 모습은 사회 현실을 철저하게 수긍하여 기녀로서의 한계를 인정한 사실적인 형상이라고 할 수 있다. 그 가운데 현실과 이상의 불일치에 고뇌한 배도는 병사하는 비극을 맞게 되고, 현실 순응적인 계섬월은 다른 기녀결연서사에는 필수적으로 설정되는 혼사장애를 피해갈 수 있었던 것으로 볼 수 있다.

2) 순결의식 부각으로 소실로 안주

기녀결연서사에서 그 형상이 기녀의 모습과는 달리 여염집 처자와 같이 그려지는 경우를 <이진사전>의 김경패와 <옥루몽>의 벽성선에서 찾을 수 있다. 이들은 이름만 기녀로 설정되었지 기업(妓業)에 종사하는 흔적을 거의 찾을 수도 없으며, 결연 후의 혼사장애가 설정되기는 하지만 그것이 기녀이기 때문에 관장이나 남성에게서 겪는 것이 아니다. 그리고 이들은 결연과정에서 남주인공과 혼전동침을 하는 일반적인 양상에서도 벗어나 있다. 단지 정서적인 교감을 통해 마음속에 지아비로서 섬기고, 여성이 스스로 남성의 집안으로 찾아들었다가 우여곡절을 끝에 가정을 벗어나 유리하던 중 지아비로 섬긴 남성에게 구출되어 안정된 가정 내 결합을 이룬다. 이들의 가정 내 안주는 측실(側室)이나 소실의 지위로 이루어지며 결코 기생첩의 형상은 아니다.

이들의 결연 및 결합과정은 다음과 같다.

① 시재가 출중하지만 불우한 형편에 처한 남성을 보고 기녀가 연정을 품는다.

② 기녀가 결연의지를 먼저 드러내지만 동침은 거부하고 정서적인 교감만

이룬다.

③ 기녀가 자원하여 남성의 집안으로 찾아들지만 위기를 만나 가정을 벗어나 떠돈다.

④ 갖은 고난 끝에 남성을 만나 구출되고 행복한 결합을 이루어 소실로 안주한다.

①에서 남주인공들은 불우한 처지에 놓여 있다. 이옥린은 노모와 처를 부양할 수 없을 정도로 집안이 궁핍하여 평안도 강서현감으로 있는 외숙에게 도움을 청하러 나온 처지이다. 주변머리가 없어 자신의 처지를 밝히지도 못하고 발길을 돌리던 중 평양감사가 주관하는 시회에 참석하여 장원을 하여 노자를 얻을 정도로 그려진다. 양창곡 역시 황소저와의 늑혼을 거절하여 강주로 유배를 온 불우한 처지이다. 이러한 상황에서 기녀들을 만나서 도움을 받는 것으로 설정되어 다른 기녀결연서사의 도입부와 다르지 않다. 우연히 시회에 참석한 김경패는 그러한 이옥린을 지감(知鑑)으로써 알아보고는 지아비로 섬길 것을 작정한다. 벽성선 역시 유배를 온 외로운 처지의 양창곡이 완월을 나왔다가 자신의 비파소리를 듣고 찾아오자 음률을 논하면서 그 신분을 알고 결연의지를 드러낸다. 정도의 차이는 있지만 결연의지의 표출은 기녀들이 먼저 행하고 있어 앞의 경우와 유사하다고 하겠다.

그러나 이 경우의 특수성은 ②에서 찾을 수 있다. 기녀들이 여러 측면에서 기녀의 면모로 그려지지 않는다는 점이다. 김경패의 경우는 그 성장배경이 다른 기녀들과는 판이하다. 평양감영의 퇴리인 김수평의 딸로 관기에 소속되어 있다. 죄인의 집안도 아니고 그렇다고 어미가 관기 신분도 아닌 듯하다. 양반은 아니지만 관리의 딸이고, 그 오빠는 통인으로 역시 감영에서 일하는, 정상적인 집안 출신이고 거주 역시 가족과 같이 하고 있다.

> 이때 진사에게 술을 권하는 기녀의 이름은 瓊貝니, 本府 退吏 金秀平의

> 여식이라. 紅拂紀의 자색과 薛濤의 문장을 겸하였고 항상 스스로 이르되, 이태백의 시재와 두목지의 풍채며 張君瑞의 단정함을 겸비한 자가 아니면, 비록 존귀함이 三公六卿이요 부호함이 도주에 지날지라도 몸을 허치 아니하고 평생을 홀로 늙으리라 하여 이름이 妓案에 있으나 감사 수령의 宴飮之席과 풍류 탕자의 가무지연에 한번도 참예함이 없고, 집이 또한 부유할 뿐 아니라 수평의 부부가 다만 일자와 일녀를 두었으매, 그 아들은 詹門通引이요, 경패는 집에 거하여 詩書 琴瑟로 세월을 보내며, 수평 부부가 그 문장과 재예를 사랑하여 掌中寶玉같이 여겨 매양 아름다운 배필을 구하나 얻지 못하매 부부 서로 대하여 한탄함을 마지 아니터니, 이날 경패가 감사가 백일장을 배설하여 多士를 試才한단 말을 듣고 심중에 생각하되, '내 한번 연석에 나아가 或者 百年佳偶를 듣보리라'하고 이 말씀을 부모께 고하고 개연히 잔치에 참예하였더니[11]

경패의 형상은 이름이 비록 기생으로 설정되었지만 여느 관리의 딸과 다르지 않다. 그러므로 그 정조의식은 연회에 한 번도 참예하지 않았다는 것으로 강조되고 있다. 그리고 경제적인 여유도 있으며, 본인이 규녀와 같은 자질을 갖추고자 노력한 자취도 보이므로 배필을 찾는데 심혈을 기울이고 있다. 그래서 백일장 자리에 나가 남편감을 찾고자 의도적으로 참석한 것이다.

이옥린의 시재와 풍모를 보고 마음을 정한 경패는 부친에게 간곡하게 청하여 청혼을 이룬다. 곤궁한 형편의 이옥린이 당연히 거절하자 김수평은 딸의 혼사를 위해 적극적인 모습을 보인다.

> "바라건대 상공은 그 정경을 어여삐 여기사 거두어 側室로 두시오면 저의 일생을 쾌락히 지내오며, 소지의 노부처가 또한 상공의 대덕을 입사옴이오니,

11) <이진사전>, 18~19면(김기동 · 전규태 편, 『한국고전문학100』 12권, 서문당, 1984).

상공은 천금 일락을 아끼지 마옵소서." (중략)

"오늘로 우선 成禮하온 후 于歸之行은 서서히 의논하옴이 좋을까 하나이다."[12)]

여기에서는 기녀결연서사 가운데 예외적으로 정상적인 혼례절차[13)]를 따르고 있다. 본처가 있다는 것을 알고 있고, 또한 처지가 기녀이고 보니 자신의 딸을 측실로 들이는 것을 수긍할 수밖에 입장이다. 그러나 기생첩을 들이는 일반적인 절차에 대해서는 용납할 수 없어 본부인을 맞이하는 육례를 갖추어 딸을 출가시키고 있다. 물론 부모의 욕심이겠지만 그 내면에는 경패의 의도가 충분히 수용되었다고 보아야 한다.

이렇듯 백일장 자리에서 처음 대면한 두 사람이 아버지를 중매로 청혼하고 경패집의 주관으로 범절을 갖추어 초례를 치른 후 초야를 맞아 직접적으로 서로를 인식하게 된다. 여기서 경패는 자신이 기생첩이 아닌 소실이 되고자한 의도를 천명한다.

> 원래 이곳 풍속이 괴이하와 비록 이교배의 여식이라도 왕왕이 妓案에 托名하오매, 첩이 또한 이를 면치 못하였사오나 첩의 본성이 괴벽하와 노류장화의 더러운 태도를 부끄리며, 倚門 현소의 추비한 행사를 침 뱉어…[14)]

비록 자신의 직분이 기녀일망정 그것은 지역의 특수한 풍속에서 기인한 것으로 피치 못하고 받아들일 수밖에 없었다고 정황을 해명하고 있다. 아울러 자신은 기생의 행실을 더럽게 생각하여 혐오하고 있다고 민감하게 자신의 순결의식을 토로하고 있다. 기녀들 스스로 느끼기에도 남성과 정

---

12) <이진사전>, 23면.

13) 이에 대해 김기동은 본부인을 두고 연애과정을 통해 소실을 얻는 것은 이 작품뿐이라고 그 특징을 논하였다(김기동, <이진사전> 서문, 『한국고전문학 100』12권, 서문당, 1984).

14) <이진사전>, 26면.

상적인 결연을 맺기에는 용납될 수 없는 것이 기녀의 행실임을 지나치게 자각한 측면이 있다. 결국 스스로 그토록 혐오하는 기녀라는 신분에서 벗어날 수 있는 수단으로 이옥린의 소실되기를 청하였다고 볼 수 있다. 겉으로는 기녀일망정 그 행실이나 속내로는 절대로 기녀이기를 거부한 자의식이 강하게 투영된 일면이라 하겠다.

그런데 이 결연서사의 독특함은 남성에게서도 찾을 수 있다. 이옥린은 고조부 이후로 소실에 빠져 집안이 몰락하였으므로 자신을 결코 소실을 두지 않겠다고 다짐하여 왼쪽 겨드랑이에 옥환을 붙여 정조를 지키고 있다. 그래서 두 사람은 초야를 치르고 원앙침에 함께 들기는 하지만 육체적인 관계는 피하는 특이한 양상[15]을 보인다. 결국 이 결연서사는 기녀를 기생첩이 아닌 소실로 들이는 과정에서 문제가 될 순결의 문제에 지나치게 경도되어 오히려 작품성을 떨어뜨리는 현상을 낳았다.

이러한 소실로 안주할 기녀의 순결문제는 <옥루몽>의 벽성선의 경우에도 지나치게 강조된 일면이 있다. 벽성선의 비파소리에 끌려 서로 대면하였고, 강남홍을 그리는 시를 듣고 직접 연주하여 결연의지를 내 보인 벽성선이지만, 마음만 허락하였을 뿐 동침은 강하게 거부하는 모습을 보인다. 한 달 동안 옥저 부는 법을 배우기 위해 빈번하게 찾아드는 양창곡은 부단히 동침의 기회를 엿보지만 결코 허락하지 않는다. 그리고 양창곡이 해배될 몽조를 얻은 벽성선이 그 사실을 알리고 이별주를 나누는 자리에서 취기에 오른 양창곡이 다시 동침을 시도한다. 이때 벽성선은 자신의 순결의지를 결정적으로 내비친다.

> 十年青樓에 苟守一點紅血은 望君子之堅孚요 非高唐雲雨之無情이로소이다 翰林이 聞此言ᄒᆞ고 引仙娘之腕ᄒᆞ야 捲袖而視之ᄒᆞ니 腕上鸎血이 月下宛

15) 이렇듯이 담화하다가 밤이 깊으매 錦衾을 펼치고 원앙침에 나아가니라. 세월이 踰邁하여 삼일을 지내매, 진사의 경랑을 사랑하는 은정과 경랑의 진사를 공경하는 예모가 비할 데 없으나 다만 衽席의 즐거움은 담연하더니…(<이진사전>, 28면).

然이라 翰林이 憐其意ᄒᆞ야 改容嗟嘆ᄒᆞ고 自此로 更加愛敬이러라[16)]

여기서 등장하는 '앵혈(鸚血)'이라는 용어는 여성의 순결을 극명하게 드러내는 장치로, 여성이 동정의 몸으로 손목에 앵무새의 피를 먹침하면 그 붉은 자국이 계속 남아 있다가, 남성과 동침하여 처녀성을 잃게 되면 붉은 색이 사라진다는 속신에서 기인한 것으로 보인다. 이는 중국의 전적이나 우리의 풍속에서도 찾을 수 없는 내용[17)]으로, 아마도 민간의 속신을 수용한 결과로 보인다. 십년이란 긴 시절을 비록 기녀로 살아왔지만 자신은 아직 동정이라는 절절한 심중을 드러냈다. 이에 양창곡도 그 뜻을 기려 하릴없이 물러나고 만다.

양창곡을 섬기기로 마음을 정했으면서도 굳이 동침을 피하는 이유는 무엇인가? 아마도 자신의 사랑을 청루에서 만난 창기배와의 사랑놀음으로 전락시키고 싶지 않은 소망으로 보아야 할 듯하다. 양창곡이 오매불망 꿈속에서까지 동침을 소원하지만 결코 수용하지 않고 본댁으로 들어 소실의 지위를 얻고 난 후 동침을 이룬다.

이렇듯 기녀의 소실만들기에서 1차 시험은 순결여부라고 할 수 있다. 그래서 기녀들은 자신들의 순결성을 강하게 드러내고, 아울러 가정 내에 정식으로 안주하기 전까지도 절대 동침을 이루지 않는 과잉된 정조관을 내보이고 있다.

덧붙여 그 정조를 시험하는 또 하나의 관문을 마련하였는데 그것은 1차적으로 가정으로 찾아든 기녀를 집밖으로 내몰아 유리하게 만들고, 그 과정에서 외간 남성의 강탈 사건을 부과하는 것이다. 김경패는 자객을 피해 몸을 숨긴 이옥린을 찾아 여승으로 변복하여 유리하다가 합천 이방의 겁탈 위기에 몰린다. 양창곡이 출정한 사이에 집안으로 들어온 벽성선은 황

16) <옥루몽>, 93면(『활자본고소설전집』, 아세아문화사, 1976).
17) 이 앵혈을 통한 순결 확인 대목은 <방한림전>에서 방관주가 여성임을 밝히고 죄를 청하는 장면에서도, 동정을 증명하기 위해 등장하고 있다.

부인의 모함을 받아 내쫓기고 유리하던 중 탕아 우격의 습격을 받아 위험에 처한다. 두 경우 모두 우연히 결연을 맺었던 남성을 만나 구출되고, 그 후 가정으로 진입하여 안정을 찾고 동침을 이룬다. 기녀라는 신분으로서 소실이 되는 과정에서 중첩적으로 순결을 시험 받는 구조라고 할 수 있다. 게다가 양창곡의 경우는 남복한 강남홍을 시켜 벽성선의 정절을 다시 한 번 시험하게 하여 지나친 일면을 드러내고 있다.

이들의 가정에서의 지위는 본부인을 갈등 없이 인정하면서 남편을 내조하는 소실로 그려진다. 경패의 경우는 남편이 위기를 만나 방황하자 그 남편을 찾기 위해 자신도 방랑의 길에 오르고 후에 남편이 안정을 찾아 출세를 이루자 가정을 벗어나지 않고 성심껏 보좌하고 있다. 벽성선 역시 시부모와 양창곡의 제1부인인 윤부인의 총애를 얻어 가정 내로 안주한다. 벽성선이 집 밖에서 활동하는 기생첩이 아님은 작품의 갈등구조를 통해 확인할 수 있다. 처첩의 갈등을 삽입하기 위해서는 제2부인이 된 황소저가 제1부인인 윤소저를 음해하는 것이 보통의 갈등구조이다. 그러나 이 작품에서는 황소저가 미천한 신분인 벽성선을 상대로 모해를 펼치고 있다. 달리 보면 벽성선을 성심껏 거두는 윤소저이므로, 그에 대한 대체로 벽성선을 공격 대상으로 삼았다고 볼 수 있다. 곧 소실을 넘어 종첩과 같은 마음으로 본부인인 윤소저를 섬겼다고 볼 수 있다. 결국 자유분방한 기생첩의 면모보다는 소실로서의 측면이 더 강한 것으로 예측할 수 있다.

3) 남성을 출세시켜 가자[18] 받고 부실로 안주

기녀결연서사의 대표적인 양상은 기녀가 남성의 출세를 도와 신분상승

18) 가자(加資)의 본래 뜻은 조선시대 때 정삼품 통정대부(通政大夫) 이상인 당상관의 품계, 또는 그 품계를 올리는 일을 말한다. 여기서는 기녀 신분의 사대부가의 본처가 될 수 없는 상황이고, 이미 본처가 존재하므로 어쩔 수 없이 본처에 비견하는 지위로 인정한 절차를 말한다.

을 이루는 <옥단춘전>류라고 볼 수 있다. 감식력을 가진 현명한 기녀가 곤궁한 처지의 남성의 출세 가능성을 점치고 결연을 맺어 경제적으로 후원하는 이 결연서사는 결말에서 여성의 신분상승이라는 효용을 드러낸다. 지인지감을 발휘하여 남성의 출세를 돕는 이야기는 임란 무렵 이후부터 등장[19]하여 조선 후기 고소설에 빈번하게 삽입된 구조이다.

이 기녀의 지인지감을 통한 결연화소는 기녀가 남성의 전망을 감지하는 방식에 따라 두 가지 양상으로 나누어져 고소설에 유사한 영상으로 삽입된다. 직접적인 감식 방식으로 남성이 시회에서 지은 시와 그 외모를 보고 결연으로 유도하는 경우가 있으며, 타관객지에서 곤궁에 빠진 남성의 관상을 통해 앞날을 예견하여 결연을 맺는 경우이다. 시회에서 뭇 남성이 탐내는 명기가 초라한 선비의 시를 수작(秀作)으로 뽑아 노래하고서 시침을 드는 시회감식 화소는 <구운몽>에서 계섬월과 양소유가 맺어지는 화소로 삽입되어, <옥루몽>에서 강남홍과 양창곡이 맺어지는 화소로 그대로 반복되고 있다.

그에 비해 <옥단춘전>이나 <왕경룡전>에서는 기녀가 한미한 선비를 미리 알아보고서 자신을 희생하여 출세시키는데, 조선 전기까지의 서사물에서 찾아 볼 수 없는 화소이다. 이는 아마도 당나라 전기(傳奇) 중 <이왜전(李娃傳, 일명 汧國夫人傳)>의 후반부를 수용[20]한 것으로 보이는데, 조선후기 문헌설화에서 일군[21]을 찾을 수 있다.

이들의 결연 및 결합구조는 다음과 같다.

> ① 기녀가 궁핍한 남성의 재능을 감지하고 자청하여 결연을 맺고 경제적으로 후원한다./혹은 남성이 미모가 절등한 기녀를 보고 첫눈에 반하여 적

---

19) 김현룡, 『한국문헌설화』 제4권, 건국대출판부, 1999, 296면.
20) 위의 책, 같은 면 참조
21) 『계서야담』에 수록된 '노진이야기', 『기문총화』에 실린 '서울 두 선비 이야기', 『금계필담』의 '김우항 이야기'를 꼽을 수 있다.

극적으로 결연을 유도한다.

② 남성이 기녀의 도움으로 출세를 이루는 사이 기녀는 권력자에게 탄압을 당한다.

③ 우여곡절 끝에 남성에게 구조된다. / 혹은 재고난에 처한 남성을 적극적으로 돕는다.

④ 남성을 출세시킨 공덕으로 왕으로부터 가자를 받은 첩으로 안주한다.

이 경우의 결연서사는 서사구조에서는 동질성을 확보할 수 없다. 다만 다양한 방식으로 남성의 출세에 기녀가 결정적으로 기여하게 되고 기녀는 그에 대한 보상으로 본처에 비견할 지위를 얻어 결합을 꾀한다는 점이 공통적이다. 남성출세돕기 유형[22]으로 분류할 수 있는데, <옥단춘전>의 옥단춘, <옥루몽>의 강남홍, <동선기>의 동선을 대표적인 인물로 꼽을 수 있다.

①의 인식과정은 다양하게 설정된다. 옥단춘은 이혈룡과 특별한 혼전교감이 없는 상황에서 궁지에 몰린 남성을 구조하여 돕는다. 친구를 배신한 몰인정한 감사에 대한 반감과 아울러 이혈룡에 대한 동정심이 앞선 결연서사라고 할 수 있다. 그에 비해 강남홍은 시회에서 양창곡과 교감을 이루고 자신의 집으로 청하여 결연을 맺는데, 계섬월의 경우와 흡사하다. 동선의 경우는 처지가 윤택한 남성이 풍정으로써 결연을 청하여, 남성주도로 결연이 이루어진 경우이다. 다만 결연 후 남성이 궁지에 몰려 어렵게 됨으로써 여성이 적극적으로 남성을 내조하여 성공을 이루도록 돕는다.

이 경우의 기녀들은 모두 남성의 출세를 도운 공으로 결말에서 가자를 받아 상당한 지위를 얻게 되지만, 결연사서의 구조에서는 그에 상응하는 정조의식을 강조하고 있다. 세 기녀 모두 정도의 차이는 있지만 기녀신분

22) 필자는 고소설의 남녀결연서사를 '신붓감찾기형', '신랑감고르기형', '자유연애형', '애욕추구형', '남성출세돕기형', '여성대외활동형'의 여섯 가지로 유형화하였다(김종군, 앞의 논문, 2004 참조).

으로서 본처가 될 만한 자질을 갖춘 것으로 그려진다.

옥단춘은 '비록 기생이나 행실이 송죽 같고 본심이 정결하여 내려오는 도백마다 수청 들라 한들 영을 불청하고 글공부만 힘써 하여 세월을 보내면서 기생에 매인 몸이라 점고를 받을망정 행실은 변함이 없는' 정숙한 성품으로 묘사되었다. 이혈룡을 구조하여 자신의 집으로 거두었으면서도 뚜렷한 결연의지를 내보이지 않는다.

> 춘이 답왈,
>
> "나는 다른 사람이 아니오라 평양읍 기생이옵더니, 오늘날 그대의 무죄히 죽음을 보옵고 불쌍하옵기로 사공과 약속하여 이곳에 살려두라 하고 왔사오니 염려 말고 내 집으로 가십시다." (중략)
>
> 권할 제 전에 한 번 못 뵈었으나 내일 보면 구면이라. 한 잔 두 잔 이삼배 먹었더니, 취중에 하는 말이,
>
> "전사(前事)를 생각하니 세상사가 허망하다. 천강무궁(千疆無窮)한 홍미를 어찌 다 설화하리오."[23]

여기서도 옥단춘은 이혈룡에 대한 호의를 동정심이라고 스스로 언급하고 있다. 그리고 자신의 집으로 청하여 주안상을 차려 와 권주가를 올리며 즐기는 상황에서 두 사람은 급격히 가까워짐을 보인다. '한 번을 못 본 사람도 다시 보면 구면'이라는 말에서 두 사람은 교감을 이루었음을 감지할 수 있다. 그리고 '천강무궁한 홍미'는 두 사람의 동침 상황에 대해 우회적으로 표현한 듯하다. <옥단춘전>을 흔히 애정소설의 대표적인 작품으로 분류하여 높이 평가하는데 막상 문면에서는 남녀 간의 애정 표현이나 성애 장면에 대해 표현하지 않고 있다. 옥단춘은 이름난 기생이지만 색정적인 기녀의 모습은 전혀 없고 오직 남성을 돕고 후원하는 여성적인 이미지

---

23) <옥단춘전>, 145~147면(김기동 · 전규태 편, 『한국고전문학100』 16권, 서문당, 1984).

로 그려지고 있다.

강남홍의 경우는 앞서 살핀 계섬월과 흡사한 상황으로 결연을 꾀하고 있다. 그러나 그것과 차별되는 미묘한 영역은 결연 남녀의 감정 묘사가 곡진하다는 데 있다. 여기서 강남홍은 소주 자사의 총애를 받는 몸임에도 함부로 자신을 허락하지 않고 절개를 지키는 여인으로 설정되었다. 도도한 여인으로서의 풍모를 그대로 간직한 정숙한 이미지이다. 앞서 언급한 계섬월에 대해서는 정숙함을 지나치게 강조하지 않았으나 강남홍에 대해서는 기녀의 신분임에도 지나치게 정절과 동정(童貞)을 강조하고 있다.

> 이제 금금(錦衾)을 베풀고 각침을 연하여 운우를 꿈꿀 새, 홍랑이 나삼(羅衫)을 벗으매 옥 같은 팔이 드러나며 일점 앵혈(鸚血)이 촉하에 완연하여, 동풍 도화가 춘설에 떨어진 듯, 해상 홍일이 운간에 솟아난 듯, 공자가 놀라 왈, '내 홍랑의 얼굴을 보고 그 마음을 보지 못하였으며 그 마음을 아나 그 지조의 탁월함이 저와 같음을 오히려 믿지 못하였더니, 청루 명기의 탕일(蕩逸)한 몸으로 홍규(紅閨) 부녀의 정정한 마음을 지킨 줄 어이 알았으리오' 하더라.[24]

강남홍은 기녀의 신분임에도 그 지조는 규방의 숫처녀와 같은 것으로 그려지고 있다. 계섬월은 기생첩을 염두에 둔 설정이라면 여기서는 본처와 결연할 때 고려될 동정 문제까지 그려내고 있다. 이는 <구운몽>과 동일한 화소를 취하면서도 작가의 의도가 은연중에 작용한 것이라 여겨진다. 김만중과 남영로라는 작가의 이념 차이일 수도 있겠으나, 달리 보면 <옥루몽>의 창작 시기가 <구운몽>의 창작 시기보다 여성 정절 문제에서 좀 더 사회적으로 일반화되었을 가능성이 있다. 기녀인 강남홍 역시 양창곡을 하룻밤 욕망의 대상으로 여기지는 않는다. 다음과 같이 자신의 감식

24) 方舖錦衾하고 聯鴛鴦枕而夢雲雨홀ᄉᆡ 紅娘이 脫羅衫ᄒᆞ니 玉腕이 露出에 一點鸚血이 分明於燭下ᄒᆞ야 東風桃花ㅣ 飛落春雪ᄒᆞ고 海上紅日이 聳出雲間이라(<옥루몽>, 『활자본고소설전집』, 아세아문화사).

력을 신빙하면서도 섣불리 결정하지 않는다.

> 홍랑이 다시 심두에 생각하여 왈, '내 비록 조감(藻鑑)이 없으나 평생의 지기(知己)를 만나 일생을 의탁고자 하되 반악(潘岳)의 풍채를 가진 자는 한부에 사업을 기필치 못하며 이두(李杜)의 문장을 품은 자는 장경(長卿)의 방탕함이 많으니 이는 다 나의 소원이 아니라. 뜻밖의 양원 말석에 한미한 수재 어찌 구슬을 품어 석상의 보배될 줄 알았으리요. 이는 하늘이 홍랑의 짝 없음을 불쌍히 보사 영웅군자의 개세풍류(蓋世風流)로써 홍의 숙원을 이루어 주심이라……'[25]

그리고 그 외모와 시재에 빠져 일생을 의탁할 수는 없다고 판단하여 시비와 짜고 남복하고 찾아가서 양창곡의 신의를 시험해 본다. 강남홍은 곧 자신의 지인 감식력을 좇아 평생을 의탁할 남성을 선별하는 입장이며 그 감식력에도 의구심이 들어서 속임수를 부려 유혹을 꾀하는 등 매우 신중하게 접근하고 있다. 그리고 양창곡의 본처까지도 자신의 천거하고는 수절하기 위해 윤소저의 시비로 들어가는 용기를 보인다. 이는 기녀로서의 면모이기보다는 온전한 가정에 깃들고 싶어 하는 여성의 간절한 소망의 표출로 보인다.

동선의 경우는 남성주도의 결연서사이므로 위의 두 경우와는 다소 차이를 보인다. 그러나 지위나 경제적인 면에서 우위를 점하는 남성이지만 첫 만남에서 동침은 쉽게 허락하지 않는다. 서문적은 천하의 기녀들이 자신을 모두 받아들였으나 유독 동선만이 쉽게 면담을 허락하지 않자 동선의 처소로 무단난입하게 된다.

> 동선이 서생의 말을 듣고 어찌할 수 없어 紗窓을 반개하고 櫻脣을 잠깐

25) <옥루몽> 권지일.

열어 주렴 사이로 음성을 흘려 대답하되,

"첩은 본시 청루 출신이옵고 귀객은 卞京 貴族이시라 尊卑懸隔하옵고 內外有別하오니 감히 상대하옴이 부단하옵나이다. 옛날 성현 말씀에, '남녀 不同席'이라 하였사옵고 '남자는 안의 일을 말하지 말고 여자는 바깥 일을 말하지 말라'하였으니, 청컨대 군자는 여러 말씀 마옵시고 밖으로 나가시옵소서."[26)]

기녀 신분으로 지체가 있는 풍류남아를 당연히 맞이해야 할 듯하나 동선은 내외법을 거론하며 결연을 거절한다. 그리고 우여곡절 끝에 동석을 하게 되자 서문적이 강하게 결연의지를 드러내지만 '호협한 마음을 진정시키고 스스로 부끄러움을 취하지 말라'는 충고를 남기고 동침을 거절한다. 결국 꿈속에서 천정배필임을 예언하자 그때 겨우 마음을 허락하는 모습을 보인다. 이렇듯 기녀이면서도 의도적으로 담연함을 드러내어, 이미 서문적과 동침을 이룬 동료 기녀 설영과 경경과의 차별성을 강조하고 있다. 동선의 이러한 정조의식은 결연을 맺은 후에도 계속된다. 여진이 침입하자 서문적을 화친을 위한 유세객으로 천거하게 되는데, 유세객이 된 서문적이 오랜만에 만난 동선과 동침을 시도하자 대의를 내세워 죽음으로써 거절하는 모습도 보인다. 계섬월이 양소유 출전 중에 빈번하게 동침한 것과는 대조적이라 할 수 있다. 곧 자신을 기생첩으로 자리매김하지 않으려는 강한 의지의 표명으로 보인다.

이들의 결연 후의 정황은 다양한 양상을 보이지만 결론적으로는 남성의 출세를 적극 지원하는 것으로 그려진다. 옥단춘은 남성의 과거급제를 물심양면으로 돕는 것으로 그려지지만 나머지 기녀는 수절과 남성출세돕기라는 이중의 과업을 부담하고 있다. 옥단춘의 경우에 수절을 위해 몸을 숨기는 적극적인 행동이 설정되지 않은 이유는 연회에 참예하는 것만으로

26) <동선기>, 34면(김기동 · 전규태 편, 『한국고전문학100』 1권, 서문당, 1984).

수청 위기를 넘길 현명함을 갖추었기 때문이라고 볼 수 있다. 이러한 무리 없는 단편적인 설정이 당대의 현실을 여실하게 그려 보여 오히려 사실성을 확보한 것으로 평할 수 있겠다.

기녀들의 남성 내조의 양상은 중첩적으로 설정된다. 옥단춘은 남성의 과거급제를 물심양면으로 돕고, 가장이 돌보지 않아 궁핍하기 그지없는 노모와 본처를 후원하고 있다. 강남홍의 경우는 더욱 더 큰 과업을 부여받는다. 양창곡의 과거 행보를 물질적으로 지원하고, 수절을 위해 소주자사의 탄압을 피해 사지를 넘나들었으며, 최종에는 무예를 익혀 남복하여 양창곡의 전공에 일조하고 있다. 동선의 경우도 출사에 뜻을 두지 않는 서문적을 천거하기 위해 남복으로 주선하여 출세를 이루도록 하였고, 역시 수절을 위해 갖은 고난을 감내해야 했다. 그리고 모함을 받아 유배 간 서문적의 결백을 해명하기 위해 남복으로 황성까지 가서 승문고를 울린다.

이렇게 과중한 과업을 성공적으로 이룬 기녀들에게는 결말에 가서 그에 상응하는 보상이 있다. 옥단춘은 정덕부인으로 봉해져서 평양감사가 된 이혈룡과 만년락을 누리게 되고, 강남홍은 전장에서의 무공을 인정받아 난성후(鸞城侯)에 봉해지며, 동선은 충렬부인으로 가자된다. 각 남성들에게 본부인이 존재하지만 그들과 갈등을 초래하지도 않고 오히려 우호적인 관계를 유지하며 대등한 지위를 누리게 되는 것이다.

여기에서 보이는 기녀의 모습은 노류장화 천기배도 아니며, 정을 쏟은 남성에게 얽매이는 나약한 여성도 아니다. 남성을 독려하는 어머니와 같은 형상이고, 앞날을 예언하는 예지자이며, 인륜을 앞세우는 도덕군자의 모습이다. 마치 남편의 출세를 내조하고 묵묵히 고통을 감내하며 기다리는 조강지처의 형상이라고 할 수 있다.

4) 수절로 본처 지위 획득

기녀결연서사 가운데 애정지상의 관점으로 서술된 경우는 <춘향전>계

작품으로, <부용상사곡> <유록전> <청년회심곡>을 꼽을 수 있다. 이 작품에 등장하는 기녀들은 풍류남아인 남주인공의 적극적인 결연의지에 이끌려 결연을 맺게 되지만, 결연 후 이별해 있는 시기에 호색오리(好色汚吏)가 수청을 요구하자 목숨을 걸고 저항하여 수절한다. 후에 출세한 남주인공이 암행어사가 되어 호색한을 징치하고 기녀를 구출하게 되는데, 그 수절에 대한 보상으로 기녀신분에서 해방되어 본부인의 지위를 얻게 된다. 결연과 결합과정은 다음과 같다.

① 풍류자재이면서 총각인 남주인공이 재색을 겸비한 기녀를 보고 연정을 품는다.
② 중매자를 통해 결연의지를 전하고 기녀의 허락을 얻어 결연을 이룬다.
③ 출세를 위해 잠시 이별한 사이 호색오리가 기녀에게 수청을 요구하고 기녀는 죽음으로써 수절한다.
④ 출세한 남주인공이 기녀를 구출하고 본부인으로 안주한다.

여타의 기녀결연서사에서는 남주인공이 본처가 이미 정해진 유부남이든지 기녀가 자청하여 본부인감을 천거하는 형식을 가져, 기녀가 본부인의 지위를 획득할 길은 막혀있다. 그러나 이 경우에는 남주인공들이 모두 미혼의 총각으로 설정되어 있어 기녀의 신분상승의 문이 열려있다고 볼 수 있다. 그렇다고 기녀들이 허황되게 본부인의 자리를 탐내어 남성과 결연을 이루지는 않는다. 진정한 사랑이라는 감정으로 서로에게 충실한 가운데, 그 애절한 사랑의 결실로 결합과정에서 획기적으로 본부인의 지위를 얻게 되는 것이다. 남성의 출세를 적극적으로 도운 기녀들도 수절이라는 또 다른 과업을 완수하였으나 본처의 지위를 얻지는 못했다. 그러므로 이 경우는 이상을 담은 애정지상주의의 강력한 표출이라고 볼 수 있겠다.

여기에서는 기녀의 결연 전 순결에 대해서는 현실감이 결여되어 있다. <춘향전>의 춘향은 퇴기의 딸로서 규녀에 상응하는 성장 환경을 가진다.

실제의 신분은 기녀와 상민의 중간적인 입장일 수 있으나, 자신은 기녀가 아닌 여염집 아녀자로 인식하고 있고 타인들은 기녀로 인식한 특수한 경우이다. 본인이 자신을 여염처자로 인식하고 있었으므로 순결의식은 굳었다고 볼 수 있다. 이런 정황으로 무수한 남성들의 탐욕대상이 되는 것이다. <부용상사곡>의 부용은 평양의 유명한 기생으로, 영문이방(營門吏房)의 딸이면서 따로 주점을 열고 영업을 하는 존재로 그려진다. 김유성이 연광정에서 그 집을 보고 부용의 명성을 듣게 된다. 그러므로 특별히 결연 전 순결을 문제 삼을 수 없을 듯하다. <유록전>의 유록의 경우는 기녀로서 연회에 빈번하게 참석하는 존재이다. 그렇지만 정몽세와 결연을 맺는 자리에서 자신의 내력을 '양가 여자로서 가문이 몰락해 청루(靑樓)에 의탁하였으나 정절만은 굳게 지켜왔다'고 피력한다. 그리고 이들은 남주인공의 적극적인 애정공세에 설복하여 첫날로 동침을 이루는 모습을 보인다.

그런데 <청년회심곡>의 농월은 이들과는 조금 다른 정조관을 가진 기녀이다. 농월은 송도 명기로서 부용과 같이 자신의 주점을 화려하게 꾸미고 있다. 김진성의 그 명성을 듣고 결연의지를 드러내자 자신의 집으로 청하여 정서적인 교감을 이룬다. 그 자리에서 자신의 내력을 '성은 윤씨이니 본디 양가(良家) 여자로 일찍이 부모를 여의옵고 漂迫 종적이 청루에 의탁하였'다고 설명하고, 김진성과의 결연을 받아들여 일신을 의탁하고 천한 신분에서 벗어나고 싶다는 의지를 진지하게 표명하였다.

> 이렇듯이 말씀하다가 밤이 깊으매 진성이 사처로 돌아와 쉬고, 이로부터 진성이 날마다 밤이면 월랑의 집에 가 消遣할 새, 지기 상합함이 비록 膠漆 같으나 衽席雲雨를 희롱코자 한즉 월랑이 굳이 사양 왈,
>
> "첩이 매양 여분의 지조를 사모하옵고 하간의 淫風을 밉게 여기오며, 知己와 許心함을 원하옵고 범부와 허심함을 즐겨 아니 하옵더니, 이제 상공은 첩의 지기시라. 감히 청루 천기의 음란한 풍정으로 사귀리이꼬. 至於 夫婦之緣을 버리지 않으신즉 후일이 무궁하오니, 금일 상공은 다만 심기를 의논하심을

바라나이다."

하거늘, 진성이 그 지조를 기특히 여기나 풍정이 너무 담연함을 의심하더라.[27)]

김진성을 받아들여 결연을 맺겠다고 하였으나 혼전동침에 대해서는 강한 거부 의사를 드러낸다. 지기로서 섬기기는 하지만 음란한 창기배의 행실을 따르지 않겠다는 단호한 입장이다. 그리고 부부의 연을 맺은 훗날이 무궁하므로 급히 서둘지 말라고 타이른다. 이에 남주인공은 그 지조를 기특히 여기면서도 그 정리(情理)에 대해서는 의심을 갖게 된다. 이러한 농월의 동침거부는 앞의 기녀들과는 달리 기생첩이나 소실로 안주하지 않고 본부인으로서 지위를 염두에 둔 포석으로 이해가 된다. 춘향이 스스로를 여염처자로 인식하면서도 이도령의 첩으로서 만족하고 살겠다[28)]는 소박한 의지와는 차별되는 원대한 포부라고 볼 수 있다.

이 결연서사에서 기녀들이 대체로 자신의 처지를 현실적으로 직시하여, 결연을 맺은 남성의 첩실이라도 되는 것을 목표로 삼았다고 하더라도, 실상 서사구조에 있어서는 본부인 결연서사의 부응하는 장치를 해두고 있다. 다른 기녀결연서사와는 달리 결연의지를 가진 남성이 중매를 내세워 정중하게 자신의 뜻을 전하는 구조를 모두 갖추고 있다. 이는 정식 혼례절차에서 의혼(議婚)에 해당하는 것으로, 결합과정에서 본부인으로 자리할 기녀에 대한 예우정도로 볼 수 있을 듯하다.

이들이 결합과정에서 본부인의 지위를 얻는 결정적인 요인은 결연을 사수한 수절에 있다. 수절을 방해하는 요인도 거의 흡사하게 그려진다. 춘향은 변학도의 수청 요구에 강하게 반발하여 옥에 갇히는 신세가 되고, 농

27) <청년회심곡>, 88면(김기동 · 전규태 편, 『한국고전문학100』, 16권, 서문당, 1984).

28) 도련임 날만밋고 장ㄱ 안이 갈 수 잇소 부귀영총 직상가의 요조숙여 가리여셔 혼경신셩 할지라도 아주잇든 마옵소셔 도련임 과거하야 벼살놉파 외방가면 실닉마마 치힝할제 마마로 닉셰우면 무삼 마리 되오릿가(<열녀춘향수절가>, 75~76면(김현룡 편저, 아세아문화사, 1991)).

월은 송도유수의 수청 요구를 피해 산속 암자로 은신한다. 부용은 평양감사의 수청 요구를 견디지 못해 대동강에 투신하는 극단적인 정절의식을 드러낸다.[29] 유록은 역사적인 사건인 병자호란을 끌어와서 오랑캐의 겁탈 위기를 모면하기 위해 투신하는 것으로 그려져 독창성을 보인다. 결국 이들 기녀의 수절은 단순히 몸을 피하는 단계를 넘어서서 죽음을 전제로 행해지는 열행이라고 할 수 있다. 핍박을 받으면서 연명하는 단계로는 열(烈)이라고 인정할 수 없었던 조선후기 사회의 의식과잉의 단면을 여실히 보여주고 있다. 이러한 목숨을 건 수절 행위에 대한 보상으로 기녀들은 남성에게 구출되고 본부인의 지위를 얻어 만년락을 누리는 것으로 결말짓고 있다.

<춘향전> 이후 기녀의 신분상승을 그린 기녀 열행 서사가 빈번하게 출현하는 이유는 무엇일까? 고소설의 남녀결연서사가 대체로 배우자 찾기라는 사회적 이념에 입각하여 그려지므로 흥미를 유발할 수 있는 자유연애서사는 축소되는 양상이다. 그 가운데 자유연애의 대상으로 설정할 여성은 기녀가 적합하였던 것이다. 그런데 이러한 기녀들의 자유연애서사를 결연 단계의 흥미로만 끌어가고 결합 과정을 생략한다면 조선후기 강화된 성윤리성과 충돌할 수 있다. 그러므로 극적인 연결 고리를 만들어 가정 내부로 안주시켜야 하는데, 그 방편이 목숨을 건 수절사건이고, 그에 대한

29) 김기동은 이러한 부용의 수절방식에 대해 다음과 같이 호평하였다.
작자가 부용의 사랑을 승화시키기 위하여 호색오리 이감사로 하여금 부용을 강박케 해서 부용으로 하여금 투신자살케 하는 것은, <춘향전>이나 <옥단춘전>과 방불한 데가 있어 그러한 작품을 모방하였다고 볼 수 있으나 그 수법은 상이하다고 하겠다. <춘향전>이나 <옥단춘전>에 있어서는 여주인공들이 사또로부터 악형을 당하고 있을 때에 그들의 애인인 남주인공이 스스로 암행어사가 되어 가서 여주인공의 비극을 구출하도록 구성해 놓았다는 것은, 우연성의 남용이라 보지 않을 수 없다. 그러나 이 작품에 있어서는 미리 여주인공의 자살을 남주인공에게 알려서 실망케 해놓고는 여주인공의 비극을 타인으로 하여금 구출케 하고, 또 다른 암행어사로 하여금 자연적으로 비극을 해결하도록 구성해 놓았으며, 그러한 후 서서히 남녀주인공이 감격 속에 상봉케 한 것은, 작자의 독창적인 수법이라 하지 아니할 수 없다(김기동, 『이조시대 소설론』, 이우출판사, 1989, 426면).

획기적인 보상이 본부인으로 인정하는 것이다. 결국 사회 교화의 차원에서 실생활과는 다르게 기녀의 수절을 강조하게 되고, 대중 계도의 방편으로 신분상승이라는 극적 장치를 설정한 것이다.

4. 기녀의 가정 내 안주의 의미

조선후기 상층부 남성들이 가진 기녀의 정조에 대한 인식을 <춘향전>의 변학도와 회계나리가 춘향에게 수청을 요구하는 대목에서 읽을 수 있다.

> 잇ᄯᅵ 회게나리가 썩하는 말이 네여바라 어 그년 요망한 연이로고 부의일싱소쳔하으(蜉蝣一生小天下) 일ᄉᆡᆨ이라 네 여러번 ᄉᆡᆨ양할게 무어신야 사ᄯᅩ게옵셔 너를 추왕하여 하시난 말삼이졔 너갓튼 창기ᄇᆡ게 수절이 무어시며 정절이 무어신다 구관은 전송하고 신관사ᄯᅩ 연졉하미 법젼으 당연하고 사례으도 당당커든 고히한 말 ᄂᆡ지말아 너의 갓턴 쳔기ᄇᆡ게 츙열이쪼 웨잇시라[30)]

관기에 대한 적실한 인식으로 볼 수 있다. 구관을 전송하고 신관을 영접하는 것이 시대적 상황이었다. 그러므로 기녀에게 정절이나 수절, 열이라는 덕목을 기대할 수 없다는 시각이다. 이것은 당시의 엄연한 현실이었다.

이러한 기녀를 가정 내부로 끌어들이기 위해서는 신분적으로 하천인이라는 결점과 결연 전 순결에 대한 혐의를 떨쳐야 했기 때문에 그에 상응하는 노력이 강요될 수밖에 없었다. 그래서 이러한 과업과 시련은 아무나 이겨내는 것이 아니라는 점을 부각시키기 위하여 무리한 과업이 부과되는 것을 볼 수 있다.

그 첫째는 남성에 대한 내조이다. 가정 내부에서는 부모를 봉양해야 하

---

30) <열녀춘향수절가>, 110면(김현룡 편저, 아세아문화사, 1991).

고, 가솔을 다스려야 하며, 손님 접대에도 허술해서는 안 된다는 본부인과 종첩들이 행해야할 업무를 짐 지운다. 그런데 사회 활동의 경험이 있는 기녀의 특수성 때문에 내조의 과업은 집 밖에서도 이루어지도록 장치하고 있다. 남성의 출세에 적극적으로 기여해야 한다는 입장이다. 과거 준비에 필요한 제반 사항을 담당해야 하고, 치산(治産)의 경험을 살려 경제적으로 집안 살림을 꾸려야 하며, 남성이 위기에 몰렸을 때는 남복을 해서라도 구명해야 하고, 국가를 위해 출장하게 되면 평소 익혀 두었던 무예로써 남편의 전공에 일조해야 한다. 정도의 차이는 있지만 이 모두가 고소설에 등장하는 기녀들에게 부여된 과업이다. 권귀가의 규녀를 본처로 맞았을 때는 가정 내부의 내조만을 강요했을 것을 기녀에게는 대외활동에서의 내조까지를 요구하고 있다.

이러한 과도한 과업은 남성이 아내에게 가지는 꿈같은 이상이라고 할 수 있다. 태조 이성계가 잠저 때에 조강지처인 한씨를 함경도 땅에 두고 가사를 전담시켰고, 개국의 야망을 위해 송도로 진출하여 실력자의 딸인 강씨를 부인으로 맞아 대외활동의 내조를 담당하게 했던 고사가 있다. 당시 사람들이 한씨부인을 향처(鄕妻)라 칭하고, 강씨부인을 경처(京妻)라 불렀다고 한다. 아마도 조선시대 사대부들은 이 고사를 영웅적인 남성의 이상적인 가정 상으로 인식한 듯하다. <구운몽> 이후로 영웅소설에서는 일부다처의 결연서사가 작품 전체를 차지하는 것을 보면 알 수 있다. 그러나 점차 후대로 갈수록 영웅소설에서의 과도한 처첩결합 양상은 축소되고 있다. 대신에 여러 처첩들이 담당할 가정 내외의 업무를 한두 명의 처첩에게 중첩적으로 부과하는 양상[31]을 띤다. 이 상황에 가장 적합한 여성이 대외적 경험이 풍부한 기녀이다. 그러므로 기녀를 처첩으로서 가정 내부로 끌어들여 이상적인 가정 상을 구현하고자 한 것이다.

---

31) <백학선전>에서 조은하, <유문성전>의 이춘영, <장국진전>의 이계향은 모두 규녀 신분으로 본처로 정혼되거나 이미 본부인이 된 신분으로 남성의 출정에 신분을 속이고 참전하여 큰 공을 세우도록 돕고 있다.

그리고 이를 위한 선결 과제가 정조의 문제였다. 목숨을 내건 정절의식이 만천하에 드러나야 했던 것이다. 이는 죽음과 환생이라는 구조로 볼 수 있는데, 죽음을 체험하면서 수절한 여성은 기녀로서의 허물을 벗은 세례자의 모습으로 돌아오게 되는 것이다. 뭇 남성 속에서 활동해야 했던 기녀들의 환경적 특수성 때문에 피나는 단성(丹誠)의 결심이 없이는 가정 내 안주가 불가능하다는 점을 강조하고 있다. 결국 요조숙녀라야 군자의 좋은 짝이 될 수 있다는 경구에 부합하도록 과도하게 열(烈) 윤리를 요구했다.

그러나 거기에도 정도의 차이를 두어, 사실적으로 기녀의 실체를 인정한 경우는 기생첩이나 소실의 지위를 부여하고, 목숨을 걸고 수절한 경우는 본처의 지위를 부여했다. 결국 기녀결연서사의 최고의 결말은 본처로의 신분상승이 이루어지는 경우이므로, 목숨을 담보로 한 수절이야기가 될 수밖에 없는 것이다. 이는 연암이 <열녀함양박씨전>의 서두에서 언급한 '옛날에 열녀라고 칭한 것이 지금에 와서는 과부에게 있다'[32]는 비판과 연결시킬 수 있다. 옛날에 '열녀라고 칭한 것이 지금에 와서는 기녀에게 있다'로 변경되어, 인간다운 삶을 영위하고자 하는 기녀는 모두 열녀가 되어야 했던 것이다.

춘향이 지은 죄는 정조를 지키기 위해 수청을 거부한 것뿐이었는데, 그렇게 심하게 매를 맞는 것으로 구성하고 마침내는 목을 쳐서 죽이는 지경에 이르게까지 표현하고 있는 것은 결코 단순한 흥미유발 요소가 아니다. 비천한 신분이기 때문에 이만한 고통을 감내해야 신분상승을 이룰 수 있다는 당시 사회 남성들의 공통적 기대(基帶) 관념을 반영한 것이다. 실제로 당시 남성들은 소실을 두는 목적이 규방을 지키는 본처만으로는 이상실현이 되지 않는다고 보았다. <구운몽>에 나타나 있는 여덟 부인들의

---

32) 이에 개국 후 사백년을 내려오면서 백성들은 이미 장구한 도덕의 교화에 젖어서, 여자라면 귀천을 따질 것 없고, 집안의 한미함과 영달함을 따질 것도 없이 과부가 수절하지 않음이 없으니 마침내 풍속으로써 이루어졌다. 옛날에 열녀라고 칭한 것이 지금에 와서 과부에게 있다. (乃國朝四百年來 百姓旣沐久道之化 則女無貴賤 族無微顯 莫不守寡 遂以成俗 古之所稱烈女 今之所在寡婦也) <열녀함양박씨전>.

신분과 그들이 지닌 능력을 분석해 보면, 남성들이 행복감을 느끼며 행세하고 살려면 이만한 정도의 여인들 보필이 필요하다고 본 것이었다.

결국 전천후 만능의 아내를 원하는 조선후기 남성의 이상에 부합할 수 있는 대상으로 지목받은 기녀는, 그 신분적 약점에서 탈피하고 정상적인 가정에 안주하고자 하는 자의식의 상승 작용으로 숨통을 옥죄어 오는 이중 삼중의 굴레를 참아내야 했다. 이와 같은 기녀의 인간적인 삶에 대한 희구와 남성들의 여성에 대한 기대심리가 복합적으로 작용하여 기녀결연 고소설은 조선후기에 대거 출현하게 되고 풍미하게 된 것이다.

5. 결론

이상 고찰한 내용을 몇 가지로 요약하여 결론으로 삼고자 한다.

첫째, 우리 고소설중 애정결연서사는 순수한 규녀와의 결연 내용보다는 기녀와의 결연이거나 정혼한 여자가 고난을 겪는 가운데 기녀로 전락하였다가 다시 만나는 내용이 많다. 이는 기녀를 공식적으로 관청에 소속시켜 관료를 시침 들게 한 조선시대의 사회제도에서 기인한 것으로, 천인신분인 기녀와 사대부가 상호 이해관계 속에서 다양한 애정서사가 발생했다고 볼 수 있다.

둘째, 기녀결연서사의 유형을 보면 세부내용에서 논의의 여지는 있지만 크게 두 가지 형태로 나누어진다. 그 한 가지는 기녀 쪽에서 적극성을 띤 결연서사로서 아직 출세하지 못한 남성에게 기녀가 도움을 주어 뒤에 의탁하는 결과를 가져온다는 이른바 주군찾기 형태가 그것이다. 그리고 다른 한 가지는 남성 쪽에서 기녀의 용모와 재능에 혹하여 적극적으로 애정을 호소하는 형태로, 순수애정형이라 할 수 있다. 전자에는 남성에 대한 내조가 크게 부각되고, 후자에는 남성의 잠자리를 받드는 것을 본직으로 하는 기녀들의 순결이라든가 목숨을 건 수절 등이 결부되어 있어, 그 결과로 표창되기도 하고 사대부 가문에 본부인으로 들어가기도 하여 독자의 관심을 집중시킨다.

셋째, 고소설 속 기녀결연서사는 기녀가 결연을 맺은 남성의 가정에 안주하는 것으로 결말을 맺고 있다. 비천한 신분의 기녀가 사대부 가정 내부로 안주하기 위해서는 남성에 대한 적극적인 내조라는 외형적인 기여와 더불어 정조문제를 해결해야 한다. 기녀의 정조의식과 가정 내 안주의 관련 상은 네 가지로 유형화할 수 있다. 자신의 신분을 인정하고 기생첩으로 만족해하는 경우(1))도 있고, 순결의식을 강하게 내세워 당당한 소실이 되는 경우(2)), 적극적으로 남성을 출세시켜 가자(加資) 받아 본처에 비견할 만한 소실이 되는 경우(3)), 목숨을 걸고 수절하여 본처의 지위를 획득하는 경우(4)) 등으로 나타난다. 이 가운데 앞의 세 유형은 외형적인 내조가 전제되어 있으며, 마지막 유형은 순수애정결연서사로 기녀의 내조는 없다. 남성에 대한 기여도를 가지고 가정 내 지위를 정한다면 남성의 출세를 위한 적극적인 내조와 수절을 겸한 3)의 경우가 본처의 지위를 얻어야 함에도 4)의 경우에 최고의 지위를 부여한 점을 보면, 남성주도의 순수애정서사에 높은 점수를 주고 있다. 결국 조선후기 풍미한 기녀결연서사에서도 애정지상주의가 최고의 가치로 평가됨을 알 수 있다.

넷째, 고소설 속 기녀의 가정 내부로의 안주는 결연 당사자인 기녀와 사대부 남성의 상호 욕망의 절충이라는 데서 의미를 찾을 수 있다. 기녀의 입장에서 보면 남성중심의 사회제도 속에서 남성과의 자유분방한 교류, 경제적 자립을 이룰 수 있는 외형적 이점을 가졌지만 신분적 비천함에서 해방되고, 정상적인 가정생활을 하고 싶다는 의식이 큰 비중으로 자리하고 있었다. 남성의 입장에서는 가정 살림을 전담할 정숙한 본처, 대외 활동을 내조할 유능한 소실, 접빈객을 전담할 기생첩으로 기능할 전천후의 아내가 필요했던 것이다. 이를 담보할 적임자가 기녀이므로, 그 정조의식에 따라 다양한 가정 내 안주 양상을 보이는 것이다.

참고문헌

<구운몽>(김기동 · 전규태 편, 한국고전문학100, 3권, 서문당, 1984)
<동선기>(김기동 · 전규태 편, 한국고전문학100, 1권, 서문당, 1984)
<방한림전>(정병헌 · 이유경 편, 한국의 여성영웅소설, 태학사, 2000)
<백학선전>(김기동 · 전규태 편, 한국고전문학100, 15권, 서문당, 1984)
<부용상사곡>(활자본고소설전집, 아세아문화사, 1976)
<열녀춘향수절가>(김현룡 편저, 아세아문화사, 1991)
<열녀함양박씨전>(국어국문학회 편, 원문한문소설선, 대제각, 1982)
<영영전>(김기동 · 전규태 편, 한국고전문학100, 14권, 서문당, 1984)
<옥단춘전>(김기동 · 전규태 편, 한국고전문학100, 16권, 서문당, 1984)
<옥루몽>(활자본고소설전집, 아세아문화사, 1976)
<운영전>(김기동 · 전규태 편, 한국고전문학100, 16권, 서문당, 1984)
<유문성전>(김기동 · 전규태 편, 한국고전문학100, 32권, 서문당, 1984)
<이진사전>(김기동 · 전규태 편, 한국고전문학100, 12권, 서문당, 1984)
<임호은전>(김기동 · 전규태 편, 한국고전문학100, 11권, 서문당, 1984)
<장국진전>(김기동 · 전규태 편, 한국고전문학100, 22권, 서문당, 1984)
<주생전>(이상구 역주, 17세기애정전기소설, 월인, 1999)
<청년회심곡>(김기동 · 전규태 편, 한국고전문학100, 16권, 서문당, 1984)
<최척전>(김기동 편, 이조애정소설선, 정음사, 1981)
『계서야담』(동국대학교부설 한국학연구소 편, 한국문헌설화전집 1, 1981)
『금계필담』(동국대학교부설 한국학연구소 편, 한국문헌설화전집 8, 1981)
『기문총화』(동국대학교부설 한국학연구소 편, 한국문헌설화전집 5, 1981)

김기동, 『이조시대 소설론』, 이우출판사, 1989.
김병국, 「<구운몽>에 반영된 모성복합심리」, 『한국고전문학의 비평적 이해』, 서울대출판부, 1995.
김종군, 「고소설의 남녀결연서사 연구」, 건국대 박사학위논문, 2004.
김현룡, 『한국문헌설화』 제4권, 건국대출판부, 1999.
박일용, 『조선시대의 애정소설』, 집문당, 1993.
여세주, 『남성훼절소설의 실상』, 국학자료원, 1995.
정종대, 『염정소설구조연구』, 계명문화사, 1990.
조광국, 『기녀담 기녀등장소설 연구』, 월인, 2000.

운초(雲楚), 관기와 기생첩의 경계에 선 하위주체

朴英敏*

1. 문제제기

운초(雲楚)는 "기생(妓生)이었으나 권세가의 첩(妾)이 되어 기생이 향유할 수 있는 최고의 자리에 오른 여성, 득의(得意)의 삶을 산 여성"으로 평가되고 있다. 운초는 평안도 성천(成川)의 관기 시절, 연천(淵泉) 김이양(金履陽)(1755~1845)을 만나 인연을 맺었다. 김이양은 안동 김씨 세도가의 일원으로서 각 조의 판서·한성부판윤·함경도관찰사 등의 고위관직을 두루 거쳤고, 치사(致仕)한 뒤에는 봉조하의 지위를 누렸다. 운초는 김이양이 치사한 뒤 그의 첩이 되어 한양을 중심으로 생활하다가 세상을 떠난 뒤에는 태화산에 있는 연천 가문의 선산에 묻혔다.[1)]

그런데 과연 기생이 권문세가의 소실이 되었다면 그것만으로도 자족적이고도 득의한 삶을 살 수 있었던 것일까? 과연 관기 운초가 18세기 후반에서 19세기 전반기에 걸쳐 고위관직을 두루 거친 김이양의 첩이 됨으로써 신분제·가부장제 사회의 주변인의 한계, 신분제 사회의 하위주체의 한계를 벗어날 수 있었던 것일까? 이 의문은 연천과 운초의 관계에 대해 '그들은 한시로 소통하며 서로의 지기지의(知己之意)가 되었다'는 기왕의

---

* 고려대학교 연구교수

1) 『平安南道誌』, 成川都護府, '人物' 條.

인식을 반복하는 것이 과연 온당한가라는 의문과 연계된다.

지금까지의 운초 연구[2)]에서는 운초와 연천의 애정을 강조하며 운초의 기생·첩이라는 계층적 성격과 그 그림자를 배제하려는 의도가 보인다. 운초가 기생과 첩이었다는 사실을 접어두고, 그가 독자적인 작가의식으로 남성 사대부와 대등하게 창작행위를 하였다는 점을 강조하기도 한다. 그런데 우리가 중세여성의 존재양태를 이해하고자 할 때, 관기(官妓)나 첩(妾)이라는 사회적 신분을 제거하는 것은 위험한 접근방법이라는 생각이다.

본고는 이러한 의문을 출발점으로 양가집 출신에서 기생으로, 기생에서 첩으로 계층 이동하는 운초의 삶[3)]과 그 내면의식을 포착하고자 한다. 운초는 330여 수가 넘는, 현재 남아있는 기생의 작품으로는 매우 풍부한, 한시를 통해 기생 혹은 첩으로서의 자신의 사회적 실재를 때로는 생생하게 있는 그대로, 때로는 은폐하며 우회적으로, 때로는 양반 사대부가 규정한 규범을 추수하며 들려주기 때문이다. 본고는 지금까지의 연구 성과를 기반으로 하면서, 우선 능동성과 활발함이라는 덕목에 구속되어 자칫 평면적인 주체로 각인되기 쉬운 운초의 삶을 사회적·실재적 관점에서 재구성하여 운초의 삶에 대한 보다 심층적 이해로 나아가는 디딤돌이 될 수 있기를 바란다.

---

2) 金用淑,「朝鮮朝 女流文學의 特質」,『아세아여성연구』14집, 아세아여성문제연구소, 1975, 29~61면; 金智勇,「三湖亭詩壇의 特性과 作品」,『아세아여성연구』16집, 아세아여성문제연구소, 1977, 105~142면; 박종수,「雲楚 詩歌에 對하여」,『우리문학연구』6·7집, 1987, 35~65면; 金呂珠,「金雲楚의 漢詩硏究」, 成均館大 博士學位論文, 1991, 1~160면; 김미란,「19세기 전반기 기녀, 서얼시인들의 문학사적 위치」, 한국고전문학회 편,『문학과 사회집단』, 집문당, 1995, 289~318면; 이혜순 외,『한국고전여성작가연구』, 태학사, 1999, 33~198면; 김경미,「조선후기의 새로운 여성문화공간 삼호정 시사(詩社)」,『여/성이론』5호, 여성문화이론연구소, 2001, 225~242면 참조; 이혜순,「19세기 여성비평문학의 출현과 그 의의」,『한국고전여성문학연구 창간호』, 한국고전여성문학회, 2000, 55~80면.

3) 운초의 삶은 대개 平安道 成川의 官妓 시절, 성천에서 金履陽을 만나 인연을 맺고, 그의 妾이 되어 漢陽을 중심으로 살다가, 김이양 事後 홀로 지낸 기간 등의 4시기로 구분할 수 있다.

또한 운초는 이제까지 소략하였거나 소외되었던 기생과 첩의 연구에 매우 중요한 단서를 제공할 인물이라고 할 수 있다. 따라서 그를 통해 19세기의 하위주체로 살다간 관기 그리고 첩의 실재를 찾아보고자 한다. 그리하여 관기와 첩은 어떻게 사회 · 관습 · 자신의 직역과 대면하는지, 그 의식은 어떻게 변화해 가는지를 살펴보고자 한다. 지금까지의 한시 연구에서는 조선시대의 독특한 사회적 구성물로 실재한 첩(妾), 그 계층의 작가의 속성에 대한 연구가 거의 없었다. 첩에 대한 언급은 남편 혹은 처(妻)의 관점에서, 서자(庶子)의 관점에서 부차적으로 이루어진 것이 대부분이었다. 더구나 첩은 그 존재양상이나 내면의식에 대한 충분한 고려 없이 야담이나 소설 등에 나타나는 향락의 대상, 악독한 성품 등이 파편적으로 회자될 뿐이어서 기생에 대한 연구[4]와 비교해보아도 그 성과가 더욱 왜소한 실정이다.

2. 관기(官妓)의 유배와 힘겨운 기적(妓籍) 탈주 욕망

부용이 연천과 언제 어떻게 만나서 특별한 관계가 되었는지, 그 시기는 분명치 않다. 하지만 동기시절부터 연천을 만났으며, 연천이 머리를 올려주

4) 김명희, 「여성 한문학의 연구사와 과제」, 『한국고전여성문학연구』 제1집, 한국고전여성문학연구회, 2000, 367~369면 참조; 조광국, 「기녀담, 기녀등장소설의 기녀 자의식 구현 양상에 관한 연구」, 서울대 박사학위논문, 2000, 17~60면; 신경숙, 「안민영 예인집단의 좌상객 연구」, 『한국시가연구』 10집, 한국시가학회, 2001, 239~242면; 박애경, 「기생-가부장제의 경계에 선 여성들」, 『여/성 이론』 4호, 여성문화이론연구소, 2001, 220~233면; 서지영, 「조선시대 기녀 섹슈얼리티와 사랑의 담론」, 『한국고전여성문학연구』 제5집, 한국고전여성문학회, 2002, 291~319면; 박무영, 「기녀한시의 비틀림과 비틀기」, 『한국한시연구』 10, 한국한시학회, 2002, 313~400면; 박영민, 「강담운, 명기의 내적성찰과 그 비분의 서사」, 『우리어문연구』 20, 우리어문학회, 2003, 252~262면; 박영민, 「시화의 기생한시담론과 심미의식」, 『한문교육연구』 20, 한국한문교육학회, 2003, 329~360면; 신경숙, 「19C 일급 예기의 삶과 섹슈얼리티-의녀 옥소선을 중심으로」, 『사회와 역사』 65권, 한국사회사학회, 2004, 41 ~73면; 서지영, 「규방과 기방의 경계 : 조선시대 기녀의 이중적 자의식」, 국어국문학회 제 48회 전국학술대회 발표문(2005년 5월 29일) 참조.

었고, 이후 그의 소실되기를 기대하였다고 추측할 수 있는 자료들이 있다.

연천(淵泉) 김이양(金履陽)은 1811년(57세) 12월 홍경래난의 진압책임을 맡고 함경감사(咸慶監司)에 부임하였다. 그는 임기가 끝난 뒤인 1814년에도 유임을 받아 1815년(61세) 1월까지 만 3년을 서북지방에서 보냈다. '부용과 연천의 나이 차가 50세 정도였다'는 전언을 따른다면, 당시 부용은 10세 전후 혹은 15세 미만의 동기(童妓)였을 것이다.[5] 이때 그들이 서로 만났는지는 확실치 않다. 지금 남아 있는 자료에서는 근거를 찾기가 어렵다. 그러나 부용은 김이양에 대해 듣고 있었을 가능성이 높다. 부용의 주변인들은 대부분 관리를 상대로 하는 기생들이었기 때문이다. 또한 당시 홍경래의 난은 관서지방의 큰 사건이었으므로 이를 진압하러 온 감사에 대한 백성들의 관심이 높았을 것이기 때문이다. 물론 연천도 함경도의 어느 술자리에서 "성천 기생 부용이 동네의 소년들에게 시를 지어주고 봉변을 면하였다(1814년)"거나, "부용이 백일장에서 장원을 하였다"는 등의 이야기를 통해 그녀의 시재(詩才)에 대해 듣고 있었을 가능성을 배제할 수 없다. 또한 부용은 평안도뿐만 아니라 함경도까지 다니며, 역(役)을 수행하고 있었기 때문이다.

그 후, 김이양은 함경감사를 마치고 다시 한양으로 돌아와 1815년부터 1826년 6월까지 10여 년간 이조(吏曹), 병조(兵曹), 호조(戶曹)의 판서(判書) 그리고 홍문관제학(弘文館提學), 판의금부사(判義禁府事), 세자우빈객(世子右賓客) 등을 두루 거친 뒤, 72세의 나이로 치사(致仕)를 하였다.[6] 그 사이(1817년 2월~8월 4일까지) 관직에서 잠깐 물러난 적이 있었지만, 이때에 연천이 관서지방을 다녀왔는지, 이때에 부용을 만났는지는 확인할 길이 없다. 그런데 『부용집(芙蓉集)』에는 부용이 권상신(權常愼)에게 준

---

5) 부용과 淵泉은 대략 50여 년의 나이 차가 있다고 전해진다. 雲楚의 생년은 1800년 즈음, 혹은 1804년 즈음일 것으로 추정된다.

6) 金履陽의 생애에 대해서는 『金履陽文集』(국립중앙도서관 소장); 『조선왕조실록』; 권진호, 「淵泉 金履陽의 문학론과 작품세계」, 성균관대 석사학위논문, 1991 참조.

증시(贈詩)가 있다. 김이양과 권상신은 매우 친밀하게 사적관계를 나누는 벗이었다. 김이양의 문집을 살펴보면 권상신(1759~1824)이 죽은 후, 김이양은 권상신이 아끼던 기생을 만나 시를 주고받기도 한다. 그렇다면 1824년 이전에 이미 부용과 김이양도 어떤 경로를 통해서건 서로를 알고 있었을 것으로 보인다.[7] 권상신이 죽기 전 연천과 함께 부용에 대해 이야기를 나누었을 것으로 짐작할 수도 있기 때문이다. 그 후, 1825년 부용은 한양에 다녀온다. 그 한양행의 구체적인 이유를 짐작하기는 어렵지만 이때 연천(淵泉)을 만났을 가능성이 있다. 연천은 성천으로 부임하는 손자를 통해 부용에게 전하는 시를 부치기도 한다. 부용과 김이양은 늦어도 이 시기에는 서로 만났을 것이다.

치사한 후 김이양은 관서지방을 여행하였다. 연천과 부용이 이 시기에 처음 만난 것은 아닌 듯하다. 그런데 1835년 김이양이 안릉(安陵, 평안도 안주군)을 다니면서 지은 시로 추정되는 「증운초(贈雲楚)」에 보면 "지난 날 오(吳) 땅에서 비로소 인연을 정하였는데, 올해 또 해서(海西)지방에 있구나. 겸익(謙益)을 만남이 늦었음을 한탄한다고 들었으나, 번소(樊素)도 끝내 낙천(樂天)을 이별하기 어려웠지. 술잔을 나누니 속된 벗 마주하는 것보다 낫고, 시를 논하니 개원(開元) 이전으로 내려가지 않는구나. 한가한 밤 안석에 기대 낭랑하고 맑은 소리를 들으니, 빈풍(豳風) 7월편을 외우는구나"[8] 라고 하여 관서지방에서 부용을 처음 만나 이후 부부의 연을 맺었는데, 어느 덧 서로 처음 만난 그 곳에 다시 오게 되었다는 감회를 토로한다. 특히 "往歲吳中始定緣"라는 시구는 부용의 머리를 올려준 이가 연천일 가능성을 보여준다. 부용의 시집에는 연천 이외의 애증(愛憎)의 대상자로서의 남성이 전혀 나타나지 않는다. 물론 후대에 시집을 묶을 때에 삭제했을 가능성도 있지만 "지난 날 오 땅에서 비로소 인연을 정하였다"

---

7) 권상신은 죽은 그 해에 使臣으로 중국을 가다가 병이 들어 세상을 떠났다.
8) "往歲吳中始定緣, 今年又在海西邊, 我聞嗟晩逢謙益, 樊素終難謝樂天, 酌酒猶賢俗侶對, 論詩不下開元前, 閑宵隱几流淸聽, 朗誦豳風七月篇."

는 연천의 발언은 운초의 머리를 올려준 이가 바로 연천자신이었음을 추정케 한다. 운초는 사후 연천 집안의 선산에 묻혔는데 그녀가 만약 다른 남자에게 머리를 올리고 연천의 첩이 되었다면 연천 가문의 선산에 묻히는 일이 쉽게 용인되지 않았을 듯하다.

그렇다면 부용과 김이양이 정식으로 인연을 맺은 1831년(연천의 나이 77세)까지 짧게는 6~7년간, 길게는 10년에서 15년간 부용은 김이양을 따랐던 듯하다. 이후, 연천은 처인 정경부인 이씨가 세상을 떠난 후 재취하지 않고 운초를 소실로 맞이하여 자신의 수발을 들게 했던 것이다. 부용은 오랜 시간을 기다린 끝에 연천의 첩이 될 수 있었다. 연천의 소실이 되고자 기대한 부용의 소망은 매우 길고도 힘든 시간을 기다린 후에야 이루어질 수 있었다. 당시 관기를 속량하여 첩으로 삼는 일은 국법이 금한 일이었다. 그러므로 관기가 첩이 되는 것은 남녀 두 사람의 문제가 아니었다. 부용과 연천의 사례는 관기와 양반 남성이 머리를 올려주어 특별한 정을 맺고 서로 의기가 투합하여도 관기에서 속량되어 첩이 되기가 쉬운 일이 아님을 보여준다.

그러나 부용이 나이차가 많은 연천과의 관계에 대해 갈등을 하지 않은 것은 아니었다.

> 山居[9]
>
> 지난 일 생각하니 순간의 먼지 같으니
> 도리원에서의 천륜을 오늘 밤 즐겨보세
> 푸른 하늘에 비가 개이니 정신이 맑아지고
> 은하수에 이슬 차니 별빛이 새롭구나
> 歌妓가 거문고 멈추니 산달이 가늘고
> 詩朋들 술을 드니 들꽃이 정겹다

9) 본고의 운초 한시는 『부용집』·『雲楚堂詩稿』(허미자 편, 『조선조여류시문전집』 3권, 4권)에서 인용하였음.

정녕 알겠구나, 물과 나 모두 흔적 없이 사라짐을
그러니 이 몸의 계책을 다시 남에게 맡기랴

往事思量小劫塵
桃園今夜樂天倫
雨晴碧落精神改
露冷銀河色相新
歌妓停琴山月細
詩朋携酒野花親
定知物我都澌盡
況奈身謀更寄人

『부용집(芙蓉集)』(허미자 편, 『조선조여류시문전집(朝鮮朝女流詩文全集)』 4, 태학사)은 거의 시간 순으로 편집되어 있다. 이 시는 부용과 연천과의 관계가 본격적으로 나타나는 시기에 지어진 작품이다. 동기시절, 부용은 유쾌하게 관기 수업에 참여하고, 담박하게 재능의 성취를 꿈꾸었다. 하지만 역(役)에 따른 피로와 고통도 인내해야만 하였다. 그런데 그 시간들마저 짧은 순간의 먼지처럼 사라져 버리고 말 것임을 깨닫는 순간, 부용은 홀가분한 마음으로 현재를 즐기고자 한다. 그의 현재를 함께 하는 이들은 시붕(詩朋), 가기(歌妓)들이다. 부용은 시붕, 가기들을 친족처럼 생각한다. 이백이 춘야원에서 친족들과 함께 즐긴 것처럼 부용도 그렇게 이들과 현재를 즐기고자 한다. 그의 현재는 비가 개인 푸른 하늘, 맑은 정신, 이슬 기운 머금은 은하수, 반짝이는 별빛 등으로 밝고 맑고 가볍다. 악기를 연주하는 기생들, 시를 짓는 기생들과의 관계 역시 친근하다. 그는 자신의 삶을 굳이 누군가에게 의탁하려는 계책이 무의미한 일인 듯하다. 그리하여 이들과 함께 현재를 즐기고, 자기 삶의 계책을 남에게 맡기지 않겠다고 한다.

그러나 그가 시붕(詩朋), (歌妓)들과 즐기려 해도, 그의 현재는 역시 관기생활의 연속이자, 피로했던 과거의 지속이기도 하다. 이 모순적인 시간들 속에서 부용의 갈등이 깊어갈수록 그의 내적성찰도 깊어갔다. 그때 동료 기생 국향의 운명은 운초의 선택에 매우 중요한 계기를 제공한다.

憶荊州國香事仍以自況
수선화 같은 천성 가을 부용 같은데,
형주 남쪽에서 영락하여 거친 시골에 섞여 사네.
옛날에 만약 황태수를 따랐다면,
국향은 응당 시문의 여성 대가가 되었으리

水仙天骨似秋蓉
流落荊南混野農
昔日若從黃太史
國香應是女詞宗

황태수는 국향의 지음(知音)이 아니었고, 국향이 황태수를 사모하지도 않았던 듯하다. 결국 국향은 지음도 아니고 사모하는 이도 아닌 황태수를 따르지 않고, 거친 들판에서 영락한 모습으로 농사를 지으며 살아갔다. 그런데 운초가 보기에 국향의 선택은 적절하지 않았다. 국향은 곤궁한 삶을 유지하느라 시적 재능을 사장시켜버렸던 것이다. 운초는 기생의 물적 토대를 매우 현실적으로 인지하고 있었다. 또한 관기출신이 자존심을 지킬 수 있는 길은 시기(詩妓)나 예기(藝妓)로서 당당하게 설 수 있을 때라고 생각한 듯하다. 따라서 "국향이 황태수를 따라갔다면 거친 들판에서 농사를 짓지도 않고 시(詩)에서 일가를 이루었을 것"이라는 부용의 표현은 기생이 어떻게 해야 생업을 유지하면서도 자존심을 지키고 재주를 사장시키지 않을 수 있을 것인가라는 매우 현실적인 질문에서 나온 해답이었다고 할 수 있다. 부용은 국향의 모습을 통해 자신의 미래를 선취하지 않을 수 없었을 것이다. 그리하여 운초는 자신의 미래를 연천에 의탁할 수밖에 없음을 간파하고, 이러한 목적을 향해 매우 적극적인 행동을 취하였다.

이 시기 『부용집(芙蓉集)』에는 앞 시기의 작품에 비해 어두운 그림자가 짙게 나타난다. "세월 아득하여 사람 머리 희어지니, 취하지 않고 남을 생을 어이하리"(初雪),[10] "훌쩍 나는 세상사 원래 이 같으니, 흥이 다하면 근심이 오는 것은 이치"(飛流江馳雪),[11] "지난 일 모두 사라졌는데, 남은 생으로 또 漢水 남쪽 길을 묻네"(登光齋峯)[12]라 하여 자신의 삶을 부질없다고 자조하거나 체념하는 모습을 보여준다. 부용은 과거의 시간 즉 관기생활이 짧은 순간의 먼지처럼 사라져버릴 가벼운 무게가 아님을 깨닫고 자신이 처한 현실의 한계를 직시한 것이다. 그 속에서도 운초는 자신의 미래를 향한 의지와 기대를 꺾지 않는다. 그의 체념과 기대는 국향의 삶을 반추하며 자신의 생업과 삶의 성취 즉 미래를 전망하지 않을 수 없었던 것과 관련이 깊은 듯하다. 이 문제는 연천에게 의지할 것인가, 관기 생활을 지속할 것인가에 대한 갈등에 해답을 제시하게 된다.

이즈음 부용은 군자 같은 심성으로 연천을 향하는 자신의 의지를 강조한다. "꽃 중의 군자가 내 심성이니, 봄바람에 미친 듯 나부끼는 버들개지를 본받지 않으리"(答人) 자신이 연천을 따르는 것이 단순히 부귀와 명예를 위한 것이 아니라 곧은 절개와 심성이 있기 때문에 가능하다는 어조이다. 부용은 정려문(旌閭門)을 하사 받은 열녀(烈女)를 칭송하며 경쾌하게 동질감을 표현하기도 하였다. 그런데 이 정감과는 사뭇 다른 비장함을 연천에게 보여주고 있다. "거울 속 파리한 모습은 물(物) 외의 몸, 찬 매화 그림자 대의 정신이로구나. 사람을 만나도 인간사를 말하지 않으니, 곧 인간세상에서 일삼을 것이 없는 사람이라네"(自寬)[13] 자신을 사물 너머에

---

10) "年光杳杳人頭白, 不醉餘生可奈情."
11) "飛飊世事元如此, 興極憂來最感情."
12) "往事皆成河上跡, 餘生又問漢南程."

존재하는, 인간 세상 너머에 존재하는, 찬 매화 그림자 같은 신체와 대나무 같은 정신을 가진, 그리하여 속세의 인간 세상에서는 스스로 일삼을 것이 없는 사람이라고 한 것 역시 연천을 향하는 그의 처지와 지향을 잘 보여준다. 연천에게 올리는 다음 시를 보면 그 관련성이 잘 드러난다. "한 줄기 꼿꼿하게 물속에서 나와, 외로운 향기 힘없어 봄바람을 빌리네. 다만 모름지기 세월이 지나 뭇 꽃다움이 멈추어도, 홀로 가을 난초와 더불어 붉으리라"(追用前韻呈淵泉相公)[14] 물속에 피어있는 외로운 연꽃이 힘이 없어 봄바람을 빌어 향기를 내지만 가을이 되어 다른 꽃들이 향기를 잃어버려도 가을 난초와 함께 오래도록 붉은 꽃을 피우리라는 것이다. 부용 자신의 기명(妓名)에서 연유한 시이지만 연천(淵泉)을 향한 자신의 정성과 의지를 강하게 표출한 것이라 할 수 있다.

이 시기 『부용집(芙蓉集)』에는 연천(淵泉)과의 차운(次韻) 시가 가장 많이 남아 있다.[15] 이전 시기에 부용은 성천의 역사나 경물 관습을 향하여 관찰자적 시선을 보내었는데 이 시선을 거두어 자신의 고고(孤高)한 내면 성찰을 표출한다. 내적 갈등과 성찰이 깊어가면서 부용은 점점 자아(自我)의 서사(敍事)를 확대해간다. 한편으로는 외부의 변화에 의해, 한편으로는 그가 극복해야했던 개인적 위기와 처지에 의해, 운초(雲楚)의 자아에 대한 성찰의식은 깊어간다. 그런데 그의 의식전환의 직접적인 계기가 되는 사건이 일어난다. 그가 구성(龜成)으로 귀양을 다녀온 것이다.

龜城謫中

---

13) "鏡裏癯容物外身, 寒梅影子竹精神, 逢人不道人間事, 便是人間無事人."

14) "何事相公晩出西, 楚天雲雨望中迷, 未知玉樹昆山月, 徜有翩翩彩鳳棲."

15) 특이한 것은 그녀가 관서에서 金履陽의 시에 차운할 때에는 거의 奉次~, 敬次~로 시작을 하지만 漢陽에서 차운하거나 증시할 때에는 이런 표현법이 달라진다. 그것은 그녀가 妓生妾이 되어 서로의 관계가 달라졌기 때문에 표현법도 확연하게 달라졌음을 보여준다. 따라서 부용도 관서지방에서 金履陽을 따를 때와 소실이 되어 漢陽에서 金履陽을 따를 때의 의식 사이에 차이를 보인다.

하늘 끝 구성 북쪽 꿈도 성글고
아, 나는 무슨 일로 귀양 와서 사나
말을 삼가하여 세 번 봉하라는 경계를 지키지 못하였고
분을 억제하고 다시 백 번 참으라는 글귀에 부끄럽네
이웃 집 아낙은 광주리에 들고 온 차조를 주고
사동은 버들가지에 꿰어 은어를 파네
때에 따라 자적하니 바로 참 된 경계
반드시 성도만이 내 고향은 아니리

天末龜陰欹寐疎
嗟吾何事謫來居
愼言未服三緘戒
懲忿還慚百忍書
隣婦提筐供玉秫
社童貫柳賣銀魚
隨時自適爲眞境
非必成都是我廬

1830년 부용은 모종의 사건에 연루되어 구성으로 쫓겨간다.[16] 부용이 왜 구성으로 귀양을 갔는지는 분명치 않다. 하지만 신언(愼言), 삼함계(三緘戒), 징분(懲忿(窒私)], 백인서(百忍書) 등의 시어를 통해 보면 그녀가 관기(官妓)로서 역(役)을 지며 술자리에서 한 말 또는 그와 관련된 일련의 사건이 관원의 안목에 위배된 일이 있었던 듯하다. 그런데 그녀의 귀양살

16) 이 시에는 "庚寅年 歸自龜城適時浿上夜登練光亭有懷淵泉老爺上一絶", "1830년 庚寅 4월 6일 將發龜陰之行 哭辭于仲父廬次 與諸姪舟下松韻灘 是時也午陰方轉丁香爛開 人生有情得無感乎 遂各賦一律 聊遣幽懷云爾" 등의 기록이 붙어 있다. 따라서 이 시기가 1830년임을 알 수 있다.

이는 자못 길었던 듯하다. “언 강 눈 내리고 달은 빈 배에 매였네”라고 하였듯 부용은 4월에 구성으로 가서 강이 얼 때에 돌아왔음을 알 수 있다. 이 시를 부용이 김이양의 귀양지에 쫓아간 것으로 보는 시각이 있다. 그러나 김이양은 이미 1826년 72세의 나이로 치사를 하여 봉조하의 지위를 누리고 있었고 이 시기에 귀양을 갔던 적이 없다. 따라서 77세나 된 김이양의 귀양지에 부용이 따라갔다고 보는 것은 잘못이다. 조선시대에 관기가 벌을 받아 먼 곳으로 쫓겨가는 일은 빈번하지는 않았지만 그렇다고 전혀 없었던 일도 아니다.

관기도 죄를 지으면 유배를 가곤 했다. 안민영은 『금옥총부(金玉叢部)』에서 “1842년 전주의 기녀 명월(明月)이가 도백(道伯)에게 죄를 얻어 남원에 정배되었다”는 사실을 기록하고 있다.[17] 관기의 유배지는 관기가 속한 관아의 속현(屬縣) 어느 곳이었던 듯하다. 부용이 귀양 갔던 구성(龜城)은 성천도호부 소속이었다. 명월이 귀양 갔던 남원도 전주도호부 소속이었다. 기생은 귀양을 가서도 기역(妓役)에 종사하였던 듯하다. 1842년 가을, 안민영은 호남 순창에 내려갔다가 수십 일을 질탕하게 보낸 후에 다시 남원으로 가서 명월을 만났다. 그 때 안민영과 명월은 여러 날 동안 서로 따르며 정의(情誼)가 점점 깊어졌다고 한다. 안민영은 명월의 빼어난 자색, 서툰 음률, 세련된 행동과 언어 등에 대한 평을 고루 하고 있다. 유배된 상태에서 명월이 안민영 앞에서 자신의 재주를 보여줄 수 있었음을 말해준다. 그렇다면 기생은 원 소속관아보다 낮은 곳에서, 거주지를 떠나 타향에서 지내는 외로움을 겪으며, 죄를 지어 쫓겨 왔다는 부끄러움을 견뎌야하는 유배의 고통을 경험하였을 것이다. 관기의 유배기간이 어느 정도였는지는

17) 安玟英, 『金玉叢部』, “余於壬寅秋, 與禹鎭元, 下往湖南淳昌, 携朱德基, 訪雲峯宋興祿, 伊時申萬燁金啓哲宋啓學一隊名唱, 適在其家, 見我欣迎矣. 相與留連, 迭宕數十日後, 轉向南原, 則全州妓明月字弄仙, 得罪於道伯, 定配於南原. 見其姿色絶美, 粗解音律, 行動凡百言語, 無所不備, 仍與相隨, 情誼轉密, 不覺時日之遷延, 及其臨別, 悵惜之懷, 難以形言, 上洛後, 聞其解配還鄕, 卽付一片書, 未見其答, 必致浮沈而然耳.”

분명치 않다. 하지만 부용이 6개월 정도 유배되었다는 사실, 안민영이 남원에서 서울로 돌아와 명월이 해배되었다는 소식을 들었다고 하였다는 사실 등으로 미루어보아 명월도 부용과 비슷한 기간 동안 유배를 당하였던 듯하다. 그 후, 용서를 받으면 다시 원 소속 관아로 돌아오게 된다. 그런데 기생이 무슨 사건으로 유배를 갔는지는 분명치 않다. 안민영이 당시 명월을 평하여 빼어난 자색, 세련된 행동과 언어 등을 칭찬한 것을 통해 보면 '도백에게 죄를 입었다'는 표현의 실체가 도덕적, 윤리적 측면이라기보다 수청 등 기역(妓役)과 관련된 일이었을 것으로 추정해 볼 수 있다. 정확한 정황은 알 수가 없지만, 부용도 '삼함계(三緘戒)를 지키지 못하였다'고 하는 내용 등으로 유추해보면 기역과 관련한 기생의 소신 혹은 실수 등이 도백의 심기를 건드리면 그것이 곧 관기의 유배사유가 될 수 있었던 듯하다. 이 사건 이후에도 부용과 연천의 관계가 어긋나지 않았다거나 안민영과 명월의 관계가 애틋하게 표현되는 것으로 보아 관기의 윤리적 도덕적 결함이 유배의 원인이 아니었음을 유추할 수 있다. 이 점은 좀 더 많은 자료를 통한 고찰이 필요하다.

그러나 유배는 기생들에게 충격적인 일이었을 듯하다.[18] 귀양은 부용의 삶에 큰 전환을 가져온 사건으로 보인다. 앞 시기에 관기(官妓)로서의 역(役)에 대한 부담과 피로, 미래에 대한 두려움, 연천에 대한 회의, 동료기생들과의 우애 등에서 갈등하였던 부용은 귀양을 다녀온 이듬해 본격적으

18) 安玟英, 『金玉叢部』 참조. 안민영은 서울로 돌아와 명월이 해배되어 고향으로 돌아갔다는 말을 듣고 편지를 보냈으나 아직 답을 받지 못했다고 덧붙이고 있다. 당시 안민영이 藝妓 사회에서 누린 영향력, 그리고 안민영과 명월이 나눈 정의를 생각하면, 명월이 안민영의 편지에 쉽게 답장을 생략하지는 않았을 듯하다. 안민영은 명월의 답장이 늦는 이유를 "*必致浮沈而然耳*"라고 하고, "나는 기러기 편에 편지를 보냈는데 명월은 물고기 편에 답장을 보냈을 것이다. 그런데 기러기보다 물고기가 더 느리고, 산보다 물이 더 길어서 이렇게 답장이 느리나보다"라고 자위를 하며 명월의 답장을 기다린다. 아마 유배에서 돌아온 명월은 선뜻 안민영의 편지에 답할 만큼의 처지가 아니었던 듯하다. 기생의 유배와 관련한 사건은 관기의 역을 이해하는 데에 중요한 부분이라고 생각한다. 앞으로의 과제로 남긴다.

로 연천(淵泉)을 따르게 된다.[19] 그가 적극적으로 연천(淵泉)을 따르고 연천에 대하여 매우 적극적인 구애를 시작하는 것은 이러한 정황과 관련이 깊다.

奉次淵泉閣下三首
깁사 창가에서 잠이 깨니 달은 서쪽으로 지는데
한강의 구름과 연기 속을 꿈에서 헤맸소
숲에서 맑은 바람 불어와 발과 장막 흔들리고
꽃다운 마음 적막한데 뱁새 한 마리 깃드네요

소연 서쪽에서 산수를 다 읊조리니
한양 앞 흐릿한 달이 창 너머에서 헤매네요
성 머리의 약한 버들 오동나무가 아니니
어찌 다른 날 늙은 봉황이 깃들기를 바라리오

성도 지분기 속에서 생장하여
본심은 탁문군의 풍모에 부끄럽지요.
허명으로 사단의 허락을 멋대로 얻어
고운 종이를 보니 거울 속 얼굴 붉어지네요.

紗窓睡罷月輪西
漢水雲煙夢裏迷
林下淸風簾幕起
芳心寂寞一鷦棲

19) "羨爾飛鴻有弟兄, 相隨隨意北南征, 遇風鯨浪傷前事, 流蜜蜂房待後生, 始覺知非猶未晩, 自憐要好竟何成, 千絲萬緖交回轉, 窮處還爲達士情."

山水吟成小硯西
洛南煙月隔窓迷
城頭弱柳非梧樹
豈望他時老鳳棲

生長成都粉黛中
素心猶愧卓文風
虛名浪得詞壇許
覽罷華箋鏡面紅

부용이 연천의 시에 차운하며 지은 시이다. 첫 수, 부용은 달이 지는 새벽녘 잠에서 깨어 간 밤 꿈속에서 연천이 있는 한양을 헤매고 다녔다고 말한다. 부용은 연천을 그리워하는 자신의 마음을 간절하게 전하고자 한다. 그때 숲에서 맑은 바람이 불어, 발과 장막을 흔들고, 연천을 그리워하는 부용의 마음을 뒤흔든다. 그리움이 가득한 부용의 마음이 쓸쓸해지는데 그곳에 뱁새 한 마리가 날아와 깃든다. 마치 부용에게 분수를 알라고 충고를 하는 듯 하다. 뱁새가 숲에 보금자리를 만드는 데는 나무 가지 하나만 필요하다고 한다. 그리하여 뱁새는 우리에게 각자 분수에 만족하여야한다는 교훈을 던지는 새이다. 부용은 연천을 향한 자신의 마음이 분수를 넘어서는 일이라고 생각하며 스스로 위축된다.

둘째 수, 그런데 연천을 향한 마음을 접고 분수를 지키자고 다짐한 부용의 창밖으로 이제는 한양의 달이 나타나 헤매고 다닌다. 마치 김이양이 부용을 그리는 듯한 시상이다. 부용은 다시 연천에 대한 그리움을 토로한다. 하지만 자신은 약한 버들가지 같아 봉황 같은 연천이 깃들만한 자질이 못된다고 자조를 한다.[20] 부용은 연천에 대한 그리움과 자신의 실존 사이

20) 부용이 연천을 아름다운 봉황에 비유하는 예는 더 있다. (追用前韻呈淵泉相公).

에서 불안정하게 흔들리고 있다. 그 불안은 자신과 연천의 관계를 사마상여와 탁문군의 관계로 비유하면서도 자신은 탁문군의 풍모에 부끄럽다는 열등감으로 나타나기도 한다.

셋째 수, 부용은 자주 자신의 시재(詩才)를 언급한다. 그녀의 시기(詩妓)로서의 자질이 바로 연천과의 관계에서 매우 중요한 역할을 하기 때문이다. 부용에게 시기(詩妓)로서의 재능은 곧 자신의 소망을 실현하기 위한 필수적인 매개인 것이다. 스스로 탁문군의 풍모에 비유하기 부끄러운 존재라고 하거나, 사단에서 시를 잘 짓는다는 명성이 난 것은 허명이라 자조하는 것은 그의 겸양에 그치는 것이 아니라 실제 부용의 불안감과 자부가 교차하는 현실을 표현한 것이다. 이렇듯 부용의 연천을 향한 바램은 매우 절박한 것으로 변하였다.[21)]

부용은 한편에서는 자신의 시재(詩才)의 천질(賤質) 때문에 괴로워하고, 한편으로는 "今世에 知音이 없어, 바다와 산 정녕 아득하구나"(旅夜聽琴)[22)]라고 하여 지음이 없음을 한탄한다. 연천의 첩이 되고자 하는 부용의 기대와 소망사이의 어긋남에서 기인한다. 부용이 이 시기 간절하게 지음(知音)을 부르는 것 역시 연천(淵泉)을 향한 호소와 통한다. "꽃이 피는 산의 뜻, 새가 지저귀는 나무의 정신, 그 깊고 오묘함을 그려내라고, 造物主의 功能을 이 사람에게 주었네"(路中春事)[23)]라고 하여 조물주의 공능을 받은 비로소 자신의 시재(詩才)를 자부한다. 이는 "당대의 문장은 곧 귀양 온 신선, 淵泉 넓고 넓은 곳 푸른 연이 피었네. 분명 눈 내린 밤 찬 매화아래에서, 조금을 불러도 또 백 편이 되네"라 하여 연천의 글 솜씨를 칭송하

21) 관기가 기적에서 탈출하기 위해 힘겨운 노력을 하는 예는 해주 기생 명선의 경우에서도 찾아볼 수 있다. 소수록, 「츈흰영명긔명션이라」, 국립중앙도서관 소장본; 신경숙, 「19C 일급 예기의 삶과 섹슈얼리티-의녀 옥소선을 중심으로」, 『사회와 역사』 65권, 한국사회사학회, 2004, 41～73면; 정병설, 「해주기생명선의 인생독백」, 『문헌과 해석』 15, 문헌과 해석사, 2001, 151～198면.

22) "擧仙銖六秧, 勸我三尺絃, 今世知音少, 海山正漭然."

23) "花欣山意思, 鳥喚樹精神, 模寫玄玄妙, 天工付此人."

는 것과도 상통한다. 자신은 연천의 시재를 감당할 수 있다는 자부심의 표현은 곧 그의 상대가 되기에 충분하다는 자기소개이다. 그가 김이양(金履陽)과의 관계에서 가장 많이 괴로워한 시재(詩才)의 천질(賤質), 그 기저에는 바로 이러한 연천(淵泉)을 향한 매우 적극적인 구애와 관련 깊은 긴장이 깔려 있었던 것이다.

부용은 연천의 첩이 되기 위해 연천을 향한 자신의 절개, 곧은 마음, 시재 등을 설명하고 또 표현한다. 이는 부용이 자신의 욕망을 실현하기 위해, 연천의 마음을 얻기 위해, 연천이 자신을 인정할 수 있는 점 즉 자신의 시재를 적절하게 강조하고 드러내야 한다고 판단한 것이다. 부용은 자신의 미래의 전망을 이루기위해서는 이러한 삶의 전략을 철저히 해야 한다고 믿었다.

부용이 어떻게 관기에서 첩이 되었는가? 관기는 그 신분을 벗어나 첩이 되기 위해 어떤 노력을 하였던가하는 모습은 기생의 존재방식, 기생과 첩의 계층의식을 대표적으로 보여준다고 할 수 있다. 우리는 부용의 모습을 통해 관기의 계층의식, 그리고 그들이 관기라는 자신들의 신분적 한계를 벗어나기 위해 어떤 노력을 하였으며, 무엇을 매개로 활용하였던가를 잘 살펴볼 수 있다.

3. 한양, 그 이방인의 낯선 공간

연천의 나이 77세인 1831년, 드디어 관기 부용은 속량이 되어 정식으로 연천의 첩이 되었다. 알려진 대로 그들의 나이 차가 50여세나 된다면 부용의 나이 27세 혹은 30세 즈음일 것이다. 이때 부용의 나이는 기생으로서는 늙은 축에 드는 때였다. 더구나 이 시기 부용은 귀양을 다녀온 후 매우 의기소침해 있었다. 부용은 관기의 역을 벗어날 수 있는, 귀양 다녀온 후의 침체된 자신을 추스릴 수 있는, 동시에 중세 신분제 사회 최하계층의 경계를 넘어갈 수 있는 계기를 찾고 있었다. 그때 부용에게 연천은 그 모든 것을 해결해 줄 수 있는 인물이었다. 더구나 연천은 부용의 시재(詩才)와 총명을 매우 아꼈다. 그리하여 부용은 연천을 통해 자신의 존엄을 일정부분 지키면서 관기라는 신분 경계를 벗어날 수 있는 희망을 발견하였을 것이다.

그러나 부용에게 연천의 첩이 될 기회가 빨리, 쉽게 다가온 것은 아니다. 연천은 오래전부터 자신을 향한 부용의 기대를 알고 있었지만 관기로 버려두다가 정경부인 이씨가 세상을 떠나고 난 뒤 마침내 첩으로 받아들였다. 그때 연천은 재취를 하기에는 너무 나이가 많았다. 물론 순조의 사돈으로서, 안동 김씨 세도가의 어른으로서, 봉조하의 영예를 누리고 있던 그가 재취할 수 있는 기반은 충분하였다. 그러나 연천은 재취 대신 오랜 시간 자신을 따르던 운초의 기대를 저버리지 않고 첩으로 맞이하였다. 당시 나라에서는 관리의 관기축첩을 법으로 금하였다. 순조의 맏딸인 명온공주를 손부(孫婦)로 들인 연천은 기생첩을 들여 가볍게 국법을 범하는 행동을 하지 않았다. 연천의 행동은 비교적 신중하였던 듯하다. 연천은 고령의 나이에 망실하고 봉조하의 지위가 되어서야 관기축첩을 용인 받을 수 있는 시점이라 판단하고 부용을 받아들인 것이다. 부용의 운명은 연천의 의지에 달려있었고, 부용은 이렇게 오랜 기다림 끝에 마침내 관기의 경계를 넘을 수 있었다. 부용과 연천의 관계는 이렇게 관기라는 신분의 경계를 넘고자하는 부용의 욕망과 일상의 도움이 필요한 연천의 이해가 서로 어울려 그 관계망이 구성되었다. 부용은 15 년여의 관기 생활 뒤 연천의 첩이 될 수 있었다. 부용이 연천과 함께 지낸 시간은 최소한 20여년, 길게는 30여년이나 되는 오랜 시간이었을 것으로 추정할 수 있다.

부용이 속량되었다는 것은 곧 그가 공가지물(公家之物)에서 연천의 사적 소유가 되었음을 의미한다. 부용은 김이양(金履陽)의 소실이 되면서 이름도 바꾸어 운초(雲楚)라는 당호를 사용한 듯하다.[24] 그 후, 1845년 연천이 세상을 떠날 때까지 그들은 약 15년간을 함께 생활했다. 그 후, 운초는 연천의 곁을 지키며, 첩으로서 소소한 일상에서부터 정감의 영역까지 최선의 동반자가 되도록 애를 썼다. 운초는 연천을 향하여 첩(妾)으로서의 덕목을 절제된 행동으로 일관성 있게 지켰던 듯하다.

한편, 한양에서의 운초의 생활은 연천의 일정에 의해 좌우되었다. 그는 연천을 따라 서울, 근교, 혹은 관서, 호남, 영남 지방을 두루 다녔다. 서울에서의 운초의 개인적 경력은 극히 제한적이었다. 운초에게 연천은 의지가 되는 존재임에는 틀림없지만 운초는 그만큼 허약한 자신의 존재기반을 인식하지 않을 수 없었다. 그리하여 "가엽구나 천한 자질 구속도 많았으니, 힘없는 걸음으로 한밤중에 저 산등성이에 오르네"(飮水玉泉庵奉和諸公韻)[25]라고 하여 자신을 천질(賤質)로 표현하기도 한다. 한양(漢陽)에서의 운초의 내면은 언제나 양면성에 견인되고 있었다. 그리하여 운초는 한양(漢陽)에서 연천과 함께 하는 삶을 '자신의 분수를 넘어서는, 자신이 있을 곳이 못되는, 그러나 이미 늙어 어찌할 수 없는' 무기력한 것으로 한탄하기도 하고, "거울 속 머리카락 이미 희끗하네"(九秋出五江樓),[26] "이십년 전 꿈에서 만났던 사람, 바닷가에서 서로 만나니 흰머리가 새롭구나"(次雪姿)[27]라고 하는 등 이미 기생(妓生)으로서도 그 절정을 지난 시기, 건강을 자신할 수도 없는, 관기(官妓) 시절과 마찬가지로 자신의 의지대로 떠날 수도 머무를 수도 없는 존재를 인식하게 된 것이다. 이렇게 운초는 자신의 현실적 기반을 적나라하게 토로한다. 이 시기 운초가 빈번하게 자신의 늙음을 한탄하는 표현 역시 이러한 기반에서 생성된 것이다.

---

24) 운초는 관기시절 芙蓉이라는 妓名을 썼다. 그러나 첩이 되어서는 雲楚라는 당호를 썼다. 우리가 운초를 제대로 이해하기 위해서는 신분에 따라 그의 이름을 호명해야 한다. 그리하여야 그의 현실, 소망, 좌절 등을 정확하게 바라볼 수 있으리라 생각한다.

25) "堪憐賤質多牽束, 微步中宵陟彼岡."

26) "鏡中華髮已星星."

27) "二十年前夢裏人, 海天相對白頭新."

敬次

구름되어 흩어지고 비되어 만남도 모두 인연 따라
놀랍게도 파산 패수 가에서 만났지.
소나무 위에 붙은 여라가 무른 자질을 잊고
우물 속 절름발이 자라가 높은 하늘을 숭상하듯
감싸고 위로하며 마음의 즐거움을 알아주시니
앞에서 감히 들쑥날쑥 먼저 늙지 아니함을 한하였네
다만 남은 생도 이와 같이 지나가기를
백년의 회포를 시편에 맡기네

雲離雨合竝隨緣
怳惚巴山浿水邊
松上附蘿忘脆質
井中跛鱉尙高天
猶堪韞籍知心樂
前敢恨參差未老
秪願餘生如是過
百年懷抱托詩篇

雲楚堂

높아도 위태로움을 능멸하지 않고 낮아도 비루하지 않아
봄꽃 가을 달 모두 서로 마땅하다네
붉은 막걸리 거르니 술통에 방울방울 떨어지고
푸른 과일 주렁주렁 집안으로 드리웠네
한성 북쪽 갠 봉우리 서늘한 바람 멀고
한수 남쪽 성가퀴에 석양이 더디지네
깊은 규방에서 누대의 빼어남에 절로 만족하니

운랑을 위해 시를 지을 수 있을 듯 하네.

高不凌危低不卑
春花秋月摠相宜
紅醪漉漉承槽滴
青果離離入戶垂
京北晴峯凉籟遠
漢南粉堞夕陽遲
深閨自足樓臺勝
似爲雲娘解賦詩

첫 번째 시는 운초가 연천을 향하여 지은 것이다. 소나무 위에 붙은 여라, 우물 속 절름발이 자라라고 표현한 것은 바로 연천에 절대적으로 의지해야하는 자신의 처지를 적나라하게 비유한 것이다. 연천이 자신에 대한 운초의 마음을 반소의 백낙천에 대한 마음으로 비유를 하고, 자신들의 관계를 속된 벗과 달리 어질고 고상한 관계로, 시를 마음껏 논할 수 있는 지기지의(知己之意)로 받아들인 것도 우선적으로 운초가 중세사회가 규정한 첩(妾)의 규범을 넘어서지 않는 절제된 행동으로 자신을 표현하였기 때문에 가능하였던 것이라고 할 수 있다. 이 시기 운초에 대한 김이양(金履陽)의 평가를 살펴보면 좀 더 분명해진다. 김이양은 "해 저무는 江東에서 비로소 인연을 맺으니/ 분수를 따르며 그저 봄빛을 즐겼네"[28]라고 하여 분수를 따르며 자연의 소박한 아름다움을 즐기는 매우 담박한 모습으로 운초를 그리고 있다.

두 번째 시는 연천이 한양 북쪽에 있었던 운초의 집에 대해 지은 시이다. 김이양은 운초의 집이 높거나 낮거나 지나치지 않고 주변 경물과 잘

28) 김이양, 『金履陽文集』(국립중앙도서관 소장), 丙申開歲後三日淵泉老子使酌酒者倩書, "日暮江東始定緣, 隨分春光聊把翫."

어울리는 것을 가장 큰 미덕으로 꼽고 있다. 운초는 그곳에서 막걸리, 주렁주렁 달린 과일로 소박한 상을 차린다. 더구나 김이양의 눈에 비친 운초는 자신의 집에서 이러한 삶을 자족하며 살아간다. 이 시기 한양을 중심으로 연천과 함께 한 운초의 삶을 화려하거나 득의한 것으로 묘사하기보다 소박하고 자기 절제적인 성격이 강한 것으로 묘사를 하였다.

이러한 태도는 이 시기의 첩이 그 존재를 승인받을 수 있는 생존의 방식이기도 하다. 중세는 첩에 대하여 다양한 규범과 관습을 규정하여 제시하고 있다. 18세기의 박윤원이 첩이 지켜야할 덕목을 적은 「계측실문(誡側室文)」은 이러한 당대의 첩(妾)에 대한 관습적인 인식이 고스란히 드러난 글이라고 할 수 있다. 이 글과 운초의 생활을 조응하여 보면 운초는 놀랍도록 첩에게 부과된 사회적 정체성을 잘 지켜가고 있었음을 알 수 있다.

운초가 김이양의 소실로서의 자신의 처지를 벗어나는 행동을 하지 않았음은 다른 기록에서도 살펴볼 수 있다. 운초는 계묘년(1843년) 봄, 사마시(司馬試)에 급제한 지 갑년을 맞아 선영에 참배하러 가는 연천을 따라나섰다. 이때 운초는 이미 세상을 떠난 연천의 처 정경부인 이씨를 대신하여 성묘를 따라갔다. 연천의 선영은 홍주 결성 천안 세 군데에 있었고, 천안(天安) 광덕리(廣德里)에는 정경부인 이씨의 산소도 있었다. 여기서 운초는 이런 경사를 보지 못하고 먼저 세상을 떠난 연천의 처를 위해 지극한 애도를 표하며 시를 지었다. 김이양이 죽기 2년 전에 있었던 일이다. 이러한 태도는 운초의 개성적인 품성과 함께 처첩분변을 엄정히 하는 조선시대의 첩이 처에 대해 반드시 지켜야하는 도리의 표현이다. 정경부인 이씨의 사후에 연천의 건즐(巾櫛)을 받들며 가까이에서 모시고 때로는 처의 역할을 대신하기도 하였지만 운초는 스스로 첩의 지위를 벗어나지도 벗어날 수도 없었다. 조선시대의 첩은 양반층의 가족제도내부에 흡수되었음에도 불구하고 가정과 사회내의 실질적 권력으로부터 소외되었던 계층이다.[29]

운초와 연천은 "금슬좋은 부부, 의기상투하는 지기지우, 문학적 동반자로서의 삶을 살았다"고 평가된다. 여기에는 운초의 한결같은 노력이 숨어 있음을 알 수 있다. 연천이 운초에 대하여 보여준 한결같은 신임 역시 이러한 운초의 노력의 결과라고 할 수 있다. 운초의 삶을 득의한 것으로만 평가하거나, 연천과 운초의 관계를 지나치게 낭만적으로 포장하면서 그들의 계층적 차이를 덮어버리거나 것은 운초의 노력을 언급하지 않는 것은 그들의 삶의 외면을 바라본 매우 피상적인 판단일 수 있다.

연천을 향한 운초의 헌신적인 봉양과 자세는 그녀의 첩으로서의 위상을 강고하게 해 주는 방편이 되었고, 물질적 보상과 정신적 안정을 가져다 주었다. 만약 운초가 첩의 덕목을 넘어섰다면 연천과 그 가족들이 운초를 용납하지 않을 수도 있다. 妾이라는 신분은 언제든지 내침을 당할 수 있는 처지였던 것이다.

自嘲

사가 화려함을 아우르기 어려운데
문이 어찌 경번 같으리오
부질없는 칭찬이 참으로 나를 속여
빈번하게 서울에 이르렀구나

반짇고리는 붓걸이를 겸하고
양잠은 蝌蚪體로 대신했네.
책갑을 펼치려다
수달 제사인양 혐오스러워라

詞難華蕊倂

29) 金履陽, 『金履陽文集』 권1(국립중앙도서관 소장), 102면. 이 때, 연천 역시 부인에 대한 시를 짓는다. ("繾綣南湖月, 來懸太華山, 寃嗅同此歲, 癃志獨人寰, 子幸無訛久, 吾何若是頑, 前期冥有定, 不必淚潸潸" : 「夫人墓下止宿」).

文豈景樊同
浮譽眞欺我
頻繁到洛中

針筐兼筆架
蠶事代蝌書
意到披緗帙
還嫌獺祭魚

운초는 동료기생들과 주고받은 시에서 자신의 시적 재능, 존재 의의에 대한 가학적, 자조적 표현을 많이 한다. "헛된 명성이 참으로 나를 속여, 빈번하게 서울에 이르렀네"라는 표현은 자신이 시재를 매개로 당당하게 한양에 들어와 한양생활을 시작할 수 있으리라 생각하였지만 그것만으로는 극복할 수 없는 지점이 있었음을 표현한다.[30] 그 좌절감은 '고기눈깔이 패옥에 섞여 부끄러워라'라고 하여 예전에는 나타나지 않던 자조적이며 가학적인 정도로 표현된다.(次銀河贈示韻)[31] 그리하여 운초는 "술 없이 어찌 이 밤을 보내랴, 한양(漢陽)의 가을 생각 도도히 이어지는데"라고 한양생활이 만만치 않음을 직접적으로 토로 한다. 한양생활의 어려움은 곳곳에서 토로된다.

中秋對月用仙樓前韻
나부끼는 꽃잎 비단 담요 위에 앉고
고기 눈깔이 도리어 조개와 구슬에 섞여 부끄럽네
그릇됨을 알았으나 몸이 이미 늙어 한스럽고

30) 「次然亭贈別韻」. "青皐日出露華滋, 微步逍遙澗水湄, 萬事思量須縱酒, 百季憂樂且論詩, 關西往跡皆鴻爪, 漢北新愁絶柳枝, 東陌南湖誰與伴, 錦城芳草望離離."
31) "粧臺罕見解詩人, 鮑薛惟於卷裏親, 魚目參瓊還靦面, 虛名早播浿江濱."

고향을 그리며 꿈이 어찌나 외로운지 가련쿠나
누대가 광풍제월을 맞이하여 윤기 흐르고
구름 기이한 봉우리에 불쑥 솟아 그림이 되네
술 없이 어찌 이 밤을 견디며 보내랴
한양 가을 생각 도도히 이어지는데.

飄花飛上錦氍毹,
魚目還羞雜貝珠,
可恨知非身已老,
自憐懷土夢何孤,
軒迎霽月流光氣,
雲聳奇峰作畵圖,
無酒那堪消此夜,
漢陽秋思接都都

운초는 왜 술없이 밤을 견디지 못할까? 한양에서 그녀가 끊어버리지 못하는 도도하게 이어지는 생각의 정체는 무엇일까? 운초는 한양에서 생활하면서 자신이 조개와 구슬 속에 섞여 있는 고기눈깔처럼 이질적이고 낯설고 왜소한 존재라는 것을 느낀다. 참동계(參同契)에 "고기눈깔이 어찌 진주가 되리오. 쑥대는 오동나무가 되지 못한다"는 말이 있다. 이는 가짜가 진짜를 혼동시키는 것을 의미한다. 그러나 결국 가짜는 진짜가 되지 못한다. 운초는 스스로 고기눈깔이라는 지극히 자조적인 비유로 자신이 결코 한양생활에 동화될 수 없음을 표현한다. 자신이 시재를 가지고 연천의 첩이 되어 한양생활을 시작하였지만 자신은 가짜에 불과하다. 자신이 한양에서 연천과 함께 지내는 것도 진짜를 가장한 가짜의 모습이라고 자조한다.

왜 그는 연천과 함께 하면서도 자신이 진짜가 아니라 가짜라고 느끼는 것일까? 운초는 자신이 연천과 같은 집안, 같은 신분의 사람이 될 수는 없다는 것을 깨달았다. 운초는 연천과 함께 하지만 언제나 이방인이다. 비가 갠 뒤의 하얗게 비치는 달도 기이한 봉우리에 불쑥 솟아오른 그림 같은 구름도 모두 자신의 자조와 고민을 더해만 준다. 그녀는 술이 없이는 이 밤을 보낼 수가 없다. 이러한 한계를 깨달았으나 운초는 자신이 이미 몸이 늙어 잘못된 것을 바로잡을 용기도 없어 한스럽다. 그 속에서 고향을 그리워하는 자신의 꿈은 가련하게 커져만 간다.

次軸中韻
나그네 한양성 북쪽에서 떠도니
구름에 날리는 버들개지 신세, 가벼움을 누구와 비교할까.
샘물 얕은 돌을 돌아 흐르니 진나라 아쟁 빠르게 울고,
바람이 성긴 소나무에 들어가니 조나라 비파 떨리는 소리.
하루 종일 꽃이 지니 응당 절로 애석하겠지만,
텅 빈 산에서 우는 새가 가장 안타까워하는구나.
술동이의 막걸리로도 아직 천말의 근심을 풀지 못하는데,
기러기와 제비 이리저리 날고 꽃다운 풀 자라네

楚客飄颻漢北城,
孤雲飛絮較誰輕,
泉縈淺石秦箏促,
風入疎松趙瑟鳴,
盡日洛花應自惜,
空山啼鳥最多情,
樽醪未解愁千斛,
鴻鷰差池芳草生.

운초는 자신의 한양생활을 타향에서 객거하고 있는 나그네 신세로 비유한다. 그는 한양성 북쪽에서 살고 있었다. 운초당이 정릉 청수동 부근에 있었다. 그는 정처하지 못하고 떠다니는 구름, 이리저리 흔들리며 안정하지 못하는 버들개지의 가벼움에 자신의 처지를 비유한다. 안정하지 못하는 운초의 심정은 봄이 되어 불어나기 시작하는 얕은 샘물 흐르는 소리, 봄 솔바람 소리마저도 촉급하게 우는 아쟁소리, 급박하고 떠는 비파소리로 전해져 불안하게 흔들린다. 운초는 이러한 자신의 모습을 하루 종일 꽃잎을 떨구는 꽃에 비유를 한다. 아름다운 꽃이 그 잎을 떨어뜨리며 조락을 해가면 응당 꽃 자신이 가장 애석해 할 것이다. 그래도 산에는 그 꽃을 지켜보며 안타까워하는 이가 또 있다. 텅 빈 산에서 외로이 우는 새가 바로 그것이다. 그 새도 꽃처럼 조락하며 외로운 신세이다.

운초는 이 새의 모습에서 연천을 연상한다. 타향에서 객거하고 있는 그를 가장 잘 이해하고 위로해주는 이는 곧 연천일 것이다. 때때로 연천은 운초의 모습에서 심리적 불안감을 감지하고 연민과 동정을 느꼈던 듯하다. 초저녁부터 깊이 문을 닫아걸고 깊은 방에 머물거나, 홀로 달밤을 거니는 운초를 보며 연천은 그녀가 자신의 삶과 대면하고 있음을 감지하고 연민과 동정을 느꼈던 듯하다. 30대의 젊은 운초가 80대의 자신을 봉양하며 규방의 경계에 갇혀 젊은 날의 활달함과 생동감을 잃어버리는 모습을 감지하였던 것이다. 그러나 운초의 눈에 비친 연천도 텅 빈 산에서 있는 외로운 새의 모습이다. 그는 무척 다정하게 운초의 정감을 이해하고, 운초의 재능을 아끼지만, 그러나 늙고 힘이 없는 외로운 존재이다. 그러므로 새가 지는 꽃을 다 위로하지 못하듯 연천도 운초의 외로움을 다 위로하지는 못한다. 결국 술동이를 의지하나 술도 운초를 위로하지 못한다.

결국 운초는 연천의 이해와 동정을 받지만 자신의 궁극적인 외로움, 불안감, 타향살이의 이질적 상태를 극복하지는 못한다. 그럼에도 제비와 기러기는 이리저리 날고, 꽃다운 풀은 끊임없이 생겨난다. 운초의 외로움과 달리 화려한 듯 보이는 한양생활을 표현하는 듯하다. 그 화려함은 운초의 본심을 감추어주기도 하고 불안을 은폐하여 문제를 해결하지도 못하게 한다.

4. 가부장제의 경계에 선 첩(妾)

운초가 사회가 규정한 첩의 규범을 복제하며 생활하였다 하여 연천가문 내부로 진입할 수 있었을까?

운초는 연천과 함께 서울 근교뿐만 아니라 관서지방까지 여행을 다녔다. 그리고 그곳에서 만난 연천의 지인들과의 시회에서 풍부한 시를 남겼다. 이 시기 운초의 시에는 지명과 인명이 매우 풍부하게 나타난다. 이전 성천 관기시절에도 운초는 친인척들의 모습을 매우 다양하게 묘사하였다. 그런데 300여 수가 넘는 운초의 시에 연천 가족의 이야기는 단 한 수 있다. 그 작품은 바로 연천의 처의 무덤에서 지은 것이다.[32] 주지하듯이 조선시대는 처첩의 분변이 매우 엄정한 시대였다. 그리하여 첩이 지켜야할 덕목을 규정하였고, 첩을 배제하거나 포용하는 논의를 진행하였다.[33] 운초는 연천의 처 정경부인 이씨의 무덤에 가서 첩으로서 처에 대한 예의를 다한다. 자신이 첩의 지위를 분명하게 인지하고 있음을 표현한 것이다. 그런데 지금까지의 연구에서는 운초가 연천을 따라 여러 곳을 다니는 모습을 보고 "淵泉의 良妻로서 거문고를 타고 시문을 지으며 여생을 보냈다"고 평가하고 첩이라는 운초의 계층적 속성을 주목하지 않았다. 이러한 태도는 운초의 사회적 존재기반을 왜곡하는 결과를 가져왔다. 운초가 연천을 따라 선산을 찾고 여행을 함께 한 사실을 두고 기생에서 권세가의 첩이 되어 득의한 삶을 살아간 것으로 혹은 양처의 지위에 있었던 것으로 평가한다면 이는 사회적 구성물인 첩 운초의 실재를 소거한 채 바라본 것

32) 金履陽, 『金履陽文集』 권1(국립중앙도서관 소장), 102면.
33) 『朝鮮王朝實錄』; 정지영, 「조선후기의 첩과 가족질서-가부장제와 여성의 위계」, 『사회와 역사』 제65권, 한국사회사학회, 2004, 6~40면 참조.

이기 때문이다.

한편, 운초가 처음 서울로 왔을 때는 연천의 손부(孫婦)인 명온(明溫) 공주가 아직 세상을 떠나기 전이었다.(1832년 졸) 그러나 집안의 같은 여성으로서 명온 공주가 자신의 시할아버지를 받드는 운초를 만났던 것 같지는 않다. 명온공주 사후, 김이양[34]뿐만 아니라 집안의 많은 사람들이 만시나 만사 등을 지어 그녀의 죽음을 애도하였지만, 운초의 시집에는 명온 공주 만시가 보이지 않는다. 운초가 명온공주의 애도시를 남기지 않았다는 것은 그들 사이의 교류가 없었음을 반증하는 것이기도 하다. 이는 명온 공주가 자신의 시할아버지를 모시는 운초를 만나지 않았거나 가까이하지 않았음을 암시한다. 명온공주는 운초를 집안 사람으로 인정하지 않은 것이다. 운초가 연천의 가문에서 어떤 위치에 있었던가를 유추하게 해주는 대목이다.

또한 운초를 맞이할 당시 연천은 나이 77세의 연로한 노인이었고, 이미 한 가문의 실질적인 가장 역할에서 벗어나 있었을 것이다. 그는 오히려 아들, 며느리가 집안의 대소사를 건사할 수 있도록 독려하였을 것이다. 따라서 연천은 운초가 첩의 경계를 넘어서는 것을 허용하지 않았을 것이며 운초 역시 그 틈을 찾을 수가 없었을 것이다. 운초가 연천 자신의 첩이 되고자 하는 기대를 알고 있었지만 운초로 하여금 무척 오랜 기간을 기다리게 한 연천의 처신도 운초와 자신의 집안 사이에 경계를 그었던 연천의 태도를 유추하게 한다. 따라서 운초는 봉조하의 첩이 되었지만 실은 가족, 가문의 경계에서 배제되었고 그 내부로 진입할 수 없었다. 연천가문이 그녀를 가족구성원으로 끌어들인 것이 아니었으므로, 운초가 연천 가문 내부로 편입할 수 있는 여지는 분명 제한되었을 것이다.

한 가족이 각자 맡은 일을 행하며 화목하게 살아가는 모습을 보고 운초가 '인간세상의 무릉도원'이라고 표현한 시는, 그가 연천에게 무엇을 기대

---

34) 金履陽, 『金履陽文集』 권2, 「亡孫婦明溫公主墓誌」(국립중앙도서관 소장본).

하고 있었는가를 직간접으로 드러낸 것이라고 할 수 있다. “살구꽃 울타리의 버들 문, 수려한 물 환한 산의 단아한 마을. 어깨 나란히 하고 노래하며 나오는 동자들, 숲 너머에서 담배 연기 피우며 얘기하는 늙은 농부들. 베틀소리 찰칵찰칵 울리니 어진 부인임을 알겠고, 과제를 외우는 큰 소리로 영리한 손자임을 알겠네. 반드시 자취를 감추고 물외에서 노닐 일은 아니니, 인간 세상에도 절로 무릉도원이 있으니”(贈杏花村主人)[35] 운초의 어조에는 가족에 대한 부러움이 깃들어 있다. 또한 자신이 가족에서 소외되고 있음을 표현한 듯하다. 운초가 스스로 “인간세상에서 일삼을 것이 없는 사람”이라고 표현한 것은 바로 가족을 구성하지 못하는 기생의 처지를 그렇게 표현한 듯하다. 물론 연천의 소실이 되고 난 후에도 운초는 자식을 기대할 수 없었다. 이러한 삶이 비단 운초만의 개인적인 경우는 아니다. 강담운(姜澹雲)을 위시한 기생의 일반적인 삶의 경로였다고 할 수 있다. 중세의 가부장제는 가문을 중심으로 구심력이 형성되지만 첩은 가문 내부의 존재이면서 내부자가 아니었던 것이다.

세도가 안동 김문 출신, 순조의 사돈 집안의 웃어른, 고위관직을 두루 거치고 봉조하의 지위를 누리는 사람의 첩이면서 동시에 그 거대가문에 편입되지 못한 운초는 마침내 관기출신이라는 자신의 한계를 확연히 보았을 것이다. 그래서 운초는 관기시절이 아니라 김이양의 첩이 된 이후의 시에서 훨씬 더 깊은 자조적, 가학적 태도를 보인다. 운초는 “平生志”라는 시어를 자주 구사한다.

次雪姿
二十年前夢裡人
海天相對白頭新
從此無心傷歲暮

35) “杏花籬落柳爲門, 水秀山明儼一村, 聯臂謳謌童子出, 隔林煙花老農言, 機聲札札知良婦, 課誦洋洋見肖孫, 非必藏蹤遊物外, 人間自由武陵源.”

一尊談笑別生春

流水無情不復來,
春風秋月與誰盃,
今宵說盡平生志,
會事燈花落又開."

이십년 전 꿈속에서 만난 사람
바닷가에서 마주하니 백발이 새롭구나
그래서 무심히 지는 해를 상심하며
한 동이 술로 담소하며 봄을 이별하네

흘러가는 물은 무정하여 다시 돌아오지 않으니
봄바람 가을 달밤에 누구와 더불어 잔을 들까.
오늘밤 평생의 뜻을 다 말하려하니,
마침 등 불꽃이 깜박깜박.

운초가 말하려던 "평생 마음먹은 뜻"은 무엇이었을까? 이십년 만에 옛 동료 설자를 만나니 어느 새 머리가 희끗해지도록 늙어버린 서로의 모습이 낯설기만 하다. 지나간 세월을 안타까워하며 밤새 이야기를 나누다가 운초는 자신이 평생 마음먹고 있었던 뜻을 말하고자 한다. 그러나 운초는 심지가 다 닳아 불꽃이 깜박이도록 그 이야기를 하지 못하고 있다. 다만 흘러가버리면 다시는 돌아오지 않는 세월을 걱정하고, 봄바람이 살랑이며 따뜻하게 부는 날, 환한 달 밝은 밤에도 더불어 술잔 나눌 이 없을까 염려한다. 불꽃은 운초가 등불 아래서 밤새 잠 못 들고 있었다는 것을 보여준다. 등불 아래서 운초는 "평생 마음먹은 뜻"이 무엇인지를 밝히지 않고, 정겨운 사람들이 멀리 떠나버리고 홀로 남을까 두려워하는 모습을 보인다. 그 속에는 이미 연로한 연천이 없을 미래에 대한 두려움의 표현도 있을 것이다. 그래서 그녀는 차마 그 일을 입에 올리지 못한 듯하다.

그러나 운초는 더 이상 나아갈 길을 찾지 못한다. 그 후 운초는 가부장제의 경계, 가족의 경계에 정박하고 말았다. 운초는 사회가 첩에게 부여한 규범을 중심에 두고, 그 단일한 위계질서 아래에서 자신의 욕망을 억압하였다. 결국 운초는 관기시절의 활달하고 적극적인 흐름을 생산해내지 못하였다. 첩 운초의 한시에는 관기 혹은 기생첩으로서의 저항이나 대립, 소수자로서의 차이를 드러내는 모습이 거의 보이지 않는다.[36] 이 점은 강담운의 한시와는 매우 다른 모습이다. 담운도 차산의 기생첩이 되어 그와 특별한 관계를 맺었다. 하지만 담운의 시선은 동료기생의 삶을 향해서도 활짝 열려 있었다. 그런데 운초는 중세가 규정한 규범적인 첩의 모습을 복제하고자하는 욕망에 빠져 동료기생들을 향해서도 자신의 고통과 고뇌를 토로하는 데에 그치고 만다.

그러나 운초의 헌신과 봉양은 연천 가문 사람들에 의해 일정정도의 보상을 받았다. 운초는 죽기 전에 연천 가문의 선산에 묻히고 싶다고 유언을 했다. 그리고 그 유언은 받아들여졌다. 지금도 운초의 무덤은 태화산 연천 무덤 기슭에 있다. 연천의 가문에서는 연천의 노년을 지극하게 보살핀 운초에 대해 예우를 한 것이다. 또한 연천 사후에도 문을 닫고 정숙한 태도로 연천과 그의 가문에 대한 예의를 지킨 운초에 대해 그 보상을 한 것이다. 그렇다면 운초가 연천 가문의 선산 자락에 묻힐 수 있었던 것은 그녀가 첩에게 부과된 규범적 상을 자기복제하면서 15여 년 간 연천을 향해 정성을 다하였고, 연천 사후에도 죽을 때까지 그의 가문에 누를 끼치지 않고 조용히 살아간 데 대한 보상이었다고 할 수 있다. 그 삶을 살면서 결국 운초는 새로운 세계, 새로운 중심을 만들지 못하고, 가부장제의 주변부에 정박하고 말았다.

---

36) 박영민, 「강담운, 명기의 내적성찰과 그 비분의 서사」, 『우리어문연구』 20, 우리어문학회, 2003, 252~262면.

5. 『부용집(芙蓉集)』, 그 유통경로와 기생의 학습교재

현재 운초의 시집은 『조선조여류시문전집(朝鮮朝女流詩文全集)』 3, 4권(태학사 간행)에 실린 두 종의 필사본 외에 한 종의 필사본이 더 전한다. 필사본 『부용집(芙蓉集)』(『朝鮮朝女流詩文全集』 4, 태학사)에는 "戊寅四月穀雨節止齋詩境玩"이라는 간기가 표기되어 있다. 우리가 추정할 수 있는 운초의 생몰년과 조응하여본다면, 무인년은 분명 1878년이다. 이 간기가 『芙蓉集』 필사년도인지 소장년도인지는 불확실하다. 하지만 이때에 운초의 시집은 이미 유포되어 사람들에게 읽혔던 듯하다. 이 필사본에는 4수 연작시 "부용집제발(芙蓉集題跋)"이 붙어 있다. 또한 『운초당시고(雲楚堂詩稿)』(『朝鮮朝女流詩文全集』 3, 태학사)에는 "朝鮮成川女史雲楚(名芙蓉)著"라는 표지가 있다. 다른 『운초당시고(雲楚堂詩稿)』에는 "癸巳殷月中澣學以精善書"이라는 간기가 표기되어 있다. 계사년은 1893년으로 이는 필사년도이다. 이 필사본 말미에는 "서운초당시발(書雲楚堂詩跋)"이 있다. 그런데 어느 필사본이든 연천 사후에 지은 한시는 거의 보이지 않는다. 연천이 세상을 떠날 당시 운초는 40대 전반기의 나이였다. 왜 운초의 시집은 연천의 생애와 함께 끝이 나는 것일까?

『김이양문집(金履陽文集)』의 한시는 대개 화성(華城), 수원(水原) 지역에서 생활하던 일을 형상화한 시점에서 끝이 나는데, 『芙蓉集』도 비슷한 시기의 작품에서 끝이 난다. 지금 『芙蓉集』에는 김이양 사후의 한시가 거의 남아있지 않다. 현재 운초의 생몰년은 정확히 밝힐 수 없다. 그래서 연천 사후에 운초가 몇 년을 더 살았는지도 알 수가 없다. 그러나 연천 사후에 운초는 한시를 짓지 않았던 것일까? 연천이 죽은 직후 운초의 시집이 필사되어 유포되었기 때문일까? 그렇다면 왜 연천 사후 운초의 한시는 유포되지 않았던 것일까? 운초의 시집에 표기된 1870년대 즈음까지 운초가 살아있었다면 그의 나이는 이미 70대였을 것이다. 연천 사후 20여년이 지난 때이다. 연천 사후 운초의 한시는 어디로 갔을까?

연천 사후 운초의 한시가 전하지 않아 연천 사후에 소실 운초(雲楚)가 현실적, 사회적 처지뿐만 아니라 심리적으로도 어떤 변화를 겪게 되었는지에 대해서는 거의 살피기 어렵다. 다만 『芙蓉集』의 발문을 쓴 이의 어조를 보면 "雲楚는 김이양에 대한 예를 지키며 문을 닫고 조용하게 살았다. 삼 년 상을 마친 후에도 다른 사람에게 가지 아니하고 束身自潔하였다"[37]고 한다. 분명한 것은 연천 사후에도 운초는 권문세가의 첩이라는 자의식 속에서 연천에 대한 예의를 지키며 남은 생을 보냈던 듯하다. 운초는 왜 그렇게 연천에 대한 예의를 다했을까? 운초의 타고난 심성이 그러했던가? 운초는 연천의 첩으로서 연천에 대한 예를 진심으로 다하고 싶었던 것일까? 아니면 운초가 이를 통해 지키고 얻고자 했던 것이 있었던가? 그렇다면 연천 사후 운초의 한시가 실종된 것은 운초 스스로의 선택이었던 것일까? 실종된 운초의 한시는 어떤 모습을 담고 있을까? 그 속에는 연천의 첩이 됨으로써 그녀가 접어야했던 꿈들, 욕망들이 숨어있었던 것은 아닐까? 이 점은 앞으로의 과제로 남긴다.

그런데, 운초는 현달한 사대부가의 첩이 되었지만 평생 관기출신이라는 호명에서 벗어나지 못하였다. 1878년 운초의 시집 '부용집'이 간행되었을 때에도 '성천기부용저(成川妓芙蓉著)'라는 호명을 받아야했다. 부용은 운초의 기명이다. 1893년에 필사된 '운초당시고(雲楚堂詩稿)'는 저자를 '조선성천여사운초저(朝鮮成川女史雲楚著)'로 표시하였다. 부용은 첩이 된 이후 운초라는 당호를 사용하였다. 하지만 성해응이나 신위 등 조선후기의 문집을 살펴보면 '여사'라는 호칭은 대개 기생에서 첩이 된 여성들 혹은 첩에게 붙였던 명칭인 듯하다. 운초는 사후 시집이 간행될 때까지 관기출신이라는 근원적 한계를 벗어나지 못하였다.

그런데 운초의 삶은 19세기 중, 후반기 이래 다른 기생들의 꿈과 희망

---

37) 「芙蓉集題跋」, "巫山雲雨夢中娘, 謫下人間姓字香, 生長樓臺歌舞地, 勝遊隨處却成章(1수) / 試看才調定何如, 堪比成都辭教書, 錦繡江山周覽後, 芙蓉花下閉門居(2수)".

의 상징이 되었다고 한다. 운초는 관기였으나 왕의 사돈집안, 봉조하라는 지위를 누리는 사람의 첩으로 들어갔고, 남편의 인정을 받으며 의좋은 부부로 살았다. 무엇보다도 죽어서는 남편 가문의 선산자락에 묻혔다. 이 운초의 모습이 봉건사회 가부장제의 외부에 놓인 기생들에게 희망의 상징으로 보였을 것이다. 또한 운초의 시재(試才)가 김이양의 칭찬을 받고 그의 소실이 될 수 있었던 주요한 매개였으며, 나아가 사대부의 칭송을 받았으므로 그 격식을 배우고자 하였을 것이다. 그래서 그들은 운초의 시를 학습하며 자신들의 삶의 모델로 삼았다고 한다. 동시대 혹은 이후의 기생들에게 운초의 삶은 성공한 삶, 자신들이 모델로 삼아 닮고 싶은 삶이었던 것이다. 그래서 연천과 사대부사회에서 인정받은 운초의 한시는 다른 기생들의 교과서가 되었다고 한다.

그런데 그뿐이었을까? 권번의 기생들은 운초의 시집에 드리워진 그의 한숨과 회환을 보지는 못하였던 것일까? 그들은 운초가 "잘못 서울에 들어왔다. 썩은 눈깔이 섞였다."고 자조하는 가학적 태도를 보지 못하였을까? 그렇다면 운초가 그러했듯, 운초를 추종한 기생들도 소수자들의 또 다른 중심부를 만들어내는 꿈을 꾸지는 못하였을 것이다. 그들이 꾸는 꿈은 새로운 탈주를 시도하는 것이 아니라, 중심부의 주변에 배치되어 여전히 소수자에 머무는 꿈이었을 것이다. 현재는 이 점을 설명할 수 있는 자료를 찾기가 어렵다. 앞으로 더 고찰할 과제이다.

『芙蓉集』은 1800년대 후반기까지 필사되어 유포되다가, 1900년대에 들어와서 간행된 듯하다. 연천의 문집은 당대뿐만 아니라 현재에도 필사본으로만 전하고 간행되지 않았다. 그렇다면 연천 집안에서 운초의 문집을 간행해주었을 것 같지 않다. 1900년대 이후 운초의 시집이 간행되었는데 이는 전문업자의 주도아래 간행된 듯하다. 전문업자가 운초의 시집에 관심을 가진 것은 우선, 1900년대 당시의 권번 기생들에게 운초의 한시가 학습교과서였다는 사실과도 연관이 있을 것이다.

6. 마무리

19세기 초에 태어나 중・후반까지 생존했을 것으로 추정[38]되는 운초(雲楚)는 성천(成川) 관아의 관기에서 현달한 세도가 김이양(金履陽)의 첩으로 신분의 한계를 한 단계 넘어섰다. 사대부가의 첩은 분명 공가지물(公家之物)로서 역(役)을 져야하는 기생과는 다른 신분이다. 관기는 직역의 특성상 각종 공・사 의례에 동원되어 상층남성문화를 공유하면서 동시에 신분상 최하층에 놓인 부정(不正)과 비례(非禮)의 주체로 지목되었던 것이다. 그러나 관기에서 벗어난 운초가 들어선 곳은 가부장제의 견고한 벽의 외부였다. 운초는 관기에서 첩으로 신분의 경계를 한 단계 넘어섰지만, 다시 가부장제의 벽에 부딪혀 그 안으로 진입하지 못하고 가부장제의 주변부에 배치된 경계적 주체로 존재할 수 있을 뿐이었다. 조선시대의 관기(官妓)와 첩은 신분제사회의 가장 낮은 계층, 사대부 중심의 제도와 규범의 주변부에 자리한 하위주체였던 것이다.

여느 여성작가에 비해 운초와 그의 한시의 연구는 지금까지 다양하게 진행되어왔다. 운초의 생애의 연대기적 고찰, 기생에서 권세가의 소실이 되어 살았던 삶, 금원(錦園)・경산(瓊山)・경춘(鏡春)・죽서(竹西) 등과 함께 한 삼호정(三湖亭)에서의 시사(詩社) 활동, 『芙蓉集』의 판본 문제, 그리고 작품 전반에 대한 연구에 이르기까지 작가론적・작품론적 측면에서 의미 있는 성과를 거두었다. 그러나 아직도 운초를 이해하기 위해서는 이 국면에서 밝혀야 할 점들이 많이 남아 있다.

또한 운초(雲楚)의 삶을 보다 깊이 있게 이해하기 위해서는 같은 신분의 여성들과 결성한 시사(詩社)를 섬세하게 살필 필요가 있다. 물론 지금까지 삼호정(三湖亭)에서의 시붕(詩朋)들과의 모임에 대한 언급이 없었던 것은 아니다. 雲楚는 삼호정시사를 통해 학계에 그 이름을 알렸던 것이

---

38) 『芙蓉集』(許未子 編, 『朝鮮朝女流詩文全集』 4, 태학사)에 표기된 간기 戊寅年(1878년)으로 미루어본 것이다.

다.[39] 하지만 그들이 언제 어떠한 계기에 의해 결성되었으며, 그들의 동인 의식의 의미와 성격은 무엇이며, 그들이 표출한 작품은 어떠한 미적 특질을 지니는지에 대한 깊이 있는 후속 연구는 거의 이루어지지 않고 있다. 또 그들이 구성한 삼호정시사가 조선후기에 다양하게 생성되었던 사대부의 시사활동과 어떤 관련성과 이질성이 있는지 등에 대해서도, 그 의의를 크게 강조하고 있음에 비해, 특징이 명쾌하게 밝혀지지 않았다. 앞으로의 과제로 남긴다.

또한 남편이 죽고 난 후의 자료나 기록들을 찾아 운초의 삶과 의식세계의 전모를 밝힐 수 있기를 기대한다. 이 시기 운초의 내면의식의 발로를 살필 수 있다면 첩이라는 작가의 계층적 속성과 작품의 특성을 더욱 자세히 살필 수 있는 좋은 계기가 될 것으로 보기 때문이다.

참고문헌

金呂珠, 「金雲楚의 漢詩硏究」, 成均館大學校 博士學位論文, 1991.

金用淑, 「朝鮮朝 女流文學의 特質」, 『아세아여성연구』 14집, 아세아여성문제연구소, 1975.

金智勇, 「三湖亭詩壇의 特性과 作品」, 『아세아여성연구』 16집, 아세아여성문제연구소, 1977.

김경미, 「조선후기의 새로운 여성문화공간 삼호정 시사(詩社)」, 『여/성이론』 5호, 여성문화이론연구소, 2001.

김명희, 「여성 한문학의 연구사와 과제」, 『한국고전여성문학연구』 제 1집, 한국고전여성문학연구회, 2000.

김미란, 「19세기 전반기 기녀, 서얼시인들의 문학사적 위치」, 한국고전문학회 편, 『문학과 사회집단』, 집문당, 1995.

박무영, 「기녀한시의 비틀림과 비틀기」, 『한국한시연구』 10, 한국한시학회, 2002.

---

39) 金智勇, 「三湖亭詩壇의 特性과 作品」, 『아세아여성연구』 16집, 아세아여성문제연구소, 1977, 105~142면.

박애경, 「기생-가부장제의 경계에 선 여성들」, 『여/성 이론』 4호, 여성문화이론연구소, 2001.
박영민, 「강담운, 명기의 내적성찰과 그 비분의 서사」, 『우리어문연구』 20, 우리어문학회, 2003.
박영민, 「시화의 기생한시담론과 심미의식」, 『한문교육연구』 20, 한국한문교육학회, 2003.
박종수, 「雲楚 詩歌에 對하여」, 『우리문학연구』 6・7집, 우리문학회, 1987.
서지영, 「조선시대 기녀 섹슈얼리티와 사랑의 담론」, 『한국고전여성문학연구』 제5집, 한국고전여성문학회, 2002.
서지영, 「규방과 기방의 경계 : 조선시대 기녀의 이중적 자의식」, 국어국문학회 제48회 전국학술대회 발표문(2005년 5월 29일).
신경숙, 「안민영 예인집단의 좌상객 연구」, 『한국시가연구』 10집, 한국시가학회, 2001.
신경숙, 「19C 일급 예기의 삶과 섹슈얼리티-의녀 옥소선을 중심으로」, 『사회와 역사』 65권, 한국사회사학회, 2004.
이혜순 외, 『한국고전여성작가연구』, 태학사, 1999.
이혜순, 「19세기 여성비평문학의 출현과 그 의의」, 『한국고전여성문학연구』 창간호, 한국고전여성문학회, 2000.
정병설, 「해주기생명선의 인생독백」, 『문헌과 해석』 15, 문헌과 해석사, 2001.
정지영, 「조선후기의 첩과 가족질서-가부장제와 여성의 위계」, 『사회와 역사』 제 65권, 한국사회사학회, 2004.
조광국, 「기녀담, 기녀등장소설의 기녀 자의식 구현 양상에 관한 연구」, 서울대 박사학위논문, 2000.

한국 고전문학 속의 가족과 여성

초판 1쇄 찍음 2007년 1월 25일
초판 1쇄 펴냄 2007년 1월 30일

지은이 한국고전여성문학회
펴낸이 박 성 복
펴낸곳 도서출판 月印
서울특별시 강북구 수유2동 252-9
등록번호 제6-0364호(1998.5.4)
대표전화 (02) 912-5000 **팩스** (02) 900-5036
http://www.worin.net

ISBN 978-89-8477-354-7 93810

값 16,000원